初任者のための
新戸籍読本（上）

新谷雄彦〔著〕

発行 テイハン

はしがき

　本書は，戸籍の基本的な実務について，初任者向けの図書として刊行された「戸籍研修」（テイハン）の後継書としての意味合いを持つものです。そこで，昭和58年2月に旧版「戸籍研修」を全面的に改訂し公刊された「戸籍研修」の序文の一部をここで紹介します。

　「戸籍は，日本国民の出生，婚姻，養子縁組，離婚，死亡等の身分関係を登録し，これを公証するものとして，100年以上の歴史を有し，現在では，国民の生活に不可欠な制度となっているとともに，国民に対する行政の基礎ともなっているものである。

　このような我が国の戸籍制度の最大の特徴の一つは，それが家族単位に編製されることにより，親族相互間での検索が可能となっている点にあり，これは何代にもわたる諸先輩の工夫と，労苦の賜物なのであって，このような制度を確実に維持するとともに，ますます発展させることは，現代のわれわれに課された義務である。

　この義務を果たすためには，届出の受理，戸籍の編製，戸籍の記載等戸籍事件の処理が的確，かつ，迅速になされなければならないのであり，戸籍事務を担っておられる市区町村及び法務局の職員の皆様は，このため日夜精励されていることと思う。

　しかし，戸籍事務を円滑，正確に処理するためには，民法，戸籍法，戸籍法施行規則等の諸法令を理解するとともに，戸籍先例を熟知する必要があり，戸籍従事職員，特に初任者には大きな負担となっていると思う。」

　この序文にあるように，戸籍制度の目的は，戸籍法が制定されて以来，戸籍事務担当者により着実に履行されています。また，序文の「しかし」以降の内容は，発刊後，35年を経過しようとする現在においても，戸籍事務従事職員，とりわけ初任者にとっては変わるものではないと思います。

　戸籍事務は，従来，国の機関としての市町村長が処理する機関委任事

務とされていましたが，平成12年4月からは，いわゆる地方分権一括法による改正後の地方自治法2条9項1号に規定する法定受託事務とされました。これにより，市町村が戸籍事務を処理することとされ，市町村長は，その執行機関として，戸籍事務を管掌することとされました。

　また，戸籍事務が，法定受託事務とされた以後も，社会情勢の変化や個人情報保護・プライバシー保護等の観点からの法改正等による新たな戸籍事務の取扱いが示され，その対応に大変ご苦労されているものと思いますし，更に今後も複雑な取扱いが増えることと思います。

　本書は，初任者向けの戸籍の入門書として，筆者が，『戸籍』「第750号」（平成15年11月号）から「第875号」（平成24年10月号）まで27回にわたり掲載した「初任者のための新戸籍読本」に，その後の法改正や取扱いの変更等に沿って加筆訂正を加えたもので，上下の2巻に分けてあります。

　本上巻は，戸籍第750号の第1回から第816号（平成20年7月号）の第17回までに掲載した計17回分をまとめたもので，戸籍の基礎から戸籍記載例の変遷や戸籍記載の連続性に触れ，出生届から就籍届までの審査と受理の方法を説明したものに，初任者のための新戸籍読本の連載においては触れませんでしたが，「第10戸籍記載の嘱託」として，戸籍嘱託事件の項を追加しました。

　これは，平成23年の民法等の一部を改正する法律（平成23年法律第61号，平成24年4月1日施行）により，親権が子の利益のために行使されなければならないことが明示されるとともに，懲戒権の規定の見直し，親権停止制度の創設，親権及び管理権の喪失原因の見直し，親権喪失等の審判の請求権者の追加等がされました。さらに，この改正法には，戸籍法の一部改正もあり，その内容は，上記の親権喪失等の審判が確定した場合に裁判所書記官による戸籍記載の嘱託等が新設されたことから，追加したものです。

　本書が，戸籍事務に携われる方々に少しでも参考になれば幸甚です。

また，講読していただいたご感想ご意見をいただければと思います。

　最後に，本書の刊行に際して格別にお世話になった株式会社テイハン取締役坂巻　徹氏及び同社企画編集部村上光宣氏に感謝の意を表する次第です。

平成29年 8 月

新 谷 雄 彦

初任者のための新戸籍読本（上）
目　次

第1 はじめに ………………………………………………………………… 1

第2 戸籍事務と関わりのある法律等 …………………………………… 3

第3 戸籍の記載手続・記載事項等 ……………………………………… 7

  1 戸籍の記載手続 ……………………………………………………… 8

    (1) 届　出 ……………………………………………………………… 8

    (2) 報　告 ……………………………………………………………… 9

    (3) 申　請 …………………………………………………………… 10

    (4) 請　求 …………………………………………………………… 10

    (5) 嘱　託 …………………………………………………………… 11

    (6) 証書の謄本 ……………………………………………………… 11

    (7) 航海日誌の謄本 ………………………………………………… 12

    (8) 裁　判 …………………………………………………………… 12

    (9) 職　権 …………………………………………………………… 13

  2 戸籍の記載事項 …………………………………………………… 16

  3 氏名の記載順序 …………………………………………………… 20

第4 戸籍法施行規則附録6号戸籍の記載のひな形から学べること ……… 22

  1 本籍欄及び筆頭者氏名欄の記載 ………………………………… 23

  2 戸籍事項欄の記載 ………………………………………………… 24

  3 身分事項欄の記載 ………………………………………………… 25

    (1) 義太郎の身分事項欄の記載 …………………………………… 26

      ① 出生事項の記載 ……………………………………………… 26

      ② 婚姻事項の記載 ……………………………………………… 28

      ③ 養子縁組事項の記載 ………………………………………… 29

      ④ 認知事項の記載 ……………………………………………… 30

目　次

- (2) 梅子の身分事項欄の記載 ………………………………………………… 31
  - ① 夫婦が夫婦を養子とする縁組事項の記載 ……………………… 31
  - ② 夫婦が夫婦の養子となる縁組事項の記載 ……………………… 33
- (3) 啓太郎の身分事項欄の記載 …………………………………………… 34
  - ① 推定相続人の廃除事項の記載 …………………………………… 34
  - ② 婚姻事項の記載 …………………………………………………… 36
  - ③ 名欄の朱線交差の記載 …………………………………………… 37
- (4) ゆりの身分事項欄の記載 ……………………………………………… 38
  - ① 特別養子縁組事項の記載 ………………………………………… 38
  - ② 特別養子離縁事項の記載 ………………………………………… 40
- (5) 2葉目のみちの身分事項欄の記載 …………………………………… 42
  - ① 婚姻事項の記載 …………………………………………………… 42
  - ② 欄外にある「二字追加」の記載 ………………………………… 43
- (6) 英子の身分事項欄の記載 ……………………………………………… 44
  - ① 母の氏を称する入籍事項の記載 ………………………………… 44
  - ② 養子縁組事項の記載 ……………………………………………… 46
- (7) 芳次郎の身分事項欄の記載 …………………………………………… 47
- (8) 英助の身分事項欄の記載 ……………………………………………… 48
  - ① 養子縁組事項の記載 ……………………………………………… 49
  - ② 養父母欄の記載 …………………………………………………… 50
- (9) 3葉目のみちの身分事項欄の記載 …………………………………… 50
  - ① 離婚事項の記載 …………………………………………………… 50
  - ② 分籍事項の記載 …………………………………………………… 52
- (10) 信夫の身分事項欄の記載 ……………………………………………… 53
  - ① 認知事項の記載 …………………………………………………… 53
  - ② 親権事項の記載 …………………………………………………… 54
- (11) 啓二郎の身分事項欄の記載 …………………………………………… 55
  - ① 特別養子縁組事項の記載 ………………………………………… 55
  - ② 父母欄・続柄欄の記載 …………………………………………… 57
- 4 欄外の記載 ……………………………………………………………… 59
  - ① 丁数欄の記載 ……………………………………………………… 59
  - ② 筆頭者氏名記入欄 ………………………………………………… 60
- 5 ひな形のまとめ ………………………………………………………… 60

目　次

第5　戸籍記載例の変遷 ·· 62

  1　戸籍記載例が示された時期 ·· 62

  2　法定記載例と参考記載例 ·· 63

  3　戦後における戸籍記載例の変遷 ······································ 64

  4　昭和 23 年記載例（昭和 22 年司法省令第 94 号） ················· 65

  5　昭和 45 年記載例（昭和 45 年法務省令第 8 号及び昭和 45 年 6 月 5 日
　　付け民事甲 2667 号法務省民事局長通達） ·························· 67

   （1）　戸籍記載の簡素化 ·· 67

   （2）　戸籍記載の合理化 ·· 69

  6　昭和 54 年記載例（昭和 54 年法務省令第 40 号及び昭和 54 年 8 月 21
　　日付け民二 4391 号法務省民事局長通達） ·························· 70

   （1）　全体的事項の改正の要点 ·· 71

   （2）　個別的事項の改正の要点 ·· 72

  7　54 年記載例改正後の主な記載例の改正 ·························· 75

  8　平成 6 年記載例（平成 6 年法務省令第 51 号及び平成 6 年 11 月 16 日
　　付け民二 7000 号法務省民事局長通達。コンピュータシステムによる証
　　明書記載例） ·· 78

  9　記載例変遷のまとめ ·· 82

第6　戸籍に記載する文字 ·· 84

  1　戸籍に記載する氏又は名の文字の取扱いの変遷 ···················· 84

   （1）　明治 31 年戸籍法施行当時 ·· 84

   （2）　大正 3 年戸籍法施行当時 ·· 85

   （3）　現行戸籍法施行後 ·· 87

    ア　当用漢字表の制定 ·· 87

    イ　当用漢字字体表の制定 ·· 88

    ウ　常用漢字表の制定 ·· 91

  2　誤字・俗字の発生原因 ·· 94

  3　全国連合戸籍事務協議会の要望 ···································· 99

  4　氏又は名の文字が誤字又は俗字で記載されている場合の取扱いに関
　　する通達等の変遷 ·· 101

  5　今後の課題 ·· 103

－ 3 －

目　次

第7　戸籍記載の移記 ·· 104

　1　戸籍記載の移記とは ·· 104
　2　旧戸籍法施行中の移記の取扱い ······································ 105
　3　現行戸籍法施行後の移記の取扱い ··································· 106
　　(1)　戸籍法施行規則施行直後の取扱い ······························· 106
　　　ア　管外転籍の場合の新戸籍に記載する事項 ··············· 106
　　　イ　重要な身分事項の移記 ·· 107
　　(2)　昭和42年法務省令第14号による改正後の取扱い ········· 108
　　(3)　昭和59年法務省令第40号による改正後の取扱い ········· 109
　　(4)　平成12年法務省令第7号による改正後の取扱い ·········· 110
　　(5)　平成16年法務省令第46号による改正後の取扱い ········· 111
　4　移記を要しない事項 ·· 111
　　(1)　本籍欄 ·· 112
　　(2)　筆頭者氏名欄 ·· 112
　　(3)　戸籍事項欄 ·· 113
　　(4)　身分事項欄 ·· 113
　　　ア　出生に関する事項 ·· 114
　　　　(ア)　出生の場所 ··· 114
　　　　(イ)　届出人の資格・氏名 ······································· 114
　　　イ　認知に関する事項 ·· 114
　　　ウ　養子縁組に関する事項 ·· 116
　　　エ　親権に関する事項 ·· 117
　　(5)　身分事項欄下部全欄 ··· 117
　　　ア　名欄の名の傍訓 ·· 117
　　　イ　養父母欄 ··· 117
　　(6)　追完事項 ··· 118
　5　転籍又はコンピュータシステムに移行する際に注意すべき氏名の記
　　載順序 ··· 119
　6　具体的な移記の方法 ·· 119
　　(1)　戸籍の表示欄 ·· 120
　　(2)　戸籍事項欄 ·· 121
　　(3)　身分事項欄 ·· 122
　　　ア　出生に関する事項 ·· 122

－ 4 －

イ　認知に関する事項 ······················· 125

ウ　養子縁組に関する事項 ······················· 126

エ　婚姻に関する事項 ······················· 129

オ　親権及び未成年者の後見に関する事項 ······················· 132

カ　推定相続人の廃除に関する事項 ······················· 133

キ　日本の国籍の選択の宣言等に関する事項 ······················· 134

ク　名の変更に関する事項 ······················· 134

ケ　性別の取扱いの変更に関する事項 ······················· 135

7　戸籍記載の移記のまとめ ······················· 136

第8　戸籍記載の連続性 ······················· 138

1　戸籍記載の連続性とは ······················· 138

2　戸籍改製の際の改製事項の記載による連続性 ······················· 139

3　転籍の際の転籍事項の記載による連続性 ······················· 141

4　他の戸籍に入るとき及び戸籍から除かれるときの入籍・除籍事項の
記載による連続性 ······················· 142

第9　届書の審査方法 ······················· 145

1　出生届 ······················· 145

(1)　出生届書の様式 ······················· 145

(2)　「生まれた子」欄の審査 ······················· 147

ア　「子の氏名」欄 ······················· 147

イ　「父母との続き柄」欄 ······················· 148

(ア)　嫡出子の父母との続柄 ······················· 149

(イ)　嫡出でない子の父母との続柄 ······················· 153

(ウ)　審査方法 ······················· 154

ウ　「生まれたとき」欄 ······················· 157

エ　「生まれたところ」欄 ······················· 158

オ　「住所」欄 ······················· 159

(3)　「生まれた子の父と母」欄の審査 ······················· 159

ア　嫡出子の場合の「父母の氏名」欄 ······················· 159

(ア)　父母婚姻中の出生子 ······················· 159

(イ)　父母離婚後300日以内の出生子 ······················· 159

(ウ)　出生後に父母が養子縁組している場合の出生子 ······················· 159

－ 5 －

目　次

イ　嫡出でない子の場合の「父母の氏名」欄 ················· 160
ウ　父母の年齢の記載 ·················· 161
エ　「本籍及び筆頭者の氏名」欄 ·················· 161
　(ア)　父母婚姻中に出生した嫡出子の場合 ·················· 161
　(イ)　父母離婚後 300 日以内に出生した嫡出子の場合 ········· 162
　(ウ)　嫡出でない子の場合 ·················· 163
オ　「同居を始めたとき」欄 ·················· 165
カ　「子が生まれたときの世帯のおもな仕事と父母の職業」欄 ········· 165
(4)　「その他」欄の審査 ·················· 166
(5)　「届出人」欄の審査 ·················· 167
ア　「届出人」欄 ·················· 167
　(ア)　嫡出子の出生届の場合 ·················· 167
　(イ)　嫡出でない子の出生届の場合 ·················· 168
イ　「住所」欄 ·················· 169
ウ　「本籍」欄 ·················· 169
エ　「署名」欄 ·················· 169
(6)　添付書類の審査 ·················· 170
ア　出生証明書 ·················· 170
イ　その他の書類等 ·················· 170
　(ア)　裁判書の謄本等 ·················· 170
　(イ)　申述書 ·················· 170
2　認知届 ·················· 172
(1)　認知の種類 ·················· 173
ア　任意認知 ·················· 173
イ　胎児認知 ·················· 174
ウ　遺言認知 ·················· 175
エ　強制認知（裁判認知） ·················· 176
(2)　任意認知届の審査 ·················· 177
ア　「認知される子」欄 ·················· 177
　(ア)　認知される子が未成年者の場合 ·················· 177
　(イ)　認知される子が成年者の場合 ·················· 180
　(ウ)　「住所」欄及び「本籍」欄 ·················· 180
イ　「認知する父」欄 ·················· 180
ウ　「認知の種別」欄 ·················· 181

－ 6 －

エ 「子の母」欄 ……………………………………………… 181

オ 「その他」欄 ……………………………………………… 181

カ 「届出人」欄 ……………………………………………… 183

キ 届出地 …………………………………………………… 183

(3) 胎児認知届の審査 …………………………………………… 183

ア 「認知される子」欄 ……………………………………… 183

イ 「認知する父」欄 ………………………………………… 185

ウ 「認知の種別」欄 ………………………………………… 185

エ 「子の母」欄 ……………………………………………… 185

オ 「その他」欄 ……………………………………………… 185

カ 「届出人」欄 ……………………………………………… 186

キ 届出地 …………………………………………………… 186

ク 届書の保管及び処理 ……………………………………… 187

ケ 認知された胎児が死体で生まれた場合 ………………… 188

(4) 遺言認知届の審査 …………………………………………… 188

ア 「認知される子」欄 ……………………………………… 188

(ア) 認知される子が未成年者の場合 …………………… 188

(イ) 認知される子が成年者の場合 ……………………… 189

(ウ) 認知される子が胎児の場合 ………………………… 189

イ 「認知する父」欄 ………………………………………… 189

ウ 「認知の種別」欄 ………………………………………… 189

エ 「子の母」欄 ……………………………………………… 191

オ 「その他」欄 ……………………………………………… 192

カ 「届出人」欄 ……………………………………………… 192

キ 届出地 …………………………………………………… 192

(5) 強制認知届の審査 …………………………………………… 192

ア 「認知される子」欄 ……………………………………… 192

(ア) 認知される子が未成年者の場合 …………………… 192

(イ) 認知される子が成年者の場合 ……………………… 192

イ 「認知する父」欄 ………………………………………… 192

ウ 「認知の種別」欄 ………………………………………… 192

エ 「子の母」欄 ……………………………………………… 193

オ 「その他」欄 ……………………………………………… 193

カ 「届出人」欄 ……………………………………………… 193

－ 7 －

目　次

　　　キ　届出地 ··· 195
　(6)　報告的認知届（外国の方式により認知が成立した場合）の審査 ········· 195
　　　ア　生後認知の場合 ··· 196
　　　　㋐　「認知される子」欄 ·· 196
　　　　　(ⅰ)　認知される子が未成年者の場合 ····························· 196
　　　　　(ⅱ)　認知される子が成年者の場合 ······························· 196
　　　　㋑　「認知する父」欄 ·· 196
　　　　㋒　「認知の種別」欄 ·· 196
　　　　㋓　「子の母」欄 ·· 196
　　　　㋔　「その他」欄 ·· 196
　　　　㋕　「届出人」欄 ·· 197
　　　　㋖　届出地 ·· 197
　　　イ　胎児認知の場合 ··· 198
　　　　㋐　「認知される子」欄 ·· 198
　　　　㋑　「認知する父」欄 ·· 199
　　　　㋒　「認知の種別」欄 ·· 199
　　　　㋓　「子の母」欄 ·· 199
　　　　㋔　「その他」欄 ·· 199
　　　　㋕　「届出人」欄 ·· 199
　　　　㋖　届出地 ·· 200
　(7)　添付書類 ·· 200
　　　ア　任意認知届 ·· 200
　　　　㋐　認知される子が未成年者の場合 ···································· 200
　　　　㋑　認知される子が成年者の場合 ······································ 200
　　　イ　胎児認知届 ·· 200
　　　ウ　遺言認知届 ·· 200
　　　　㋐　生後認知の場合 ·· 200
　　　　㋑　胎児認知の場合 ·· 201
　　　エ　強制認知届 ·· 201
　　　オ　報告的認知届（外国の方式により認知が成立した場合） ············· 201
　3　養子縁組届 ·· 203
　(1)　養子縁組制度の変遷 ·· 204
　(2)　養子縁組の実質的要件 ·· 205
　(3)　養子縁組の無効・取消し ·· 216

－ 8 －

```
　　　ア　縁組の無効 ……………………………………………………… 216
　　　イ　縁組の取消し ……………………………………………………… 216
　　　　①　取消原因 …………………………………………………………… 217
　　　　②　取消権者 …………………………………………………………… 218
　　　　③　取消しの請求 ……………………………………………………… 218
　　　　④　取消しの効果 ……………………………………………………… 218
　(4)　養子縁組の効果 …………………………………………………………… 219
　　　ア　嫡出親子関係の形成 ………………………………………………… 219
　　　イ　養子の氏 ……………………………………………………………… 219
　　　ウ　養子の親権者 ………………………………………………………… 220
　(5)　養子縁組の形態と戸籍の変動 …………………………………………… 220
　(6)　届書の審査方法 …………………………………………………………… 229
　　　ア　夫婦が15歳以上の未成年者を養子とする縁組届 ………………… 229
　　　イ　夫婦が15歳未満の者を養子とする縁組届 ………………………… 233
　　　ウ　夫婦が15歳未満の嫡出でない子を養子とする縁組届（養子とな
　　　　る者の母が未成年者のため母に代わって親権を行う父母（養子と
　　　　なる者の祖父母）が代諾する場合）………………………………… 236
　　　エ　夫婦が成年者を養子とする縁組届 ………………………………… 238
　　　オ　夫（戸籍の筆頭者）が妻の嫡出である15歳以上の未成年者を養
　　　　子とする縁組届（養子となる者が他籍にある場合）……………… 239
　　　カ　夫（戸籍の筆頭者）が妻の嫡出である15歳未満の者を養子とす
　　　　る縁組届（養子となる者が他籍にある場合）……………………… 240
　　　キ　妻（筆頭者の配偶者）が夫の嫡出である15歳以上の未成年者を
　　　　養子とする縁組届（養子となる者が同籍している場合）………… 241
　　　ク　妻（筆頭者の配偶者）が夫の嫡出である15歳未満の者を養子と
　　　　する縁組届（養子となる者が同籍し，法定代理人である親権者父
　　　　が代諾する場合）…………………………………………………… 243
　　　ケ　夫（戸籍の筆頭者）が妻の嫡出でない15歳以上の未成年者を養
　　　　子とする縁組届（養子が他籍にある場合）………………………… 245
　　　コ　夫（戸籍の筆頭者）が妻の嫡出でない15歳未満の者を養子とす
　　　　る縁組届（養子が他籍にある場合）………………………………… 245
　　　サ　配偶者を有しない戸籍の筆頭者が夫婦を養子とする縁組届 …… 246
　　　シ　配偶者を有しない戸籍の筆頭者が単身者を養子とする縁組届 … 249
　　　ス　戸籍の筆頭者及びその配偶者以外の者が夫婦を養子とする縁組届 …… 250
```

目　次

　　　セ　戸籍の筆頭者及びその配偶者以外の者が単身者を養子とする縁組届 … 252
　　　ソ　夫婦が夫婦を養子とする縁組届 ……………………………………………… 253
　　　タ　夫婦が夫婦の一方を養子とする縁組届（養子が自己の氏を称す
　　　　　る婚姻をしている場合）………………………………………………………… 255
　　　チ　夫婦が夫婦の一方を養子とする縁組届（養子が相手方の氏を称
　　　　　する婚姻をしている場合）……………………………………………………… 256
　　　ツ　夫婦の一方（戸籍の筆頭者）が夫婦を養子とする縁組届 ……………… 257
　　　テ　夫婦の一方（戸籍の筆頭者）が夫婦の一方を養子とする縁組届（養
　　　　　子が自己の氏を称する婚姻をしている場合）……………………………… 257
　　　ト　夫婦の一方（戸籍の筆頭者）が夫婦の一方を養子とする縁組届（養
　　　　　子が相手方の氏を称する婚姻をしている場合）…………………………… 257
　　　ナ　夫婦の一方（筆頭者の配偶者）が夫婦の一方を養子とする縁組
　　　　　届（養子が自己の氏を称する婚姻をしている場合）……………………… 257
　　　ニ　夫婦の一方（筆頭者の配偶者）が夫婦の一方を養子とする縁組
　　　　　届（養子が相手方の氏を称する婚姻をしている場合）…………………… 257
　　　ヌ　夫婦がその嫡出子の配偶者を養子とする縁組届（養子が自己の
　　　　　氏を称する婚姻をしている場合）……………………………………………… 257
　　　ネ　夫婦がその嫡出子の配偶者を養子とする縁組届（養子が相手方
　　　　　の氏を称する婚姻をしている場合）…………………………………………… 258
　　　ノ　夫婦の一方が他方の嫡出子を養子とすると同時にその嫡出子の
　　　　　配偶者を夫婦がともに養子とする縁組届 …………………………………… 258
　　　ハ　夫婦がそれぞれ自己の嫡出子の配偶者である夫婦の一方を養子
　　　　　とする縁組届 …………………………………………………………………… 262
　　　ヒ　生存配偶者が夫婦の一方を養子とする縁組届（養子が自己の氏
　　　　　を称する婚姻をしている場合）………………………………………………… 266
　　　フ　生存配偶者が夫婦の一方を養子とする縁組届（養子が相手方の
　　　　　氏を称する婚姻をしている場合）……………………………………………… 266
　　　ヘ　夫婦が成年者を養子とする縁組届と同時に養子となる者の子（未
　　　　　成年者）を養子とする縁組届 ………………………………………………… 266
　4　養子縁組取消届 ……………………………………………………………………… 268
　（1）届出人 ………………………………………………………………………………… 270
　（2）届出期間 ……………………………………………………………………………… 270
　（3）添付書類 ……………………………………………………………………………… 270
　5　養子離縁届 …………………………………………………………………………… 274

－ 10 －

(1) 協議離縁の実質的成立要件 ………………………………… 274

　ア　離縁意思の存在 ……………………………………………… 274

　イ　15歳未満の養子の離縁における離縁協議者（法定代理人の協議）…… 275

　ウ　縁組当事者の一方が夫婦の場合における離縁 …………… 283

　　(ア)　成年者との離縁 ………………………………………… 283

　　(イ)　未成年者との離縁 ……………………………………… 284

(2) 協議離縁の形式的成立要件 ………………………………… 284

(3) 死亡した縁組当事者の一方との離縁 ……………………… 284

　ア　15歳未満の養子が死亡養親と離縁する場合の離縁協議者（離縁
　　許可の申立人）………………………………………………… 287

　　(ア)　養父母双方が死亡している場合 ……………………… 287

　　(イ)　養父母の一方が死亡している場合 …………………… 288

　　(ウ)　死亡養親との離縁において養子が15歳未満の場合の離縁協議者 … 288

　イ　死亡養子との離縁許可の申立人 ………………………… 289

(4) 裁判離縁 ……………………………………………………… 289

　ア　調停離縁 …………………………………………………… 290

　イ　審判離縁 …………………………………………………… 290

　ウ　判決離縁 …………………………………………………… 291

　エ　和解離縁 …………………………………………………… 292

　オ　請求の認諾離縁 …………………………………………… 292

　カ　訴えの当事者 ……………………………………………… 293

　　(ア)　養親が夫婦である場合 ………………………………… 293

　　(イ)　養子が15歳未満の場合 ……………………………… 293

　　(ウ)　当事者の一方が成年被後見人の場合 ……………… 293

(5) 協議離縁の無効・取消し ………………………………… 294

(6) 離縁の効果 ………………………………………………… 295

(7) 養子離縁の形態と戸籍の変動 …………………………… 295

　ア　養親及び養子ともに夫婦の場合 ……………………… 296

　　(ア)　養子夫婦が養親双方と離縁をするとき …………… 296

　　(イ)　養子夫婦が養親の一方のみと離縁をするとき …… 296

　　(ウ)　養子夫婦の一方（婚姻の際に氏を改めなかった者）と養親双
　　　方と離縁をするとき …………………………………… 297

　　(エ)　養子夫婦の一方（婚姻の際に氏を改めなかった者）と養親の
　　　一方のみと離縁をするとき …………………………… 297

目　次

　　　　(オ)　養子夫婦の一方（婚姻の際に氏を改めた者）と養親双方又は

　　　　　　その一方と離縁をするとき ･･････････････････････････････････････ 297

　　　イ　養親が夫婦で養子が単身者（養親の戸籍に入籍している者）の場合 ･･･ 297

　　　　(ア)　養親双方と離縁をするとき ･･････････････････････････････････ 297

　　　　(イ)　養親の一方のみと離縁をするとき ････････････････････････････ 298

　　　ウ　養親が夫婦で養子が単身者（縁組後分籍している者）の場合 ･･････････ 298

　　　　(ア)　養親双方と離縁をするとき ･･････････････････････････････････ 298

　　　　(イ)　養親の一方のみと離縁をするとき ････････････････････････････ 298

　　　エ　養親が夫婦で養子が養親の戸籍に入籍し，婚姻した後に離縁を

　　　　する場合 ･･ 298

　　　　(ア)　養子が自己の氏（養親の氏）を称して婚姻している場合 ･･･････････ 298

　　　　(イ)　養子が相手方の氏を称して婚姻している場合 ････････････････････ 298

　　　オ　養親夫婦が離婚している場合 ････････････････････････････････････ 299

　　　　(ア)　養子が夫婦の場合 ･･ 299

　　　　(イ)　養子が単身者の場合 ･･････････････････････････････････････ 299

　　　カ　養子夫婦が離婚した後，離縁をする場合 ･･････････････････････････ 300

　　　キ　養親が単身者の場合 ･･ 302

　　　　(ア)　養子が夫婦のとき ･･ 302

　　　　(イ)　養子が単身者のとき ･･････････････････････････････････････ 302

　　　　(ウ)　養子が婚姻した後，離縁するとき ････････････････････････････ 302

　　　ク　死亡養親と離縁をする場合 ････････････････････････････････････ 302

　(8)　離縁の際の氏を称する届出 ･･････････････････････････････････････ 305

　　　ア　縁氏続称の要件 ･･ 306

　　　　(ア)　離縁により復氏したこと ･･････････････････････････････････ 306

　　　　(イ)　他に称すべき氏がないこと ････････････････････････････････ 307

　　　　(ウ)　養子縁組の期間が7年を超えていること ････････････････････････ 309

　　　　(エ)　離縁の日から3か月以内に届出をすること ･･････････････････････ 309

　　　イ　届出人 ･･ 310

　(9)　届書の審査方法 ･･ 311

　　　ア　養親及び養子ともに夫婦の場合 ････････････････････････････････ 312

　　　イ　養親が夫婦で養子が単身者の場合 ･･････････････････････････････ 315

　　　　(ア)　養子が成年者のとき ･･････････････････････････････････････ 315

　　　　(イ)　養子が15歳以上の未成年者のとき ･･････････････････････････ 317

　　　　(ウ)　養子が15歳未満の者のとき ･･････････････････････････････ 318

－ 12 －

目　次

　　ウ　養子が養親の戸籍に入籍し，婚姻した後に離縁する場合 ……………… 324
　　　　㋐　養子が自己の氏（養親の氏）を称して婚姻しているとき ………… 324
　　　　㋑　養子が相手方の氏を称して婚姻しているとき ………………………… 325
　　エ　養親夫婦が離婚している場合（養子が 15 歳以上の単身者の場合）…… 326
　　　　㋐　婚姻の際に氏を改めなかった養親と離縁するとき ………………… 327
　　　　㋑　離婚復氏した養親と離縁するとき ……………………………………… 329
　　　　㋒　養親双方と同時に離縁するとき ………………………………………… 331
　　オ　養親が夫婦で養子夫婦が離婚した後，離縁する場合 ………………… 333
　　　　㋐　養子が婚姻の際に氏を改めなかった者であるとき ………………… 333
　　　　㋑　養子が婚姻の際に氏を改めた者であるとき ………………………… 336
　　カ　夫の氏を称して婚姻した妻が夫死亡後に養子となり，離縁する
　　　　に当たり，実方の氏に復する場合 ……………………………………… 338
　　キ　嫡出でない子が実母及び実母の夫と縁組している場合（養子が
　　　　15 歳未満の者である場合）……………………………………………… 341
　　　　㋐　養親の婚姻中に離縁するとき ………………………………………… 341
　　　　㋑　養親の離婚後に離縁するとき ………………………………………… 343
　　ク　死亡した養親と生存養親と同時に離縁する場合（養子が成年者
　　　　の場合）………………………………………………………………………… 344
　　ケ　死亡した養親双方と離縁する場合（養子が 15 歳未満の者の場合）…… 345
　　コ　死亡した養子と養父母が離縁する場合 ………………………………… 347
　　サ　戸籍法 73 条の 2 の届出 ………………………………………………… 347
　　　　㋐　離縁届と同時に届出があったとき …………………………………… 348
　　　　㋑　離縁復籍後に届出があったとき ……………………………………… 349
　　　　㋒　新戸籍が編製された後に届出があったとき ………………………… 350
　6　養子離縁取消届 ………………………………………………………………… 353
　（1）届出人 ………………………………………………………………………… 354
　（2）届出期間 ……………………………………………………………………… 354
　（3）添付書類 ……………………………………………………………………… 354
　7　婚姻届 …………………………………………………………………………… 354
　（1）婚姻制度の沿革 ……………………………………………………………… 354
　（2）婚姻の実質的成立要件 ……………………………………………………… 355
　　ア　婚姻意思の合致 ………………………………………………………………… 355
　　イ　婚姻適齢（婚姻最低年齢）…………………………………………………… 357
　　ウ　重婚の禁止 ……………………………………………………………………… 357

目　次

エ　再婚禁止期間 ………………………………………………… 358

オ　近親婚の禁止 …………………………………………………… 362

カ　未成年者の婚姻と父母の同意 …………………………… 365

(3)　婚姻の形式的成立要件 …………………………………………… 366

(4)　婚姻の効果 ……………………………………………………… 366

ア　夫婦同氏 ………………………………………………………… 366

イ　同居，協力及び扶助の義務 ……………………………… 367

ウ　守操の義務 …………………………………………………… 367

エ　婚姻による成年擬制 ………………………………………… 367

オ　夫婦間の契約取消権 ………………………………………… 367

カ　夫婦財産制 …………………………………………………… 368

(ア)　夫婦財産契約 …………………………………………… 368

(イ)　法定財産制 …………………………………………… 368

(5)　婚姻の無効・取消し …………………………………………… 368

ア　婚姻の無効 …………………………………………………… 368

(ア)　婚姻意思の欠缺 ……………………………………… 368

(イ)　届出の懈怠 …………………………………………… 369

イ　婚姻の取消し …………………………………………………… 369

(ア)　取消原因 ……………………………………………… 369

(イ)　取消権者 ……………………………………………… 370

(ウ)　取消しの方法 ………………………………………… 370

(エ)　取消しの効果 ………………………………………… 370

(オ)　取消原因等の一覧表 ………………………………… 371

(6)　婚姻の形態と戸籍の変動 ……………………………………… 372

(7)　届書の審査方法 ………………………………………………… 373

ア　戸籍の筆頭に記載した者及びその配偶者以外の者（いずれも成
年者）同士が夫の氏を称する場合 ……………………………… 373

イ　既に戸籍の筆頭者となっている者の氏を称する場合 ………… 376

ウ　同一戸籍内の者が妻の氏を称する場合 ……………………… 377

エ　離婚した同一人が再婚する場合 ……………………………… 378

オ　未成年者同士が夫の氏を称する場合 ………………………… 379

カ　父母の婚姻により子が嫡出子の身分を取得する場合 ……… 381

8　婚姻取消届 …………………………………………………………… 384

(1)　届出人 …………………………………………………………… 384

－ 14 －

(2)　届出期間 ……………………………………………………………… 384

　(3)　添付書類 ……………………………………………………………… 385

　(4)　婚姻取消しの効果 …………………………………………………… 385

9　離婚届 ……………………………………………………………………… 386

　(1)　離婚制度 ……………………………………………………………… 386

　(2)　協議離婚 ……………………………………………………………… 387

　　ア　実質的要件 ………………………………………………………… 387

　　イ　形式的要件 ………………………………………………………… 389

　(3)　協議離婚の無効・取消し …………………………………………… 389

　　ア　協議離婚の無効 …………………………………………………… 389

　　イ　協議離婚の取消し ………………………………………………… 390

　(4)　裁判離婚 ……………………………………………………………… 391

　　ア　調停離婚 …………………………………………………………… 391

　　イ　審判離婚 …………………………………………………………… 391

　　ウ　判決離婚 …………………………………………………………… 391

　　エ　和解離婚 …………………………………………………………… 394

　　オ　請求の認諾離婚 …………………………………………………… 394

　　カ　離婚の裁判の当事者 ……………………………………………… 394

　(5)　離婚の効果 …………………………………………………………… 394

　　ア　姻族関係の終了 …………………………………………………… 395

　　イ　復　氏 ……………………………………………………………… 395

　　ウ　財産分与の請求 …………………………………………………… 395

　　エ　未成年の子の親権者・監護者の決定 …………………………… 395

　(6)　離婚による戸籍の変動 ……………………………………………… 396

　　ア　離婚により婚姻前の氏に復するとき …………………………… 396

　　イ　婚姻の際に氏を改めた者が，婚姻後養子縁組し，離婚をするとき …… 397

　　ウ　転婚者が，離婚をするとき ……………………………………… 397

　(7)　離婚の際に称していた氏を称する届出 …………………………… 398

　(8)　届書の審査方法 ……………………………………………………… 399

　　ア　夫の氏を称して婚姻した夫婦が協議離婚の届出をする場合 …… 400

　　イ　夫の氏を称して婚姻し，夫婦で養子となった後，協議離婚の届
　　　　出をする場合 ……………………………………………………… 404

　　ウ　転婚者（妻）が，実方の氏を称して新戸籍編製の申出をする協
　　　　議離婚の届出をする場合 ………………………………………… 406

－ 15 －

目　次

　　　エ　家庭裁判所で成立した和解離婚の届出をする場合 ……………………… 407
　　　オ　裁判離婚の届出人でない者が，離婚届書の「その他」欄に新戸
　　　　籍を編製する旨記載して離婚の届出をする場合 …………………………… 408
　　　カ　戸籍法 77 条の 2 の届出 ………………………………………………………… 409
　　　　㈰　離婚の届出と同時に戸籍法 77 条の 2 の届出をする場合 ……………… 411
　　　　㈪　離婚復籍後に戸籍法 77 条の 2 の届出をする場合 ……………………… 412
　　　　㈫　離婚によって新戸籍が編製された後，戸籍法 77 条の 2 の届出
　　　　　をする場合 ……………………………………………………………………… 413
　　　　㈬　転婚者（妻）が，離婚によって実方の氏に復する離婚の届出
　　　　　と同時に，戸籍法 77 条の 2 の届出をする場合 …………………………… 414
　10　離婚取消届 ……………………………………………………………………………… 418
　　⑴　届出人 ……………………………………………………………………………… 419
　　⑵　届出期間 …………………………………………………………………………… 419
　　⑶　添付書類 …………………………………………………………………………… 419
　11　親権（管理権）届 …………………………………………………………………… 419
　　⑴　親権者 ……………………………………………………………………………… 420
　　　ア　嫡出子の親権者 ……………………………………………………………… 420
　　　イ　嫡出でない子の親権者 ……………………………………………………… 421
　　　ウ　養子の親権者 ………………………………………………………………… 422
　　　エ　親権者の変更 ………………………………………………………………… 424
　　⑵　親権の内容 ………………………………………………………………………… 425
　　　ア　親権の内容 …………………………………………………………………… 425
　　　イ　利益相反行為についての親権の制限 ……………………………………… 426
　　⑶　親権の喪失 ………………………………………………………………………… 426
　　　ア　親権喪失の審判 ……………………………………………………………… 427
　　　イ　親権停止の審判 ……………………………………………………………… 428
　　　ウ　管理権喪失の審判 …………………………………………………………… 429
　　　エ　親権喪失，親権停止又は管理権喪失の審判の取消し ………………… 429
　　　オ　親権又は管理権の辞任及び回復 …………………………………………… 430
　　⑷　届書の審査方法 …………………………………………………………………… 431
　　　ア　父母離婚後に出生した子について，父母の協議で父を親権者と
　　　　定める届出をする場合 ……………………………………………………… 431
　　　イ　父から母に親権者を変更する審判書を添付した親権者変更届出
　　　　をする場合 …………………………………………………………………… 432

－ 16 －

ウ　親権喪失の審判を受けた親権者父について親権喪失取消しの審
判が確定した届出を親族からする場合 ……………………………………… 433

エ　離婚した父母が再婚する場合の婚姻届書「その他」欄に記載が
ある場合 …………………………………………………………………………………………… 433

オ　父母離婚の際，父を親権者と定められた未成年の子が，父の後
妻と縁組する場合の届書「その他」欄に記載がある場合 ……………… 433

12　未成年者の後見届 ………………………………………………………………………………… 435

（1）　未成年後見の開始 …………………………………………………………………………… 435

（2）　未成年後見の機関 …………………………………………………………………………… 436

（3）　未成年後見の終了 …………………………………………………………………………… 437

（4）　届書の審査方法 ……………………………………………………………………………… 438

ア　遺言による未成年者の後見届をする場合 ……………………………………… 438

イ　未成年後見人選任の審判による場合 ……………………………………………… 438

13　死亡届 ………………………………………………………………………………………………… 439

14　失踪届 ………………………………………………………………………………………………… 445

15　生存配偶者の復氏届 …………………………………………………………………………… 447

16　姻族関係終了届 …………………………………………………………………………………… 448

17　推定相続人廃除届 ………………………………………………………………………………… 449

18　入籍届 ………………………………………………………………………………………………… 449

ア　15歳未満の子の母の氏を称する入籍届出を法定代理人である母
がし，母について新戸籍を編製する場合 ………………………………………… 452

イ　婚姻中の養父及び実母の氏を称する入籍届出を15歳以上の未
成年者がする場合 ……………………………………………………………………………… 453

19　分籍届 ………………………………………………………………………………………………… 455

20　国籍取得届出 ……………………………………………………………………………………… 456

（1）　国籍法3条による取得 …………………………………………………………………… 456

（2）　国籍法17条による取得 ………………………………………………………………… 458

（3）　届書の審査方法 ……………………………………………………………………………… 458

21　帰化届出 …………………………………………………………………………………………… 461

22　国籍喪失届出 ……………………………………………………………………………………… 462

23　国籍留保届 ………………………………………………………………………………………… 463

24　国籍選択届 ………………………………………………………………………………………… 465

25　外国国籍喪失届 …………………………………………………………………………………… 467

26　氏の変更届 ………………………………………………………………………………………… 467

目　次

  (1)　戸籍法 107 条 1 項の届 ･･･ 467

  (2)　戸籍法 107 条 2 項の届 ･･･ 471

  (3)　戸籍法 107 条 3 項の届 ･･･ 473

  (4)　戸籍法 107 条 4 項の届 ･･･ 474

  (5)　外国人配偶者の氏変更の申出 ･･･････････････････････････････････ 476

 27　名の変更届 ･･･ 477

 28　転籍届 ･･･ 478

 29　就籍届 ･･･ 479

第 10　戸籍記載の嘱託 ･･･ 482

 1　戸籍記載を嘱託すべき審判等 ･･･････････････････････････････････････ 483

 2　戸籍記載の嘱託手続 ･･･ 484

 3　性別の取扱いの変更の審判に基づく戸籍記載の嘱託があった場合 ･････ 485

 (1)　当該審判を受けた者の戸籍に在る者又は在った者が他にあるとき ･･････ 486

 (2)　当該審判を受けた者が戸籍の筆頭者であって他に在籍者がいない

  とき（過去に在籍者があり，除籍となっているときを除く。）･･･････････ 488

－ 18 －

第1　はじめに

　戸籍事務とは，戸籍法上の届出の受理及び戸籍の記載を中心とする一連の事務とこれに当然に付随する所要の事務を包括したものをいうといわれています。この戸籍事務は，従来，国の機関としての市区町村長が処理する機関委任事務とされていましたが，平成11年法律第87号「地方分権の推進を図るための関係法律の整備等に関する法律」により戸籍法の一部が改正され，平成12年4月1日からは，市区町村が処理する，第一号法定受託事務（戸籍法1条2項）に区分され，市区町村長は，その執行機関として，戸籍事務を管掌することとされました（同法1項）。この第一号法定受託事務とは，法律又はこれに基づく政令により都道府県，市町村又は特別区が処理することとされる事務のうち，国が本来果たすべき役割に係るものであって，国においてその適正な処理を特に確保する必要があるものとして法律又はこれに基づく政令により特に定めるもの（地方自治法2条9項1号）をいいます。

　上記のように，戸籍事務は，市区町村が処理することとされ，市区町村長は，その執行機関として，戸籍事務を管掌することとされましたが，実際には，市区町村の戸籍事務を担当する方々が処理をすることになります。全国で戸籍事務を担当している方々のうちの大半が，住民基本台帳事務や年金事務等との兼務をしている実情です。戸籍事務を専門に担当している方は，大都市等の市区役所の方に限られ，地方都市や町村役場になればなるほど兼務者の比率が高くなる傾向にあります。

　また，戸籍事務の経験年数は，市区町村における人事異動サイクルが早くなっていることや戸籍事務のコンピュータ化などから3年未満の経験年数の浅い方が半数近くを占め，一方，10年以上の経験を有する，いわゆるベテランという方は，10%程度であると思われますが，そのうち80%を超える方が兼務者であると推測されます（平成27年度戸籍事件表，戸籍934号）。

　このように，戸籍事務を担当している方々は，短期の人事異動サイクルによ

－1－

第1 はじめに

り，また，慣れない戸籍事務を他の事務をも処理しながら一生懸命頑張ってい
るということになります。

　戸籍事務担当者が口に出して言うことは，「戸籍事務は難しい」，「戸籍事務
は1年や2年では到底習得できない」，「法律や先例がたくさんあり大変だ」と
いうことではないでしょうか。でも，それほど深刻に考えなくてよいのではと
思います。戸籍事務の学び方さえ覚えてしまえば，短期間で相当な程度まで処
理することができるものと思います。そして，戸籍訂正までもできるのではな
いでしょうか。決して戸籍訂正は難しいものではありませんし，戸籍の基礎が
できていれば，戸籍訂正も通常の届出と変わらないという感覚で処理できるも
のと思います。従前刊行された「改訂戸籍研修」（法務省民事局第二課戸籍実務
研究会編，昭和63年5月テイハン）では触れられていませんでした戸籍訂正につ
いて，本書では，第11戸籍訂正・追完の項において，初歩的な訂正を含め，数
多くの訂正事例を取り上げています。

　それでは，どのような方法で戸籍事務を学び，また，どのような法律を実際
どのように学べばよいのかと危惧されるかもしれませんが，筆者自身の体験を
も踏まえながら，以下にその方法等を述べることにします。

　なお，文中意見にわたる部分については，私見であることをあらかじめお断
りしておきます。

- 2 -

第2 戸籍事務と関わりのある法律等

　本論に入る前に，戸籍事務を処理するためには，どのような法律が関わっているのか，また，それをすべてマスターしなければならないのか，との疑問をお持ちではないでしょうか。戸籍事務に関わる法律は，国籍法，民法等の実体法と戸籍法等の手続法があります。

> **【問1】** 戸籍事務との関わりのある法律には，どのようなものがあり，どのように学べばよいのでしょうか。

　まず，民法があります。民法は，国民の日常生活を規律する基本法といわれているものです。

　民法は，第1編総則，第2編物権，第3編債権，第4編親族及び第5編相続で構成されています。いずれも，明治31年7月16日に施行されたものですが，第4編と第5編については，現行憲法の宣言する個人の尊厳と両性の本質的平等等の理念に従って，根本的な改正が行われ，昭和23年1月1日から改正法が施行されています。民法第1編から第3編までの条文は漢字片仮名書き文語体でできておりましたが，平成16年法律第147号により改正され，平成17年4月1日から，第4編及び第5編と同様漢字平仮名書き口語体（以下「現代語化」という。）となりました。

　民法は，第1編から第5編まで1044条の条文構成（「の」条文。例えば，民法817条の2のように，「何条の2，何条の3」という条文が多くありますので，実際は，かなりの数になります。）となっていますが，戸籍事務に携わっている方に必要となるのは，民法第1編総則の一部と第4編親族ということになりますが，民法の条文は全て現代語化されていますから，初任者にとっても条文をじっくり読めば理解できると思います。また，どのような条文構成でできているかを知ることが法律を理解する上でも役立ちますので，戸籍六法等を常に机上に備え置き，目をとおす習慣を身に付けておくことが大切です。

－ 3 －

また，民法は，昭和23年以降にその一部改正がされていますが，そのうち親族編の改正で戸籍事務との関わりが大きいものとしては，昭和51年（昭和51年法律66号）及び昭和62年（昭和62年法律101号）の改正です。この改正に伴う戸籍事務の取扱いは，前者については昭和51年5月31日付け民二3233号通達（筆者注；婚氏続称制度の創設に伴う戸籍事務の取扱い等），後者については昭和62年10月1日付け民二5000号通達（筆者注；養子縁組制度の大幅な改正及び特別養子縁組の創設に伴う戸籍事務の取扱い等）があります。その他の改正もありますがそれほど大幅な取扱いの改正ではないと思います。

次に，国籍法があります。国籍法は，憲法10条（国民の要件；日本国民たる要件は，法律でこれを定める。）に基づき日本国民である資格を定めることを目的として，国籍の取得や喪失の要件，手続等を規定する法律です。現行国籍法は，昭和25年7月1日に施行され，昭和59年に一部改正がされています。この改正に伴う戸籍事務の取扱いは，昭和59年11月1日付け民二5500号通達（筆者注；届出による国籍取得制度及び国籍選択制度の創設に伴う戸籍事務の取扱い等）があります。この法律も漢字平仮名書き口語体になっています。

次に，法の適用に関する通則法（平成18年法律第78号・平成19年1月1日施行。以下「通則法」という。）があります。この通則法によって法例（明治31年法律第10号）は廃止されましたが，家族法に関する法例は，全て現代語化され，条数が変更されたほかは，通則法にそのまま取り込まれています。この通則法は，国際私法に当たるものです。国際私法とは，渉外的私法関係に適用する法を指定する法（注1）です。複数の国の法律のうち準拠法（注2）を選び出し，法律の抵触を解決するものです。抵触法とも呼ばれています。通則法に基づく戸籍事務については，平成元年10月2日付け民二3900号民事局長通達（著者注；法例の一部を改正する法律の施行に伴う戸籍事務について）によることとされています。

次に，戸籍法及び戸籍法施行規則があります。戸籍法は，手続法ですから，必ずマスターしなければなりませんが，まず，戸籍法全体の条文構成がどのようになっているかを頭に入れるとよいでしょう。戸籍六法等では，目次が掲載

されていますので，目次を見ることによってその構成が分かります。戸籍法は，民法の条文構成と若干異なっていることが分かると思います。民法親族編は，総則の次が婚姻・離婚になりますが，戸籍法は，届出の章においては，出生から始まります。これは，戸籍は人が生まれてから亡くなるまでの身分関係を登録公証することからではないでしょうか。

　次に，家事事件手続法及び家事事件手続規則があります。家事事件手続法は，従前の家事審判法を全面的に改正し，家事審判規則等の規則にあった規定を取り入れて293条の条文を有するものであり，また，家事事件手続規則は，従前の家事審判規則及び特別家事審判規則を併せた140条の条文からなるものです。家事事件手続法は，昭和22年の家事審判法の制定後，家族をめぐる社会状況，国民の法意識は著しく変化し，家族間の事件の中にも関係者の利害の対立が激しく解決の困難な家事事件が増えてきたこと等を背景として，法整備を図ったものです。戸籍事件では，審判が効力を生ずると戸籍記載の嘱託（家事事件手続法116条）がされ，また，審判が確定すると戸籍事務管掌者へ通知がされます（家事事件手続法95条等）ので，身近な法律の一つです。

　従来，外国人登録法がありましたが，この法律は，平成23年12月26日に「出入国管理及び難民認定法及び日本国との平和条約に基づき日本の国籍を離脱した者等の出入国管理に関する特例法の一部を改正する等の法律の施行期日を定める政令」（平成23年政令第419号）が公布され，新しい在留管理制度の施行により廃止（平成24年7月9日）されました。しかし，出入国管理及び難民認定法上での在留カード等の事務，また，住民基本台帳法上での外国人に関する住民票に係わる事務がありますが，これらも戸籍事務と関連します。そして，法律ではありませんが，人口動態調査令もあります。

　最後に，法務省民事局長等の通達，回答があります。一般には，先例といわれているものです。通達は，民法・戸籍法等の法律が改正された際に，その解釈や戸籍事務の取扱いを全国統一的に処理するために発出されるものです。したがって，法改正があった場合には，必ず発出されていますので，確認しておく必要があります。基本的に覚えておく必要がある通達は，戸籍六法等に掲載

第2 戸籍事務と関わりのある法律等

されていますので，目を通す機会が多いと思います。回答は，戸籍先例集に掲載されていますが，個別事案も多いことから，実際の事案（窓口に届出された事案）と先例の事案とを対比して確認をしないと間違いの元になりますので，注意が必要です。

（注1）例えば，日本人と外国人間の身分行為，外国人相互間の身分行為，外国における日本人相互間の身分行為等の場合に日本の民法を適用するのか，又は外国人の本国法を適用するのかを規定したものです。

（注2）渉外的法律関係に適用される法として，国際私法によって指定される法です。例えば，日本人と外国人との婚姻にあっては，日本人については日本民法が，外国人についてはその者の本国法を適用する場合（通則法24条1項：婚姻の成立は，各当事者につき，その本国法による。）等です。

- 6 -

第3 戸籍の記載手続・記載事項等

　第2に記したように，戸籍事務を処理するためには，数多くの法令を学ぶ必要がありますが，一度に覚えるのは初任者にとっては非常に苦痛ではないでしょうか。また，窓口に届書類等を持参したお客様は，迅速で適正な事務処理を望んでいますから，事務処理に時間がかかるのはお役所仕事だといらだつでしょうし，そんなに長く待ってはいただけないのが実情ではないでしょうか。そのためには，どのように戸籍事務を習得するかです。

　それでは，戸籍の記載手続から述べていくことにしましょう。戸籍事務を習得するためには，私の経験では，戸籍の記載を覚えるのが一番の早道ではないかと思います。できれば，戸籍届書を見て，ノート等に手書きして覚えるとよいでしょう。戸籍事務の初任者の方は，各市区町村の実情により差異はあると思いますが，証明事務から始めるか，記載事務から始めるかではないでしょうか。いずれにしても，戸籍にはどのような事項が記載されているのか，また，その記載は，どのような根拠に基づいているものなのかを理解する必要があります。戸籍の記載例は，法定及び参考を合わせて約450ほどですが，それほど難しいものではありません。後述する，戸籍法施行規則附録6号戸籍の記載のひな形の記載例を覚えれば，あとは応用問題ですから，それほど心配することはありません。

　戸籍の記載を覚えるのが一番の早道と述べました。紙戸籍による事務処理の場合は，一つの身分事項を一文で記載することとしていましたので，届書を審査し，その届書により適正に戸籍の記載ができるか否かで，当該届出を審査し，受理・不受理の判断をしていたと思います。しかし，現在では，コンピュータによる事務処理が主力ですから，戸籍の記録場面では，「タイトル」を指定し，「インデックス」（項目）を選択して記録する処理になっていますので，わざわざ記載例を覚えるという経験則がないものと思います。そこで，戸籍六法には，紙戸籍の記載例とコンピュータシステムによる証明書記載例が並

－7－

第3 戸籍の記載手続・記載事項等

立して掲載されていますので，まず紙戸籍で処理する場合において，届書に記載されている内容により，その記載ができるか否かを頭に入れて審査する方法を取り入れてみたらいかがでしょうか。特に，戸籍訂正申請がされた場合は，紙戸籍ではどのような記載になるのかを考えると，審査に役立つと思います。

1 戸籍の記載手続

> 【問2】戸籍の記載は，どのような根拠に基づいてすることになるのですか。説明してください。

戸籍法は，戸籍の記載手続について15条で「戸籍の記載は，届出，報告，申請，請求若しくは嘱託，証書若しくは航海日誌の謄本又は裁判によつてこれをする。」と規定しています。この記載手続は，具体的には戸籍記載例で説明すると分かりやすいと思いますので，法定及び参考を例にとって説明します。例えば，「【届出人】父」（法定1），「【報告者】千倉警察署長」（参考166），「【申請人】父」（法202），「【記録請求日】平成年月日」（法定81），「【記録嘱託日】平成年月日」（法定108），「【証書提出日】平成年月日」（法定77），「【航海日誌謄本提出日】」（参考1）及び「【特記事項】平成年月日受理を命ずる裁判確定」（法定66）等です。この15条に掲げられているものが原則ですが，例外として，市区町村長の職権によって記載する場合があります（戸籍法24条・44条，戸籍法施行規則41条・43条・45条）。

それでは，15条に規定されている記載手続について，一つ一つ具体的にはどのようなものかをみてみましょう。

(1) 届 出

> 【問3】届出により戸籍の記載をするとありますが，どのようなものがあるのですか。説明してください。

届出には，報告的届出，創設的届出及び前記両届出を併有した届出があります。

－ 8 －

第3　戸籍の記載手続・記載事項等

　報告的届出とは，既に発生した事実あるいは判決・審判等によって確定した身分関係について届け出るもので，典型的なものとしては，出生届，死亡届，裁判離婚届等です。これらの届は，届出が義務付けられているものです。この場合の戸籍の記載は，例えば，出生届は，「平成4年1月10日東京都千代田区で出生同月14日父届出入籍」（法定1）と記載します（コンピュータシステムによる証明書記載例では，「【出生日】平成4年1月10日」，「【出生地】東京都千代田区」，「【届出日】平成4年1月14日」，「【届出人】父」と記録します。）。

　創設的届出とは，届出によって初めて効力が生じるものです。身分行為においては，戸籍の届出をすることによって，一定の身分関係が形成されます。例えば，養子縁組届，婚姻届，協議離縁届，協議離婚届等です。これらは，民法で規定されているものですが，戸籍法上の効力が発生するものとしては，戸籍法に規定されている入籍届，分籍届，転籍届等があります。この場合の戸籍の記載は，例えば，婚姻届は，「平成4年1月10日乙野梅子と婚姻届出（以下略）」（法定59等）と記載します（コンピュータシステムによる証明書記載例では，「【婚姻日】平成4年1月10日」，「【配偶者氏名】乙野梅子（以下略）」と記録します。）。

　併有した届出とは，創設的届出である認知届，報告的届出である出生届の両方を一つの届出とする戸籍法62条の認知届出の効力を有する嫡出子出生届等です。この記載例は，法定5に示されています。

(2)　報　告

【問4】報告により戸籍の記載をするとありますが，どのようなものがあるのですか。説明してください。

　報告というのは，あまり聞き慣れないと思いますが，報告には，水難，火災その他の事変によって死亡した者がある場合の事変による死亡報告（戸籍法89条），死亡者の本籍が明らかでない場合又は死亡者を認識することができない場合の本籍不明者・認識不能者の死亡報告（戸籍法92条），官庁又は公署がその職務上国籍を喪失した者があることを知ったときにする国籍喪失報告（戸籍法

－9－

第3 戸籍の記載手続・記載事項等

105条1項）等があります。この場合の戸籍の記載は，例えば，水難により死亡した者の死亡報告は，「平成6年3月12日千倉警察署長報告」（参考166）とします（コンピュータシステムによる証明書記載例では，「【報告日】平成6年3月12日」，「【報告者】千倉警察署長」と記録します。）。

(3) 申　請

┌───┐
【問5】申請により戸籍の記載をするとありますが，どのようなものがあ
　　　るのですか。説明してください。
└───┘

　申請の典型は，戸籍訂正申請です。戸籍の記載が法律上許されないものであること又はその記載に錯誤若しくは遺漏があることを発見した場合（戸籍法113条），届出によって効力を生ずべき行為について戸籍の記載をした後に，その行為が無効であることを発見したとき（戸籍法114条）又は確定判決によって戸籍の訂正をすべきとき（戸籍法116条）には，利害関係人等が家庭裁判所の許可等を得て，戸籍訂正申請をすることになります。この場合の戸籍の記載は，「平成4年2月17日父申請」（法定202）とします（コンピュータシステムによる証明書記載例では，「【申請日】平成4年2月17日」，「【申請人】父」と記録します。）。また，棄児の引取りによる訂正申請も，その一つです。この記載例は，参考18に示されています。

(4) 請　求

┌───┐
【問6】請求により戸籍の記載をするとありますが，どのようなものがあ
　　　るのですか。説明してください。
└───┘

　請求というのも聞き慣れないものと思います。請求とは，検察官が訴えを提起した事案について裁判が確定した場合の検察官からの戸籍記載請求です。民事に関して公益代表者として検察官が関与できるものがあります。民法は，婚姻適齢に満たない者の婚姻，重婚をした者があった場合等について，検察官から，その取消しを裁判所に請求することができると規定しています（民法744条1項本文）。この規定に基づいて検察官が訴えを提起し，その裁判が確定し

－ 10 －

た後に検察官が戸籍の記載を請求するものです（戸籍法75条2項）。この場合の戸籍の記載は，例えば，婚姻取消しの記載請求は，「平成8年5月18日請求」（法定82等）とします（コンピュータシステムによる証明書記載例では，「【記録請求日】平成8年5月18日」と記録します。）。

(5) **嘱　託**

> 【問7】嘱託により戸籍の記載をするとありますが，どのようなものがあるのですか。説明してください。

　嘱託とは，裁判所書記官が家事事件について一定の事項を戸籍事務管掌者へ戸籍記載の嘱託をすることです。家事事件手続法116条は，裁判所書記官は，次に掲げる場合（①別表第一に掲げる事項についての審判又はこれに代わる裁判が効力を生じた場合，②審判前の保全処分が効力を生じ，又は効力を失った場合）には，最高裁判所規則で定めるところにより，遅滞なく，戸籍事務を管掌する者に対し，戸籍の記載を嘱託しなければならないと規定しています。この場合の戸籍の記載は，「平成24年6月4日嘱託」（法定108等）とします（コンピュータシステムによる証明書記載例では「【記録嘱託日】平成24年6月4日」と記録します。）。

(6) **証書の謄本**

> 【問8】証書の謄本により戸籍の記載をするとありますが，どのようなものがあるのですか。説明してください。

　証書の謄本とは，外国にある日本人がその国の方式に従って婚姻をしたような場合に婚姻挙行地において婚姻証書が発給されますが，その証書の謄本を作成して，在外公館等に提出したものです。一般的には，41条証書の提出といわれています（戸籍法41条1項）。この場合の戸籍の記載は，「平成9年4月20日証書提出」（法定77等）とします（コンピュータシステムによる証明書記載例では，「【証書提出日】平成9年4月20日」と記録します。）。

第3 戸籍の記載手続・記載事項等

(7) 航海日誌の謄本

【問9】 航海日誌の謄本により戸籍の記載をするとありますが，どのようなものがあるのですか。説明してください。

　航海日誌の謄本とは，船員法に基づいて船長が船舶に備え置くべき船舶書類の一つに航海日誌（船員法18条1項3号）があり，その様式等も定められており（船員法施行規則11条1項2号書式6表等），この書式の謄本をいいます。戸籍法は，航海中に出生があったときは，船長は，出生届書に記載する事項を航海日誌に記載し，最寄りの港に着いたときは，遅滞なく出生に関する航海日誌の謄本をその地の市町村長に送付しなければならないとしています（戸籍法55条）。この場合の戸籍の記載は，「平成6年3月10日航海日誌の謄本提出」（参考1）とします（コンピュータシステムによる証明書記載例では，「【航海日誌謄本提出日】平成6年3月10日」と記録します。）。

(8) 裁 判

【問10】 裁判により戸籍の記載をするとありますが，どのようなものがあるのですか。説明してください。

　裁判とは，受理を命ずる裁判のことです。戸籍法121条は，「戸籍事件について，市町村長の処分を不当とする者は，家庭裁判所に不服の申立てをすることができる。」と規定しています。例えば，市町村長が，婚姻届を不受理とした場合に，婚姻当事者がそれを不服として家庭裁判所に不服を申立て，この申立てを家庭裁判所が認めると，家庭裁判所は市町村長に相当な処分を命ずる（家事事件手続法230条2項）ことになります。これを受理を命ずる裁判といいます。この場合の戸籍の記載は，「平成6年8月10日受理を命ずる裁判確定」（法定66等）とします（コンピュータシステムによる証明書記載例では，「【特記事項】平成6年8月10日受理を命ずる裁判確定」と記録します。）。

- 12 -

第3 戸籍の記載手続・記載事項等

(9) 職 権

【問11】 例外として職権により戸籍の記載をする場合があるとのことですが，どのようなものがあるのですか。説明してください。

市区町村長による職権記載は，届出主義の原則によることができないとき，又はそれによることが適当でない場合に認められるもので，次のようなものがあります。

ア 届出を怠った者がある場合

市区町村長は，届出を怠った者があることを知ったときは，相当の期間を定めて，届出義務者に対し，その期間内に届出をすべき旨を催告しなければならないとし，その期間内に届出をしなかったときは，更に相当の期間を定めて催告をすることができるとしています（戸籍法44条1項，2項）。この届出を怠った者があるということを市区町村長が知り得るのは，離婚，離縁その他戸籍の届出又は訂正を要する事項について，家庭裁判所において調停が成立したとき又は審判が確定したときに，裁判所書記官から事件本人の本籍地市区町村長にその旨の通知がされますが，これが，典型的なものです。例えば，離縁の調停が成立すると，裁判所書記官から事件本人の本籍地市区町村長へ通知がされます（家事事件手続規則130条）が，この離縁の調停が成立したときは，10日以内に届出をしなければならないとされています（戸籍法73条1項・63条1項。届出義務が課されています。）ので，期間内に届出がないときは，届出義務者に催告し，催告をしても届出がないときは，管轄法務局の長の許可を得て戸籍の記載をすることになります（戸籍法44条3項・24条2項）。この場合の戸籍の記載は，「平成5年9月10日許可同月11日記載」（参考102）とします（コンピュータシステムによる証明書記載例では，「【許可日】平成5年9月10日」，「【記録日】平成5年9月11日」と記録します。）。

イ 戸籍訂正申請を怠った者がある場合

市区町村長が戸籍訂正申請を怠った者があることを知り得る機会は，例えば，戸籍法113条及び114条の戸籍訂正許可の審判が確定すると，裁判所書記官

- 13 -

第3　戸籍の記載手続・記載事項等

から当該戸籍のある市区町村長に戸籍訂正許可が確定した旨の通知がされます（家事事件手続規則119条1号）。したがって，戸籍訂正申請がない場合は，アと同様の手続により，市区町村長は戸籍の記載（訂正）をすることになります。

　ウ　市区町村長が誤って戸籍の記載をした場合

　市区町村長が誤って戸籍の記載をした場合，その戸籍訂正申請を届出人等にさせることは，届出人等に対して負担を強いることになりますから，このような場合は，管轄法務局の長の許可を得て戸籍の訂正若しくは記載をすることになります（戸籍法24条2項）。例えば，死亡届がされ，本来は，甲戸籍のAに死亡の記載をすべき場合において，乙戸籍のBに死亡の記載をしたような場合です。この場合の戸籍の記載は，「死亡の記載は誤記につき平成5年12月10日許可同月13日その記載消除」（参考211）とします（コンピュータシステムによる証明書記載例では，「【消除日】平成5年12月13日」，「【消除事項】死亡事項」，「【消除事由】死亡の記録誤記」，「【許可日】平成5年12月10日」，「【従前の記録】（省略）」と記録します。）。

　　エ　戸籍の記載が法律上許されないものであること又はその記載に錯誤，遺
　　　漏があることを発見し，戸籍訂正申請をするように催告したが，関係人か
　　　らその申請がない場合

　戸籍の記載が法律上許されないものであることとは，日本人でない者が戸籍に登載されているような場合です。例えば，日本人男と外国人女の婚姻後に出生した子は，日本国籍を取得します（国籍法2条1号）が，その婚姻が無効となったときは，子は外国人女の嫡出でない子となり，日本国籍を取得したことは誤りとなりますので，アと同様の手続により，市区町村長は戸籍の記載（訂正）をすることになります。また，戸籍の記載に錯誤又は遺漏がある場合も同様ですが，その錯誤又は遺漏が，市区町村長の過誤によるものであることが届書類によって明白であり，かつ，その内容が軽微（注）で，訂正の結果が身分関係に影響を及ぼさない場合には，許可を要せずに市区町村長限りの職権訂正ができるとされています（昭和47年5月2日民事甲1766号通達）。

- 14 -

オ　本籍地の変更後に届書類を受理した場合

戸籍法施行規則41条1項は，「本籍地の変更の後に，原籍地の市町村長が，届書，申請書その他の書類を受理したときは，新本籍地の市町村長にこれを送付し，且つ，その書類によってした戸籍の記載は，これを消除して，戸籍にその事由を記載しなければならない。」と規定しています。例えば，父母の本籍がA市からB市に転籍した後に生まれた子の本籍をA市と記載した出生届が受理され，それに基づいてした子の記載を消除する場合です。この場合，市区町村長は，職権訂正書を作成し，出生の記載を消除する訂正をすることになります。この場合の戸籍の記載は，「出生の記載は転籍届受理後にされているため平成3年10月3日その記載消除」（参考217）とします（コンピュータシステムによる証明書記載例では，「【消除日】平成3年10月3日」，「【消除事項】出生事項」，「【消除事由】出生の記録が転籍届受理後にされているため」，「【従前の記録】（省略）」と記録します。）。

カ　同一事件について数個の届出があった場合において，後に受理した届出によって戸籍記載をした場合

戸籍法施行規則43条は，「同一の事件について，数人の届出人から各別に届出があつた場合に，後に受理した届出によつて戸籍の記載をしたときは，前に受理した届出に基づいてその戸籍の訂正をしなければならない。」と規定しています。例えば，非本籍地において父が出生の届出をした後に，本籍地において同一の子について同居者が出生の届出をし，戸籍の記載後に父が届出をした出生届が本籍地市区町村に送付されたような場合です。この場合，オと同様，市区町村長は，職権訂正書を作成し，後の届出による出生の記載を消除することになります。この場合の戸籍の記載は，「同居者丙原正作届出による出生の記載は父の出生届受理後にされているためその記載消除」（参考218）とします（コンピュータシステムによる証明書記載例では，「【消除日】平成4年1月18日」，「【消除事項】出生事項」，「【消除事由】同居者丙原正作届出による出生の記録が父の出生届出受理後にされているため」，「【従前の記録】（省略）」と記録します。）。

- 15 -

第3 戸籍の記載手続・記載事項等

キ 行政区画等の変更があった場合

戸籍法施行規則45条は,「行政区画,土地の名称,地番号又は街区符号の変更があつたときは,戸籍の記載は訂正されたものとみなす。ただし,その記載を更正することを妨げない。」と規定しています。戸籍先例は,「本条の改正により,本籍地番号の変更があったときも,戸籍の記載は訂正されたものとみなされ,更正手続は任意であるが,利害関係人からの申出等により,変更後の地番号が明らかとなった場合には,更正をすべきである。謄抄本は,更正の有無にかかわりなく,原本のまま謄写するのを原則とするが,行政区画及び土地の名称の変更については,その記載を更正しない場合でも,変更後のものに引き直して作成交付すべきである。」(昭和33年12月20日民事甲2612号通達(四))としています。

なお,コンピュータシステムにより戸籍事務を処理している市区町村においては,行政区画,土地の名称,地番号等の変更があったときは,記録を更正する処理がされますので,記録事項証明書の請求があった場合においても,問題はありません。

ク 事件本人等から申出があった場合

申出によって市区町村長の職権発動を促すのは,氏又は名の誤字・俗字等の文字を正字等に訂正又は通用字体へ更正する場合(平成2年10月20日民二5200号通達)が一番多いのではないでしょうか。この場合の戸籍の記載は,「平成18年10月1日「喜」に文字訂正」(参考219)とします(コンピュータシステムによる証明書記載例では,「【訂正日】平成18年10月1日」,「【従前の記録】【氏】喜多」と記録します。)。

(注)内容が軽微とは,例えば,出生の年月日,届出の年月日又は父母との続柄を誤記した場合,あるいは,養子縁組の代諾者の資格又は氏名を遺漏した場合などをいうとされています(昭和47年5月2日民事甲1766号通達)。

2 戸籍の記載事項

戸籍の記載手続については,上記1で述べたように,届出等に基づいてする

第3　戸籍の記載手続・記載事項等

ことになりますが，それでは，戸籍にはどのような内容を記載するのでしょうか。

```
【問12】 戸籍に記載する事項は，どのようなものですか。それは，どのような規定に基づくものですか。説明してください。
```

　戸籍法13条は，「戸籍には，本籍の外，戸籍内の各人について，左の事項を記載しなければならない。」と規定し，1号の氏名から8号のその他法務省令で定める事項の8事項を示しています。それでは，一つ一つをみていきましょう。

　まず1号は，「氏名」を記載しなければならないとしています。

　通常「名」欄といい，名を記載している欄がありますが，本来は「氏名」欄というべきなのです。しかし，戸籍編製基準（戸籍法6条）を考えてみていただくと分かると思いますが，戸籍法6条本文は，「戸籍は，市町村の区域内に本籍を定める一の夫婦及びこれと氏を同じくする子ごとに，これを編製する。」と規定していますから，同一戸籍内の者はすべて呼称上の氏を同じくしています（民法上の氏を同じくしている場合と，民法上の氏を同じくしない者が同籍している場合があります。これについては，別項で触れることにします。）。そして，氏は，筆頭者氏名欄（戸籍の表示欄中の氏名欄）に記載されていますので「氏名」欄には「名」のみ記載することにしているのです（明治31年8月26日民刑982号回答参照）。

　次の2号は，「出生の年月日」を記載しなければならないとしています。

　これは，身分事項欄及び出生年月日欄に記載します。現行記載例は，身分事項欄に出生事項を記載するには「年月日出生」と出生年月日を記載することにしていますが，大正4年戸籍記載例は，この「年月日出生」の記載を省略していました。それでは，なぜ身分事項欄に出生年月日を記載することとしたのでしょう。青木義人・大森政輔著「全訂戸籍法」（日本評論社）103ページに「本欄（筆者注：出生年月日欄）が戸籍簿の使用により磨滅しやすい左下隅の箇所にあるため，現行法においては，生年月日を本欄に記載するほか，身分事項欄

- 17 -

第3 戸籍の記載手続・記載事項等

の出生事項にも記載することに改められた。」とあります。ここに書かれているように，出生年月日欄の磨滅による除籍等の再製が多いことは，ご承知のとおりです。コンピュータ戸籍のみ取り扱っている担当者の方には，おそらく考えつかないものと思います。

次の3号は，「戸籍に入った原因及び年月日」を記載しなければならないとしています。

戸籍に入った原因は，出生届，婚姻届等です。戸籍の記載は，届出等に基づいてすると説明しましたが，この届出等が戸籍に入った原因です。例えば，1号の説明でも述べましたが，同一戸籍内の者はすべて呼称上の氏を同じくしますが，民法790条1項本文は，親子の氏について「嫡出である子は，父母の氏を称する。」と規定し，戸籍法18条1項は「父母の氏を称する子は，父母の戸籍に入る。」と規定しています。したがって，嫡出である子は，出生届によって，父母の戸籍に入ることになりますので，戸籍に入った原因は「出生届」ということになります。また，戸籍に入った年月日は，例えば，出生届によって入る場合は，届出の年月日又は送付の年月日を記載します（例外としては，管轄法務局の長の指示を得て受理した出生届のように指示書の送付を受けた年月日を記載することもあります（参考9参照）。）ので，その年月日が戸籍に入った年月日です。

次の4号は，「実父母の氏名及び実父母との続柄」を記載しなければならないとしています。

これは，読んで字のごとしで，実父母の氏名を父母欄に記載します。父母の氏が同じであるときは，母について氏を省略して名のみを記載することとしています（戸籍法施行規則附録6号ひな形参照。ただし，コンピュータシステムにより処理しているときは，父母それぞれについて氏名を記録します（戸籍法施行規則付録24号ひな形参照）。）。この父母の氏が同じであるときとは，父母が婚姻関係にある場合（父母の一方が死亡により婚姻が解消しているときも同様です。）の取り扱いです。また，実父母との続柄は，嫡出である子と嫡出でない子について，その記載方法を異にしています。嫡出でない子の父母との続柄は，父の

- 18 -

第3　戸籍の記載手続・記載事項等

認知の有無にかかわらず，母との関係のみにより認定し，母が分娩した嫡出で
ない子の出生の順により「長男（長女）」，「二男（次女）」と記載します（平
成16年11月１日民一3008号通達記１，戸籍法施行規則附録６号戸籍の記載のひな形・
付録24号第73条第１項の書面の記載のひな形中「信夫」の父母との続柄の記載参
照）。なお，旧法及び現行法は，性別欄という欄を特に設けていませんが，こ
の父母との続柄欄が，性別欄の役割となっています。

　次の５号は，「養子であるときは，養親の氏名及び養親との続柄」を記載し
なければならないとしています。

　養子であるときは，養父母欄を特に設けて，これに養父母の氏名を記載しま
す（戸籍法施行規則附録６号ひな形・付録24号第73条第１項の書面の記載のひな形
中「英助」参照）。数次縁組（転縁組）をしているときは，養親の氏名は最後の
養親についてその氏名を記載すればよいとしています（大正３年12月28日民
1125号回答）。また，養親との続柄は，養子男のときは「養子」と，養子女の
ときは「養女」と記載し，これは養子が数人あるときも同様です（大正３年12
月28日民1125号回答）。これは，コンピュータシステムにより処理している場合
も同様です。

　次の６号は，「夫婦については，夫又は妻である旨」を記載しなければなら
ないとしています。

　配偶者のある者については，氏名欄の一部を利用して配偶欄を設ける（附録
６号ひな形中「義太郎」及び「梅子」参照）こととし，この欄に「夫」又は「妻」
と記載することとしています。また，婚姻が解消（離婚・死亡等）したとき
は，戸籍の筆頭に記載された者又は生存配偶者については「夫」又は「妻」の
文字を朱線を縦に一本引く方法により消除し，戸籍から除かれる者については
配偶欄から氏名欄を朱線を交差する方法により消除します（戸籍法施行規則附
録９号様式第２「桃子」参照）。なお，コンピュータシステムにより処理してい
る場合は，配偶欄は「【配偶者区分】」の表示によることとしています（婚姻が
解消したときは，この「【配偶者区分】」を表示しないこととしています。）。

　次の７号は，「他の戸籍から入った者については，その戸籍の表示」を記載

－ 19 －

第3　戸籍の記載手続・記載事項等

しなければならないとしています。

　一の戸籍に在った者について新戸籍が編製され又はその者が他の戸籍に入った場合には，新戸籍又は入籍する戸籍において従前の戸籍を表示することとしています（戸籍法施行規則38条。戸籍法施行規則附録6号ひな形・付録24号第73条第1項の書面の記載のひな形中「義太郎」及び「梅子」の婚姻事項並びに「英助」の養子縁組事項参照）。これは，従前の戸籍にさかのぼり，これを参照する機会が少なくないこと，特に，相続が発生した場合には，出生時の戸籍までたどり着く必要がありますので，戸籍の記載は「入籍」及び「除籍」という手法により，出生から死亡までの身分変動を公証することとしているのです。そのことから，身分行為により新戸籍が編製されたり，他の戸籍に入るときには，必ず従前戸籍の表示を記載することとしています。

　最後の8号は，「その他法務省令で定める事項」を記載しなければならないとしています。

　法務省令で定める事項とは，戸籍法施行規則に定められた事項をいい，具体的には同規則30条に規定されていますが，特に同条1号，2号及び5号は，日常の戸籍事務，特に戸籍記載担当者には欠かせない事項ですので，必ず目を通しておくことが望ましいと思います。

3　氏名の記載順序

> 【問13】妻の氏を称する婚姻をしましたが，夫を戸籍の筆頭者とすることはできるのですか。説明してください。

　戸籍に二人以上を記載する場合には，その記載順序が定められています。問のように，妻の氏を称する婚姻をした場合において，夫を先に記載することができるかどうかです。氏名の記載順序（例えば，婚姻による場合に，夫，妻のどちらを先に記載するか）を定めているのが戸籍法14条の規定です。戸籍法14条1項は，「氏名を記載するには，左の順序による。第一　夫婦が，夫の氏を称するときは夫，妻の氏を称するときは妻」を最初に記載することとしていま

－ 20 －

す。民法は，婚姻の際に夫又は妻いずれの氏を夫婦の氏とするかを定めなければならないとしています（民法750条）。婚姻届書にもその旨（婚姻後の夫婦の氏）を記載することとしています。したがって，妻の氏を称するときは，妻を先に記載することとしていますので，問のような取扱いはできないことになります。このように，婚姻の際に定めた氏を称する者（氏の主導性がある者ともいいます。）を戸籍の最初（筆頭）に記載することとしていますので，これを戸籍の筆頭者といいます。次に，配偶者を記載します。また，夫婦間に子が出生したときは，出生の順に記載していくことになります。この出生の順序（出生の前後）が入れ替わっているとき（何らかの事情により，長男（長女）が二男（二女）より後に記載されているとき）に，転籍があったときは，転籍後の戸籍には，出生の順序により記載することになります。

　戸籍の記載手続，記載事項及び氏名の記載順序について述べてきましたが，記載すべき欄及びその記載方法については，戸籍法施行規則で定められており，具体的にどのように記載するかについても同様に定められています。これまでに，戸籍法施行規則附録6号戸籍の記載のひな形（以下「ひな形」という。）参照と述べてきましたが，このひな形は，戸籍記載の基本的事項及び入籍・除籍の方法を示したものです。このひな形から学べることが多くありますので，次に，このひな形をみることにします。

　なお，コンピュータ戸籍について戸籍法施行規則73条は，戸籍の記録事項証明書の様式及び記載事項について規定し，同条6項の書面として示しているのが付録24号のひな形です。これは，附録6号ひな形と同様，記載すべき相当欄を示したものですから，附録6号の戸籍の記載のひな形を学ぶことにより，コンピュータ戸籍についても理解することができるということになります。

第4　戸籍法施行規則附録6号戸籍の記載のひな形から学べること

第4　戸籍法施行規則附録6号戸籍の記載のひな形から学べること

【問14】 ひな形について説明してください。

　戸籍法施行規則33条1項は，「戸籍の記載は，附録第六号のひな形に定めた相当欄にこれをしなければならない。」と規定しています。このひな形は，戸籍記載例の基本事項を列記するとともに，記載すべき欄を示したもので，このひな形の記載例を覚えることによって，日常の戸籍事務における戸籍の記載の大半をマスターできるものです。また，このひな形は，民法及び戸籍法等を学ぶ一つの材料であるということがいえます。

【問15】 ひな形に注意書き（このひな形は，戸籍に記載すべき相当欄及び特殊の記載例を示すにとどまり，必要な記載事項を全部示すものではない。）がありますが，これは，どのようなことですか。説明してください。

　戸籍法施行規則34条は，戸籍事項欄に記載すべき事項を，戸籍法施行規則35条は，身分事項欄に記載すべき事項をそれぞれ掲げていますが，この注意書きでこの戸籍事項欄及び身分事項欄とはどの欄（相当欄）であるかを示したものです。戸籍用紙の規格は，戸籍法施行規則附録1号様式に示されていますが，この様式には，戸籍事項欄等の名称を付していませんので，このひな形でそれを補充しているものと考えます。また，特殊の記載例を示すにとどまりとしていますが，身分事項欄に記載すべき事項（戸籍法施行規則35条）の大半がここに示されていますので，このひな形の記載例を覚えれば，日常の戸籍記載はできるものと思います。さらに，戸籍記載例は，約450ほどありますということを述べましたが，これを全部ひな形に盛り込むことができませんので，必要な記載事項を全部示すものでないとしています。これは，当然のことであると思

－ 22 －

第4　戸籍法施行規則附録6号戸籍の記載のひな形から学べること

われるでしょう。

　では，ひな形のそれぞれの欄に記載されている事項から，どのようなことが学べるかをみていくこととします（ひな形は，省略します。また，日付等の文字についてひな形は，壱，弐，参，拾等多画文字を用いていますが，本書では，一部の記述を除きアラビア数字を用いることとします。）。

1　本籍欄及び筆頭者氏名欄の記載

> 【問16】ひな形のそれぞれの欄に記載されている内容から，どのようなことが分かるか，まず，本籍欄及び筆頭者氏名欄の記載について説明してください。

　戸籍法9条は，「戸籍は，その筆頭に記載した者の氏名及び本籍でこれを表示する。」と，同13条本文は，「戸籍には，本籍……を記載しなければならない。」と規定しています。本籍欄及び筆頭者氏名欄の記載を合わせて，戸籍の表示欄ともいいます。

　まず，本籍欄は，「東京都千代田区平河町一丁目四番地」とあり，「四番地」に朱線が引かれその右横に「十番地」との記載があります。

　本籍の記載は，地番号又は街区符号のいずれを用いても差し支えないとしています（昭和51年11月5日民事甲5641号回答）。本記載例は，地番号で示したものです。また，本籍欄の表示は，政令指定都市については府県名を省略できるとし（昭和30年4月5日民事甲603号通達），府県所在地で府県名と同名の市については，府県名を省略して差し支えないとしています（昭和46年11月17日民事甲3408号回答）。ひな形の本籍は特別区ですから「東京都千代田区」と記載しています。「平河町一丁目」は，土地の名称で固有名詞ですから，「平河町壱丁目」とは記載しないのです。

　また，「四番地」に朱線が引かれその右横に「十番地」と記載されていますが，これは，転籍後の地番号です。同一市町村内で転籍したときは，戸籍事項欄に転籍後の土地の名称及び地番号又は街区符号の番号を記載すれば足り，都

- 23 -

第4 戸籍法施行規則附録6号戸籍の記載のひな形から学べること

道府県郡市区町村名の記載は要しないとされています（法定199参照）。戸籍事項欄には，「平成5年3月6日平河町一丁目十番地に転籍届出」と記載しますが，転籍後の土地の名称に変わりがありませんので，戸籍記載の経済性から，本籍欄には，単に「十番地」と記載することを示したものです。「十番地」と記載し，「拾番地」とは記載していませんが，「拾」の文字のような多画文字は，年月日時分を記載するときに用いることとしているからです（戸籍法施行規則31条2項）（注）。なお，コンピュータシステムにより処理しているときは，都道府県名から記録することになります（法定199コンピュータシステムによる証明書記載例参照）。

おって，本籍地番に支号（1番地4とある場合の「4」を支号といいます。）がある場合の戸籍の記載は，「1番地4」と記載し，「1番地の4」のように「の」の文字を記載しない取扱いとなっています（第47回全国連合戸籍事務協議会総会における申し合わせ事項）。

次に，筆頭者氏名欄は，「甲野義太郎」との記載があります。

戸籍法9条は，「戸籍は，その筆頭に記載した者の氏名及び本籍でこれを表示する。」と規定していますから，戸籍用紙の第1葉の表面（戸籍法施行規則附録第1号様式参照）に記載している者の氏名を記載することになりますので，「甲野義太郎」と記載します。

(注) 戸籍に時分を記載する場合には，壱，弐，参，拾の多画文字を用いるが，番地についてはこれを用いる必要はないとしています（大正3年12月28日民893号回答）。

2 戸籍事項欄の記載

戸籍事項欄に記載すべき事項は，戸籍法施行規則34条に規定があり，1号の新戸籍に関する事項から6号の戸籍の再製又は改製に関する事項までの6事項が示されています。

【問17】次に，戸籍事項欄の記載について説明してください。

戸籍事項欄の上段1行目は,「平成4年1月10日編製」と編製日が記載されています。

戸籍法施行規則34条1号は,新戸籍の編製に関する事項は,戸籍事項欄に記載しなければならないと規定しています。この編製日は,戸籍の筆頭に記載されている者の身分事項欄に編製事由が記載されていますので,単に「年月日編製」と記載することとしています。記載例の変遷については,別項で述べますが,昭和23年記載例は「婚姻の届出により年月日夫婦につき本戸籍編製」と,昭和45年記載例は「婚姻の届出により年月日編製」と記載していたものを,昭和54年の記載例改正により,現行の記載例となったものです。ちなみに,この戸籍は,義太郎の婚姻により編製されたもので,婚姻事項の届出年月日を見れば分かります(送付があったときは,送付を受けた日が編製日となります。)。コンピュータシステムによる証明書記載例は,「【編製日】平成4年1月10日」と記録されています。

次の行は,「平成5年3月6日平河町一丁目十番地に転籍届出」と転籍事項を記載しています。

戸籍法施行規則34条3号は,「転籍に関する事項は,戸籍事項欄に記載しなければならない。」と規定しています。前記1で述べたとおり,同一市町村内で転籍したときは,戸籍事項欄に転籍後の土地の名称及び地番号又は街区符号の番号を記載すれば足りることから,このような記載になります。コンピュータシステムによる証明書記載例は,「【従前の記録】(省略)」として,転籍前の本籍を都道府県名から記録することになります(法定199コンピュータシステムによる証明書記載例参照)。

3　身分事項欄の記載

身分事項欄に記載する事項は,戸籍法施行規則35条に規定があり,1号の出生に関する事項から16号の性別の取扱いの変更に関する事項までの19事項が示されています。

第4　戸籍法施行規則附録6号戸籍の記載のひな形から学べること

(1)　義太郎の身分事項欄の記載

　義太郎の身分事項には，出生事項，婚姻事項，養子縁組事項及び認知事項の四つの事項が記載されていますので，各事項の記載からどのようなことが分かるかをみてみましょう。

①　出生事項の記載

> 【問18】ひな形にある各人の身分事項欄の記載について，まず，「義太郎」の身分事項欄の出生事項の記載から説明してください。

　出生に関する事項については，子の身分事項欄に記載しなければならないとしています（戸籍法施行規則35条1号）。

　「昭和40年6月21日東京都千代田区で出生同月25日父届出入籍」と出生事項の記載があります。

　「昭和40年6月21日」の記載は，ご承知のとおり出生の年月日です。これは，出生年月日欄にも記載します。旧法中の戸籍では，出生の年月日を身分事項欄には記載していませんでしたが，現行戸籍法が施行されてから記載することとしたものです。前記のように，出生年月日欄は，永年戸籍簿を使用していると，その文字が消えて見えなくなることがあるので，その場合に対応するために記載することとしたものです。コンピュータシステムによる証明書記載例は，「戸籍に記録されている者」欄には「【生年月日】昭和40年6月21日」と，身分事項欄には「【出生日】昭和40年6月21日」と記録します。

　「東京都千代田区で出生」の記載は，出生場所の記載です。旧法戸籍から昭和45年の記載例改正（昭和45年6月30日）までは，本籍で出生した場合は「本籍で出生」と記載し，本籍以外で出生した場合は「郡村番地で出生」と記載していました。明治，大正，昭和の半ばごろまでは，通常，自宅（本籍）で出産することが多かったことからではないでしょうか。現行の記載（最小行政区画までの表示）は，昭和45年の記載例改正（昭和45年法務省令8号，昭和45年6月5日民事甲2667号通達）（注）以降によるものです。これについては，記載例の変遷の項で述べることにします。コンピュータシステムによる証明書記載例

－ 26 －

は，「【出生地】東京都千代田区」と記録します。

「同月25日」の記載は，届出（受付）の年月日です。戸籍法施行規則30条2号は，届出の受付の年月日を記載することとしているからです。コンピュータシステムによる証明書記載例は，「【届出日】昭和40年6月25日」と記録します。

「父届出」の記載は，届出人の資格氏名です。戸籍法施行規則30条2号は，事件の本人でない者が届出をした場合には，届出人の資格及び氏名を記載することとしているからです。父とのみ記載し，その氏名の記載がありませんが，同号の括弧書きで，父又は母が届出人であるときは，氏名を除くとしているので，単に「父」と記載しているのです。父の氏名は，父欄の記載で判明するからです。コンピュータシステムによる証明書記載例は，「【届出人】父」と記録します。

「入籍」の記載は，戸籍に入ったこと（出生届時の戸籍に入籍したこと）を示したものです。本来であれば「同日（25日）入籍」と記載すればより分かりやすいと思いますが，あえてそのような記載までする必要はない（戸籍記載事務の簡素合理化）からです（昭和23年記載例では，「同月25日受附入籍」と記載することとしていました。）。コンピュータシステムによる証明書記載例は，あえて【入籍日】の記録はしないこととしています。これは，届出日又は送付を受けた日が入籍日になるからです。「【入籍日】」のインデックスで記録するのは，管轄法務局の長の指示を得て受理した場合です（参考9参照）。

この出生事項は，新戸籍を編製され又は他の戸籍に入る者について，その戸籍に記載（移記）しなければならないとしている重要な身分事項（戸籍法施行規則39条1項1号）の一つですから，義太郎の身分事項として記載しているのです。

（注）昭和45年の記載例改正は，戸籍記載事務の簡素合理化を図るとともに，国民及び戸籍初任者に理解しやすいものとすることを主眼として全面的改訂をしたものです。

- 27 -

第4　戸籍法施行規則附録6号戸籍の記載のひな形から学べること

②　婚姻事項の記載

【問19】 次に，婚姻事項の記載について説明してください。

　婚姻に関する事項については，夫及び妻の身分事項欄に記載しなければならないとしています（戸籍法施行規則35条4号）。

　「平成4年1月10日乙野梅子と婚姻届出東京都千代田区平河町一丁目4番地甲野幸雄戸籍から入籍」と婚姻事項の記載があります。

　「平成4年1月10日婚姻届出」の記載は，婚姻届が受理された年月日です。民法739条1項は，「婚姻は，戸籍法の定めるところによりこれを届け出ることによって，その効力を生ずる。」と規定していますので，その届出が受理され婚姻の効力が生じた年月日が「平成4年1月10日」であるということになり，本記載では戸籍に入った年月日（戸籍法13条3号）になります。また，「婚姻届出」は，戸籍に入った原因（戸籍法13条3号）ということになります。コンピュータシステムによる証明書記載例は，「【婚姻日】平成4年1月10日」と記録します。

　「乙野梅子」の記載は，配偶者の氏名です。婚姻事項に記載する配偶者の氏名は，婚姻時の氏名を記載します。コンピュータシステムによる証明書記載例は，「【配偶者氏名】乙野梅子」と記録します。

　「東京都千代田区平河町一丁目4番地甲野幸雄戸籍から入籍」の記載は，従前戸籍の表示及び入籍事項です。戸籍法13条7号は，他の戸籍から入った者については，その戸籍の表示を記載しなければならないとしていること，及び戸籍法施行規則38条は，「新戸籍を編製され，又は他の戸籍に入る者の入籍に関する事項及び従前の戸籍の表示は，その者の身分事項欄にこれを記載しなければならない。」としていますので，このような記載をすることになります。コンピュータシステムによる証明書記載例は，「【従前戸籍】東京都千代田区平河町一丁目4番地　甲野幸雄」と記録します。

　また，この戸籍は，婚姻の届出により夫婦について編製されたもの（戸籍法16条1項本文）ということも分かります（戸籍事項欄の戸籍編製日と同一日です。）。

－ 28 －

第4 戸籍法施行規則附録6号戸籍の記載のひな形から学べること

③ 養子縁組事項の記載

【問20】次に，養子縁組事項の記載について説明してください。

養子縁組（特別養子縁組を除く。）に関する事項については，養親及び養子それぞれの身分事項欄に記載しなければならないとしています（戸籍法施行規則35条3号）。

「平成33年1月17日妻とともに乙川英助を養子とする縁組届出同月20日大阪市北区長から送付」と養子縁組事項の記載があります。

「平成33年1月17日縁組届出」の記載は，養子縁組届が受理され，養子縁組の効力が生じた年月日が「平成33年1月17日」です。民法799条は，同法739条の規定を準用していますから，「養子縁組は，戸籍法の定めるところによりこれを届け出ることによって，その効力を生ずる。」ということになります。コンピュータシステムによる証明書記載例では，「【縁組日】平成33年1月17日」と記録します。

「妻とともに」の記載は，夫婦共同縁組である旨を表したものです。民法795条本文は，「配偶者のある者が未成年者を養子とするには，配偶者とともにしなければならない。」と規定していますので，未成年者である乙川英助を養子とするのに夫婦が共同で縁組の当事者になったことが分かります。なお，民法798条本文は，「未成年者を養子とするには，家庭裁判所の許可を得なければならない。」と規定していますので，受理に当たっては，許可書が添付されているかを確認する必要があります。コンピュータシステムによる証明書記載例では，「【共同縁組者】妻」と記録します。

「乙川英助」の記載は，養子の氏名です。この養子縁組は，単身者である者を養子としたもので，養子が養親の戸籍に入った場合ですから，単に養子の氏名のみを記載したものです。コンピュータシステムによる証明書記載例では，「【養子氏名】乙川英助」と記録します。

なお，養子が夫婦であるとき又は婚姻の際に氏を改めなかった者が養子となる縁組届があった場合に，養子夫婦について新戸籍を編製するとしています

- 29 -

第4 戸籍法施行規則附録6号戸籍の記載のひな形から学べること

（平成2年10月5日民二4400号通達）ので，その場合は，養子を特定するために，養子の戸籍の表示（養子縁組時の戸籍及び新戸籍の表示）を記載することになります。

「同月20日大阪市北区長から送付」の記載は，他の市区町村長からその受理した届書の送付を受けた年月日です。戸籍法施行規則30条5号は，「他の市町村長からその受理した届書の送付を受けた場合には，その受附の年月日及びその書類を受理した者の職名」を戸籍の記載事項としています。この届書の送付を受けた年月日は「平成33年1月20日」であり，届出を受理した者は「大阪市北区長」であるということが分かります。コンピュータシステムによる証明書記録例では，「【送付を受けた日】平成33年1月20日」，「【受理者】大阪市北区長」と記録します。

新戸籍を編製する場合又は他の戸籍に入籍する場合は，重要な身分事項については移記をしなければならないとしています（戸籍法施行規則39条1項）が，養親については，養子縁組事項は移記を要しないこととしています（戸籍法施行規則39条1項3号）。

④ 認知事項の記載

> 【問21】次に，認知事項の記載について説明してください。

認知に関する事項については，父及び子それぞれの身分事項欄に記載しなければならないとしています（戸籍法施行規則35条2号）。旧法当時は，子についてのみ記載していました（注）が，現行法では，認知された子が父と戸籍を同じくすることが少ないこと及び相続法が諸子均分相続となったことから，父の側からも子の有無を明確にするために，父の戸籍にも記載することとしたものです。

「平成35年1月7日千葉市中央区千葉港5番地丙山竹子同籍信夫を認知届出」と認知事項の記載があります。

「平成35年1月7日認知届出」の記載は，認知の届出の年月日であり，届出が受理された年月日です。民法781条1項は，「認知は，戸籍法の定めるところ

－30－

第4 戸籍法施行規則附録6号戸籍の記載のひな形から学べること

により届け出ることによってこれをする。」と規定しています。民法は，婚姻及び養子縁組の場合は「届け出ることによって，その効力を生ずる」と規定しています（民法739条1項，799条）が，認知の届出の条文は「その効力を生ずる」としていません。これは，認知は，出生の時にさかのぼってその効力を生ずるとしている（民法784条本文）からです。コンピュータシステムによる証明書記載例は，「【認知日】平成35年1月7日」と記録します。

「千葉市中央区千葉港5番地丙山竹子同籍信夫」の記載は，認知した子の氏名です。認知した子を特定するために，その子の戸籍の表示を記載したものです。コンピュータシステムによる証明書記載例は，「【認知した子の氏名】丙山信雄」，「【認知した子の戸籍】千葉市中央区千葉港5番地　丙山竹子」と記録します。

なお，認知される子は，嫡出でない子でなければなりません（民法779条）。

新戸籍を編製する場合又は他の戸籍に入籍する場合は，重要な身分事項については移記をしなければならないとしています（戸籍法施行規則39条1項）が，認知した者（父）については，認知事項は移記を要しないこととしています（戸籍法施行規則39条1項2号）。

　(注) 旧法当時は，原則として父に認知された子は父の家に入る（旧民法733条1項）としていたことから，父の戸籍には認知事項の記載をしないこととしていました。

(2) 梅子の身分事項欄の記載

梅子の身分事項欄には，出生事項，婚姻事項及び養子縁組事項の三つの事項の記載がありますが，この記載事項は，義太郎の身分事項欄の記載の項で説明したことと重複しますので，ここでは，夫婦が夫婦を養子とする場合及び夫婦が夫婦の養子となる場合の二つの縁組事項の記載からどのようなことが分かるかをみてみましょう。

① 夫婦が夫婦を養子とする縁組事項の記載

【問22】夫婦が15歳未満の者を養子とする縁組届があった場合は，養父及

- 31 -

第4 戸籍法施行規則附録6号戸籍の記載のひな形から学べること

び養母の身分事項欄の記載例（法定22）は同様である旨示されていま
す。しかし，夫婦が夫婦を養子とする縁組届があった場合は，筆頭者
である養父の身分事項欄の記載例（参考44）と養母の身分事項欄の記
載例（参考45）が相違していますが，その理由を説明してください。

　夫婦が15歳未満の者を養子とする縁組届があった場合は，養父母欄にする記
載例は同様です。これは，養子は養子縁組により養親の氏を称し，常に養親の
戸籍に入籍し（民法810条本文，戸籍法18条3項），養親子同一戸籍になります
（戸籍法6条）ので，戸籍の表示を記載して養子を特定するまでのことはないこ
とから，同様の記載例となっています。ところが，夫婦が夫婦を養子とする縁
組届があった場合は，養子夫婦について養親の氏で新戸籍を編製することにな
ります（民法810条本文，戸籍法18条3項，同法20条，平成2年10月5日民二4400号
通達参照）ので，養親についての記載例は，筆頭者である養父については「平
成5年2月9日妻とともに大阪市北区老松町二丁目7番地（新本籍東京都千代
田区平河町二丁目10番地）乙川英助同人妻竹子を養子とする縁組届出」（参考
44）と，その配偶者である養母については「平成5年2月9日夫とともに乙川
英助同人妻竹子を養子とする縁組届出」（参考45）となっており，養母の身分
事項欄の記載には養子夫婦の戸籍の表示（アンダーライン部分）は省略されて
います。

　上記のように，夫婦が養子となった場合は，養子夫婦について新戸籍を編製
することになり，養子を特定するため及び相続が発生したときの相続人探索の
ために必要であることから，現在の本籍と併せて括弧書きで養子の新本籍をも
表示することとしています（養子の従前本籍と新本籍の場所が同一であるとき
は「（新本籍同所）」と記載します。）。しかし，養親については，筆頭者とそ
の配偶者に記載する事項は，配偶者についてはその記載の一部を省略して記載
することとしています。これは，配偶者について，筆頭者と同様に表示されな
くとも，夫婦は同籍であり，筆頭者の戸籍の記載により関連戸籍は明らかであ
ることから，これを省略する趣旨です。

－ 32 －

第4　戸籍法施行規則附録6号戸籍の記載のひな形から学べること

　なお，コンピュータシステムによる証明書記載例では，筆頭者である養父及
びその配偶者である養母とも同一の記録をすることとしてます。これは，コン
ピュータシステムの特性からのものです。

②　夫婦が夫婦の養子となる縁組事項の記載

【問23】 次に，夫婦が夫婦の養子となる縁組届があった場合は，問22と同
　　　　様，筆頭者である養子（夫）の身分事項欄の記載例（参考42）と養子
　　　　（妻）の身分事項欄の記載例（参考43）が相違していますが，その理
　　　　由を説明してください。

　夫婦が夫婦の養子となる縁組届があった場合の記載例は，筆頭者となる養子
（夫）については「平成5年2月9日妻とともに東京都千代田区平河町一丁目
4番地甲野義太郎同人妻梅子の養子となる縁組届出大阪市北区老松町二丁目7
番地乙川英助戸籍から入籍」（参考42）と，配偶者である養子（妻）について
は「平成5年2月9日夫とともに甲野義太郎同人妻梅子の養子となる縁組届出
入籍」（参考43）となっており，妻の身分事項欄の記載は養親の戸籍の表示及
び従前戸籍の表示（アンダーライン部分）が省略されています。

　筆頭者については，養親を特定させるため，養親の戸籍の表示及び戸籍の連
続性を保つために従前戸籍の表示（戸籍法13条7号）を記載していますが，そ
の配偶者については，これらは記載されていません。これは，配偶者につい
て，筆頭者と同様に表示されなくとも，夫婦は同籍であり，筆頭者の戸籍の記
載により関連戸籍は明らかであることから，これを省略する趣旨です。

　なお，コンピュータシステムによる証明書記載例では，筆頭者である養子
（夫）及びその配偶者である養女（妻）とも同一の記録をすることとしてま
す。これは，コンピュータシステムの特性からのものです。

　ところで，養子については，縁組事項は重要な身分事項であるとして，移記
事項としています（戸籍法施行規則39条1項3号）ので，このような縁組後に養
子夫婦が離婚したときは，離婚により新戸籍が編製される者の縁組事項を移記
するときには注意をする必要があります。参考のため，養女についての移記記

- 33 -

第4 戸籍法施行規則附録6号戸籍の記載のひな形から学べること

載例を示すと,「平成5年2月9日東京都千代田区平河町一丁目4番地甲野義
太郎同人妻梅子の養子となる縁組届出大阪市北区老松町二丁目7番地乙川英助
戸籍から入籍」となり,コンピュータシステムによるときは,「【共同縁組者】
夫」の記録を除くことになります。

(3) 啓太郎の身分事項欄の記載

啓太郎の身分事項欄には,出生事項,推定相続人の廃除事項及び婚姻事項の
三つの事項の記載がありますが,ここでは,推定相続人の廃除事項及び婚姻事
項の二つの事項の記載及び名欄に朱線が交差されていますが,これらのことか
らどのようなことが分かるかをみてみましょう。

① 推定相続人の廃除事項の記載

【問24】 推定相続人廃除の記載がありますが,この記載の意味について説
明してください。

啓太郎の身分事項欄には,「平成32年3月16日父甲野義太郎の推定相続人廃
除の裁判確定同月20日父届出同月23日大阪市北区長から送付」と推定相続人廃
除事項の記載があります。

推定相続人の廃除に関する事項については,廃除された者の身分事項欄に記
載しなければならないとしています(戸籍法施行規則35条8号)。

推定相続人とは,ある人が死亡して相続が開始した場合,法律上,当然に相
続できる順位にある者をいい,推定相続人の廃除は,遺留分(注1)を有する
推定相続人(被相続人の配偶者,直系卑属及び直系尊属)が,被相続人(注2)
に対して虐待をしたり,重大な侮辱を加えたとき,又は推定相続人にその他の
著しい非行があったときに,その者に対して被相続人が自己の財産を相続させ
ないために,その推定相続人としての地位を奪う制度です(民法892条)。

推定相続人を廃除するためには,被相続人などが家庭裁判所に調停若しくは
審判の請求をしなければなりません(家事事件手続法39条・188条,別表一㊻)。
調停が成立又は審判が確定したときは,請求人は10日以内に調停調書の謄本又
は審判書謄本及び確定証明書を添付して,推定相続人廃除届をしなければなり

- 34 -

ません（戸籍法97条）。この届出に基づいて記載されたものです。

「平成32年3月16日父甲野義太郎の推定相続人廃除の裁判確定」の記載から
は，推定相続人廃除の裁判が確定した日が「平成32年3月16日」であること及
び父甲野義太郎の推定相続人である啓太郎が，義太郎が死亡した場合には相続
人になることができないこと（廃除されたこと）が分かります。なお，啓太郎
に直系卑属があるときに，代襲相続（民法887条）が発生したときには，その直
系卑属（義太郎からみた孫）には，この廃除の効果は及びません。コンピュー
タシステムによる証明書記載例では，「【推定相続人廃除の裁判確定日】平成32
年3月16日」と記録し，誰の相続人の廃除であるかを明確にするため「【被相
続人】父　甲野義太郎」と記録します。

「同月20日父届出同月23日大阪市北区長から送付」の記載からは，父が請求
人となり廃除の届出を大阪市北区長にした日が「平成32年3月20日」であるこ
と及び届出人が父であることが分かります。また，届出人が父ですから氏名を
記載しないで，単に「父」としたもの（戸籍法施行規則30条2号括弧書き）であ
ることが分かります。さらに，届出を受理した者が「大阪市北区長」であるこ
と及び届書の送付を同区長から受けた日が「平成32年3月23日」ということが
分かります。コンピュータシステムによる証明書記載例では，「【届出日】平成
32年3月20日」，「【届出人】父」，「【送付を受けた日】平成32年3月23日」，
「【受理者】大阪市北区長」と記録します。

この推定相続人廃除届は，あまり件数がありませんので，直接取り扱う機会
は少ないと思います。

なお，この推定相続人廃除事項は，移記事項とされています（戸籍法施行規
則39条1項6号）ので，注意する必要があります。

（注1）遺留分とは，一定の相続人が受けることを保証するため，遺産について法
　　　律上必ず留保されなければならないとされている一定割合のこと（民法1028
　　　条等）。遺留分制度は，個人財産の処分の自由，取引安全と遺族の生活の保
　　　障，遺産の公平な分配という相対立する要求の妥協，調整の上に成り立って
　　　います。

第4 戸籍法施行規則附録6号戸籍の記載のひな形から学べること

（注2）被相続人とは，相続の開始によって承継される財産的地位の従来の主体をいいます。

② 婚姻事項の記載

【問25】啓太郎は，婚姻により除籍されていますが，この婚姻事項について，説明してください。

婚姻に関する事項については，夫及び妻の身分事項欄に記載しなければならないとしています（戸籍法施行規則35条4号）。

啓太郎の身分事項欄には，「平成33年3月6日丙野松子と婚姻届出同月10日横浜市中区長から送付同区昭和町18番地に夫の氏の新戸籍編製につき除籍」と婚姻事項の記載があります。

婚姻事項の記載には，いくつかのパターンがあります。

まず，①婚姻により他の戸籍に入籍するときの記載（以下「婚姻除籍の記載」という。）です。

次に，②婚姻により他の戸籍から入籍するときの記載（以下「婚姻入籍の記載」という。）です。

そして，③単に婚姻事項のみの記載（以下「婚姻の記載」という。）の三とおりがあります。

まず，①の婚姻除籍の記載には，夫（又は妻）の氏を称するときの「○○に夫（又は妻）の氏の新戸籍編製につき除籍」と記載するときと，婚姻前既に戸籍の筆頭に記載されている者の氏を称するときの「何某戸籍に入籍につき除籍」と記載するとき（「2葉目のみち」の身分事項欄の婚姻事項の記載参照）の二とおりがあります。

次に，②の婚姻入籍の記載には，夫及び妻双方ともに他の戸籍から入籍したときの記載（「義太郎」及び「梅子」の身分事項欄の婚姻事項の記載参照）と婚姻前既に夫（又は妻）が戸籍の筆頭に記載されている場合の配偶者の記載（法定64）若しくは日本人と外国人との婚姻において日本人について新戸籍を編製するときの記載（法定74）があります。

－ 36 －

第4　戸籍法施行規則附録6号戸籍の記載のひな形から学べること

　そして，③の婚姻の記載は，夫婦の称する氏を婚姻前既に戸籍の筆頭に記載
された者の氏としたときの，筆頭に記載した者の婚姻事項の記載（法定63）等
です。

　以上のことから，啓太郎の婚姻事項の記載は，①の夫の氏を称する婚姻を
し，新戸籍を編製するとき（戸籍法16条1項本文）の記載であるということが
分かります。

　ここでは，新戸籍を編製した場所（新本籍）がどこであるかを説明すること
とします。

　新本籍は，その記載から分かるように，「横浜市中区昭和町18番地」です。
新本籍の場所の行政区画が，受理市区町村長と同一であるときは，その記載を
省略して記載することとしていますので，「同区昭和町18番地」としていま
す。また，「夫の氏の新戸籍編製」と記載するのは，戸籍の検索上の要請及び
新戸籍編製の氏名の記載順序の基準（戸籍法14条）から，夫又は妻いずれの氏
の新戸籍を編製するかを明らかにするため，「新戸籍編製」の記載の直前に
「夫の氏の」と記載することにより，新戸籍の筆頭者が甲野啓太郎であるとい
うことが分かります。コンピュータシステムによる証明書記載例では，「【新本
籍】横浜市中区昭和町18番地」，「【称する氏】夫の氏」と記録します。

　③　名欄の朱線交差の記載

> 【問26】啓太郎の名欄には，交差線が引かれていますが，これについて説
> 　　　　明してください。

　啓太郎の名欄には，交差線が引かれています。

　戸籍法23条は，婚姻によって新戸籍を編製される者は，従前の戸籍から除籍
されると規定し，戸籍法施行規則40条1項は，戸籍から除くときは，除籍され
る者の身分事項欄にその事由を記載して，戸籍の一部を消除しなければならな
いと規定しています。また，戸籍記載の消除方法は，戸籍法施行規則42条で，
戸籍の一部を消除するには，附録8号様式によって，朱でこれを消さなければ
ならないと規定しています。この附録8号様式は，第一として全部の消除方法

－ 37 －

第4　戸籍法施行規則附録6号戸籍の記載のひな形から学べること

を，第二として一部の消除方法を示しています。

　啓太郎は，婚姻によって新戸籍を編製され除籍されましたから，身分事項欄にその事由を記載し，名欄を朱線を交差する方法により消除されたことが分かります。ひな形の名欄の線に「朱」と記載してあるのは，朱線を用いるという意味です。なお，コンピュータシステムによる証明書記載例では，「戸籍に記録されている者」欄に「除　籍」マークを表示して，この朱線消除の方法としています（戸籍法施行規則付録26号様式第二参照）。

　(4)　ゆりの身分事項欄の記載

　ゆりの身分事項欄には，出生事項，特別養子縁組事項及び特別養子離縁事項の三つの事項の記載があります。ここでは，特別養子縁組事項及び特別養子離縁事項の二つの事項の記載からどのようなことが分かるかをみてみましょう。

　①　特別養子縁組事項の記載

　【問27】　まず，特別養子縁組事項の記載がありますが，これについて説明
　　　　　してください。

　特別養子縁組に関する事項については，養子の身分事項欄に記載しなければならないとしています（戸籍法施行規則35条3号の2）。

　ゆりの身分事項欄には，「平成11年10月7日特別養子となる縁組の裁判確定同月12日養父母届出同月16日大阪市北区長から送付東京都千代田区平河町一丁目10番地に丙山の氏の新戸籍編製につき除籍」と特別養子縁組事項の記載があります。

　特別養子縁組は，父母に養育の意思があっても正常な家庭環境でないことなどにより適切な監護ができない，また，一応，父母による監護はされているが，監護方法が著しく不適切である等，特別の事情のある場合において，原則として6歳未満の子について，その者の利益のために特に必要があるときに限り，養親となる者の請求により，家庭裁判所が成立させるものです（民法817条の2）。この特別養子縁組が成立するとその効果は，養子縁組と同一の効果のほか，特別養子とその実方の父母及びその血族との親族関係は終了すること

－ 38 －

第4 戸籍法施行規則附録6号戸籍の記載のひな形から学べること

になります（同条の9本文）。

特別養子は，養親の氏を称して養親の戸籍に入ることになりますが，上記に説明したように，実方の父母及びその血族との親族関係は終了するので，その効果を表すため，夫婦が戸籍を異にする者を特別養子とした場合は，養親の戸籍に入る前に，まず特別養子について新戸籍を編製することとしています（戸籍法20条の3第1項本文）。この戸籍は，養親の氏で，養子の従前本籍と同一の場所に編製され（戸籍法68条の2，63条1項，30条3項），その戸籍から養親の戸籍に入ることになります。

「平成11年10月7日特別養子となる縁組の裁判確定」の記載からは，特別養子縁組が成立した日が「平成11年10月7日」であることが分かります。コンピュータシステムによる証明書記載例では，「身分事項」欄のタイトルは「特別養子縁組」と表示し，その項目の一つとして「【特別養子縁組の裁判確定日】平成11年10月7日」と記録します。普通養子縁組の場合は，「甲野義太郎同人妻梅子の養子となる縁組届出」と記載し，だれの養子となったかが分かるような記載をしていますが，特別養子縁組については，特別養子縁組の成立により，実方の父母及びその血族との親族関係は終了したことを明確に表示する必要があるので，「年月日特別養子となる縁組の裁判確定」と特別養子であることを明示することとしています。しかし，血族関係のなくなった実父母やその血族及び第三者からの正当な理由もなくしてされる詮索を防ぐため，養父母の氏名は，戸籍の記載からは分からないような工夫がされています（戸籍528号27ページ）。

「同月12日養父母届出」の記載からは，特別養子縁組届の届出日が「平成11年10月12日」であること及び届出人が養父母であることが分かります。この届出人の資格も，単に「養父母」と記載し，養父母の氏名を記載しないこととしています。コンピュータシステムによる証明書記載例では，「【届出日】平成11年10月12日」，「【届出人】養父母」と記録します。

「同月16日大阪市北区長から送付」の記載からは，大阪市北区長が届出を受理し，その届書の送付を受けた日が「平成11年10月16日」であることが分かり

- 39 -

第4　戸籍法施行規則附録6号戸籍の記載のひな形から学べること

ます。コンピュータシステムによる証明書記載例では，「【送付を受けた日】平成11年10月16日」，「【受理者】大阪市北区長」と記録します。

「東京都千代田区平河町一丁目10番地に丙山の氏の新戸籍編製につき除籍」の記載からは，ゆりの従前本籍である「東京都千代田区平河町一丁目10番地」に養親の氏「丙山」で新戸籍を編製したことが分かります。従前本籍と同一の場所を本籍と定めるのは，届出人は常に養父又は養母であり，養子が届出人となることはないので，届出人でない者について新戸籍を編製すべきときの原則です（戸籍法30条3項）から，これを記載例として示したものです。コンピュータシステムによる証明書記載例では，「【新本籍】東京都千代田区平河町一丁目10番地」，「【縁組後の氏】丙山」と記録します。

このように，特別養子の記載については，実方戸籍に養父母の氏名を記載しない等の配慮がされています。これは，「養親子間の心理的安定に資するとともに，戸籍の記載を手がかりにして無責任な第三者が養親子関係に不当に介入したり，あるいは年少な養子が戸籍の記載から不用意に養子であることを知ることを防止するために，人の身分関係を正確に登録公証する戸籍制度の趣旨との調和のもとに考慮された記載方法である。」と説明されています（戸籍誌528号27ページ）。

なお，養親戸籍に入籍した場合の記載については，啓二郎の身分事項欄の特別養子縁組事項の記載の項で説明します。

②　特別養子離縁事項の記載

【問28】　次に，特別養子離縁事項の記載について説明してください。

特別養子離縁に関する事項については，養子の身分事項欄に記載しなければならないとしています（戸籍法施行規則35条3号の2）。

ゆりの身分事項欄には，「平成18年12月9日特別養子離縁の裁判確定同月15日父母届出大阪市北区老松町二丁目6番地に甲野の氏の新戸籍編製」と特別養子離縁の記載があります。

特別養子縁組の離縁は，原則として認められませんが，家庭裁判所は，養親

- 40 -

による虐待，悪意の遺棄その他養子の利益を害する事由があり，かつ，実父母が相当の監護をすることができる場合であって，養子の利益のため特に必要があると認めるときに限り，養子，実父母又は検察官の請求により，離縁の審判をすることができるとしています（民法817条の10第1項）。このように，離縁は，家庭裁判所の後見的立場によりその裁量をもってのみすることができるのですから，当事者の意思のみによりすることができる協議離縁及び当事者が離縁原因の存否を争ってする裁判離縁をすることは認められません（同条の10第2項）。

この特別養子の離縁が成立した場合，その日から，養子と実父母及びその血族との間においては，特別養子縁組によって終了した親族関係と同一の親族関係を生ずることになります（同条の11）。

また，特別養子縁組の離縁によって，縁組により氏を改めた養子は，縁組前の氏に復することになり（同法816条1項本文），同氏の実親の戸籍に入りますが，その戸籍が既に除かれている場合又は養子が新戸籍編製の申出をしたときは，新戸籍を編製することになります。養子の復籍に際し，復籍する戸籍が特別養子縁組によって除籍された戸籍でないとき，又は養子について新戸籍を編製するときは，特別養子縁組事項が記載されている養子の実方の戸籍を調査しても，養子が離縁をしたことが明らかにならないため，離縁によって養子と実方の父母及びその血族との親族関係が回復している事実が判明せず，相続開始による相続人調査に支障を来す等，戸籍の公証の機能上問題がありますので，養子が離縁をした場合において，特別養子縁組によって除籍された戸籍以外の戸籍に復籍するとき，又は養子について新戸籍が編製されるときは，養子が特別養子縁組によって除籍された戸籍の養子の身分事項欄にも離縁事項を記載することとしています（昭和62年10月1日民二5000号通達第6の2（2）ウ）。

「平成18年12月9日特別養子離縁の裁判確定」の記載からは，特別養子離縁が成立した日が「平成18年12月9日」であることが分かります。コンピュータシステムによる証明書記載例では，「身分事項」欄のタイトルは「特別養子離縁」と表示し，その項目の一つとして「【特別養子離縁の裁判確定日】平成18

年12月9日」と記録します。普通養子離縁の場合は,「甲野義太郎同人妻梅子と協議離縁届出」と記載し,誰と離縁したかが分かる記載をしていますが,特別養子離縁については,養父母の氏名は,戸籍の記載からは分からないような工夫がされています。

「同月15日父母届出」の記載からは,特別養子離縁届の届出日が「平成18年12月15日」であること及びその届出人が父母であることが分かります。父母が届出人ですから,その氏名を記載しないこととしている(戸籍法施行規則30条2号括弧書き)ことが分かります。コンピュータシステムによる証明書記載例では,「【届出人】父母」と記録します。また,送付の日の記載がありませんので,本籍地に届出がされたということが分かります。

「大阪市北区老松町二丁目6番地に甲野の氏の新戸籍編製」の記載からは,ゆりが特別養子離縁によって「大阪市北区老松町二丁目6番地」に復氏後の氏「甲野」で新戸籍が編製されたことが分かります。このように,特別養子縁組により除籍された者が,特別養子離縁によってその戸籍に復籍しないときには,除籍された戸籍に離縁事項を記載することにより,相続人の探索にも支障を来すことがないことになります。コンピュータシステムによる証明書記載例では,「【新本籍】大阪市北区老松町二丁目6番地」,「【離縁後の氏】甲野」と記録します。

(5) 2葉目のみちの身分事項欄の記載

2葉目のみちの身分事項欄には,出生事項及び婚姻事項の二つの事項の記載があります。ここでは,婚姻事項の記載からどのようなことが分かるかをみてみましょう。

① 婚姻事項の記載

【問29】みちの婚姻による除籍事項の記載は,啓太郎の婚姻による除籍事項の記載と違いますが,これについて説明してください。

婚姻に関する事項については,夫及び妻の身分事項欄に記載しなければならないとしています(戸籍法施行規則35条4号)。

- 42 -

２葉目のみちの身分事項欄には，「平成28年10月３日乙原信吉と婚姻届出東京都千代田区平河町一丁目８番地乙原信吉戸籍に入籍につき除籍」と婚姻事項の記載があります。

　啓太郎の婚姻事項の記載の項で説明しましたが，啓太郎の場合は，夫の氏を称する婚姻により新戸籍を編製するときの記載でしたが，みちの場合は，「東京都千代田区平河町一丁目８番地乙原信吉戸籍に入籍につき除籍」と記載されていますから，夫の氏「乙原」を称する婚姻であり，婚姻前既に夫が戸籍の筆頭に記載されている者であることが分かります。コンピュータシステムによる証明書記載例では，「【入籍戸籍】東京都千代田区平河町一丁目８番地　乙原信吉」と記録します。

②　欄外にある「二字追加」の記載

> 【問30】みちの身分事項欄の上部欄外に「二字追加」の記載がありますが，これについて説明してください。

　「二字追加」と身分事項欄の上部欄外に記載があります。

　戸籍法施行規則31条４項は，「市町村長は，戸籍の記載をするに当たつて文字の訂正，追加又は削除をしたときは，その字数を欄外に記載し，これに認印を押し，かつ，削除された文字をなお明らかに読むことができるようにしておかなければならない。」と規定しています。

　訂正，追加又は削除をしたとき，その字数を欄外に記載し，これに認印を押しておく目的は，訂正，追加又は削除した後の記載の正確性の担保，責任の所在を明らかにするとともに，不正に記載事項が訂正，追加又は削除されるのを防止するためのものです。また，訂正，追加又は削除をしたときの字数を記載する位置は，当該事項の上部欄外になります。

　みちの婚姻事項中の記載を当初は，「入籍に除籍」と記載し，文末認印の押印をする前（校合前）に，文字を追加しなければならないことに気が付いたことから「つき」の２文字を追加したことが，市区町村長の認印を押してあることから分かります。文末認印押印後（校合後）に２文字を追加するときは，戸

第4 戸籍法施行規則附録6号戸籍の記載のひな形から学べること

籍訂正となりますので,「誤記につき年月日婚姻事項中「入籍に除籍」を「入籍につき除籍」と訂正」と記載します。

(6) 英子の身分事項欄の記載

英子の身分事項欄には,出生事項,母の氏を称する入籍事項及び養子縁組事項の三つの事項の記載があります。ここでは,母の氏を称する入籍事項及び養子縁組事項の二つの事項の記載からどのようなことが分かるかをみてみましょう。

① 母の氏を称する入籍事項の記載

【問31】母の氏を称する入籍届出により入籍した記載がありますが,これについて説明してください。

戸籍法98条に規定する入籍に関する事項については,入籍者の身分事項欄に記載しなければならないとしています(戸籍法施行規則35条9号)。

英子の身分事項欄には,「平成17年3月20日母の氏を称する入籍届出京都市上京区小山初音町18番地乙野梅子戸籍から入籍」と母の氏を称する入籍事項の記載があります。

まず,民法上の氏について簡単に説明することにします。

民法上の氏とは,分かりやすくいうと,民法上に規定がある氏のことをいいます。民法上に規定されている氏は,夫婦及び親子についてのみであり,他に氏に関する規定はありません。つまり,夫婦は,婚姻の際に定めるところに従い,夫又は妻の氏を称する(民法750条)とされ,嫡出である子は,父母の氏を称し,嫡出でない子は,母の氏を称する(同790条),養子は,養親の氏を称する(同810条本文)と規定しています。この夫婦同氏,親子同氏の原則は,戸籍編製の基準となります(戸籍法6条)。

英子は,戸籍の記載から分かるように,嫡出でない子ですから,母の氏(乙野)を称して母の戸籍に入ることになります(民法790条2項,戸籍法18条2項)。したがって,英子の民法上の氏は,「乙野」ということになります。

ところで,母梅子は,婚姻により夫の氏「甲野」を称して甲野義太郎の戸籍

- 44 -

第4　戸籍法施行規則附録6号戸籍の記載のひな形から学べること

に入りました。そうすると，英子の民法上の氏は「乙野」であり，母梅子の民法上の氏は「甲野」ですから，民法上の氏が相違します。このような場合に，子が母の氏を称するにはどのような方法があるのかです。

　民法791条1項は，「子が父又は母と氏を異にする場合には，子は，家庭裁判所の許可を得て，戸籍法の定めるところにより届け出ることによって，その父又は母の氏を称することができる。」と規定しています。この規定は，親子が民法上の氏を異にしている場合に，子の民法上の氏を親の民法上の氏に変更し，親子の氏を同一にする方法です。したがって，英子は，家庭裁判所の氏変更の許可を得て，入籍届出をすることにより，母の戸籍に入ることができることになります。

　「平成17年3月20日母の氏を称する入籍届出」の記載からは，家庭裁判所の氏変更の許可書を添付して，入籍届出をした日が「平成17年3月20日」であることが分かります。入籍は，家庭裁判所の氏変更の許可により効力が生ずるものではなく，届け出ることによって効力を生ずるものですから，入籍届は，創設的届出ということになります。英子は15歳以上の者ですから，本人が氏変更許可の申立てを行い，戸籍の届出も本人がすることになります。コンピュータシステムによる証明書記載例では，「身分事項」欄のタイトルは「入籍」と表示し，その項目の一つとして「【届出日】平成17年3月20日」，「【入籍事由】母の氏を称する入籍」と記録します。

　「京都市上京区小山初音町18番地乙野梅子戸籍から入籍」の記載からは，英子の従前戸籍が「京都市上京区小山初音町18番地乙野梅子戸籍」であることが分かります。他の戸籍から入った者については，その戸籍の表示を記載しなければならないとし（戸籍法13条7号），その表示は，その者の身分事項欄に記載しなければならないとしています（戸籍法施行規則38条）。コンピュータシステムによる証明書記載例では，「【従前戸籍】京都市上京区小山初音町18番地　乙野梅子」と記録します。

　なお，入籍事項は，移記事項とはされていません（戸籍法施行規則39条）。

－ 45 －

② 養子縁組事項の記載

> **【問32】** 養子縁組により除籍されていますが，これについて説明してください。

養子縁組に関する事項については，養親及び養子の身分事項欄に記載しなければならないとしています（戸籍法施行規則35条3号）。

英子の身分事項欄には，「平成18年4月12日乙野忠治同人妻春子の養子となる縁組届出同月16日京都市上京区長から送付同区小山初音町18番地乙野忠治戸籍に入籍につき除籍」と養子縁組事項の記載があります。

養子縁組により養子は，養親の氏を称し（民法810条本文），養親の戸籍に入ることになります（戸籍法18条3項）。英子の養子縁組事項は，養子についての縁組による除籍の記載です。

「平成18年4月12日乙野忠治同人妻春子の養子となる縁組届出」の記載からは，「平成18年4月12日」に乙野忠治とその妻である春子の養子となったことが分かります。また，英子は，縁組当時19歳の未成年者ですから，配偶者のある者が未成年者を養子とするには，配偶者とともにしなければならないとしています（民法795条本文）から，夫婦の養子となったものであること及び15歳以上の未成年者ですから，養子自ら届出人となっていること（民法797条1項）が分かります。なお，通常，未成年養子の場合は，家庭裁判所の養子縁組の許可書を必要としますが，母梅子の父母欄の記載から推測しますと，養親は，英子の祖父母であると思われますので，本養子縁組は，家庭裁判所の許可を要しないことになります（民法798条ただし書）。コンピュータシステムによる証明書記載例では，「【縁組日】平成18年4月12日」，「【養父氏名】乙野忠治」，「【養母氏名】乙野春子」と記録します。

「同月16日京都市上京区長から送付同区小山初音町18番地乙野忠治戸籍に入籍につき除籍」の記載からは，養子縁組届を受理したのが京都市上京区長であること及びその届書の送付を受けた日が「平成18年4月16日」であること並びに養親の戸籍が「京都市上京区小山初音町18番地乙野忠治戸籍」であることが

分かります。コンピュータシステムによる証明書記載例では,「【送付を受けた日】平成18年4月16日」,「【受理者】京都市上京区長」,「【入籍戸籍】京都市上京区小山初音町18番地　乙野忠治」と記録します。

(7)　芳次郎の身分事項欄の記載

芳次郎の身分事項欄には,出生事項及び死亡事項の二つの事項の記載があります。ここでは,死亡事項の記載からどのようなことが分かるかをみてみましょう。

・死亡事項の記載

【問33】死亡事項の記載には,死亡時分が記載されますが,これを含めて説明してください。

死亡に関する事項については,死亡者の身分事項欄に記載しなければならないとしています（戸籍法施行規則35条6号）。

芳次郎の身分事項欄には,「平成24年12月13日午後8時30分東京都千代田区で死亡同月15日親族甲野義太郎届出除籍」と死亡事項の記載があります。

権利義務の主体である人の死亡については,戸籍にその旨を迅速,適正,確実に記載し,戸籍から死亡者を消除することによって,これを公証することとしています。

迅速に記載するために戸籍法は,届出義務者が,死亡の事実を知った日から7日以内（国外で死亡があったときは,その事実を知った日から3か月以内）に届出をすることを義務付け（戸籍法86条1項）,適正に記載するために戸籍法は,死亡診断書又は死体検案書の添付を義務付けています（同条2項）。

また,出生事項には出生の時分は記載しませんが,死亡事項には死亡の時分を記載することとしています。これは,人の死亡によって相続が開始します（民法882条）から,死亡の前後によって相続人となるかならないか等の問題が生じるからです。

さらに,死亡の場所（相続開始の場所）を記載することとしています。民法は,相続は,被相続人の住所において開始すると規定しています（民法883条）

- 47 -

第4 戸籍法施行規則附録6号戸籍の記載のひな形から学べること

が，相続開始の場所は，裁判管轄地の基準の一つとなるときがあります。例え
ば，遺言に関する審判事件は，相続を開始した地を管轄する家庭裁判所の管轄
に属する（家事事件手続法209条）というものがあります。

「平成24年12月13日午後8時30分東京都千代田区で死亡」の記載からは，死
亡日が「平成24年12月13日」であること及び死亡時分が「午後8時30分」であ
ること並びに死亡の場所が「東京都千代田区」であることが分かります。死亡
場所の記載は，最小行政区画まで記載すれば足ります（昭和45年法務省令8
号）。コンピュータシステムによる証明書記載例では，「【死亡日】平成24年12
月13日」，「【死亡時分】午後8時30分」，「【死亡地】東京都千代田区」と記録し
ます。

「同月15日親族甲野義太郎届出除籍」の記載からは，死亡届の届出日が「平
成24年12月15日」であること及びその届出人が「親族甲野義太郎（芳次郎の
父）」であることが分かります。なお，死亡届書の「届出人」欄には，届出人
の資格として「同居の親族」と「同居していない親族」のチェック欄があります
すが，前者は届出義務者（戸籍法87条1項第1）であり，後者は届出資格者（同
条2項）ですが，親族の届出により戸籍に記載するときは，同居しているか否
かにかかわりなく，「親族甲野義太郎届出」の振り合いによることとしていま
す（昭和51年法務省令31号，同年5月31日民二3233号通達記二参照）。コンピュー
タシステムによる証明書記載例では，「【届出日】平成24年12月15日」，「【届出
人】親族　甲野義太郎」と記録します。

この記載後，名欄を朱線を交差する方法により消除します。コンピュータシ
ステムによる証明書記載例では，朱線消除の方法に代えて「戸籍に記録されて
いる者」欄に「 除　籍 」マークを表示します。

(8) 英助の身分事項欄の記載

英助の身分事項欄には，出生事項及び養子縁組事項の二つの事項の記載があ
ります。ここでは，養子縁組事項及び養父母欄の記載からどのようなことが分
かるかをみてみましょう。

- 48 -

第4　戸籍法施行規則附録6号戸籍の記載のひな形から学べること

①　養子縁組事項の記載

【問34】英助の養子縁組事項には，「（代諾者親権者父母）」の記載があり
ますが，これについて，説明してください。

　養子縁組に関する事項については，養親及び養子の身分事項欄に記載しなけ
ればならないとしています（戸籍法施行規則35条3号）。

　英助の身分事項欄には，「平成33年1月17日甲野義太郎同人妻梅子の養子と
なる縁組届出（代諾者親権者父母）同月20日大阪市北区長から送付京都市上京
区小山初音町20番地乙川孝助戸籍から入籍」と記載があります。

　養子縁組についての実質的要件は，民法792条以下に規定されていますが，
15歳未満の者が養子となるときは，その法定代理人が，これに代わって，縁組
の承諾をすることができるとしています（同法797条1項）。民法は，未成年者
のうち15歳未満の者について，意思能力の有無にかかわりなく，一律に，縁組
の意義とその当否を判断し得ない者とし，縁組をするには法定代理人の代諾を
要するものとしています。そして戸籍法も，民法797条の規定によって縁組の
承諾をする場合には，その承諾をする者が届出をしなければならないとしてい
ます（戸籍法68条）。

　「（代諾者親権者父母）」の記載からは，英助の親権者である父母が英助に代
わって縁組をしたことが分かります（英助は，縁組時に満8歳）。戸籍法施行
規則30条2号は，事件の本人でない者が届出をした場合には，届出人の資格及
び氏名を記載することとしていますので，英助の養子縁組の届出人である父母
（法定代理人である親権者）を記載しています。なお，父又は母が届出人であ
るときは，氏名を省略して記載することとしています（戸籍法施行規則30条2
号括弧書き）。コンピュータシステムによる証明書記載例では，「【代諾者】親
権者父母」と記録します。

　この養子縁組事項は，養子については移記事項としています（戸籍法施行規
則39条1項3号）。

- 49 -

第 4　戸籍法施行規則附録 6 号戸籍の記載のひな形から学べること

②　養父母欄の記載

【問35】養父母欄が設けられていますが，これについて説明してください。

英助の名欄の右側余白に欄を設けて「養父　甲野義太郎」，「養母　梅子」と記載があります。

養父母欄は，戸籍様式（戸籍法施行規則附録第一号様式）中には定められていませんが，養子であるときは，養親の氏名及び養親との続柄を記載しなければならないとしています（戸籍法13条 5 号）から，父母欄の左側に養父母欄を設けて養父母の氏名を記載することになります。

養親が養父又は養母だけのときは，その一方だけの欄を設けることになります。また，養子が，数回縁組（転縁組）して養親が数人ある場合は，養父母欄には，最後の養親について養父母欄及びその続柄欄を設ければよいとしています（大正 3 年12月28日民1125号回答）。

(9)　3 葉目のみちの身分事項欄の記載

3 葉目のみちの身分事項欄には，出生事項，離婚事項及び分籍事項の三つの事項の記載があります。ここでは，離婚事項及び分籍事項の二つの事項からどのようなことが分かるかをみてみましょう。

①　離婚事項の記載

【問36】離婚事項について，説明してください。また，従前は，離婚復籍した者については，出生事項の記載を省略していたと聞いていますが，これについても説明してください。

離婚に関する事項については，夫及び妻の身分事項欄に記載しなければならないとしています（戸籍法施行規則35条 4 号）。

3 葉目のみちの身分事項欄には，「平成33年 7 月 5 日夫乙原信吉と協議離婚届出同月 7 日横浜市中区長から送付同区本町一丁目 8 番地乙原信吉戸籍から入籍」と記載があります。

離婚とは，婚姻関係を将来に向かって解消させることをいいます。離婚に

－ 50 －

第4　戸籍法施行規則附録6号戸籍の記載のひな形から学べること

は，当事者の合意に基づく協議離婚（民法763条）と，裁判所が関与して成立す
る裁判離婚（民法770条）があります。

　「平成33年7月5日夫乙原信吉と協議離婚届出」の記載からは，夫乙原信吉
との離婚の種別が協議離婚であること及びその届出日が「平成33年7月5日」
であることが分かります。離婚による復籍戸籍又は離婚による新戸籍には「夫
乙原信吉と協議離婚届出」と記載しますが，従前戸籍の記載は「夫信吉と協議
離婚届出」と記載し，夫の氏の記載を省略することとしています（法定85，86
参照）。これは，復籍する戸籍等に配偶者であった者の氏名を記載するのは配
偶者を特定するためであり，従前戸籍には，配偶者の名のみを記載するのは夫
又は妻であることが配偶欄及び名欄の記載で分かるというものであると思われ
ます。コンピュータシステムによる証明書記載例では，復籍戸籍及び従前戸籍
のいずれも「【配偶者氏名】乙原信吉」と記録します。これは，コンピュータ
システムによる特性のものです。

　「同月7日横浜市中区長から送付同区本町一丁目8番地乙原信吉戸籍から入
籍」の記載からは，協議離婚届出を受理した者が「横浜市中区長」であること
及び同区長から届書の送付を受けた日が「平成33年7月7日」ということ並び
に離婚時の戸籍が「横浜市中区本町一丁目8番地乙原信吉戸籍」であることが
分かります。コンピュータシステムによる証明書記載例では，「【送付を受けた
日】平成33年7月7日」，「【受理者】横浜市中区長」，「【従前戸籍】横浜市中区
本町一丁目8番地　乙原信吉」と記録します。

　さらに，この記載からは，この戸籍に入った原因が「離婚」であること及び
その年月日が「平成33年7月7日」ということ並びに他の戸籍から入った者で
すから，その従前戸籍が「横浜市中区本町一丁目8番地乙原信吉」であること
が分かります（戸籍法13条3号，7号）。

　また，問にあるように，従前は，離婚復籍した場合には，その者についての
出生事項の記載を省略していました。これは，復籍する者については，その者
の従前の身分事項欄に出生事項の記載があるため，あえて出生事項を記載しな
い，いわゆる戸籍記載の経済性を重点においた考え方からと思われます。この

－ 51 －

第4 戸籍法施行規則附録6号戸籍の記載のひな形から学べること

ような取扱いがされていましたが，全国連合戸籍事務協議会第45回総会におい
て「離縁・離婚により復籍する戸籍が，縁組・婚姻当時と同じ戸籍であって
も，復籍する者の身分事項は，出生事項を移記の上，復籍事項を記載すること
ができるよう，法の改正を要望する。」との決議がされ，コンピュータシステ
ムによる戸籍事務を処理することができることとされたことに伴う戸籍法施行
規則の改正により出生事項を移記することとしたものです（平成6年法務省令
51号）。

　② **分籍事項の記載**

> 【問37】分籍事項について説明してください。

　分籍に関する事項については，分籍者の身分事項欄に記載しなければならな
いとしています（戸籍法施行規則35条10号）。

　3葉目のみちの身分事項欄には，「平成33年8月2日分籍届出東京都中央区
日本橋室町一丁目1番地に新戸籍編製につき除籍」と記載があります。

　分籍とは，戸籍の筆頭に記載した者及びその配偶者以外の者で，成年に達し
た者が，その者の意思で従前の戸籍から分かれて別に新しく戸籍を作ることを
いいます（戸籍法21条）。分籍は，届出によって効力を生ずる創設的届出です
（戸籍法100条）。なお，成年に達しない者の分籍届を誤って受理し，戸籍の記載
後にその者が成年に達したとして，分籍届の追完届があってもこれを受理する
ことはできないとしています（昭和37年12月25日民事甲3715号回答）。これは，
成年に達しない者の分籍届は受理されても当然無効ですから，無効を有効とす
る追完届は受理できないからです。

　分籍後の本籍は，届出人の意思により自由に定めることができますので，分
籍前（現在）の本籍地の市区町村内に定めることもできますし，他の市区町村
に定めることもできます。

　「平成33年8月2日分籍届出」の記載からは，分籍届出日が「平成33年8月
2日」であることが分かります。コンピュータシステムによる証明書記載例で
は，「【分籍日】平成33年8月2日」と記録します。

- 52 -

第4　戸籍法施行規則附録6号戸籍の記載のひな形から学べること

「東京都中央区日本橋室町一丁目1番地に新戸籍編製につき除籍」の記載からは，「東京都中央区日本橋室町一丁目1番地」に分籍後の新本籍を定めたことが分かります。コンピュータシステムによる証明書記載例では，「【新本籍】東京都中央区日本橋室町一丁目1番地」と記録します。

(10)　信夫の身分事項欄の記載

信夫の身分事項欄には，出生事項，認知事項，父の氏を称する入籍事項及び親権事項の四つの事項の記載があります。ここでは，認知事項及び親権事項の二つの事項の記載からどのようなことが分かるかをみてみましょう。なお，父の氏を称する入籍事項については，(6)英子の身分事項欄の記載の項を参照してください。

①　認知事項の記載

【問38】認知事項の記載について説明してください。

信夫の身分事項欄には，「平成35年1月7日甲野義太郎認知届出同月10日東京都千代田区長から送付」と認知事項の記載があります。

嫡出でない子について，認知に関する事項は，新戸籍の編製又は他の戸籍に入る場合には，重要な身分事項であるとして移記事項としています（戸籍法施行規則39条1項2号）ので，記載しているものです。

「平成35年1月7日甲野義太郎認知届出」の記載からは，父である甲野義太郎が信夫を認知する届出をした日が「平成35年1月7日」であることが分かります。コンピュータシステムによる証明書記載例では，「【認知日】平成35年1月7日」，「【認知者氏名】甲野義太郎」と記録します。

「同月10日東京都千代田区長から送付」の記載からは，認知の届出を「東京都千代田区長」にしたこと及び同区長から信夫の本籍地市区町村長（認知された当時の本籍地）へ届書の送付がされた日が「平成35年1月10日」であることが分かります。コンピュータシステムによる証明書記載例では，「【送付を受けた日】平成35年1月10日」，「【受理者】東京都千代田区長」と記録します。

ところで，信夫の従前戸籍における認知事項は，「平成35年1月7日東京都

－ 53 －

千代田区平河町一丁目4番地甲野義太郎認知届出同月10日同区長から送付」
（法定14参照）と記載していますが，父の氏を称する入籍の届出により父の戸籍
に入った際，その認知事項を移記するときに，父の戸籍の表示を省略している
ことが分かります。このことについて戸籍先例は，「父が認知した子が父の氏
を称し入籍する場合，認知事項はそのまま移記すべきか又は戸籍法施行規則附
録第6号様式中，信夫の身分事項欄中の認知事項によると父の戸籍の表示等の
記載がないから，その記載例のとおり父の戸籍の表示の記載を省略し移記すべ
きか。」について，「後段による。」と決議しています（昭和25年3月15日名古屋
局瀬戸春日井市東春日井郡戸研決議）。

　これは，いったん父の戸籍に入籍すれば，父の戸籍から婚姻又は養子縁組等
により除籍されたとしても，相続等が発生したときは，入籍及び除籍の記載に
より相続人等の探索ができることから，あえて父と子が同籍したときには，父
の戸籍の表示を省略するものとしたものではないかと考えます。

②　親権事項の記載

> **【問39】** 親権者を父と定める親権事項の記載がありますが，これについて
> 説明してください。

　親権に関する事項については，未成年者の身分事項欄に記載しなければなら
ないとしています（戸籍法施行規則35条5号）。

　信夫の身分事項欄には，「平成35年1月20日親権者を父と定める旨父母届出」
と親権事項の記載があります。

　成年に達しない子は，父母の親権に服するとしています（民法818条1項）
が，ここにいう父母とは，婚姻関係にある父母のことです。嫡出でない子の親
権は，原則として母が単独で行い，父が認知した場合に，父母の協議が調えば
父の単独親権となります（民法819条4項）。なお，父母の協議が調わないとき
又は協議をすることができないときは，父又は母が家庭裁判所に請求し，協議
に代わる審判により親権者を定めることになります（同条5項）。

　「平成35年1月20日親権者を父と定める旨父母届出」の記載からは，父母の

第4　戸籍法施行規則附録6号戸籍の記載のひな形から学べること

協議により父を親権者と定める届出を本籍地である東京都千代田区長にした日が「平成35年1月20日」であることが分かります。この日から父の親権に服することになります。コンピュータシステムによる証明書記載例では，「【親権者を定めた日】平成35年1月20日」，「【親権者】父」，「【届出人】父母」と記録します。

　なお，審判により親権者を定められたときは，「年月日親権者を父と定める裁判確定」（法定106）と，裁判上の離婚に当たり親権者を定められたときは，「年月日親権者を母と定められる」（法定103）と記載しますので，それぞれの記載の違いから，協議による親権者の定めであるか否かが分かります。

(11)　啓二郎の身分事項欄の記載

　啓二郎の身分事項欄には，出生事項及び特別養子縁組事項の二つの事項の記載があります。ここでは，特別養子縁組事項及び父母欄の記載からどのようなことが分かるかをみてみましょう。

①　特別養子縁組事項の記載

> **【問40】**特別養子縁組届による入籍の記載について説明してください。

　啓二郎の身分事項欄には，「平成35年2月12日民法817条の2による裁判確定同月15日父母届出名古屋市中区三の丸四丁目3番甲野啓二郎戸籍から入籍」と特別養子縁組事項の記載があります。

　特別養子縁組については，「ゆり」の記載の項で説明しましたので，ここでは，詳しい説明は省略します。

　「平成35年2月12日民法817条の2による裁判確定」の記載からは，特別養子縁組の審判が成立した日が「平成35年2月12日」であることが分かります（「民法817条の2」の記載からこのことが分かります。）。コンピュータシステムによる証明書記載例では，「戸籍事項」欄のタイトルは，「民法817条の2」と表示し，その項目の一つとして「【民法817条の2の裁判確定日】平成35年2月12日」と記録します。「ゆり」の場合は，「特別養子となる縁組の裁判確定」と記載していましたが，これは，実方戸籍に記載する事項ですから「特別養子縁

－ 55 －

第4　戸籍法施行規則附録6号戸籍の記載のひな形から学べること

組」としたものです（詳述については，「ゆり」の記載の項の説明を参照）
が，特別養親の戸籍に入るときは，「民法817条の2」と記載し，「特別養子縁
組」とは記載しないこととしています。これについては，「普通養子の場合と
同様に「養子縁組」という言葉をすべての場合に使用したのでは，養子が未成
熟な間に戸籍を見る機会があると一目で自分が養子であることを知ることと
なってしまう。したがって，養子が未成熟な間は，仮に自分の戸籍を見る機会
があっても容易に判断がつかないが，戸籍事務担当者，相続債権者等正当にそ
の戸籍の内容を確認する必要のある者あるいは成育後の養子本人には，その戸
籍の記載を見て内容を正確に判断することのできる記載例を検討する必要があ
る。そのような見地から採用されたのが，民法において特別養子縁組の成立を
規定している条文を縁組事項の記載として利用する方法である。」と説明され
ています（民事月報42巻号外（養子法改正特集）94ページ）。

　「同月15日父母届出」の記載からは，養父母が届出をした日が「平成35年2
月15日」であることが分かります。ここで，「養父母届出」とは記載せず，「父
母届出」と記載するのは，縁組によって実方の父母その他の親族との法律上の
親族関係は，婚姻障害を除き，終了し，養親のみが養子の父母となるからです
（民法817条の9本文）。また，事件本人でない者が届出をした場合には，届出人
の資格及び氏名（父又は母が届出人であるときは氏名を除く。）を記載するこ
とになっています（戸籍法施行規則30条2号）。この特別養子縁組については，
「常に養父又は養母が届出人であることから，養子の身分事項欄にはその旨を
記載することになるが，特別養子縁組後に編製する新戸籍及び養親の戸籍に入
籍後の養子の父母欄には，法律上の父母である養父母の氏名のみを記載するこ
とになる（昭和62年10月1日民二5000号通達第6の1ウ（ウ））ので，この場合の
届出人の資格は養父母としなくとも紛れることがないため，単に「父母」と記
載することとされた。」と説明されています（戸籍528号27ページ）。コンピュー
タシステムによる証明書記載例では，「【届出日】平成35年2月15日」，「【届出
人】父母」と記録します。

　「名古屋市中区三の丸四丁目3番甲野啓二郎戸籍から入籍」の記載からは，

－ 56 －

第4　戸籍法施行規則附録6号戸籍の記載のひな形から学べること

養子の従前本籍である「名古屋市中区三の丸四丁目3番」に養親の氏「甲野」で新戸籍が編製されたことが分かります。コンピュータシステムによる証明書記載例では，「【従前戸籍】名古屋市中区三の丸四丁目3番　甲野啓二郎」と記録します。

　なお，特別養子縁組に関する事項については，養子の身分事項欄のみに記載し，養親の身分事項欄にはその旨を記載しないこととしています（戸籍法施行規則35条3号の2前段）。

　また，特別養子縁組は，重要な身分事項であることから，移記事項としています（戸籍法施行規則39条1項3号）。

②　父母欄・続柄欄の記載

> **【問41】** 特別養子については，父母欄のみ記載し，養父母欄の記載はしないのですか。

　啓二郎の父母欄には，「父　甲野義太郎」，「母　梅子」と，父母との続柄欄には，「三男」と記載されています。

　戸籍に記載しなければならない事項の中に「実父母の氏名及び実父母との続柄」及び「養子であるときは，養親の氏名及び養親との続柄」があります（戸籍法13条4号，5号）。この規定を受けて戸籍には，各人ごとに名欄の右横に，父欄及び母欄（総称して「父母欄」という。）が設けられ，その欄に実父母の氏名を記載し，その父母欄の下に続柄欄が設けられていて，実父母との続柄を記載することとしています。この実父母とは，法律上の実父母を意味するものですから，嫡出でない子について認知をしていない父は，生理上の父であっても戸籍に記載することはありません。そして，実父母以外に養子縁組による養父母があるときは，父母欄の左横に名欄の一部を利用して新たに養父母欄及び続柄欄を設けて，養父母の氏名とその続柄を記載することとしています（ひな形の「英助」参照）。

　ところで，特別養子も養子であることに変わりがありませんが，前記①で説明したとおり，特別養子には，養父母のみが法律上の父母とし存在しているの

－ 57 －

第4　戸籍法施行規則附録6号戸籍の記載のひな形から学べること

ですから，特段，養父母欄を設ける必要はないことになります。このことについては，「特別養子には，この養父母のみが法律上の父母とし存在するとともに，従来であれば父母欄に記載した法律上の実父母が存在しないのであるから，養父母の氏名を記載するに際して新たに養父母欄を設ける必要はなく，既に戸籍原本の様式として存在している父母欄に養父母の氏名を，続柄欄に養父母との続柄を記載すれば足りると考えられたのである。そして，このように記載しても，身分事項欄に記載されている縁組事項から父母欄に記載されている者が特別養親であることは，戸籍上明白であり，虚偽を記載していることにはならないからである。」と説明されています（民事月報42巻号外（養子法改正特集）97ページ）。

また，続柄については，普通養子は「養子（養女）」と記載することとしていますが，特別養子については「長男（長女）」と記載することとしています。これについては，「特別養子についてみると，実父母との法律上の親子関係は縁組成立によって終了し，かつ，養親は必ず夫婦であって，その夫婦が共に縁組しなければならず，縁組の成立によって養子は養親夫婦の嫡出子となる結果，特別養子縁組の成立によって続柄が二重に生ずることはなく，縁組も限定されており，かつ，離縁も原則として認められないものとなる。したがって，その養親との続柄を「長男（長女）」，「二男（二女）」等嫡出子と同様の振り合いにより記載することとされたものである。」と説明されています（前同98ページ）。

したがって，啓二郎の父母との続柄は，「三男」と記載したものであることが分かります（嫡出子の父母との続柄は，父母を同じくする嫡出子のみについて，同一戸籍内に在籍するか否かにかかわらず，出生の順に従って長男（長女）・二男（二女）と記載することとしています（昭和22年10月14日民事甲1263号通達））。

なお，上記で説明したとおり，父母との続柄の記載は，出生の順に「長男，二男，三男」と記載しますが，ときどき「弐男」，「参男」と多画文字で記載されている戸籍を見受けることがありますが，「弐」，「参」の文字を用いるの

－ 58 －

は，年月日を記載するとき（戸籍法施行規則31条2項）であり，従来から「二男」，「三男」と記載することとしていました（旧戸籍法28条2項，大正4年式戸籍附録第1号様式附属ひな形参照）。

4　欄外の記載

欄外の記載については，ふだんさほど注意をもって見ることはないと思いますが，丁数欄及び筆頭者氏名記入欄の記載からどのようなことが分かるかをみてみましょう。

①　丁数欄の記載

【問42】戸籍用紙第1葉から第3葉までのそれぞれ右下隅に「1」から「3」までの数字が記載されていますが，これは何のためですか。また，その名称は何というのでしょうか，説明してください。

見出しに「丁数欄」と記載しました。「欄」が設けられているわけではありませんが，一般的に丁数欄といっています。戸籍法施行規則2条1項は，「戸籍が数葉に渉るときは，市町村長は，職印で毎葉のつづり目に契印をし，かつ，その毎葉に丁数を記入しなければならない。」としています。「その毎葉に丁数を記入しなければならない」としたのは，昭和33年の戸籍法施行規則改正（昭和33年法務省令67号）であり，ひな形も同時に改正され，この丁数欄が設けられたものです。また，丁数の記載については，一定の枠を設け，これに丁数を記載してもよいとされています（昭和34年2月6日民事甲198号回答）。

この丁数を記載することとしたのは，戸籍謄抄本の作成に陽画写真機（若い人では分からない言葉かもしれません。）が用いられてきたこと，併せて，大福帳式戸籍簿からバインダー式戸籍簿へと近代化（当時は近代化でした。）されたことから，戸籍簿から一枚一枚取り外して陽画写真機にかけて作成すること，また，用紙のつづり違い等を防止するためであるということもその一つの理由であるといわれています。時代の違いが分かるというものです。

コンピュータシステムにより出力される「戸籍の全部事項証明書」（戸籍法

- 59 -

施行規則付録22号様式第一）では，証明書の上部右上に「全部事項証明」と表示され，その左側に「2分の1」と表示されていますが，これは，分母の数が全体の枚数を示し，分子の数が何枚目かを示しています。これが，紙戸籍の丁数に当たります。

② 筆頭者氏名記入欄

> **【問43】** 第2葉と第3葉の右側下部欄外に「甲野義太郎」と記載されていますが，これは何のためですか。また，その名称は何というのですか，説明してください。

　この欄は，①で説明した丁数欄と同様，昭和33年の戸籍法施行規則改正の際に設けられたものです。

　この欄は，戸籍が数葉にわたる場合，第2葉の用紙の右側下部欄外に設けられているもので，筆頭者の氏名を記載することから，「筆頭者氏名記入欄」といいます。なお，筆頭者の氏名を記載するには，右から左に記載することとなっています（ひな形参照）。

5　ひな形のまとめ

　戸籍法施行規則附録6号のひな形から学べることについての説明をしましたが，これにより戸籍の記載の基本がお分かりになったと思います。このひな形は，戸籍記載例の基本的事項の大半を示していますので，日常，目を通しておくとよいでしょう。戸籍事務を習得するためには，戸籍の記載を覚えるのが一番の早道ですし，また，戸籍の記載は，その基礎をなすものと考えます。

　さらに，このひな形の記載例から戸籍の仕組みがお分かりになったと思います。戸籍の仕組みについては，前にも説明しましたが，ここでは，二点について再度説明することにします。

　一点目は，入除籍する前後の戸籍相互に関連をもたせて，その者の出生から死亡までの戸籍をたどることができるよう仕組まれていることです。つまり，他の戸籍から入籍した者についてはその従前戸籍の表示（梅子の婚姻事項中

「京都市上京区小山初音町18番地乙野忠治戸籍から入籍」と従前戸籍を表示しています。）を，また，逆に従前の戸籍には入籍戸籍の表示（2葉目のみちの婚姻事項中「東京都千代田区平河町一丁目8番地乙原信吉戸籍に入籍」と入籍戸籍を表示しています。）をそれぞれ記載して（戸籍法13条7号），関連をもたせています。これは，日本の相続制度とも深く関わり合いをもっているということです。

　二点目は，各身分事項の記載は，冒頭に年月日を記載することにしています。この冒頭の年月日は，創設的届出（婚姻等の身分行為）ではその効力発生の日（義太郎の婚姻事項中の「平成4年1月10日」という年月日等参照）であり，報告的届出（出生・死亡等）であれば事件発生の年月日（啓太郎の出生事項中の「平成4年11月2日」及び芳次郎の死亡事項中の「平成24年12月13日」という年月日等参照）であることが分かります。さらに，その記載の原因となった届出又は申請の受付の年月日（創設的届出では冒頭の効力発生の年月日，報告的届出では二番目に記載される年月日）及び他の市区町村長から届書等の送付を受けた場合には，その送付を受けた年月日及び受理者の職名を記載（啓太郎の婚姻事項中の「同月10日」は送付を受けた日であり，「横浜市中区長」は受理者の職名です。）することによって（戸籍法施行規則30条），つまり，戸籍の記載上から，関係届書等がどの市区町村長に提出され，また，その届書等の保管がどこにされているか等の索出を容易にすることができるような措置が図られていることです。これにより，戸籍の再製等が生じた場合の再製資料となる関係資料（受附帳の写し，届書謄本等）の取り寄せも容易にすることができます。

　このように戸籍記載例は，その基本として，戸籍制度の本来の目的である人の身分関係の登録・公証機能と関係戸（除）籍及び届書等の索出，すなわち検索機能を果たし得るよう十分考慮して構成されているものといえるのではないでしょうか。

－ 61 －

第5 戸籍記載例の変遷

第5 戸籍記載例の変遷

まず，戸籍記載例が示されていることについて考えてみましょう。

1 戸籍記載例が示された時期

【問44】全国統一された戸籍記載例が示されたのは，いつごろですか。ま
た，その理由は何ですか。

　日本の近代的戸籍制度は，明治5年2月1日から施行された戸籍法（以下
「明治5年戸籍法」という。）から始まることになりますが，この明治5年戸籍法
は，明治政府が，全国統一の中央集権政治を実現するために，国内総人口を把
握することが急務であったことから，戸籍法を制定したものであるといわれて
います。したがって，明治5年戸籍法は，人口調査をその目的とするものでし
たが，世帯単位で国民の身分関係が登録されたため，二義的には，国民の身分
登録簿としても機能することになったものです。

　この明治5年戸籍法は，戸籍内の氏名の記載順序については示していました
が，特に身分事項の記載例は示してはいなかったようです。

　明治31年7月16日に，旧民法の親族・相続編が施行されましたが，同時に，
民法の附属法としての戸籍法（明治31年法律12号，以下「明治31年戸籍法」とい
う。）が施行され，併せて，戸籍法取扱手続（同年司法省訓令5号）も施行され
ました。この戸籍法取扱手続中に戸籍記載例が示されました。これが，全国統
一された初めての戸籍記載例ということができます。明治31年戸籍法は，身分
登記簿と戸籍簿の制度が併用されたものであり，戸籍法取扱手続は，身分登記
簿の用紙の規格と登記例及び戸籍簿の用紙の様式と記載例を示したものです
（注1）。

　その後，大正3年に戸籍法の改正がされ（大正3年法律26号，大正4年1月1
日施行，以下「大正4年戸籍法」という。），同時に戸籍法施行細則（大正3年司法

- 62 -

第5　戸籍記載例の変遷

省令7号）が定められ，身分登記簿と戸籍簿との併用を改め，戸籍簿のみとなり，戸籍記載例も明治31年戸籍法よりも具体的なものとしました（注2）。

　戸籍は，人の出生から死亡に至るまでの身分関係を登録し，これを謄抄本（記録事項証明書）等により公証するものであることは御承知のとおりです。また，戸籍の記載について，戸籍法は極めて厳格な取扱いを要求しています。すなわち，戸籍の記載・戸籍の記載の消除・戸籍の訂正又は更正については，法令上所定の要件を備えたものについて一定の形式・方式に従いこれを記載すべきものとしています。そのために，全国統一した取扱いをするためにも，戸籍の記載の統一性等を確保するためにも記載例を示す必要があるからです。戸籍の記載手続及び記載事項については，7ページ以下に説明していますので，それを参考としてください。

（注1）戸籍法取扱手続1条は，「身分登記簿ノ用紙ハ美濃十三行罫紙トシ其登記例ハ附録第一号書式ノ振合ニ依ルヘシ」と規定しています。また，同手続2条は，「戸籍簿ノ用紙ハ附録第二号様式ニ依リ其記載例ハ附録第三号書式ノ振合ニ依ルヘシ」と規定し，現行の附録1号様式及び同6号ひな形を合わせたものとして附録第2号様式を示し，現行の法定記載例と同様のものとして附録第3号書式として出生から就籍・除籍までの81の記載例を漢字及び片仮名書き文章で示しています。

（注2）明治31年戸籍法は，身分登記簿と戸籍簿とを併用した制度でしたが，その記録が重複し，事務の繁雑が多く実益に乏しいことから，大正4年戸籍法は，身分登記簿は廃止し，戸籍簿のみの一本化としました。記載例については，施行細則12条3項で附録4号として140の記載例を示しています。

2　法定記載例と参考記載例

【問45】戸籍記載例には，法定記載例と参考記載例があると聞きましたが，どのような違いがあるのですか。

　戸籍記載例には，法定記載例と参考記載例があります。法定記載例は，戸籍届出事件に関する戸籍記載の代表的な事例を法務省令（戸籍法施行規則）により示したものであり，戸籍用紙によって処理しているときは戸籍法施行規則附

－ 63 －

第5 戸籍記載例の変遷

録7号に，コンピュータシステムにより処理しているときは戸籍法施行規則付録25号にそれぞれ示されています。したがって，法定記載例は，規則記載例ということもできます。また，参考記載例は，前記に関連又は付随する記載文例及び特殊事例について法務省民事局長通達により示したものです（参考記載例は，昭和45年法務省令8号により，戸籍法施行規則の一部改正に伴い，法定記載例を改正するとともに，昭和45年6月5日付け民事甲2667号通達により初めて示したものです。）。したがって，参考記載例は，通達記載例ということもできます。

3 戦後における戸籍記載例の変遷

> 【問46】戦後における戸籍記載例には，どのような変遷があるのですか。

現行戸籍法は，昭和23年1月1日から施行されましたが，同時に施行された戸籍法施行規則附録7号（33条関係）にその記載例が示されました。この法定記載例は，その施行以後，相当数の改正がされ，また，参考記載例も昭和45年7月1日の施行から現行の参考記載例の通達（戸籍用紙により処理している場合の記載例は平成2年3月1日付け民二600号通達，コンピュータシステムにより処理している場合の記録事項証明書記載例は平成6年11月16日付け民二7000号通達）が発出された後も何回かの一部改正がありますが，戦後の記載例の流れは，次の三つに分けることができます（注）。

まず，昭和23年記載例（昭和22年司法省令94号）です。これは，新憲法下で改正された親族法及び戸籍法に沿い示したものです。

次は，昭和45年記載例（昭和45年法務省令8号）です。これは，戸籍記載の簡素化・合理化の観点から大幅に改正したものです。

最後は，昭和54年記載例（昭和54年法務省令40号）です。これは，国民のプライバシーの保護及び戸籍記載事務の簡素合理化の観点から改正したものです。

なお，コンピュータシステムによる記録事項証明書記載例は，戸籍用紙によ

- 64 -

第5　戸籍記載例の変遷

る記載例を項目化したものですが，これについては，項目化の意味等も含め，別途説明することにします。

　それでは，それぞれの記載例について，以下に説明することにします。

　（注）戸籍記載例の変遷についてまとめたものとしては，高橋昌昭著「〈新版〉年表式戸籍記載例の変遷－明治31年～現行記載例まで－」（日本加除出版；平成19年発行）があります。これには，旧法記載例（廃止・削除されたものを含む）から現行記載例までを年表式にまとめてありますので，参考書としては最適です。

4　昭和23年記載例（昭和22年司法省令第94号）

```
【問47】昭和23年記載例は，どのような特徴があるのですか。
```

　昭和23年記載例（以下「23年記載例」という。）は，「家」制度を廃止し，新憲法の下に改正された親族法及び戸籍法に沿い示したものです。この記載例は，昭和23年１月１日から昭和45年６月30日までのものです。

　まず，戸籍の記載に用いる文字について説明することにします。

　大正４年戸籍法は，「戸籍ノ記載ヲ為スニハ略字又ハ符号ヲ用キス字画明瞭ナルコトヲ要ス」と規定（28条１項）していました。この規定は，現行戸籍法施行規則31条１項と同様の規定ですが，大正４年戸籍法施行中の記載に用いる文字は，漢字及び片仮名書き文章でしたが，23年記載例の記載に用いる文字は，昭和21年内閣告示第32号当用漢字表に掲げる漢字及び平仮名とされ，また，当用漢字表の簡易字体を用いることとしました（昭和23年１月13日民事甲17号通達記（10））（注１）。このように，戸籍の記載に用いる文字（漢字）の字体をも示しました。

　次に，戸籍事項欄及び身分事項欄の記載の特徴について触れてみます。

　戸籍事項欄は，戸籍の編製に関する事項を記載する欄ですが，現行記載例と比べてみるとよく分かります。例えば，婚姻による新戸籍を編製するときの記載例は，現行は「平成４年１月10日編製」（法定58）としていますが，23年記

－ 65 －

第5　戸籍記載例の変遷

載例は「婚姻の届出により昭和23年１月10日夫婦につき本戸籍編製」（注２）
としていました。戸籍編製事由である「婚姻の届出」及び被編製者である者を
特定するため「夫婦につき」と記載していたものです。

　身分事項欄は，各届出に基づく身分に関する事項を記載する欄ですが，夫の
氏を称する婚姻により新戸籍が編製されその戸籍に入籍する場合の記載は，夫
については「乙野梅子と婚姻届出昭和23年１月10日受附千代田区平河町一丁目
４番地甲野幸雄戸籍より入籍」と，妻については「昭和23年１月10日甲野義太
郎と婚姻届出京都市上京区小山初音町18番地乙野忠治戸籍より同日入籍」とし
ていました。現行記載例は，「平成４年１月10日乙野梅子（甲野義太郎）と婚
姻届出」（法定59，60）と夫及び妻とも身分行為の年月日を冒頭に記載すること
にしているのとの違いが分かると思います。

　この23年記載例による婚姻事項を移記するときは，現行記載例に引き直して
することになります。移記については，別途，説明することにします。

（注１）戸籍の記載には，昭和21年11月内閣告示第32号当用漢字表に掲げる漢字及
　　　　び平がなを用い，また，同表の簡易字体は，規則第31条第１項の略字には該
　　　　当しないから，今後はこの簡易字体表を用いる。もっとも，新法施行前に従
　　　　前の例により記載された戸籍の謄抄本を作成するには，その部分については
　　　　従前の文字をもってそのまま謄写する。なお，子の名につき規則第60条に掲
　　　　げる文字以外の文字を用いた出生届は，これを受理すべきでないとしていま
　　　　す。例えば，戸籍法施行規則31条２項は，「年月日を記載するには，壱，弐，
　　　　参，拾の文字を用いなければならない。」としていますが，旧法戸籍では，
　　　　壹，貳，參等の文字が用いられているものを見受けることがあります。

（注２）「日本戸籍編製」とは？昭和32年法務省令27号による旧法戸籍を新法戸籍
　　　　の様式に改製する際の戸籍事項欄は「昭和32年法務省令第27号により昭和33
　　　　年４月１日改製につき昭和35年７月28<u>日本戸籍編製</u>」と記載していたことか
　　　　ら，これを「日本戸籍編製」と読まれた方から，「この戸籍に記載されている
　　　　方は，昭和35年７月28日に日本人になったのですか。」との質問です。本来
　　　　は，「昭和35年７月28日」「本戸籍編製」と読むことになります。

第5 戸籍記載例の変遷

5 昭和45年記載例（昭和45年法務省令第8号及び昭和45年6月5日付け 民事甲2667号法務省民事局長通達）

【問48】昭和45年記載例は，どのような改正を行ったのですか。

　昭和45年の戸籍法施行規則改正は，23年記載例を大幅に変更しました。この昭和45年記載例（以下「45年記載例」という。）は，戸籍記載事務の簡素合理化を図るとともに，国民及び戸籍初任者に理解しやすいものとすることを主眼として全面的に改訂したものです（昭和45年3月31日付け民事甲1261号通達）（注）。また，新たに参考記載例が示されたのも，この年です（昭和45年6月5日民事甲2667号通達）。45年記載例は，昭和45年7月1日から昭和54年11月30日までのものです。

(1) 戸籍記載の簡素化

【問49】戸籍記載の簡素化の一つとして，出生及び死亡の場所の記載を最小行政区画までとし，また，父又は母が届出人のときは，その氏名の記載を要しないことにしたのはなぜですか。

　まず，出生の場所及びその届出人の資格及び氏名の記載について23年記載例と45年記載例を比較してみます。

　23年記載例は，「昭和23年1月10日本籍で出生父甲野義太郎届出同月15日受附入籍」としていましたが，45年記載例は，「昭和46年1月10日東京都千代田区で出生同月15日父届出入籍」としました。

　このように，出生の場所について，最小行政区画まで記載すれば足りるとしたのは，出産をするについて，病院，診療所等の施設内での出生が急速に増加し，自宅（施設外）での出生が減じたため出生地と個人特定についての結びつきが希薄となったことという理由があげられています（戸籍284号17ページ）。さらに，死亡の場所については，刑事施設等で死亡した者の死亡の場所を地名地番号まで具体的に記載することによって，プライバシーを侵害するおそれが

－ 67 －

第5 戸籍記載例の変遷

あること，また，地名地番号を記載しないこととすることは，特別な場所での死亡を意味することとなって，かえって顕在化するおそれがあることと説明されています（前同）。

　出生及び死亡の場所の記載の簡素化は，45年記載例改正中で最も実質的な改正であるといわれています。当時の解説を引用しますと「これ（出生及び死亡の場所の記載を最小行政区画までとすること）によって，仮に1件あたり10字の記載を要しないこととなったとすれば，出生，死亡の270万件で実に2,700万字の記載所要時間が短縮されるのである。これを婚姻による新戸籍編製の場合についてみると1戸籍あたり300字とすれば，90,000戸籍に相当し，東北六県の昭和43年度内における新戸籍編製数95,000戸籍にほぼ近い事務量が軽減されることとなったわけである。」（戸籍284号17ページ）とあります。時代の違いが分かるのではないでしょうか。

　次に，届出人又は申請人の資格及び氏名について，父又は母が届出人又は申請人であるときは，その氏名の記載を省略して差し支えないとしました（戸籍法施行規則30条2号の改正）。これは，届出人の資格である「父」又は「母」と記載することによって，その氏名を記載するまでもなく，父母欄の記載によってその氏名を特定できることから改められたものです。

> **【問50】** 出生事項中から「受附」という字句の記載が省略されましたが，
> 　　　これも記載の簡素化の一つですか。

　いいところに目を付けましたね。23年記載例では，すべての届出又は申請の受附年月日の記載については，「昭和23年1月10日（中略）届出同月15日受附入籍」と記載していましたが，この「受附」の文字の記載を要しないことにしました。

　戸籍の記載は，すべて受け付けられた届出，申請又は報告の受理が決定された後にされるものであるため，「受附」の字句を記載するまでもなく「受附」の事実は明白であることから，簡素化したものです。

－ 68 －

第5 戸籍記載例の変遷

(2) 戸籍記載の合理化

【問51】戸籍記載の合理化がされたとは，どのようなことですか。

戸籍記載の合理化は，各事項の記載について，原則として，その年月日をそれぞれの事項の冒頭に記載することにしたことです。

それでは，23年記載例とどのように変わったかを前記の婚姻の届出について比較してみると，戸籍事項欄については，23年記載例は「婚姻の届出により昭和23年1月10日夫婦につき本戸籍編製」としていましたが，45年記載例は「婚姻の届出により昭和46年1月10日編製」とし，「夫婦につき本戸籍」という部分を省略し，簡素化しました（年月日が冒頭に記載されていないという点では，合理化の例外になります。）。これは，婚姻による新戸籍の編製はかならず夫婦についてするものですから，簡素化したものと思われます。また，身分事項欄については，23年記載例は，夫については「妻の氏名」を冒頭に，妻については「婚姻年月日」を冒頭に記載することとしていましたが，45年記載例は，夫及び妻ともに「婚姻年月日」を冒頭に記載するとともに，同じ振り合いで記載することにしました。すなわち，「昭和46年1月10日乙野梅子（甲野義太郎）と婚姻届出東京都千代田区平河町一丁目4番地甲野幸雄（京都市上京区小山初音町18番地乙野忠治）戸籍から入籍」としました。従前は，記載する順序が相違していたため国民及び戸籍事務初任者の理解を妨げるきらいがあったといわれていますが，これをすべて冒頭に記載することに統一して，理解を助けることにしたと説明されています（戸籍284号20ページ）。

最後に，名の変更届出について比較してみます。

23年記載例は，「名「鋐吉」を「鉄吉」と変更届出昭和24年2月14日京都市上京区長受附同月16日送付」としていましたが，45年記載例は「昭和47年2月14日名を「鉄吉」と変更届出」と簡素合理化しました。これは，名の変更事項は移記事項であること，また，当事者が正当な事由によって変更した従前の名を比較記載することは，変更をした趣旨にもそぐわないこと及びプライバシーの保護にも配慮したものです。

− 69 −

第5 戸籍記載例の変遷

　なお，現行の記載例は，単に「平成5年2月16日名の変更届出」（法定196）としており，より簡素化し，よりプライバシーの保護にも配慮したものとなっています。この記載例は，平成6年法務省令51号により改正したものです。

　（注）昭和45年3月31日付け民事甲1261号通達は，今回の改正は，事務の簡素化，合理化のため戸籍記載例（附録第7号）を全面的に改正したものである（記一）とし，さらに，各事項の記載については，①原則として，事項ごとに，その年月日をその冒頭に掲げることとした（記二の1），②届出又は申請の受附の記載については，「届出」又は「申請」の記載をするにとどめ，「受附」の文字の記載を要しないこととした（記二の2），③届出人又は申請人の記載は，それが父又は母である場合には，資格の記載のみをするにとどめ，氏名の記載は要しないこととした（記二の3），④政令指定都市及び県庁所在地で，県名と同じ名の市については，府県名を省略して差し支えないこととした（記二の4），⑤出生及び死亡の場所の記載については，最小行政区画までを表示するものとした（記二の5）等です。

6　昭和54年記載例（昭和54年法務省令第40号及び昭和54年8月21日付け民二4391号法務省民事局長通達）

　【問52】 昭和54年記載例は，どのような改正を行ったのですか。

　昭和54年記載例（以下「54年記載例」という。）は，国民のプライバシーの保護と戸籍記載事務の簡素合理化を図る観点から，従来の戸籍記載例の基本形体を極力維持しながら，しかも戸籍の公示機能及び検索機能を損なわない範囲内において戸籍記載例（附録7号）の一部を改めるとともに，これに関連する諸規定（戸籍法施行規則第30条及び第40条），ひな形（附録6号）及び様式（附録第8号及び第9号）について，所要の改正を行ったものであるとしています（昭和54年8月21日付け民二4391号通達記一の2戸籍記載例の改正の趣旨）。この54年記載例は，昭和54年12月1日から基本形体として現在まで用いられています。平成2年法務省令5号及び同年3月1日付け民二600号通達（54年記載例通達を改正した現行の参考記載例通達）がありますが，これは，基本的には改元に伴うものであり，記載例の大幅な変更をしたものではありません。

－ 70 －

第5　戸籍記載例の変遷

(1)　全体的事項の改正の要点

【問53】戸籍法施行規則30条の改正をしたとのことですが，この点につい
　　　て，記載例との関係はどのようになっているのですか。

　現行戸籍法施行規則30条4号は，「請求，嘱託又は証書若しくは航海日誌の
謄本の受附の年月日」を戸籍の記載事項であると規定していますが，改正前の
条文は，「請求，証書又は航海日誌の謄本の受附の年月日及び証書又は航海日
誌の作成者の職名」と規定していました。昭和54年の改正は，この下線部分を
削除することとしたものです。

　この改正により，記載例も改正されています。改正前は，下線部分にある作
成者の職名を記載することにしていましたから，例えば，婚姻証書の謄本又は
証明書の提出（外国にある日本人男が外国人女と所在国の方式に従って婚姻
し，在外公館に提出があった場合）があった場合の記載（現行法定77）は，45
年記載例では「昭和55年4月15日国籍アメリカ合衆国マリア・ベルナール（西
暦1960年1月1日生）と婚姻同月20日同国何職作成の婚姻証書謄本提出同年5
月15日在ニュー・ヨーク総領事から送付」としていました。この場合，証書の
作成者がどのような職名であるかなど，届出における審査にも困難が伴うこと
もあったようです。現行記載例は，「平成9年4月15日国籍アメリカ合衆国ベ
ルナール、マリア（西暦1971年1月1日生）と同国ニューヨーク州の方式によ
り婚姻同月20日証書提出同年5月15日在ニューヨーク総領事から送付」（54年
記載例では，氏名の記載については45年記載例と同様，名，氏の順序で記載
し，名と氏の間は「・」（なか点）を付すことにしていました。外国人の氏名
を氏と名の順序で記載し，氏と名の間に「、」（読点）を付すこととしたのは，
昭和59年改正（昭和59年法務省令40号）によるものです。）としています。記載
例からお分かりのように，単に「証書提出」となっていますが，「証書」とあ
るのは，「婚姻を証する書面」の省略語と理解してください。

　このように証書作成者の職名を記載しないことにしたのは，事件本人の身分
関係の公示上格別の必要性が認められないためと説明されています（戸籍414

- 71 -

第5　戸籍記載例の変遷

号10ページ)。

【問54】戸籍事項欄の記載例は，どのように改正したのですか。

　戸籍事項欄には，一つの戸籍内の各人に共通な戸籍全体に関する事項を記載するとしています（戸籍法施行規則34条）。54年記載例改正は，戸籍の編製事由及び消除事由の記載を要しないことにしました。例えば，夫婦について婚姻により新戸籍を編製する場合は，45年記載例では「婚姻の届出により昭和46年1月10日編製」と新戸籍編製事由（婚姻の届出により）を記載していました。また，戸籍の全部を消除する場合は，「全員除籍により昭和46年1月11日消除」（45年記載例の法定88）と戸籍消除事由を記載していました。これら戸籍の編製事由や消除事由は，新戸籍の編製又は戸籍の消除と同時にされる各人の身分事項欄の記載によって容易に判断できるため，事務簡素化の見地から，記載を要しないこととしました（戸籍414号12ページ）。

(2)　個別的事項の改正の要点

【問55】新設された記載例はあるのですか。

　新設された記載例はいくつかありますが，ここでは，出生事項について説明することにします。

　二つありますが，一つは，「出生届出未済の子について，前夫の嫡出子否認の裁判の謄本を添付して後夫からされた嫡出子出生届」（現行参考7）で，もう一つは，「離婚後300日以内に出生した届出未済の子について，父子関係不存在確認の裁判の謄本を添付して母からされた嫡出でない子の出生届」（現行参考12）です。これらを新設した趣旨については，戸籍414号15ページ以下に詳しい解説がありますので，それを読まれるとよいでしょう。

【問56】養子縁組事項の記載例の改正，特に，代諾縁組の場合の改正はどのようなものですか。

　養子縁組事項に関する記載例については，いくつかの改正点がありますが，

- 72 -

第5　戸籍記載例の変遷

15歳未満の者を養子とする縁組届による記載例について，その養子の縁組事項中，親権者父母が代諾する旨は，45年記載例では「昭和51年6月10日甲野義太郎同人妻梅子の養子となる縁組届出（養子の代諾者親権者父母）東京都千代田区永田町四丁目5番地乙川孝助戸籍から入籍」としていましたが，括弧書き部分（養子の代諾者親権者父母）とあるのを「養子の」を削除し，単に（代諾者親権者父母）としたものです。

　また，養子が15歳未満の者である場合の縁組承諾者の記載については，当該縁組について正当な法定代理人が承諾したものであることを戸籍上明らかにするため，従来から必要的記載事項とされていましたが，この記載は，養子の身分事項欄にのみ記載すれば足りるのか，あるいは養親の身分事項欄にも記載を要するかについて意見が分かれ，実際に戸籍事務の取扱上，疑義が生じていたようです。代諾縁組の記載例については，23年記載例から示されていました（注）が，養子の身分事項欄にのみ記載することを明らかにするために，昭和54年の改正で養親の身分事項欄にする記載例を新設し，戸籍事務の取扱いを明確にしました。

　なお，外国人がその法定代理人等の代諾により日本人の養子となる縁組届があった場合においては，当該養子は，縁組によっては日本国籍を取得するものではないことから，例外的に，養子の代諾者の資格及び氏名は，日本人である養親の身分事項欄に記載をすることになります。その場合の記載例は，「平成29年2月20日妻とともに国籍韓国李花子（西暦2010年4月14日生）を養子とする縁組届出（代諾者親権者父国籍韓国李宗一（西暦1976年8月10日生）母国籍韓国朴良子（西暦1979年9月1日生））」となります。なお，コンピュータ記載例は，「【縁組日】平成29年2月20日，【共同縁組者】妻，【養子氏名】李花子，【養子の国籍】韓国，【養子の生年月日】西暦2010年4月14日生，【代諾者】親権者父　李宗一，【代諾者の国籍】韓国，【代諾者の生年月日】西暦1976年8月10日生，【代諾者】親権者母　朴良子，【代諾者の国籍】韓国，【代諾者の生年月日】西暦1979年9月1日生」となります。

- 73 -

第5　戸籍記載例の変遷

> 【問57】国民のプライバシー保護の観点から，戸籍訂正記載例についても
> 　　　改正したようですが，具体的にはどのような改正ですか。

　国民のプライバシー保護の観点から，戸籍訂正記載例についても改正しました。具体的には，婚姻，養子縁組等の無効の裁判に基づく戸籍訂正申請によって，当該事件本人に関する記載を従前戸籍に回復する場合，改正前は，回復後の身分事項欄にも婚姻無効や養子縁組無効の旨の記載をしていました。例えば，婚姻無効の裁判による戸籍訂正申請により夫又は妻の回復後の身分事項欄には，出生事項を記載し，改行の上，「昭和47年10月11日妻乙野幸子（夫甲野義男）との婚姻無効の裁判確定同月20日（夫）戸籍訂正申請回復」としていました。しかし，このような取扱いによるときは，当初から効力のない婚姻であったにもかかわらず，社会生活上，当該当事者があたかもかつて婚姻したことがあったのではないかと思われることになることが多分に予想されます。そうすると，当事者にとってはこの上なく酷なことであるといえます。そこで，こうした当事者の心情等を考慮し，また，戸籍の公示機能，検索機能を損なわない範囲内において戸籍記載についても何らかの配慮をするのが相当であると考えられるので，婚姻無効によって当事者を婚姻前の戸籍に回復する場合においては，戸籍法施行規則39条1項各号に掲げる事項を記載すれば足りることとし，その回復後の戸籍の身分事項欄には，回復に関する訂正事項の記載は要しないものとしました。

　（注）15歳未満の者が養子となる場合の記載例は，大正4年戸籍法にも示されていました。なお，旧法戸籍法下では，養子は，縁組の効果により必ず養親の家に入る（旧民法861条）こととしていましたから，養親の事項欄（旧法では，現行の身分事項欄を事項欄といいました。）には，縁組事項の記載を要しない取扱いでした。

－ 74 －

第5 戸籍記載例の変遷

7　54年記載例改正後の主な記載例の改正

> 【問58】54年記載例改正後において，戸籍記載の簡素化等の観点から，一部改正がされたもののうち，いわゆる「おそれ再製」の記載例が改正されましたが，それは，どのような背景からですか。

　54年記載例改正まで説明しましたが，その後の一部改正で，戸籍記載例の簡素化等がされたものがいくつかありますが，滅失のおそれある戸籍又は除籍を再製する場合の再製事由「法務大臣の命により」の記載を削除した改正（昭和60年4月5日民二1795号通達，以下「1795号通達」という。）について説明することにします。これについては，最初に，その取扱いの経緯等について説明し，次に，改正の背景等を説明することにします。

　戸籍が，焼失又は紛失した場合に，これを再製することについては，明治19年の戸籍事務取扱手続から規定が設けられていました（同手続6条）。また，滅失のおそれのある場合の再製については，大正3年戸籍法15条に「戸籍簿ノ全部若クハ一部カ滅失シタルトキ又ハ滅失ノ虞アルトキハ司法大臣ハ其再製又ハ補完ニ付キ必要ナル処分ヲ命ス但滅失ノ場合ニ於テハ其旨ヲ告示スルコトヲ要ス」との規定が設けられ，滅失のおそれのある戸籍又は除籍の再製が条文上明らかにされました。この場合の再製に関する記載例は，同法施行細則附録4号記載例には示されていませんが，再製戸籍の戸主の事項欄の末尾に「滅失ノ虞アルニ付キ司法大臣ノ命ニ依リ年月日本戸籍ヲ再製ス」と記載することととされていました（昭和6年10月21日民事1009号回答）。

　このおそれ再製の記載例は，23年記載例には示されていませんが，当時の法務府民事局（現法務省民事局）が作成した模範記載例総覧に「滅失の虞あるため法務総裁の命により昭和25年6月1日本戸籍再製」と示されていました。おそれ再製関係の記載例は，45年の参考記載例で「滅失の虞れあるため法務大臣の命により昭和47年6月10日再製」と初めて示されました。

　ところで，昭和46年に市区町村長の過誤により，生存者について死亡の記載

－ 75 －

第5 戸籍記載例の変遷

をしたり，A女の婚姻の記載をB女について記載した等の誤った戸籍の記載がされ，その後，その記載が訂正された場合において，その訂正の記載のある戸籍をそのまま存置することが社会通念上著しく不当であると認められるときは，関係人からの申出によって戸籍の再製をして差し支えないとされ，その場合の記載例は「法務大臣の命により昭和47年3月1日再製」とされました（昭和46年12月21日民事甲3589号通達）が，全連総会において「法務大臣の命により」の字句を削除する要望決議（注）がされました。

当初，法務省は，「年月日再製」という記載では，再製の結果だけが書かれ，その再製の原因が書かれないことになり，戸籍記載の原則に反するとしていましたが，プライバシー意識の高揚等の諸情勢の変化から，全連の要望決議を受け入れ，1795号通達を発出することにしたものです。

その後，平成14年に戸籍法の改正（平成14年法律第174号）があり，11条の2（申出による再製）の条文が新設されましたが，この法改正に伴い発出された同年12月18日付け民一3000号通達第8に示された記載例（現行参考228から231）は，上記の趣旨を反映したものとなっています。

(注) 要望決議がされた背景は，市区町村の窓口でのトラブルがあったことからです。トラブルの内容は，「法務大臣の命により」の記載があると，何か特別な理由があって作られた戸籍ではないか，また，もしかすると以前は戸籍がなかったのではないか，更には，他人に見せられないような記載があるため作り直したのではないか等々の奇異な感じを住民に与え，中には再製事項の削除を申し立てるということもあり，事務担当者は，これらの対応に苦慮していたことからです（戸籍494号104ページ）。

> **【問59】** 子の父母欄に「亡」の文字を冠記する取扱いが廃止された経緯は，どのようなことからですか。

戸籍事務に携わって間もない方は，「亡」の文字の冠記という用語を知らないかもしれません。子の父母欄に「亡」の文字を冠記するとは，父母が死亡した場合に，父母欄の父母の氏名の上に，例えば「亡甲野幸雄」と「亡」の文字を記載することです。この「亡」の文字を冠記する取扱いは，相当古くから慣

－ 76 －

第5　戸籍記載例の変遷

例として行われ，先例も数多くあり，この取扱いについては若干の変遷が認め
られますが，この「亡」の文字の冠記については，54年記載例改正の際に「子
本人若しくはその法定代理人又は死亡の届出人から特にその記載方について申
出がない限り，これをすることを要しない」との取扱いが示されましたが，第
43回全連総会（平成2年10月）において「申出による子の父母欄への「亡」の
文字の冠記を取り止めるよう要望する。」との決議（注）がされ，これを受け
て，子の父母欄に「亡」の文字を冠記する取扱いを廃止する通達（平成3年11
月28日民二5877号通達）が発出されました。

　この取扱いにより，子の父母（養父母）欄に「亡」の文字の冠記を行わない
ことにしたものです。また，婚姻，養子縁組，転籍等による新戸籍の編製，他
の戸籍への入籍又は戸籍の再製の場合において，従前戸籍の父母（養父母）欄
に「亡」の文字が冠記されていても，その移記は要しないものとするとされて
います（同通達記2）。したがって，コンピュータシステムに移行する際には，
子の父母欄に「亡」の文字の記載があっても，移記は不要です。

　（注）決議の理由は，「亡」の文字冠記の取扱いは，事務処理を煩雑にするだけで
　　　はなく，「亡」の文字の有無によって父母の生死を判断するほどの公証性のな
　　　い現在では，戸籍による証明を利用する国民をいたずらに混乱させているよ
　　　うに思われる，というものです。

> 【問60】54年記載例改正後の親族法等の改正に伴い新設された記載例に
> 　　　は，どのようなものがありますか。

　54年記載例の改正後，大きな親族法等の改正は，年代順に①国籍法及び戸籍
法の一部を改正する法律（昭和59年法律45号），②民法等の一部を改正する法律
（昭和62年法律101号），③戸籍法の一部を改正する法律（平成6年法律67号），④
民法の一部を改正する法律（平成11年法律149号），⑤戸籍法の一部を改正する
法律（平成14年法律174号），⑥戸籍法施行規則の一部を改正する省令（平成16年
法務省令76号）等があります。

　①の改正は，国籍については，出生による国籍取得について，父系血統主義

- 77 -

第5 戸籍記載例の変遷

から父母両系血統主義に改めたこと，また，届出による国籍取得の制度及び国籍選択制度等を新設したもので，戸籍については，渉外婚姻に関する取扱いとして，戸籍の筆頭者でない者が外国人と婚姻した場合，その者について新戸籍を編製するとともに配偶欄を設けることとしたものです。②の改正は，戦後の親族法の改正の中でも一番の大改正といってもいいでしょう。養子縁組制度の改正です。この改正に伴い，普通養子縁組事項の記載例の整理がされ，新設された特別養子縁組についての記載例が示されました。③の改正は，戸籍事務処理にコンピュータシステムを用いることができることとしたものです。これについては，別途，改めて説明することとします。④の改正は，禁治産及び準禁治産制度から成年後見制度に改めた改正です。これにより，禁治産（後見）及び準禁治産（保佐）事項については，戸籍の記載をしないこととしたものです。⑤の改正は，戸籍に不実の記載がされ，戸籍訂正後に，不実記載の傷痕を残すことなく申出による戸籍再製制度を新設したものです。最後の⑥の改正は，嫡出でない子の父母との続柄記載を改めるものです。

8　平成6年記載例（平成6年法務省令第51号及び平成6年11月16日付け民二7000号法務省民事局長通達。コンピュータシステムによる証明書記載例）

【問61】 コンピュータシステムによる証明書記載例の特徴は，どのような点にあるのですか。

　コンピュータシステムによる証明書記載例は，戸籍事務をコンピュータシステムを用いて処理することができることとされたことに伴い示されたもので，平成6年12月1日からのものです（以下「6年記載例」という。）。

　戸籍の記録事項証明書の様式は，戸籍法施行規則付録22号様式で定められ，その出力用紙の規格については，通達により示されています（平成6年11月16日民二7002号通達（以下「基準書通達」という。）第5の5（2）の別紙6「記録事項証明書の規格」（以下「記録事項証明書」という。）参照）。また，記録事項証明書の記載のひな形は，戸籍法施行規則付録24号に示されています。

- 78 -

第5 戸籍記載例の変遷

　それでは，このひな形から記録事項証明書の特徴を戸籍用紙にする記載と比較してみることにします。

　まず，戸籍事項欄は，戸籍用紙の場合は「平成4年1月10日編製」と記載しますが，記録事項証明書は，これをタイトルと項目（以下「インデックス」という。）に分けて記載することとし，タイトルは「戸籍編製」とし，インデックスで「【編製日】平成4年1月10日」と具体的に記載することとし，同様に転籍は，戸籍用紙の場合は「平成5年3月6日平河町二丁目10番地に転籍届出」と記載し，本籍欄の「平河町一丁目4番地」を朱線を縦に一本引く方法により消除しますが，記録事項証明書ではタイトル「転籍」とし，インデックスで「【転籍日】平成5年3月6日，【従前の記録】東京都千代田区平河町一丁目4番地」と記載し，本籍欄に転籍後の新本籍（東京都千代田区平河町二丁目10番地）を記載します。

　また，身分事項欄は，例えば，出生事項は，戸籍用紙の場合は「昭和40年6月21日東京都千代田区で出生同月26日父届出入籍」と一文章で記載しますが，記録事項証明書は，タイトル「出生」とし，インデックスで「【出生日】昭和40年6月21日，【出生地】東京都千代田区，【届出日】昭和40年6月26日，【届出人】父」と項目名ごとに記載することにしています。さらに，戸籍用紙の身分事項欄下部全欄に該当する部分は，記録事項証明書では，「戸籍に記録されている者」欄になりますが，戸籍用紙の名欄に該当する部分は【名】で，父母欄はそれぞれ【父】，【母】として父母の氏名を記載することにしています。配偶欄については【配偶者区分】で表示することにしています。

　このように，記録事項証明書は，タイトルとインデックスによりそれぞれ身分事項が記載されています。

> 【問62】このインデックスを設けた理由は，どのようなことからですか。

　戸籍事務をコンピュータシステムにより処理するため，研究会が設けられていましたが，その研究会の中で市区町村の研究員等から「市区町村の戸籍事務担当者は，年々人事異動サイクルが早くなっていることから経験年数が3年未

第5　戸籍記載例の変遷

満の者が増加傾向にあること等の実情があり（反対にベテラン職員が減少しているという実情がある。），折角コンピュータシステムを用いて戸籍事務を処理するのであれば，その特性を活用してコンピュータシステムに入力した事項について相互にチェック及び一定の法律要件を満たさない届出事項のチェックの機能を持たせることができないか」等の要請があり，特定の事項についての審査機能（自動審査機能）（注）を持たせることにしたものです。

　この自動審査機能を持たせるためには，コンピュータシステムの特性を生かす必要があり，コンピュータシステムの特性の一つに計算機能があります。システムに審査機能を持たせるとなると，計算の基礎になる日付が必要になります。戸籍の記載事項中には，いくつもの日付（年月日）が並んでいます。例えば，年齢を計算する場合に基礎となるのは，出生年月日ですが，出生事項中の日付は，最低でも二つあり（出生年月日と届出年月日），三つの場合もあり（出生年月日と届出年月日と送付を受けた年月日）ますから，コンピュータはどの日付が起算日となる日付であるかが判断できませんので，起算日となる日付を明確にするために，【出生日】というインデックスを設けることにしたものです。このインデックスを設けることにより，コンピュータが起算日を記憶し，自動計算機能により各種届の事案を審査することができることになります。したがって，婚姻年齢に達しているかについては，【出生日】を起算日として年齢計算をすることになり，婚姻年齢の適否の審査をすることができます。また，出生子が嫡出推定を受ける子であるか否かは，父母の【婚姻日】又は【離婚日】（【離婚の裁判確定日】（調停成立日，和解成立日，請求認諾日））を起算日として，婚姻後200日以内であるか若しくは200日後に出生した子であるか又は離婚後300日以内に出生した子であるかの審査をすることができることになります（自動審査機能の審査事項については，基準書通達第2の1の別紙1「審査事項一覧表」参照）。もっとも，離婚後の出生子については，母の戸籍に離婚事項の記載がなければ（離婚後，転籍等により離婚事項の記載がない場合等があります。），審査機能が働かないことはいうまでもありません。

－ 80 －

第5　戸籍記載例の変遷

【問63】机上で記録事項証明書を作成する際に，タイトルの付し方は分かりますが，インデックスの順番はどのようになっているのですか。また，「戸籍に記録されている者」欄に表示する「除籍」及び「消除」の各マークの表示位置については，決まりがあるのでしょうか。

　インデックスは，基準書通達第4の1の別紙3を見ていただくとお分かりになると思います。このインデックスは，コンピュータシステムでは，ファイルの並びとしての規則的な配列になっていますので，自由にインデックスの入れ替えをすることはできないことになります。別紙3の身分事項欄項目（出生届／子の記録）（19ページ）は，項目名として，1出生日，2出生地，3父の国籍，4父の生年月日，5母の国籍，6母の生年月日，7届出日以下32の特記事項までのファイル並びになっています。このファイル並びのとおりのインデックスで記載することになり，ファイルのインデックスの順番を入れ替えることはできないことになります。したがって，出生届を戸籍用紙により処理している場合の記載と，コンピュータシステムにより処理している場合の記載とでは，その順番が少し違う点があります。例えば，日本人男から認知されている外国人女の胎児が出生しその届出により母の所在地に新戸籍を編製する場合の出生事項の記載は，戸籍用紙を用いて処理している場合は「平成16年7月8日東京都千代田区で出生同月16日母（国籍アメリカ合衆国西暦1981年1月1日生）届出入籍」となりますが，この記載のとおりに単純に項目化すると「【出生日】，【出生地】，【届出日】，【届出人】，【母の国籍】，【母の生年月日】」となりますが，コンピュータシステムにより処理している場合はファイル並びのとおりのインデックスでなければできませんから，「【出生日】平成16年7月8日，【出生地】東京都千代田区，【母の国籍】アメリカ合衆国，【母の生年月日】西暦1981年1月1日，【届出日】平成16年7月16日，【届出人】母」となりますので，その違いが分かると思います。

　次に，「除籍」マーク及び「消除」マークの表示位置についてです。「除籍」マークは，戸籍の全部若しくは一部又はその記録を消除した場合において，

- 81 -

第5　戸籍記載例の変遷

「消除」マークは，戸籍の訂正をした場合において，それぞれ記録事項証明書に表示するものです。戸籍法施行規則では，付録26号様式（戸籍の消除）に「除籍」マークの表示位置が，付録27号様式（戸籍の訂正）に「消除」マークの表示位置が示されています。この様式を見てお分かりと思いますが，「除籍」マークは「戸籍に記録されている者」欄の下の位置に，「消除」マークは「戸籍に記録されている者」欄の上の位置に表示されています。下図で簡単に説明します。

戸籍に記載されている者	
①	【名】敬二郎
② 消　除	
③	【生年月日】昭和４０年６月２１日
④	【父】甲野幸雄
⑤ 除　籍	【母】甲野松子
⑥	【続柄】二男
＊ここには表示できない。	【養父】乙野忠治
	【養母】乙野春子
	【続柄】養子

・「戸籍に記録されている者」欄には，①から⑥までのレーンがあり，①から③のレーン内に「消除」マークを，④から⑥のレーン内に「除籍」マークを表示するようなコンピュータ仕様となっています。したがって，養父母欄には，表示できないことになっています。

（注）基準書通達第２は，「戸籍情報システムは，戸籍事務の適正迅速な処理を図るため，次の機能を備えるものとする。」とし，「１自動審査機能　戸籍情報システムは，届書等により入力された個々の事項が入力すべき事項として適当であること及び相互の事項に矛盾がないことを点検するとともに，入力された内容が民法，戸籍法等の法令に適合しているかどうか等の受理要件を審査し，当該事項が不適当な場合若しくは矛盾する場合又は法令に適合していない場合は，その旨を表示する機能を有するものとする。この場合において，受理要件の自動審査機能は，別紙１の審査事項一覧表に掲げる事項について点検し，審査するものであることを要する。」

9　記載例変遷のまとめ

23年記載例から６年記載例まで大まかに説明してきましたが，戸籍事項欄及

び身分事項欄の記載例とも大幅な改正がされたり，それぞれの時代を反映したものやプライバシー保護の観点からのものとかなりの変遷があることをお分かりいただけたと思います。

　この記載例の変遷を覚えるのも戸籍事務に精通する一つの方法であると思います。それは，今後説明する戸籍記載の移記とリンクするとより分かると思います。

第6 戸籍に記載する文字

第6 戸籍に記載する文字

次に，戸籍に記載する文字，特に，氏又は名の文字の記載についての取扱い
を中心に説明することにします。

戸籍に記載する氏又は名の文字は，原則として正字を用いますが，婚姻，養
子縁組，転籍等による新戸籍の編製，他の戸籍への入籍又は戸籍の再製により
従前の戸籍に記載されている氏若しくは名を移記する場合，又は認知，後見開
始等により戸籍の身分事項欄，父母欄等に新たに氏又は名を記載する場合にお
いて，当該氏又は名の文字が，従前戸籍，現在戸籍等において俗字等（注1）
で記載されているときはそのまま記載し，誤字で記載されているときは，これ
に対応する字種及び字体による正字等（注2）で記載することとされています
（平成2年10月20日民二5200号通達第1の1，2（1））。最近は，コンピュータ戸
籍が大半ですから，あまり誤字だ俗字だと頭を悩ますことはないと思います
が，コンピュータ戸籍であっても誤字（注3）と思われる字体で記載されてい
ることがあることも，筆者の経験からも事実です。

それでは，明治以後，特に，戸籍法が整備された明治31年戸籍法施行後の戸
籍に記載する氏又は名の文字の取扱いについて説明することにします。

1 戸籍に記載する氏又は名の文字の取扱いの変遷

(1) 明治31年戸籍法施行当時

> 【問64】明治31年戸籍法は，戸籍に記載する氏又は名の文字について，ど
> のような取扱いをしていたのですか。

明治31年戸籍法（明治31年法律12号。以下「31年戸籍法」という。）は，身分登
記簿と戸籍簿とを併用していたことについては既に説明したとおりです（62
ページ参照）。31年戸籍法29条1項は，「登記ヲ為スニハ略字又ハ符号ヲ用キス
字画明瞭ナルコトヲ要ス」と規定し，この規定を戸籍の記載に準用していまし

- 84 -

第6　戸籍に記載する文字

た（同法191条）から，戸籍に記載する文字は，略字を用いず，字画明瞭な文字，すなわち，正字で記載するとしていたことがうかがわれます。

　この31年戸籍法29条の略字の例としての先例があります。これはどのようなものかというと，「戸籍法二十九条ノ略字トハ例セハ離ヲ○（筆者注；○は，離の左側の部分のみを字体としたもの）ト書スル類ヲ指ス儀ト心得可然哉」との照会に対して，貴見のとおりとしたものがあります（明治31年10月22日民刑915号回答）。したがって，略字とは，「○」のように漢字の一部を省略した字体をいいます。また，同照会書中には，「将タ又書体ニ於テハ楷行草何レニ依ルモ確ニ其字ヲ読ミ得ル以上ハ妨ナキ儀カ仮令ハ楷書ニテ（奈良県○○郡○○本町何番屋敷商売繁蔵）ト書スルヲ行草交リニテ（・・書体略・・）ト書スル類ハ苦シカラスヤ（但本稟伺ハ我職責アルモノハ大抵楷書ヲ以テ書シ得ヘキモ届書ヲ受理スルニ当リテ頗ル必要ヲ感スレハナリ）」とありますから，照会元の戸籍吏も届書を受理するに当たっては，届出人の文字で苦労していたことがうかがえます。このようなことからも，戸籍簿には，明治のころから略字を用いず正しい文字で，かつ，楷書で記載をしていたということがいえます。

(2)　大正3年戸籍法施行当時

【問65】大正3年戸籍法は，戸籍に記載する氏又は名の文字について，どのような取扱いをしていたのですか。

　大正3年戸籍法（大正3年法律26号。以下「3年戸籍法」という。）28条1項は，「略字又ハ符号ヲ用キス字画明瞭ナルコトヲ要ス」と規定していました。現行戸籍法施行規則31条1項と同様の規定です。したがって，31年戸籍法と同様，戸籍に記載する文字は，正字でするとしていたことになります。なお，子の名に用いることができる文字については，現行戸籍法50条及び戸籍法施行規則60条と同様の規定はなく，文字についての制限（規制）はありませんでした（31年戸籍法も同様です。）。3年戸籍法施行中の氏名の記載に用いる文字に関する先例がいくつかありますが，ここでは，四つの先例を紹介することにします。

- 85 -

第6　戸籍に記載する文字

　一つ目は,「戸籍の届書に記載する文字は略字でない限りは楷行草書のいずれの文字を用いても差し支えない取扱いとなっているが,氏名の文字もすべて草書又は行書で記載して届出があったときは,戸籍に記載する文字はどのように取り扱うのか。」という照会に対して,「戸籍に氏名を記載するには男子はすべて楷書を用いて記載し,女子の名が変体仮名をもって届書に記載しているときはそのまま記載する。」(大正7年9月7日民1954号回答)としたものがあります。

　二つ目は,「出生届に出生子の名をローマ字で記載し,片仮名で振り仮名をしている場合は,この届出を受理して差し支えないか。人の名は,漢字,片仮名,平仮名又は外国文字を用いることは随意であり,法規上何らの定めもないから,いくつかの戸籍事務所では受理されている実例がある(筆者注;原文は,「名古屋,山口,神戸ノ各地方裁判所管内ニ於テ受理セラレタル実例アルヤニ聞及ヒ」とあります。)。したがって,受理して差し支えないとした場合は,届書に記載した外国文字に片仮名で傍訓(振り仮名)を振って戸籍に記載してよいか。」との照会に対しては,「出生子の名にローマ字と片仮名とを併用して届け出たときは,戸籍には片仮名をもって名の記載をする。」(大正12年2月6日民甲328号回答)としたものがあります。現実には,「A子」さん,「E子」さんと名の文字の一部をローマ字で記載している戸籍が存在していたようです。これは,親御さんが命名するときに「えいこ」とか「いいこ」とするつもりかどうかは分かりませんが,結果的に「A子」,「E子」になったのではないでしょうか。

　三つ目は,「出生子の名を「女○」(筆者注;「めれい」と読ますようです。)と記載した出生届は,「○」は文字でないから受理すべきではない。」(昭和5年4月2日民事228号回答)としたものがあります。

　四つ目は,「名に「○子」(レイコと呼称する由)を用いている者について婚姻の届出をしたい旨の申出があるときは,その名について戸籍訂正した上,受理するのが相当である。」(昭和19年5月4日民事甲316号回答)としたものがあります。

　これらの回答から,戸籍に記載する文字は,日本文字であることを明らかに

－ 86 －

第6 戸籍に記載する文字

し，さらに，楷書で記載することも明らかにしていることが分かります。しかし，現実には，草書や行書で記載されているものも数多くあったと思われます。特に，管外転籍の場合は，戸籍謄本を添付しなければならないとしていました（31年戸籍法195条1項，3年戸籍法158条2項）が，その戸籍謄本は，手書きで作成（筆写）していたと思われ，担当者のくせ字等もあり（筆者そのものも自分で手書きしたものを後日見てみると，どのような文字を書いたのかが判然としないことが多々あります。），新戸籍の編製に当たる担当者は，謄本の文字をそのままの字体で記載しますから，これが将来的に誤字・俗字が発生する原因の一つになったのではないでしょうか。

(3) 現行戸籍法施行後

現行戸籍法（昭和22年法律224号）は，昭和23年1月1日から施行され，記載する文字については，戸籍法施行規則に定められています。同規則31条1項は，「戸籍の記載をするには，略字又は符号を用いず，字画を明らかにしなければならない。」と規定しています（31年戸籍法及び3年戸籍法と同様の規定です。）。

ア 当用漢字表の制定

子の名に用いる文字について，戸籍法50条1項は，「子の名には，常用平易な文字を用いなければならない。」と，2項は，「常用平易な文字の範囲は，法務省令（筆者注；施行当時は「命令」）でこれを定める。」と規定しています。昭和23年施行当時の戸籍法施行規則60条は，「戸籍法第50条第2項の常用平易な文字は，次に掲げるものとする。」とし，1号は，「昭和21年内閣告示第32号当用漢字表に掲げる漢字」と，2号は，「片仮名又は平仮名（変体仮名を除く。）」と規定していましたから，昭和23年1月1日以後に出生の届出があった子の名の文字については，当用漢字表に掲げる漢字の字体及び後述する当用漢字字体表に掲げる漢字の字体により届出しなければならなかったことから，少なくとも俗字及び誤字はないということになります。

【問66】戸籍法施行規則施行時は，「昭和21年内閣告示第32号当用漢字表

- 87 -

第6　戸籍に記載する文字

　　に掲げる漢字」と規定していましたが，当用漢字表とは，どのような
　　ものですか

　戸籍事務担当者の方でも「当用漢字表」という言葉そのものを耳にしたこと
がない人が多いと思われます。
　そこで，まず，当用漢字表制定の趣旨について説明することにします。
　昭和21年11月16日，内閣訓令第7号として「当用漢字表の実施に関する件」
が公布されましたが，その本文は，「従来，わが国において用いられる漢字
は，その数がはなはだ多く，その用いかたも複雑であるために，教育上また社
会生活上，多くの不便があった。これを制限することは，国民の生活能率をあ
げ，文化水準を高める上に，資するところが少くない。それ故に，政府は，今
回国語審議会の決定した当用漢字表を採択して，本日内閣告示第32号をもっ
て，これを告示した。今後各官庁においては，この表によって漢字を使用する
とともに，広く各方面にこの使用を勧めて，当用漢字表制定の趣旨の徹底する
ように努めることを希望する。」というものです。
　次に，当用漢字表について説明することにします。
　当用漢字表（以下「漢字表」という。）とは，「現代国語を書きあらわすため
に，日常使用する漢字の範囲を定める。」として，昭和21年11月16日，告示（内
閣告示第32号）されたもので，この漢字表に示された1850字の漢字を当用漢字
といいます。また，漢字表のまえがきにおいて，「字体と音訓との整理につい
ては，調査中である。」と記していますから，字体についてはあまり考慮はさ
れていなかったようです。なお，漢字表は，131字の簡易字体を採用しました。

　　イ　当用漢字字体表の制定

【問67】当用漢字字体表とは，どのようなことから制定されたのですか。

　その後，昭和24年4月28日，「漢字を使用する上の複雑さはその数の多いこ
とや，読み方の多様さによるばかりでなく，字体の不統一や字画の複雑さに基
づくところが少くないことから，当用漢字表制定の趣旨を徹底させるために

－ 88 －

第6　戸籍に記載する文字

は，更に漢字の字体を整理してその標準を定めることが必要である。」とのことから，当用漢字字体表（以下「字体表」という。）が告示（内閣告示第1号）されました。この字体表は，異体字の統合，略体の採用，点画の整理などを図るとともに筆字の習慣，学習の難易も考慮し，また，印刷字体と筆写字体とをできるだけ一致させることにしました（字体表まえがき）。この字体表に示された字体が，現在の常用漢字表の字体に引き継がれています。

　また，字体表まえがき［備考］二の（三）は，「この表の字体には，従来活字としては普通に用いられていなかったものがある。」と記していますが，字体表に示された活字体と従来の活字体がどのように違うのか，具体的な例を挙げて紹介することにします。

　①　字体表で「羽」と示したものは，従来の活字体は「羽」です。これは，「点画の方向の変わった例」として示されたものの一つです。したがって，「習」の字は，部首の部分を「羽」としたものです。

　②　字体表で「青」と示したものは，従来の活字体は「靑」です。これは，「同じ系統の字で，又は類似の形で，小異の統一された例」として示されたものの一つです。したがって，「清」（従来の活字体は「淸」）は，つくりの部分を「青」としたものです。また，「争」の字は，字体表では「争」としましたので，「静」の字は，字体表では「静」としました（よく「靜」という字が名の文字として用いられているのを見受けますが，これは，部首は「青」としたものの，つくりは元の「爭」を用いたものですから，本来は誤字となりますが，現在，この文字は，俗字等とされていますので，従前の戸籍にこの字体で記載されているときは，そのまま移記することになりますが，子の名には用いることができません。）。

　③　字体表で「黒」と示したものは，従来の活字体は「黑」です。これは，「一点一画が増減し，又は画が併合したり分離したりした例」として示されたものの一つです。

　④　字体表で「亜」と示したものは，従来の活字体は「亞」です。これは，「全体として書きやすくなった例」として示されたものの一つです。同様に

－ 89 －

第6　戸籍に記載する文字

「畫」の字は，字体表では「昼」としました。

　⑤　字体表で「勲」と示したものは，従来の活字体は「勳」です。これは，「組み立ての変わった例」として示されたものの一つです。同様に「默」の字は，字体表では「黙」としました。

　⑥　字体表で「応」と示したものは，従来の活字体は「應」です。これは，「部分的に省略された例」として示されたものの一つです。同様に「藝」の字は，字体表では「芸」としました。

　⑦　字体表で「広」と示したものは，従来の活字体は「廣」です。これは，「部分的に別の形に変わった例」として示されたものの一つです。同様に「轉」の字は，字体表では「転」としました。

　なお，例として示されてはいませんが，「しんにょう」は，字体表はいわゆる一点しんにょう「辶」で示しましたが，従来の活字体はいわゆる二点しんにょう「辶」です（漢字表も二点「しんにょう」で示しています。）。

┌───┐
│【問68】字体表が告示された当時，子の名に用いることができる字体に │
│　　　　は，制限等がありましたか。 │
└───┘

　字体表が告示された当時の子の名に用いる漢字は，漢字表又は字体表のいずれの字体を使用しても差し支えない（昭和24年7月6日民事甲1524号回答）が，漢字表において新たに採用された簡易字体について，参考のため括弧書きで掲げられた原字は用いることができない（昭和25年2月16日民事甲452号回答）としていました。上記で説明したように，漢字表は，131字の簡易字体を採用しましたが，そのまえがき第4項は，「簡易字体については，現在慣用されているものの中から採用し，これを本体として，参考のため原字をその下に掲げた。」と記しています。この簡易字体とは，例えば，鉄・豊などです。この漢字の括弧内の字体（原字）は，鐵・豐ですが，この字体は，子の名に用いることができないという取扱いを示したものです。

　このように，子の名に用いることができる字体は，漢字表又は字体表のいずれでも差し支えないとしていましたから，例えば，康熙字典体の「禮」は，漢

- 90 -

第6 戸籍に記載する文字

字表では「礼」の簡易字体で示し，また，字体表では「礼」の字体で示しましたので，当時は，「礼子」さん又は「礼子」さんのいずれでも命名できましたが，現在，「礼」の字体は，子の名の文字としては用いることができないとされています（昭和56年9月14日民二5537号通達参照）。

ウ 常用漢字表の制定

【問69】常用漢字表は，どのような経緯から制定されたのですか。

常用漢字とは，当用漢字に代わるものとして，昭和56年10月1日，常用漢字表が告示（内閣告示第1号）され，この常用漢字表に示された1945字の漢字です。常用漢字表の前書き1は，「この表は，法令，公用文書，新聞，雑誌，放送など，一般の社会生活において，現代の国語を書き表す場合の漢字使用の目安を示すものである。」と記しています。

この常用漢字表は，国語審議会で作成し，昭和56年3月23日，同審議会が答申したものです。常用漢字表作成の経緯については，その答申の前文に記載されていますが，ここでは省略します。

【問70】平成22年11月30日付け内閣告示第2号をもって常用漢字表が改定されましたが，どのようなことから改定されたのでしょうか。また，改定後の字種の数は，何字種増えたのでしょうか。

昭和56年に制定された常用漢字表が，近年の情報機器の広範な普及を想定せずに作成されたものであることから，「漢字使用の目安」としては見直しが必要であること等から，次のような，平成17年3月30日付け文部科学大臣の諮問理由を受けて，平成22年11月30日に改定されました。

種々の社会変化の中でも，情報化の進展に伴う，パソコンや携帯電話などの情報機器の普及は人々の言語生活とりわけ，その漢字使用に大きな影響を与えている。このような状況にあって「法令，公用文書，新聞，雑誌，放送など，一般の社会生活において，現代の国語を書き表す場合の漢

－ 91 －

第6 戸籍に記載する文字

字使用の目安」である常用漢字表（昭和56年内閣告示・訓令）が，果たして，情報化の進展する現在においても「漢字使用の目安」として十分機能しているのかどうか，検討する時期に来ている。

　常用漢字表の在り方を検討するに当たっては，JIS漢字や人名用漢字との関係を踏まえて，日本の漢字全体をどのように考えていくかという観点から総合的な漢字政策の構築を目指していく必要がある。その場合，これまで国語施策として明確な方針を示してこなかった固有名詞の扱いについても，基本的な考え方を整理していくことが不可欠となる。

　また，情報機器の広範な普及は，一方で，一般の文字生活において人々が手書きをする機会を確実に減らしている。漢字を手で書くことをどのように位置付けるかについては，情報化が進展すればするほど，重要な課題として検討することが求められる。検討に際しては，漢字の習得及び運用面とのかかわり，手書き自体が大切な文化であるという二つの面から整理していくことが望まれる。

　字種については，旧「常用漢字表」に追加された字種は196字あり，旧「常用漢字表」から削除された字種は5ですから，字改定後は，2316字種ということになります。

【問71】常用漢字表を見ると，例えば，亜の文字には（亞）と丸括弧が添えられていますが，この丸括弧の中の文字は，何ですか。

　常用漢字表には，丸括弧に入れて添えた字体が364字あります。常用漢字表の表の見方及び使い方の6で「丸括弧に入れて添えたものは，いわゆる康熙字典体である。これは，明治以来行われてきた活字の字体とのつながりを示すために参考として添えたものであるが，著しい差異のないものは省いた。」と説明されています。また，常用漢字表は，「くさかんむり」を構成部分の一部とする漢字はすべて三画の「艹」で示し，括弧に入れて添えた康熙字典体の漢字の「くさかんむり」もすべて三画で示されています。例えば，常用漢字表に示

- 92 -

第6　戸籍に記載する文字

された「芸」は，括弧の中の字体は「藝」で示していますから，「くさかんむり」は，三画の「艹」と四画の「艹」はいずれも著しく差異のないものということができます（康熙字典は，「くさかんむり」を部首とする見出しの親字は，四画の「艹」を用いていますが，見出しの親字の説文等は，三画の「艹」を用いています。）（注4）。

　なお，常用漢字表には，字体についての解説があります。一つは，明朝体のデザインについて（注5）というものであり，もう一つは，明朝体と筆写の楷書との関係について（注6）というものですが，この解説を読んでいただくと，氏又は名の文字を記載する場合に，非常に参考になると思われます。特に，筆者自身が，平成2年当時，誤字・俗字の取扱いについて，文化庁での相談の際にも，活字体と筆写の違いについて詳しく説明を受けたものです（注7）。

　このように，明治時代から戸籍に記載する文字，特に，氏又は名の文字については，楷書を用いて記載することとされていたにもかかわらず，戸籍に記載されている文字に，なぜ俗字や誤字が散見されるのでしょうか。

（注1）俗字等とは，次の文字を言います。

　　ア　漢和辞典に俗字として登載されている文字（平成2年10月20日民二5200号
　　　　通達別表に掲げる文字を除く。）

　　イ　「礻」，「辶」，「飠」又は「青」を構成部分に持つ正字の当該部分がそれぞれ
　　　　「礻」，「辶」，「飠」又は「青」と記載されている文字

（注2）正字等とは，次の文字をいいます。

　　ア　通用字体（常用漢字表（平成22年内閣告示第2号）に掲げる字体（括弧書
　　　　きが添えられているものについては，括弧の外のもの）をいう。）

　　イ　戸籍法施行規則（昭和22年司法省令第94号）別表第二に掲げる字体

　　ウ　康熙字典体（俗字及び誤字を除く）

　　エ　漢和辞典で正字とされている字体

　　オ　国字で上記アからエまでに準ずる字体

　　カ　平成2年10月20日付け民二5200号通達別表に掲げる文字

（注3）誤字とは，文字の骨組みに誤りがあり，公的な字形とは認められない文字
　　　　であり，使用が望ましくないとされている文字をいいます。康熙字典の中で

第6　戸籍に記載する文字

は，「譌字」とされているものです（戸籍628号114ページ以下参照）

（注4）戸籍572号72ページ「落葉」の「氏又は名の記載に用いる文字の取扱いに関する整理通達の適用をめぐって」に「くさかんむり」をめぐる具体的な取扱いが触れられています。

（注5）常用漢字表では，個々の漢字の字体（文字の骨組み）を，明朝体のうちの一種を例に用いて示した。現在，一般に使用されている明朝体の各種書体には，同じ字でありながら，微細のところで形の相違の見られるものがある。しかし，各種の明朝体を検討してみると，それらの相違はいずれも書体設計上の表現の差，すなわちデザインの違いに属する事柄であって，字体の違いではないと考えられるものである。つまり，それらの相違は，字体の上からは全く問題にする必要のないものである。以下，分類して例を示すとあります。（例は省略）

（注6）常用漢字表では，個々の漢字の字体（文字の骨組み）を，明朝体のうちの一種を例に用いて示した。このことは，これによって筆写の楷書における書き方の習慣を改めようとするものではない。字体としては同じであっても，明朝体の字形と筆写の楷書の字形との間には，いろいろな点で違いがある。それらは，印刷文字と手書き文字におけるそれぞれの習慣の相違に基づく表現の差と見るべきものである。

さらに，印刷文字と手書き文字におけるそれぞれの習慣の相違に基づく表現の差は，3に示すように，字体（文字の骨組み）の違いに及ぶ場合もある。以下に，分類して，それぞれの例を示すとあります。（例は省略）

（注7）平成2年10月20日付け民二5200号通達発出に当たって，氏又は名の記載に用いることができる俗字等についての相談に際し，当時の文化庁国語課の担当者から，「活字体の文字と手書きの文字には違いがある。特に，「廣」の字は，活字体と手書きでは違いがあり，手書きでは一画少なくなり「廣」となることが多い。」と説明を受けたことがあります。

2　誤字・俗字の発生原因

【問72】誤字・俗字は，どのようなことから発生したのですか。

誤字・俗字がどのようにして発生したかは定かではありませんが，私なりに考察してみます。

- 94 -

第6　戸籍に記載する文字

　戸籍の記載手続（記載原由）は，戸籍法に定めがあるとおり，届出，報告，申請等（戸籍法15条）に基づいてすることになりますが，31年戸籍法191条（戸籍の記載）は，同法18条「戸籍吏カ届出，報告其他登記ニ関スル書類ヲ受理シタルトキハ其書類ニ受附ノ番号及ヒ年月日ヲ記載シ遅滞ナク登記ノ手続ヲ為スコトヲ要ス」の規定を準用しており，また，3年戸籍法20条も「戸籍ノ記載ハ届出，報告，申請若クハ請求，証書若クハ航海日誌ノ謄本又ハ裁判ニ依リ之ヲ為ス」と規定していますので，現行戸籍法と同様の取扱いですし，既に説明したとおり，31年戸籍法施行以後，戸籍の記載をするには，略字等を用いず，字画を明らかにしてしなければならないとしていました。

　それではなぜ，誤字・俗字が発生することになったのでしょうか。いくつか考えられることがありますので，例示してみたいと思います。

　一つは，前述したように，届書には，楷書，行書，草書とどの書体で記載しても差し支えない取扱いでしたから，届出等を受理した市町村長（現実には，戸籍事務担当者）は，本来は，楷書体で記載すべきところ，届書に行書体で記載してあればそのとおり戸籍に記載したことが考えられます。この行書体の文字は，もちろん正字ですが，その戸籍が，管外転籍をするときは，謄本を添付しなければならないとしていました（31年戸籍法195条1項，3年戸籍法158条2項）から，原籍地の市町村長が謄本を作成することになるわけです。しかし，当時は，コピー機も発達していないため，謄本は手書きで作成していたと思われます。手書きでの筆写は，個々人それぞれ字形に特徴がありますから，例えば，行書体の文字を引き写しする際に，一点，一画が多くなったり，また，少なくなったりしたことが考えられます（前記注7参照）。また，転籍地においては，その文字（字形）をそのまま新戸籍に記載したことから誤字又は俗字が発生したことが考えられます。

　二つは，記載道具にあったのではないでしょうか。おそらく明治のころは，毛筆で戸籍簿に記載していたと思われますが，その際，氏又は名の文字に墨が落ち，一点多くなった文字，例えば，「土」に「・」が付着して四画の「圡」や「圡」になってしまったものや，毛筆で文字を書く場合は，どうしても楷書

- 95 -

第6 戸籍に記載する文字

体で記載するというよりかは，行書体若しくは草書体で記載することが多かったのではないでしょうか（行書体等の方が，楷書体で記載するよりも早く書くことができるためではないでしょうか。）。例えば，「崎」の文字は，毛筆の楷書体では「﨑」ですが，行書体では「﨑」となり，この行書体がそのままの字形（﨑）で活字化され，後々までこの字体で記載されたことが考えられます（「髙」も同様でしょう。）。

　三つは，近代的戸籍制度は，明治4年の太政官布告第170号により設けられたものですが，戸籍の登録に当たっては，氏又は名の文字について，字体（字形）の制限は特になかったようですから，初めて戸籍に氏名を登録する際，誤った字体での登録もあったことが考えられます。例えば，自分の家は，由緒ある石屋さんであることから，他の「石」の付く名字の「石」の字との違いを表そうということで，一点多くして，つまり，「石の口の上に点（、）」を入れて登録した（この字を俗字としている辞典もあるようです。）もの，また，魚屋さんが氏の一文字を「奥」として登録した（「点」の字も同様に「灬」の部分を「大」と書くこともあります。）ものもあるのでしょう。

　四つは，昭和23年1月1日以後の出生届をした子の名の文字は，本来は，戸籍法施行規則60条により字体が定められているにもかかわらず，届出人が，一点，一画が少ない字体で届出したものをそのまま受理し，その字体で戸籍に記載してしまったことから，誤字・俗字の原因になったことが考えられます。

> **【問73】** 戸籍の記載道具については，どのような先例がありますか。

　戸籍実務の解説書には，戸籍記載の一般的注意事項の一つとして，記載道具についての解説がありますが，その解説では，①墨汁を使用するのが原則。②リソー・オーケーペンを使用することは差し支えない。③不動文字の印判を使って差し支えないが，この場合には，油性の肉汁を使用するのが相当である。④カーボンリボンテープ，活字式プリンターを使用することは差し支えない。⑤インク，炭酸紙（カーボン紙）等は相当でない。としています（財団法人民事法務協会・民事法務研究所戸籍法務研究会編『新版実務戸籍法』61ページ）。

- 96 -

第 6　戸籍に記載する文字

　ところで，明治から大正にかけては，上記に説明したように，戸籍の記載道具として毛筆を使用していたものと考えられますが，旧戸籍事務協議会の決議に，「戸籍の原本又は副本を作製するに当たり墨汁にて「ガラス」筆を使用しても差し支えない。」というものがあります（昭和2年四日市区管内四日市市打合せ会決議，東京戸籍研究會『全國戸籍寄留事務協議會決議總覽』64ページ）。また，戸籍の記載に「インキ」を用いることについては，「これを使用することはできない。」とする決議があります（昭和7年浦和地方管内協議会決議，前同64ページ）（注1）。

　戸籍事務担当者の中には，「ガラス筆」（又はガラスペン）（注2）というものが，どのようなものであるかお分かりにならない方が多いのではないかと思いますが，読んで字のごとくです。ペンそのものがガラスでできており，墨壺に墨汁を入れて使用しますが，ガラスの性質上，もろい面があり，ようやく書き慣れたころにペン先が折れてしまうということが多かったようです。

　また，戸籍の記載道具として，邦文タイプライターがいつごろから使用することができたかについては，昭和8年3月18日付け民事甲379号回答があります。これは，金沢地方裁判所長の「褪色消失のおそれのない「黒色インク」（大正11年7月18日民事第1264号司法次官通牒による東京市京橋区日本「タイプライター」株式会社販売のもの）を使用して戸籍の正副本の作成について邦文「タイプライター」を使用して差し支えないか。」との問い合わせに対して，「褪色消失のおそれのない黒色「インク」を使用して戸籍の正副本の作成に邦文「タイプライター」を使用して差し支えないが，その場合は，粗悪な戸籍用紙を使用しないように配慮する。」というものです。

> **【問74】**　邦文タイプライターは，いつごろ開発されたのですか。

　この邦文タイプライターを使用して差し支えないとしたのは，邦文タイプライターが開発され，普及され始めた背景があります。欧米諸国で普及していたタイプライターは，我が国においても強く待ち望まれていましたが，漢字等複雑な文字を使用する邦文（和文）では，活字数の少ない欧米型のタイプライ

－ 97 －

第6　戸籍に記載する文字

ターの機構を流用することはかないませんでした。そこで，杉本京太（1882年
〜1972年。十大発明家の一人）は，字数の多い漢字等に適応するよう，公式文書
に使われた文字の使用頻度など漢字の性質を検討し，そこで選ばれた2400文字
を平面上の活字庫に分類整理された独特の配列により並べ，前後左右に動く一
本のタイプバーによって任意の活字をつまみ上げ，円筒形の紙保持具に向かっ
て打字するという斬新な機構をした邦文タイプライターを大正4年に発明しま
した。このタイプライターが普及され始めたことから，前記の照会事案になっ
たのではないでしょうか。

　さらに，広島区裁判所監督判事の進達「戸籍の記載にタイプライター使用の
件について」に対する民事局長通牒（昭和10年12月18日民事甲1419号通牒）があ
りますが，この進達事案に添付されている市町村長のタイプライターを使用し
たいとする理由の一部を紹介しますと，「戸籍ノ記載ニ付テハ戸籍法第二十八
条ノ規定アルニ係ラス既往二十年間ニ扱者ノ更迭スルコト数人ニ及フ本町ノ戸
籍ヲ調査スレハ既往ニ於テハ同法ヲ無視シタル哉ノ記載ヲ為シタルモノアリ然
ラサルモ扱者ノ更迭アル毎ニ其ノ筆跡ノ異ナル等同法ニ所謂明瞭ト謂ヒ難キ点
アリテ日常謄，抄本ノ謄写ニ校合ニ其ノ他事務ノ能率上不便ヲ感スルハ勿論手
数料ヲ徴収シテ一般ノ閲覧ニ供スル戸籍トシテ遺憾ノ点不尠今ヨリタイプライ
ターニ依リ印書シ得ルコトトセハ其ノ鮮明ナル点ニ於テ入念ニ筆書スルモ印書
ノ此ニアラス尚扱者ノ更迭ニ因ル筆跡ノ区々ナル点ヲ一掃シ漸次法第二十八条
其儘ノ戸籍トナルハ言ヲ俟タス・・・・」としています。すなわち，タイプラ
イターを使用することによって，字画明瞭な文字をもって戸籍の記載をするこ
とができ，担当者が交替する都度，戸籍簿に記載されている字形がまちまちで
あるが，これも解消されるから，将来的には，戸籍法28条（現行戸籍法施行規
則31条）にかなう戸籍簿になるというものです（誤字・俗字の発生が防げると
いうことです。）。

（注1）戸籍事務取扱準則制定標準（平成16年4月1日民一850号通達）43条（戸
　　　籍の記載に使用するインク等の制限）は，「戸籍又は除かれた戸籍の記載をす
　　　るときは，紙質の破損又は文字の汚損若しくは退色のおそれがあるインク等

－ 98 －

を使用してはならない。」と規定しています。

（注2）ガラスペンは，墨汁でも使えるように1902年（明治35年）に日本で考案さ
れたもので，鋼鉄ペンと形状は異なり，ガラス棒の周囲に縦溝をつけ，先端
を細くとがらせたものです（平凡社『大百科事典』13巻658ページ）。

3 全国連合戸籍事務協議会の要望

戸籍に記載する氏又は名の文字は，明治時代から楷書で記載していたことに
ついて，お分かりいただけたことと思います。しかし，何らかの事情により，
誤字・俗字が発生したことも事実です。

従来から，全国連合戸籍事務協議会（現：全国連合戸籍住民基本台帳事務協議
会）（以下「全連」という。）は，その総会において「戸籍に記載する氏又は名の
文字は，すべて正字に引き直して移記することができるよう要望する。」との
決議をしていました。

> 【問75】全連は，戸籍に記載する氏又は名の文字はすべて正字に引き直し
> て移記することができるようにとの要望を総会で決議していました
> が，その決議はいつごろの総会からですか。また，その結果は，どの
> ようになったのですか。

この問題は古くからあったようですが，「全連50年のあゆみ」（平成9年10月
20日全連発行。以下「あゆみ」という。）によると，第33回（昭和55年）の総会
に提出されたのが初めてではないでしょうか（あゆみ92ページ）。その内容は，
「戸籍に記載されている「氏名」について，関連戸籍に移記する際に正字に改
めて移記できるよう要望する。」というもので，宮城県戸籍事務協議会から提
出されています（注1）。その後，第37回から第42回総会まで連続して提出さ
れ，いずれも要望するとの決議がされています。

第41回総会（昭和63年）の提案は，「誤字・俗字で記載されている氏名を正
字に引き直して移記し，又は申出させることなく市町村長限りの職権で訂正で
きるよう取扱いの変更を要望する。」（戸籍545号108ページ参照）というもので

－ 99 －

第6 戸籍に記載する文字

あり，第42回総会（平成元年）の提案は，「氏名の誤字・俗字による記載は，
一定の範囲の字体を除き市町村長限りの職権で正字に訂正できるよう要望す
る。」（戸籍559号93ページ参照）というものです。

　第42回総会の席上における法務省の見解は，「現在，法務大臣の諮問機関で
ある民事行政審議会において，この誤字・俗字の取扱いについて諮問をしてい
るところです。毎年，この全連の場で要望のあった点については，審議会の委
員全員が理解しているところであり，できるだけ要望の趣旨に沿った方向で答
申がされていくよう，事務当局としての立場からも審議内容を見守っていきた
いと考えています。それでもし答申が出ましたら，それに沿って誤字・俗字の
解消について具体的な，例えば，規則の改正だとか通達の整備等をいたしてい
きたいと考えているところです。」（戸籍559号112ページ）というものです。

　上記の民事行政審議会の答申は，平成2年1月16日にされました。その内容
は，「戸籍に氏又は名が誤字又は俗字によって記載されている場合は，これを
できる限り解消すべきである。」というものです（注2）。その後，この答申を
受けて，同年10月20日付け法務省民二5200号通達（この通達の内容について
は，次項で改めて触れます。）が発出されました。また，「申出による氏又は名
の記載の訂正については，更正の場合と同様に現に在籍している戸籍について
のみ訂正すれば足りるよう取扱いの変更を要望する。」という全連の要望（第
39回及び第42回総会における要望決議）についても，前記答申及び通達に盛り
込まれました（この取扱いについては，戸籍訂正の項で別途説明します。）。

（注1）第33回総会第3部10問は，「漢字の整理統一について」として，「戸籍，住
　　　　民基本台帳制度の運用上，使用する漢字は当用漢字及び人名漢字の常用漢字
　　　　と戸籍に記載のある旧来からの旧字，俗字，誤字等の字体を使用しておりま
　　　　すが，次のような点を中心とした「字体」の統一是正を要望する。（1）記載
　　　　されている「氏名」について，関連戸籍に移記する際に正字に改めて移記で
　　　　きるよう要望する。（2）省略」，その理由として「戸籍・住民基本台帳制度
　　　　における「字体」について当用漢字及び人名漢字などの常用漢字を用い，更
　　　　に旧来から戸籍に記載された，いわゆる旧字，俗字，誤字等をも使用されて
　　　　いる。この字体についても統一化に向けて逐次改善がされているところです

－ 100 －

第6　戸籍に記載する文字

が，・・・・（中略）その改善の方向を抑制する一因ともなっている字体につ
いて系統的，統一的な改善を早急に行いよりよい制度の運用をはかり急増す
る国民の要望に対応したいので要望する。」というものです（戸籍434号100
ページ）。
（注2）法務大臣は，「戸籍に記載されている氏又は名の漢字（誤字・俗字）の取
扱いについて」との諮問を民事行政審議会にし，同審議会は，二つの結論と
いう形で答申しています。その1は，「戸籍に氏又は名が誤字又は俗字によっ
て記載されている場合は，これをできる限り解消すべきである。」，その2は，
「従前の戸籍に記載されている氏又は名を新たな戸籍に移記する場合において
誤字又は俗字を解消するには，比較的多く用いられている俗字を解消すると
きを除き，本人の申出を要しないものとし，事前又は事後に本人にその旨を
告知するものとする。なお，この場合においては，従前の戸籍の訂正を要し
ないものとする。」というものです（戸籍558号32ページ）。

4　氏又は名の文字が誤字又は俗字で記載されている場合の取扱いに関する通達等の変遷

　それでは，氏又は名の文字が，誤字又は俗字で記載されている場合の戸籍事
務の取扱いについて，どのような通達等が発出されてきたかを説明することに
します。

【問76】氏又は名の文字が誤字又は俗字で記載されている場合の戸籍事務
　　　　の取扱いに関する通達等には，どのような変遷がありますか。

　現行戸籍法施行以後において，氏又は名の文字が誤字又は俗字で記載されて
いる場合の戸籍事務の取扱いに関する通達等を大きく整理すると，①昭和56年
9月14日付け民二5537号通達（以下「5537号通達」という。）「氏又は名に用いる
文字の取扱いに関する通達等の整理について」及び②平成2年10月20日付け民
二5200号通達（以下「5200号通達」という。）「氏又は名の記載に用いる文字の取
扱いに関する通達等の整理について」の二つになります。

　5537号通達は，複雑，多岐にわたる多数の先例を将来に向かって整理し，一
覧性のあるものに集約したものであるとしています（戸籍442号33ページ）。同

－ 101 －

第6 戸籍に記載する文字

通達記三及び四は，氏又は名の記載の更正又は訂正の取扱いを示したもので
す。記三の「氏又は名の記載の更正」については，「戸籍の氏名欄又は名欄が
常用漢字表に掲げる通用字体又は規則別表第二に掲げる字体と異なる字体に
よって記載されている場合において，その字体を通用字体に更正する申出が
あったときは，市区町村長限りで更正して差し支えない。」とするもので，記
四の「氏又は名の記載の訂正」については，「戸籍の氏名欄又は名欄が誤字又
は俗字で記載されている場合において，その文字を訂正する申出があったとき
は，監督法務局又は地方法務局の長（注：管轄局の長）の許可を得て職権で訂
正することができる。ただし，その訂正が既に先例によって認められていると
きは，市区町村長限りで訂正して差し支えない。」としたものです。

　5200号通達は，戸籍に記載されている氏又は名の文字が誤字又は俗字である
ときは，一部の俗字を除き，新戸籍の編製，他の戸籍への入籍等の際に，従前
の戸籍に記載されている氏若しくは名の文字を移記等する場合は，一部の俗字
を除いて正字で記載することとして，誤字・俗字等を積極的に解消するために
発出されたものです。この通達が発出された背景は，上記で説明しましたよう
に，全連の「本人の申出がなくとも職権により誤字・俗字を解消することがで
きるようにしたい。」との法務省に対する要望がされていたこと等から，法務
大臣は，同大臣の諮問機関である民事行政審議会に「戸籍に記載されている氏
又は名の漢字（誤字・俗字）の取扱いについて」を諮問し，平成2年1月16
日，同審議会から答申（答申の内容の結論部分については，上記の説明参照）
がされ，この答申を受けたものです。

　この5200号通達は，その後，平成6年の戸籍法の改正により，戸籍事務を電
子情報処理組織を用いて処理することができることになったことに伴い，従前
の戸籍に記載されている氏又は名の文字が誤字又は俗字の場合において，磁気
ディスクをもって調製する戸籍に改製するに際して，どのような文字（字体）
で記載するかを示した，5200号通達の一部を変更する通達（平成6年11月16日
民二7005号通達）が発出される等，その後いくつかの改正通達が発出され，現
在に至っています。

- 102 -

5 今後の課題

　戸籍に記載する文字は，明治31年戸籍法施行当初から正字で記載していました。しかし，戸籍には，誤字・俗字が存在していたことも事実ですし，どのようなことに起因して発生したかについても，前記に簡単に触れました。間もなく，全国の市区町村において戸籍のコンピュータ化が完了するでしょうから，戸籍事務に従事している方々も戸籍に記録されている文字に関しては，その文字が誤字か否かという悩みは少なくなったことと思います。

　戸籍のコンピュータ化の完了後においては，少なくとも誤字はないであろうと思われますが，戸籍改製により紙戸籍からコンピュータ戸籍に移行する際において，誤字と思われる字体をあえて作って移記している戸籍のあることも事実です。

　したがって，コンピュータ戸籍に氏又は名の文字が誤字と思われる字体で記録されている場合において，その戸籍が転籍するとき又はその戸籍から他の戸籍へ入籍する届出があった場合に，該当するその文字については，必ず正字で記載するということにより，今後とも，誤字の解消に努める必要があります。また，数は少ないでしょうが，これからコンピュータシステムに移行する市区町村においては，移行後の戸籍に記録される文字が，誤字と思われる字体であるか否かを必ず戸籍事務担当者の目を通してチェックすることを怠らないようにする必要があります。

第7 戸籍記載の移記

1 戸籍記載の移記とは

戸籍は，日本人の出生から死亡までの身分関係を登録・公証する帳簿ですから，新戸籍を編製され，又は他の戸籍に入籍する場合には，身分関係（戸籍に記載された身分事項）すべてをその新戸籍等に記載（以下「移記」という。）するのが本来の戸籍の使命の一つであるといえるでしょう。しかし，すべての身分事項を移記するとなると，膨大な量になります。例えば，住所移転の度に転籍を繰り返している場合には，転籍戸籍の戸籍事項欄は，紙戸籍の場合は何行あっても不足し，掛紙を数枚必要とするときもあり，コンピュータ戸籍にあっては，転籍事項の記載のみで，全部事項証明書1ページ分にもなってしまいます。また，離婚事項等は，移記をしてほしくないという国民感情もあるでしょう。

そこで，戸籍法施行規則は，管外転籍をした場合には，転籍地の戸籍の戸籍事項欄に移記すべき事項を定め（戸籍法施行規則37条），新戸籍を編製され，又は他の戸籍に入籍する者については，その者の従前の戸籍に記載された身分事項中のどの事項を移記するかを定めています（戸籍法施行規則39条）。この戸籍法施行規則37条及び39条の規定は，戸籍の移記に関するものです。

したがって，戸籍記載の移記とは，新戸籍を編製する場合及び他の戸籍に入籍する場合に，従前の戸籍に記載されている戸籍事項（新戸籍編製事項，氏変更事項等）及び身分事項（出生事項，養子縁組事項等）のうち，どの事項を新戸籍等に移記するのか（移記しなければならないのか）だけではなく，どの事項については移記を要しないということをも意味しています。

それでは，旧法中の取扱いにも触れつつ，以下に説明をすることにします。

第7 戸籍記載の移記

2 旧戸籍法施行中の移記の取扱い

ここでいう，旧戸籍法施行中の取扱いとは，31年戸籍法及び3年戸籍法施行中をいいます。

> 【問77】31年戸籍法及び3年戸籍法施行中の転籍等による新戸籍編製に際しての移記については，どのような取扱いをしていたのですか。

31年戸籍法及び戸籍法取扱手続（明治31年司法省訓令第5号）は，戸籍の移記についての規定を設けていませんでしたので，具体的には，先例により取り扱われていたものです。転籍による新戸籍には，除籍者を除き現在者のみを記載する（明治31年10月27日民刑1132号回答）とし，また，家督相続により新たに戸籍を編製する場合は，前戸主の戸籍に記載されている事項は抹消にかかる部分を除いて，すべてこれを記載すべきである（明治31年12月5日民刑1274号回答）としていました。しかし，移記すべき事項については，どの事項を移記するかについては触れていませんので，事項欄（注1）に記載されている事項すべてを移記していたものと思われます。例えば，前戸主の事項欄に記載されている転籍事項や土地の名称，地番号の変更事項等も移記することにしていたものと思われます（注2）。

3年戸籍法施行と同時に戸籍法施行細則（大正3年司法省令第7号。以下「細則」という。）が施行され，その14条2項（新戸籍に移記すべき事項）は，「新ニ戸籍ヲ編製スルトキハ戸主及ヒ家族ノ身分ニ関スル事項ニシテ基本タル戸籍ニ記載シタルモノハ之ヲ新戸籍ニ記載スヘシ」と規定しています。また，管外転籍をした場合の新戸籍に移記すべき事項について，細則15条（転籍戸籍に移記すべき事項）は，「（前略）届書ニ添附シタル戸籍ノ謄本ニ記載シタル事項ハ婚姻其他ノ事由ニ因リ除籍者ニ関スルモノヲ除ク外之ヲ転籍地ノ戸籍ニ記載スヘシ」と規定しています。

したがって，基本的には，従前戸籍に記載されていた事項はすべてこれを移記するという取扱いをしていました。例えば，転籍を重ねると，転籍地の戸籍

- 105 -

第7　戸籍記載の移記

には，新戸籍編製事項（家督相続事項等）を含め，すべての転籍事項を記載することとしていました。また，身分事項についても同様です。これは，各人の身分関係を忠実に戸籍に反映させるためには，すべての身分に関する事項を系統的に移記することが望ましいと考えられていたからではないでしょうか。

　なお，転籍等により新戸籍を編製する場合の身分事項の記載は，新記載例に引き直して移記して差し支えないとしていました（大正4年2月15日民132号回答）。

（注1）事項欄とは，31年式戸籍様式中，戸主については，現行の戸籍事項欄及び身分事項欄を併せた欄をいい，その他の者（家族）については，現行の身分事項欄に相当する欄をいいます。大正4年式戸籍も同様です。

（注2）明治31年12月5日付け民刑1274号回答は，「新ニ戸籍ヲ編製スル場合ニ於テハ旧戸主ノ戸籍ニ記載セル事項ハ抹消ニ係ル部分ヲ除ク外総テ戸籍法及ヒ取扱手続附録第二号第三号ノ振合ニ依リ之ヲ記載スヘシ」としています。

3　現行戸籍法施行後の移記の取扱い

　現行の戸籍の移記に関する取扱いは，戸籍法施行規則に定められています。同規則中の移記に関する規定（37条及び39条）は，施行後に何回か改正されており，さらに，戸籍記載例についても改正がされていますので，移記をする際においても，この点に注意する必要があります。ここでは，施行後から平成16年の改正を含め，主要な改正点について，触れることにします。

　それでは，戸籍法施行規則施行直後の取扱いから説明することにします。

(1)　戸籍法施行規則施行直後の取扱い

ア　管外転籍の場合の新戸籍に記載する事項

【問78】現行戸籍法施行規則施行直後の管外転籍の場合の新戸籍に記載する事項については，どのような取扱いをしていたのですか。

　施行当時の戸籍法施行規則37条は，「戸籍法第108条第2項の場合には，届書に添附した戸籍の謄本に記載した事項は，転籍地の戸籍にこれを記載しなければならない。但し，第34条第3号乃至第7号に掲げる事項，戸籍の筆頭に記載

－ 106 －

第7　戸籍記載の移記

した者以外で除籍された者に関する事項及び戸籍の筆頭に記載した者で除籍された者の身分事項欄に記載した事項については，この限りでない。」と規定していました。戸籍法施行規則34条は，戸籍事項欄に記載すべき事項を定めたものですが，3号から7号（現在は，7号は削除されています。削除された7号は「行政区画若しくは土地の名称の変更又は地番号の変更に関する事項」としていたものです。）までは移記事項ではないとしていましたが，1号の「新戸籍の編製に関する事項」を移記事項としていましたので，婚姻による新戸籍が編製された後，管外転籍した場合は，次のように戸籍事項欄に移記していました。

　・転籍前の戸籍中その戸籍事項欄

「婚姻の届出により昭和30年4月10日夫婦につき本戸籍編製㊞」

　・転籍後の戸籍中その戸籍事項欄

「婚姻の届出により昭和30年4月10日夫婦につき本戸籍編製㊞」

「千葉市千葉町5番地から転籍甲野義太郎同人妻梅子届出昭和34年4月1日受附㊞」

　このような記載が戸籍事項欄にある場合においても，コンピュータシステムに移行するに当たっては，いずれも移記する必要はありません。この取扱いは，昭和35年法務省令第40号（昭和36年1月1日施行）による改正（ただし書を改め，1号から5号を設けたもの。）により，新戸籍の編製に関する事項を移記事項としないこととしたからです。

　　イ　重要な身分事項の移記

> 【問79】現行戸籍法施行規則施行当時は，どのような事項を重要な身分事
>   　項としていたのですか。

　施行当時の戸籍法施行規則39条1項は，「新戸籍を編製され，又は他の戸籍に入る者については，その者の身分に関する重要な事項で従前の戸籍に記載したものは，新戸籍又は他の戸籍にこれを記載しなければならない。」と規定していました。現在は，1号から9号までにおいて移記すべき重要な身分事項を

－ 107 －

第7 戸籍記載の移記

明らかにしていますが，当時は，重要な身分事項とは何を指すのかを具体的に
は規定しておらず，通達で示していました。この通達は，昭和23年1月13日付
け民事甲17号通達（改正戸籍法の施行に関する件）です。この通達記（11）
は，次のように記しています。「規則39条の規定によって移記すべき身分に関
する重要な事項とは，概ね次の事項である。」とし，7事項を示し，「なお，新
戸籍編製の場合に，従前の戸籍の戸籍事項欄に記載した事項は，これを移記す
るに及ばない。但し，転籍による戸籍編製の場合は，規則第37条の規定によ
る。」としています。この7事項は，現在の戸籍法施行規則39条1号から6号
までと概ね同じで，7として「国籍の取得に関する事項」を移記事項としてい
ましたから，帰化事項を移記事項としていたことになります（注）。ただし，
この帰化事項は，帰化によって入籍すべき戸籍又はそれによって編製される新
戸籍にのみ記載することとし，その後，帰化者が婚姻，縁組等によって新戸籍
又は他の戸籍に入籍する場合には移記を要しないとしました（昭和35年7月1
日民事甲1585号通達）が，管外転籍の場合における帰化事項の移記については，
当分の間，従前の取扱いによるとしました（同通達。筆者注；この取扱いは，昭
和35年法務省令40号による戸籍法施行規則37条の改正により，昭和36年1月1日か
らは，移記を要しないこととされました。）。

　（注）当時は，帰化事項は，出生によって日本国民となった者の出生に関する事項
　　　等と同様に，身分に関する重要な事項と考えられていたものと推測します。

(2) 昭和42年法務省令第14号による改正後の取扱い

【問80】昭和42年の改正は，どのような内容ですか。

　昭和42年の改正（昭和42年4月1日施行）は，戸籍法施行規則39条1項の「そ
の者の身分に関する重要な事項」を具体化し，1号から7号まで（現行戸籍法
施行規則39条1項1号から6号及び8号）を新設し，それにより移記すべき重
要な身分に関する事項を明らかにしたものです。この改正の取扱いについて
は，昭和42年3月16日付け民事甲400号通達「戸籍法施行規則の一部改正につ
いて」が発出されており，同通達記四は，「第39条第1項について」と題し

－ 108 －

第7 戸籍記載の移記

て，その(1)で「従来本職通達，回答及び当局所管課長の回答等によって，新戸籍を編製され，又は他の戸籍に入る者について，その者の従前の戸籍に記載した身分事項のうち，新戸籍又は入るべき戸籍に移記すべきものとして取り扱われていた事項を整理し，これを「規則」で明らかにしたものである。なお，同条第四号に規定された配偶者の国籍に関する事項は第36条第2項に規定する事項である（昭和33年10月29日民事二発第525号民事局第二課長回答参照）」としています。したがって，この戸籍法施行規則改正後は，現行と同様の取扱いがされています。

また，この改正により，戸籍の訂正に関する事項は，すべて移記を要しないことに改められました。例えば，改正前は，「父母の氏名及び続柄に関する訂正事項があるときに，その事項を移記しなければ，父母欄の記載と出生事項等との関連が明確を欠く場合は，新戸籍に移記するのが相当である。」（昭和26年7月13日民事甲1466号回答）としていました。

(3) **昭和59年法務省令第40号による改正後の取扱い**

【問81】昭和59年の改正は，どのような内容ですか。

昭和59年の改正は，国籍法及び戸籍法の一部を改正する法律（昭和59年法律第45号。以下「国籍法等の改正」という。）が成立したことから，戸籍法施行規則39条1項7号（従前の7号を8号として）に「日本の国籍の選択の宣言又は外国の国籍の喪失に関する事項」を新たに設けたものです。

国籍法等の改正の要点は，①血統による国籍取得について，父母両系血統主義を採り入れたこと，②届出による国籍取得の規定を設けたこと，③重国籍者が増大することから，国籍選択の制度を設けたこと，④国籍法の改正に伴い，戸籍法に所要の手続規定を設けたこと等です。

本改正は，戸籍法施行規則39条1項7号に日本の国籍の選択の宣言及び外国の国籍の喪失に関する事項を新たに設けたものですが，これらを移記事項とした理由は，その移記を不要とする特段の事情がないばかりでなく，これらの事項は，事件本人が国籍法14条の国籍選択義務を履行し，その日本国籍の保持が

- 109 -

第7　戸籍記載の移記

確定したことを証明する事項であり，その移記について事件本人が法律上の利益を有するものであるからです。また，これらの事項が移記事項とされないと，国籍留保事項が出生事項の一部として移記事項とされていることと均衡を失することとなるばかりでなく（戸籍法施行規則39条1項1号），管外転籍があった場合等には，戸籍上事件本人が国籍法上の国籍選択義務を怠っているかのごとき外観が現出することとなり，誤って戸籍法104条の3の通知（国籍選択未了者の通知）がされる等の混乱を生じて，事件本人にも不利益な結果となるおそれがあります（戸籍494号20ページ）。このような諸点を考慮して，移記事項としたものです。

(4)　平成12年法務省令第7号による改正後の取扱い

【問82】平成12年の改正は，どのような内容ですか。

　平成12年の改正は，親権事項等の移記に関するものです。

　平成11年法律第149号民法の一部を改正する法律により，成年後見制度が創設されました。この制度は，判断能力の不十分な者（認知症（痴呆）高齢者・知的障害者・精神障害者等）を保護するための制度であり，従前の禁治産制度・準禁治産制度に代わるものです。

　この成年後見制度の創設とともに，併せて，取引の安全の要請と本人のプライバシー保護との調和を図る観点から，禁治産宣告及び準禁治産宣告の戸籍記載に代わる新たな公示方法として後見登記等に関する法律（平成11年法律第152号。いわゆる「成年後見登記制度」）が創設されました。このようなことから，戸籍法施行規則39条1項5号「現に無能力者である者についての親権，後見又は保佐に関する事項」とあったものを「現に未成年者である者についての親権又は未成年者の後見に関する事項」とし，「後見又は保佐に関する事項」を削除する改正をしたものです。しかし，成年被後見人とみなされる者（平成11年改正民法附則3条1項）又は被保佐人とみなされる者（同条2項）であるときは，従前戸籍に記載した後見又は保佐に関する事項については，これを移記しなければならないとしています（平成12年法務省令第7号附則3条1項，3項）

－ 110 －

第7 戸籍記載の移記

（注）。

（注）後見登記等に関する法律附則2条1項又は2項の規定により後見又は保佐の登記がされた者は，後見登記所から市区町村役場に通知がされ，当該戸籍に記載された禁治産事項等を消除後，戸籍が再製され，禁治産又は準禁治産に関する事項は，再製後の戸籍には記載しないことにしています（平成12年法務省令第7号附則4条）ので，戸籍に記載されている場合は，必ず移記を要することになります。

(5) **平成16年法務省令第46号による改正後の取扱い**

【問83】 平成16年の改正は，どのような内容ですか。

平成16年の改正は，性同一性障害者の性別の取扱いの特例に関する法律（平成15年法律第111号。以下「特例法」という。）が施行（平成16年7月16日）されることに伴い，新たに戸籍法施行規則39条1項に9号を新設し「性別の取扱いの変更に関する事項」を移記事項としたものです。

特例法は，性同一性障害者に関する法令上の性別の取扱いの変更を認める特例について定めるものとしたものです（特例法1条）。現行法の下では，人の法的な性別は，基本的には生物学的な性別によって決められていますが，特例法は，その例外として，性同一性障害者であって一定の要件を満たすものについて，家庭裁判所の審判により，その法令上の性別の取扱いについて心理的な性別である他の性別に変わったものとみなすこととしています（平成16年6月23日民一1813号通達記1）。

この特例法の施行に伴い，性別の取扱いの変更の審判を受けた者の身分事項欄には，当該変更に関する事項を記載しなければならないこととされ（戸籍法施行規則35条16号），また，この変更の審判を受けた者が，新戸籍を編製され，又は他の戸籍に入る場合には，当該変更に関する事項で従前の戸籍に記載したものを新戸籍又は他の戸籍に移記をしなければならないこととされたものです。

4 移記を要しない事項

現行戸籍法施行規則施行後の移記に関する取扱いについて説明してきました

－ 111 －

第7 戸籍記載の移記

が，次に，移記を要しない事項について説明することにします。

【問84】移記を要しない事項とは，具体的には，どのような事項が該当す
るのですか。

新戸籍を編製され，又は他の戸籍に入籍する場合において，戸籍事項欄に記載されている事項及び身分事項欄並びに身分事項欄下部全欄に記載されている事項をすべて移記しなければならないとすると，膨大な量になるとともに，移記する必要がないと考えられるもの及び知られたくない事項まですべてを新戸籍等に移記することの問題，さらには，戸籍記載の経済性の観点から，戸籍法施行規則37条及び39条の規定が設けられています。

それでは，移記を要しない事項について，本籍欄，筆頭者氏名欄，戸籍事項欄，身分事項欄及び身分事項欄下部全欄ごとに分けて説明することにします。

(1) 本籍欄

本籍欄は，戸籍の所在場所を記載し，筆頭者氏名欄と併せて戸籍の表示（戸籍法9条）をするものですが，また，戸籍を特定する機能をも有するものです。管内転籍の場合は，戸籍事項欄に届出の年月日とともに新本籍を記載し，本籍欄を更正することになります。また，住居表示の実施，町名地番号の変更，市町村合併等があった場合には，戸籍用紙を用いて処理している場合は戸籍事項欄の記載を要せず，本籍欄を更正し（戸籍法施行規則45条・46条，附録10号様式），コンピュータシステムを用いて処理している場合は【更正日】，【更正事項】，【更正事由】を記録することにより，本籍欄を更正します（戸籍法施行規則78条・73条9項，付録28号様式）。さらに，誤記した場合については，本籍欄を訂正することになります。

この本籍欄の更正（又は訂正）事項は，管外転籍の際には移記すべき事項に該当せず，コンピュータシステムに移行する場合にも移記を要しないことになります（現在の本籍表示をそのまま移記することになります。）。

(2) 筆頭者氏名欄

筆頭者の氏の変更若しくは氏の文字の更正又は訂正をする場合は，氏の変更

- 112 -

第7 戸籍記載の移記

届，通用字体への文字更正の申出又は誤字俗字解消のための文字訂正の申出等
があった場合です。また，筆頭者の名については，名の変更届，通用字体への
文字更正の申出又は誤字俗字解消のための文字訂正の申出等があった場合で
す。

この変更等による氏等の従前の文字は，管外転籍の際には移記を要しないこ
とになり，また，コンピュータシステムに移行する場合にも移記を要しないこ
とになります（変更，更正又は訂正後の氏名の文字をそのまま移記することに
なります。）。

(3)　**戸籍事項欄**

戸籍法施行規則37条は，管外転籍の場合において，転籍地における新戸籍を
編製する際の記載事項を定めたものです。同条1号が，戸籍事項欄に関するも
のですから，これについて説明することにします。

1号は，「第34条第1号，第3号乃至第6号に掲げる事項」は新戸籍には記
載を要しないとしています。

したがって，転籍後の新戸籍の戸籍事項欄には，従前戸籍の戸籍事項欄に記
載されている新戸籍の編製に関する事項，転籍に関する事項，戸籍の全部に係
る訂正に関する事項及び戸籍の再製又は改製に関する事項は移記を要しないこ
とになります（34条4号は，戸籍の全部の消除に関する事項，いわゆる除籍と
する場合ですから，移記に含まれないのは当然です。）。

(4)　**身分事項欄**

重要な身分事項の移記については，戸籍法施行規則39条1項に規定されてい
ますから，同項1号から9号までの事項以外の事項については，移記を要しな
いことになります。しかし，重要な身分事項であっても，その一部の移記を要
しないこともあります（この取扱いは，31年戸籍法及び3年戸籍法施行中にお
いても同様の取扱いがされていました。）ので，いくつかの事例について説明
します。

- 113 -

第7　戸籍記載の移記

ア　出生に関する事項

(ア)　出生の場所

　出生の場所は，最小行政区画まで記載すれば足りる（昭和45年法務省令第8号による記載例の改正）としていますから，出生事項中の出生の場所が町名地番まで記載されている場合は町名地番を省略して移記し，本籍で出生とある場合は最小行政区画に引き直して移記します。例えば，従前戸籍の出生事項が，「東京都千代田区平河町一丁目10番地で出生」とある場合は，「東京都千代田区で出生」とし，町名地番を省略して移記します。

(イ)　届出人の資格・氏名

　届出人が父又は母であるときは，氏名を省略し，単に「父（又は母）届出」と記載する（昭和45年法務省令第8号による戸籍法施行規則30条2号の改正）としていますので，父（又は母）が届出人である場合に，出生事項中の記載が，届出人父何某，例えば，「届出人父甲野義太郎」となっている場合は，単に「届出人父」とし，氏名を省略して移記します。氏名を省略して記載することにしたのは，父母の氏名は父母欄の記載で分かるからです。

イ　認知に関する事項

　準正嫡出子の身分を取得した子については，認知事項の移記は不要です。39条1項2号は，嫡出でない子の認知に関する事項としているからです。なお，認知した父については，認知事項の移記を要しません。

【問85】日本人男が認知した外国人女の胎児が出生し，その子について新戸籍が編製された後，父母の婚姻により，準正嫡出子となっています。今般，父の氏を称する入籍届がありましたが，父の戸籍に入籍する子の身分事項は，どのように移記するのですか。

　外国人女の胎児を日本人男が認知した場合，子は出生により日本国籍を取得します（国籍法2条1号）から，出生子について，氏を創設し，本籍を定めて新戸籍を編製することになります（戸籍法22条，昭和29年3月18日民事甲611号回答）。また，父母の婚姻により，子は嫡出子の身分を取得します（民法789条1

－ 114 －

項）ので，父母との続柄の訂正をします。さらに，この子が父の氏を称する入籍に際しては，家庭裁判所の氏変更の許可を要せず，戸籍法98条の入籍届により，父の戸籍に入籍することができ（戸籍599号57ページ），その場合は，胎児認知事項の移記を要しないことになります。

　具体的には，次のようになります。

○入籍前の子の新戸籍中その身分事項欄

出　　生	【出生日】平成２７年１０月２０日 【出生地】東京都千代田区 【母の国籍】フィリピン共和国 【母の生年月日】西暦１９８７年１２月２５日 【届出日】平成２７年１１月２日 【届出人】母
認　　知	【胎児認知日】平成２７年８月１１日 【認知者氏名】甲野義太郎 【認知者の戸籍】東京都千代田区平河町一丁目４ 　　　番地　甲野義太郎
訂　　正	【訂正日】平成２７年１２月５日 【訂正事項】父母との続柄 【訂正事由】平成２７年１２月５日父母婚姻届出 【従前の記録】 　　　【父母との続柄】長男
入　　籍	【届出日】平成２７年１２月１０日 【除籍事由】父の氏を称する入籍 【届出人】親権者父母 【入籍戸籍】東京都千代田区平河町一丁目４番地 　　　甲野義太郎

第7 戸籍記載の移記

○入籍後の父の戸籍中子の身分事項欄

出　　生 （注）	【出生日】平成２７年１０月２０日 【出生地】東京都千代田区 【届出日】平成２７年１１月２日 【届出人】母
入　　籍	【届出日】平成２７年１２月１０日 【入籍事由】父の氏を称する入籍 【届出人】親権者父母 【従前戸籍】東京都千代田区平河町二丁目１番地 　　　　　甲野一郎

（注）嫡出子の身分を取得したことから，出生事項は，通常の嫡出子出生届と同様
　　の記載になります（母の国籍，生年月日は，父の戸籍の婚姻事項により明ら
　　かですから，移記を要しないことになります。）。

　ウ　養子縁組に関する事項

　養子縁組事項は，養子について，現に養親子関係の継続するその養子縁組に
関する事項を移記する（戸籍法施行規則39条１項３号）としていますから，夫婦
の養子となった者が，その夫婦の一方と離縁した後，新戸籍の編製又は他の戸
籍への入籍により縁組事項を移記するときは，養親子関係の継続する縁組事項
に引き直して移記することになり，離縁した一方の養親の氏名は移記を要しな
い（移記しない）ことになります。例えば，「養父甲野義太郎同人妻梅子の養
子となる縁組届出」とある場合に，養父とのみ離縁した後，養子が他の戸籍に
入籍するときは，「養母甲野梅子の養子となる縁組届出」と移記することにな
ります。

　なお，養親については，移記事項としていませんので，養親夫婦が離婚によ
り，新戸籍が編製され，又は従前戸籍に復籍する場合であっても，移記を要し
ないことになります（昭和23年８月12日民事甲2153号回答）。

－ 116 －

第7　戸籍記載の移記

　　エ　親権に関する事項

　未成年者が成年に達している場合には，親権事項の移記を要しません。ま
た，父（又は母）を親権者と定めて父母が離婚した後，同一人が再婚したこと
により父母の共同親権に服する旨の記載があっても，これを移記する必要はあ
りません。

　(5)　身分事項欄下部全欄（注）

　　ア　名欄の名の傍訓

　名欄の名の傍訓（振り仮名）は，従来は，そのまま移記するとしていました
（昭和6年4月24日民事469号回答等）が，平成6年11月16日付け民二7005号通達
は，名の傍訓は，戸籍に記載しないものとするとしました（同通達第3の1）。
また，従前の戸籍に記載されている名を移記する場合には，傍訓の記載は，移
記しないものとするとしました（同通達第3の2）。

　　イ　養父母欄

　数次縁組した者の養父母欄は，最後の養親のみを記載すれば足りるとしてい
ます（大正4年2月24日民241号回答）から，それ以外は移記を要しません。例
えば，婚姻の際に氏を改めた者が，甲野義太郎同人妻梅子と養子縁組をし（養
子は，養親の氏を称することになりますが，婚姻の際に氏を改めた者は，婚姻
の際に定めた氏を称すべき間は，養親の氏を称しません（民法810条ただし書）
ので，身分事項欄に縁組事項を記載するのみとなります。），養父母欄を設け，
次に，乙野忠治と養子縁組をすると，更に養父欄を設けることになりますが，
この戸籍が転籍し，新戸籍が編製されるときは，乙野忠治の養父欄のみを移記
すればよいことになります。

　なお，異時縁組によって夫婦の養子となった場合，例えば，甲野義太郎との
縁組によりその戸籍に入籍した養子が，養父義太郎が自己の氏を称する婚姻を
し，その妻となった梅子と更に縁組した後に，婚姻等により新戸籍を編製する
ときは，養父母が夫婦ですから，養父母欄を設けて，養父母双方を記載します。

　(注)　身分事項欄下部全欄とは，父母欄，父母との続柄欄，養父母欄，養父母との
　　　　続柄欄，配偶欄，名欄及び出生年月日欄を総称して用いるときの用語です。

－ 117 －

第7 戸籍記載の移記

コンピュータ戸籍では,「戸籍に記録されている者」欄が該当します。例え
ば,戸籍用紙を用いて処理している場合に,戸籍上の父母との親子関係不存
在確認の裁判による戸籍訂正申請があったときは,事件本人の戸籍の出生事
項等を消除しますが,その場合,出生により入籍した戸籍については,出生
事項を朱線を交差して消除するとともに,「身分事項欄下部全欄」を朱線を交
差して消除するという場合に用います。コンピュータ戸籍の場合は,「戸籍に
記録されている者」欄に「消除マーク」を表示するという場合です。

(6) 追完事項

　届出の追完は,市区町村長が届書を受理した場合に,届書に不備があるため
戸籍の記載ができないときに,その不備を補うためにするものです(戸籍法45
条)から,戸籍の記載前に届出の追完を行うことになります。したがって,非
本籍地で受理した場合は,基本の届書と追完届書を合わせて本籍地に送付し,
本籍地では,通常の記載をすることになりますので,身分事項には追完の旨の
記載はありません。なお,受理地と本籍地が同一の場合は,追完届の旨の記載
を要します。例えば,非本籍人として出生届を受理し,後日,本籍人であるこ
とが判明した場合の追完(大正4年9月4日民事甲1384号回答)があったとき
は,「平成10年4月20日東京都千代田区で出生同年5月1日父届出同年6月27
日父本籍追完届出入籍㊞」と記載しますが,この出生事項を移記するときは,
「平成10年4月20日東京都千代田区で出生同年5月1日父届出同年6月27日入
籍㊞」とし,「父本籍追完届出」の記載を省略します。

　戸籍の記載後の追完は,戸籍先例で認められているものですが,追完は,基
本の届書の不備を補うものであり,追完によって身分変動を生ずることはあり
ませんので,追完の届出があった当初の戸籍にはその旨を記載する必要があり
ます(参考4(名の追完届))が,原則として,追完事項の移記は要しないこと
になります。追完事項を移記しなければならない場合は,身分関係を追認する
追完事項のみと考えて差し支えありません。例えば,15歳未満の養子につい
て,戸籍上の父母との親子関係不存在確認の裁判による戸籍訂正後にされた実
父母の縁組承諾の旨の追完届(昭和30年8月1日民事甲1602号通達等,参考71)
がある場合,この縁組事項を移記するときは,紙戸籍については縁組事項に続

- 118 -

けて追完事項を移記することになります（一事項として移記します。）が，コンピュータ戸籍の場合は，縁組事項に既に追完届による追完事項が組み込まれています（コンピュータシステムによる証明書記載例参照）ので，縁組事項をそのまま移記します。

5　転籍又はコンピュータシステムに移行する際に注意すべき氏名の記載順序

　管外転籍により新戸籍を編製する場合又はコンピュータシステムに移行する場合において，氏名の記載順序が問題になることがあります。

> 【問86】転籍前の戸籍は，いったん，母が養子縁組により除籍され，離縁により復籍したことから，母が子（長男，二男）の後に記載されていますが，転籍により新戸籍を編製するときは，どのような順序により記載することになりますか。

　氏名の記載順序については，第3の3（20ページ）で説明したように，戸籍法は，まず夫婦を記載することとし，夫婦を記載するについては，夫婦が，夫の氏を称するときは夫，妻の氏を称するときは妻を最初に記載する（戸籍法14条1項第1）とし，次に配偶者を記載（同第2）し，三番目に子を記載する（同第3）こととしています。また，子の記載順序については，子の間では，出生の前後による（同条2項）としています。つまり，親子の順序で記載することになります。

　したがって，母が，末尾に記載されているときは，新戸籍の編製に当たっては，母を最初に記載し，次に，出生の順に，長男，二男と記載することになります（戸籍716号47ページ）。

6　具体的な移記の方法

　それでは，具体的な移記について，事例を挙げて説明することにします。なお，基本的な事項若しくは注意すべき事項又は一部を省略して移記する事項を

第7　戸籍記載の移記

中心に説明することにします。その他の移記記載例については，拙著『全訂実務戸籍記載の移記』（日本加除出版）を参照してください。

> **【問87】** 移記に当たっては，どのような点に留意すべきなのでしょうか。

　移記に当たって留意すべき事項は，まず，記載例が改正されているものについては，現行記載例に引き直して移記する（昭和45年6月16日民事甲2757号通達等）ことです。次に，氏又は名の文字が誤字で記載されているときは，これに対応する字種及び字体による正字又は別表に掲げる文字で記載する（平成2年10月20日民二5200号通達第1の2（1））ことです。その他，留意すべき事項については，個別の移記事項の項で説明することにします。

(1)　戸籍の表示欄

> **【問88】** 本籍欄が市町村合併により更正されている場合は，どのように移記したらよいのでしょうか。また，筆頭者氏名欄の氏名の文字は，どのような点に注意をしたらよいのでしょうか。

　本籍欄は，現在の市区町村名によって記載することになりますから，市町村合併後の名称によって移記することになり，筆頭者の氏名の文字については，変更，更正又は訂正後の文字を移記することになります。もっとも，コンピュータ戸籍の戸籍の表示欄は，町村合併の場合は合併後の名称の本籍に更正され，氏又は名の文字の訂正等についても訂正等後の氏又は名の文字で記録されていますので，その記録のとおり移記すればよいことになります。

　なお，従前戸籍に記載されている氏又は名の文字が誤字で記載されているときは，これに対応する字種及び字体による正字又は別表に掲げる文字で記載すると【問87】で説明しましたが，この場合は，戸籍の記載の事前又は事後に書面又は口頭でその旨を告知するものとする（前記通達第1の2（3））としていますので，その手続を必要とします。また，コンピュータシステムに移行する場合の告知手続は，事前にその旨を書面で告知するものとする（平成6年11月16日民二7000号通達第7の2（2）ウ）としており，告知を受けた者から正字で

－ 120 －

第7 戸籍記載の移記

の記載を望まない旨の申出があるときは，当該戸籍は，電子情報処理組織による取扱いに適合しないものとして，改製を要しないことになります（前記通達第7の2（2）エ）ので，注意を要します。

(2) **戸籍事項欄**

> 【問89】転籍届がありましたが，従前戸籍には，戸籍法77条の2，同法107条2項及び同条3項の氏変更事項があります。この場合は，どのように移記したらよいのでしょうか。

　戸籍法施行規則37条1号は，「第34条第1号，第3号乃至第6号に掲げる事項」は移記を要しないとし，34条2号を除外していませんので，氏の変更に関する事項はすべて移記を要することになります。したがって，従前戸籍に氏変更事項がある場合，例えば，戸籍法77条の2，同法107条2項及び同条3項の氏変更事項があるときは，これをすべて移記することになります。

　コンピュータシステムを用いて処理している場合は，次のようになります。

○転籍前の戸籍中戸籍事項欄

戸籍事項	
氏の変更	【氏変更日】平成２４年８月７日
	【氏変更の事由】戸籍法７７条の２の届出
戸籍編製	【編製日】平成２４年８月７日
氏の変更	【氏変更日】平成２６年１０月１７日
	【氏変更の事由】戸籍法１０７条２項の届出
	【従前の記録】
	【氏名】甲野梅子
氏の変更	【氏変更日】平成３０年３月３日
	【氏変更の事由】戸籍法１０７条３項の届出
	【従前の記録】
	【氏名】ファンデンボッシュ梅子

- 121 -

第7 戸籍記載の移記

○転籍後の戸籍中戸籍事項欄

戸籍事項	
氏の変更	【氏変更日】平成２４年８月７日
	【氏変更の事由】戸籍法７７条の２の届出
氏の変更	【氏変更日】平成２６年１０月１７日
	【氏変更の事由】戸籍法１０７条２項の届出
氏の変更	【氏変更日】平成３０年３月３日
	【氏変更の事由】戸籍法１０７条３項の届出
転　　籍	【転籍日】平成３０年１０月２０日
	【従前本籍】東京都千代田区平河町二丁目１０番地

　また，戸籍法77条の２の届出後，同法107条１項の氏変更届出がある場合も同様です（戸籍552号74ページ）。

　なお，戸籍法77条の２の届出後，子を同籍した者が，同法107条２項の規定による届出により新戸籍を編製する場合には，戸籍法77条の２の届出による氏変更事項は移記を要しません。戸籍事項欄に記載されている氏の変更に関する事項は，管外転籍の場合には移記しなければならないとしている（戸籍法施行規則37条１号）からであり，氏変更の届出による新戸籍の編製の場合は該当しないからです（戸籍583号79ページ）。

(3) 身分事項欄

ア　出生に関する事項

> 【問90】本籍で出生とある場合は，どのように移記したらよいのでしょうか。

　昭和23年記載例は，本籍と同一の場所で出生した場合は「本籍で出生」と記載することとしていましたが，昭和45年の記載例改正（昭和45年法務省令第８号，同年７月１日施行）は，出生場所の記載は最小行政区画までとすると改めましたから，戸籍事務のコンピュータ化がすべての市区町村で完了しようとし

－ 122 －

ている現在では，ほとんどこのような記載はないものと思われます。この場合
は，本籍欄の本籍を確認した上，移記することになります。また，市町村合併
等によって本籍と同一の出生の場所の地名が変更になった後に，婚姻等により
同一市町村内に新戸籍を編製する場合には，変更後の地名に引き直して移記
し，出生の場所が具体的に記載されているときは従前のままで移記するとして
います（昭和34年2月18日民事甲317号回答，昭和35年12月14日民事甲3143号回答）。
例えば，出生事項が，「本籍で出生」（出生当時の本籍は，○○県○○郡○○町
○番地）とあったものが，市町村合併により「○○県△△市○○町○番地」と
なっているときは，「○○県△△市で出生」と移記することになります。

【問91】 管轄法務局の長に受理照会又は処理照会した場合の出生事項は，
届出日又は送付を受けた日と入籍日が異なっていますが，このような
記載があるときは，どのように移記したらよいのでしょうか。

出生届の受理に当たって，管轄法務局の長に受理照会をすべきものとして，
①出生証明書の添付のない出生届（昭和23年12月1日民事甲1998号回答），②学
齢に達した子の出生届（昭和34年8月27日民事甲1545号通達）等を先例で示して
います。また，非本籍地で受理された出生届が本籍地市区町村長に送付された
場合に，その内容に疑義があるとして，管轄法務局の長に処理照会をする場合
があります。このように，受理照会又は処理照会をした場合の戸籍の記載は，
参考記載例9により，戸籍用紙を用いて処理をしているときは「年月日父届出
月日入籍」と，コンピュータシステムを用いて処理しているときは「【入籍日】」
のインデックスにより入籍日を記載することとしていますが，これは，入籍日
と届出日等との間に時間差があることから，実際に処理をした日を明らかにす
るためのものです。

このような記載がある場合の移記については，処理日（入籍日）の移記を要
しないことになります（戸籍598号40ページ，同610号70ページ参照）。

コンピュータシステムを用いて処理している場合は，次のようになります。

第7　戸籍記載の移記

○移記前の戸籍中事件本人の身分事項欄

出　　生	【出生日】平成１７年８月１０日 【出生地】東京都千代田区 【届出日】平成２８年５月２０日 【届出人】父 【入籍日】平成２８年６月１０日

○移記後の戸籍中事件本人の身分事項欄

出　　生	【出生日】平成１７年８月１０日 【出生地】東京都千代田区 【届出日】平成２８年５月２０日 【届出人】父

> **【問92】** コンピュータ化市区町村に本籍を定める者と非コンピュータ化市
> 区町村に本籍を定める者が婚姻し，非コンピュータ化市区町村に本籍
> を定める婚姻届がありましたが，夫婦の出生事項は，どのように移記
> したらよいのでしょうか。

　戸籍用紙を用いて処理している市区町村にあっては，届出により出生事項を
記載するときは「届出入籍」又は「送付入籍」と「入籍」の文字を記載します
（法定１・２）が，一方，コンピュータシステムを用いて処理している市区町村
にあっては，出生事項に【入籍日】の記録をするのは，管轄法務局の長の指示
を得て受理（又は処理）したとき（参考９）です。

　本来は，非コンピュータ化市区町村において，コンピュータ化庁の記録事項
証明書により，出生事項を移記するときは，記録事項証明書の【届出日】又は
【送付を受けた日】に入籍したものとして，法定１又は２と同様に移記しても
問題はないところですが，これがすべての出生事項に該当するものではないこ
と，及び出生の届出により入籍した戸籍に「入籍」の旨の記載（戸籍に入った

－ 124 －

第7　戸籍記載の移記

原因（戸籍法13条3号））があればよいとの考えもあることから，単に「届出」又は「送付」とし，「入籍」の文字を省略して移記して差し支えないと考えます（戸籍706号59ページ参照）。

　　　イ　認知に関する事項

【問93】外国人である父に認知され，その後父が帰化している旨の記載がありますが，この場合は，どのように移記したらよいのでしょうか。

　認知した父が外国人であり，その者が帰化をした場合は，認知された子の戸籍に父が帰化した旨及びその新本籍を記載し，父の氏名を更正することになります（参考189）。この場合は，日本人が日本人の子を認知した旨の記載に引き直して移記をすることになります。

　具体的には，次のようになります。
①　戸籍用紙を用いて処理している場合
・移記前の戸籍中子の身分事項欄
「平成25年6月16日国籍アメリカ合衆国ファンデンボッシュ、ウェイン（西暦1978年1月1日生）認知届出㊞」
「父（新本籍大阪市北区老松町二丁目6番地）帰化につき平成28年10月30日父欄更正㊞」
・移記後の戸籍中子の身分事項欄
「平成25年6月16日大阪市北区老松町二丁目6番地甲野義太郎認知届出㊞」
②　コンピュータシステムを用いて処理している場合
・移記前の戸籍中子の身分事項欄

認　　　知	【認知日】平成２５年６月１６日
	【認知者氏名】ファンデンボッシュ，ウェイン
	【認知者の国籍】アメリカ合衆国
	【認知者の生年月日】西暦１９７０年１月１日

－ 125 －

第7　戸籍記載の移記

更　　正	【更正日】平成28年10月30日 【更正事項】父の氏名 【更正事由】父帰化 【従前の記録】 　　【父】ファンデンボッシュ，ウェイン 【特記事項】父の新本籍大阪市北区老松町二丁目 　　　6番地

・移記後の戸籍中子の身分事項欄

認　　知	【認知日】平成25年6月16日 【認知者氏名】甲野義太郎 【認知者の戸籍】大阪市北区老松町二丁目6番地 　　　甲野義太郎

ウ　養子縁組に関する事項

> 【問94】夫婦で養子となった者が離婚する場合に，婚姻の際に氏を改めた
> 　　者が新戸籍を編製するときは，どのように縁組事項を移記したらよい
> 　　のでしょうか。

　従前，夫婦共同して他の者の養子となった者が，縁組継続中のまま離婚し，婚姻の際に氏を改めた者が養親の戸籍に入籍し，又はその者について新戸籍が編製されるとき，あるいは養子夫婦について離婚又は一方配偶者の死亡により婚姻が解消した後，その一方又は生存配偶者が他の者の氏を称する婚姻又は縁組（転縁組）等により他の戸籍に入籍し，又は新戸籍に縁組事項を移記する場合は，当該縁組事項中「夫（又は妻）とともに」の記載を省略することができるか否かについての議論がありましたが，昭和55年3月26日付け民二1913号通達は，このような場合は「夫（又は妻）とともに」の記載は省略して差し支えないとしました。

－ 126 －

第7　戸籍記載の移記

　この通達が発出される前までは，「夫（又は妻）とともに」の記載は省略すべきでないとしていました。この理由は，当該縁組が夫婦共同縁組の要件を充足した有効なもの（昭和62年法律第101号民法等の一部を改正する法律の施行前（昭和62年12月31日以前）は，夫婦が夫婦を養子とする場合，又は夫婦が養子となる場合は，必要的夫婦共同縁組としていました。）であることを戸籍上明確にしておく必要があること，及び重要な身分事項の移記については，すべて従前戸籍の記載のとおり移記するのが本則であること等から，省略すべきでないとしていたものと考えられます。

　ところで，戸籍用紙を用いて処理している場合は，婚姻の際に氏を改めた妻の戸籍には「平成16年6月10日夫とともに甲野義太郎同人妻梅子の養子となる縁組届出入籍」（参考43参照）と記載されていますから，この場合「夫とともに」の記載の要否にかかわらず，これをそのまま移記すると，妻の縁組前の戸籍の表示が明らかにされず，また，新戸籍が編製されるときは養親の戸籍の表示をしないとその特定もできないこと等から，公示上不都合を生ずることもあり得ることも考えられますので，養親の戸籍の表示及び縁組前の戸籍の表示を補足する必要があります（離婚により養親の戸籍に入籍するときは，養親の戸籍の表示はしないことになります（法定26参照）。また，改訂第2版注解コンピュータ記載例対照戸籍記載例集（341ページ，日本加除出版㈱・（一財）民事法務協会共編）は，この場合，養親の戸籍の表示はしないこととしていますが，養親と同籍しないときは，養親を特定することからも，養親の戸籍を表示することが望ましいと考えます。）。したがって，婚姻の際に氏を改めた者の縁組事項は，婚姻の際に氏を改めなかった者（筆頭者）の身分事項欄の縁組事項を確認の上，移記することになります（注）。

　具体的には，次のようになります。

①　戸籍用紙を用いて処理している場合

・移記前の夫婦の戸籍中夫の身分事項欄

「平成14年10月1日妻とともに東京都千代田区平河町一丁目4番地甲野義太郎同人妻梅子の養子となる縁組届出大阪市北区老松町二丁目6番地乙川英助戸籍

－ 127 －

第7 戸籍記載の移記

から入籍㊞」

・移記前の夫婦の戸籍中妻の身分事項欄

「平成14年10月1日夫とともに甲野義太郎同人妻梅子の養子となる縁組届出入籍㊞」

・移記後の妻の新戸籍中その身分事項欄

「平成14年10月1日東京都千代田区平河町一丁目4番地甲野義太郎同人妻梅子の養子となる縁組届出大阪市北区老松町二丁目6番地乙川英助戸籍から入籍㊞」

② コンピュータシステムを用いて処理している場合

　コンピュータシステムを用いて処理している場合は,【共同縁組者】の記載を除き,縁組事項を移記することになります。

(注) 養子が縁組により養親の戸籍に入籍するときは,養子の縁組事項中に養親の戸籍の表示をしないのは,養子が養親と同籍することから,殊更,養親の戸籍を表示しなくとも養親を特定できることからです(法定20等)。また,養親の縁組事項中にも養子の戸籍の表示をしないのは,同様の理由からです(法定19等)。しかし,養子が養親の戸籍に入籍しない場合には,養子の縁組事項中には養親を特定するためその戸籍の表示をも記載することにしています(参考42等)。この場合,養親の縁組事項中にも養子の戸籍の表示(縁組時の戸籍の表示と併せて新本籍の表示)を記載することになります(参考44等)が,これも養子を特定するためのものです。

　ところで,【問94】のような事例において,養子夫婦が離婚し,婚姻の際に氏を改めた者が養親の戸籍に入籍する(養子は養親の氏を称する(民法810条本文)ことから,養親の戸籍に入籍することになります。)場合は,縁組により養子が養親の戸籍に入籍する場合と同様ですから,養親の戸籍の表示は必要ないことになります(法定20)。また,養子が離婚により新戸籍の編製を望むときは,新戸籍編製の申出をすることができます(戸籍法19条1項)。この新戸籍編製の申出があったときは,縁組事項をどのように移記するかの問題があります。これについては,昭和55年3月26日付け民二1913号通達は,「夫(又は妻)とともに」の記載は省略して差し支えないとしていますが,養親の戸籍の表示を記載するかについては触れていません。コンピュータシステムを用いて処理している場合は,夫婦それぞれの身分事項欄に【養親の戸籍】

- 128 -

を記載します（参考42，43）から，問題はないところです。しかし，戸籍用紙を用いて処理している場合は，どのように移記するかで頭を悩ますところですが，コンピュータシステムを用いて処理している場合と同様の処理をすることが望ましいといえます。

エ　婚姻に関する事項

　婚姻に関する事項の移記に当たっては，あまり問題になることはないように思われます。婚姻事項の移記は，出生事項の移記に次いで多い事例ですから，戸籍事務担当者の方はさほど苦手としてはいないでしょうが，二つの事例について，その移記方法について，触れることにします。

> **【問95】** 日本人の配偶者である外国人妻の氏が，日本人配偶者の氏に変更
> 　　　　 したとの記載がありますが，どのように移記したらよいのでしょう
> 　　　　 か。

　夫婦の一方が外国人である場合の夫婦の氏についての戸籍事務の取扱いは，氏名権という夫婦それぞれに関する問題であるとして，当事者の属人法（本国法）によるとしており，少なくとも，日本人については日本法によるものとし（昭和40年4月12日民事甲838号回答），婚姻によっては当事者の氏に変動はないものとして処理しています。

　ところで，外国人と婚姻した日本人配偶者から，その戸籍の身分事項欄に記載されている外国人配偶者の氏が本国法上の婚姻の効果として日本人配偶者の氏に変更になったため，配偶者の氏の変更記載申出（婚姻により氏を変更した旨の記載のある本国官憲発行の証明書，氏の変更後に本国官憲から発行を受けた旅券の写し（原本提示）等を添付）があった場合は，日本人配偶者の戸籍に当該配偶者の変更後の氏名を記載することができるとしています（昭和55年8月27日民二5218号通達記一）。この場合，外国人配偶者の変更後の氏を漢字で表記されたい旨の申出がされたときは，便宜，これに応じて差し支えないとしています（前記通達記三）。なお，日本人配偶者の氏の部分を漢字で表記するときは，氏と名の間に，戸籍用紙を用いて処理している場合は「、」（なみだ点）

－ 129 －

第7　戸籍記載の移記

を，コンピュータシステムを用いて処理している場合は「，」（カンマ）により，氏と名を明確にする必要があります（戸籍655号68ページ）。

　上記のように外国人配偶者の氏名の変更事項がある場合は，その変更事項を移記することになりますが，移記するときは，単に「妻の氏名を○○○、○○○と変更」とし，申出年月日（職権記載をした日）は移記を要しません。

　なお，婚姻事項中の配偶者の氏名は，婚姻当時の氏名（婚姻事項中に記載されている配偶者の氏名）を記載することに注意を要します。

　コンピュータシステムを用いて処理している場合は，次のようになります。
○移記前の戸籍中その身分事項欄

婚　　姻	【婚姻日】平成２８年４月２０日 【配偶者氏名】アーティアート，マリア （以下省略）
配偶者の氏名変更	【記録日】平成２８年１１月２５日 【変更後の氏名】甲野，マリア

○移記後の戸籍中その身分事項欄

婚　　姻	【婚姻日】平成２８年４月２０日 【配偶者氏名】アーティアート，マリア （以下省略）
配偶者の氏名変更	【変更後の氏名】甲野，マリア

【問96】 夫の帰化により日本人妻が夫の新戸籍に入籍しましたが，この場合は，どのように移記したらよいのでしょうか。

　日本人の配偶者である外国人が帰化した場合，帰化により夫婦の称する氏を，日本人妻の氏と定めたときは妻の戸籍に帰化した夫が入籍し，夫の氏と定

－ 130 －

第7 戸籍記載の移記

めたときは帰化した夫について新戸籍を編製し，その新戸籍に日本人妻が入籍することになります。

日本人妻が帰化した夫の戸籍に入籍した場合の移記の方法は，婚姻事項と帰化による入籍事項を一事項（通常の婚姻入籍事項）に引き直して移記して差し支えないとしています（昭和40年6月2日民事甲1079号回答）。

具体的には，次のようになります。

① 戸籍用紙を用いて処理している場合

・移記前の戸籍中妻の身分事項欄

「平成22年5月10日甲野義太郎と婚姻東京都千代田区長に届出㊞」

「夫の帰化届出平成28年4月20日東京都千代田区平河町二丁目10番地乙野梅子戸籍から入籍㊞」

・移記後の戸籍中妻の身分事項欄

「平成22年5月10日甲野義太郎と婚姻東京都千代田区長に届出平成28年4月20日同区平河町二丁目10番地乙野梅子戸籍から入籍㊞」

② コンピュータシステムを用いて処理している場合

・移記前の戸籍中妻の身分事項欄

婚　　姻	【婚姻日】平成２２年５月１０日 【配偶者氏名】甲野義太郎 【受理者】東京都千代田区長
配偶者の帰化	【入籍日】平成２８年４月２０日 【入籍事由】夫の帰化届出 【従前戸籍】東京都千代田区平河町二丁目１０番 　　　地　乙野梅子

・移記後の戸籍中妻の身分事項欄

婚　　姻	【婚姻日】平成２２年５月１０日

第7　戸籍記載の移記

| | 【配偶者氏名】甲野義太郎
【受理者】東京都千代田区長
【入籍日】平成28年4月20日
【従前戸籍】東京都千代田区平河町二丁目10番
　　地　乙野梅子 |

オ　親権及び未成年者の後見に関する事項

【問97】父母離婚の際，子の親権者を父と定め，その子が親権者である父
の代諾により縁組しています。この度，離縁によって父の戸籍に復籍
することになりましたが，子は，現在，15歳未満の者です。離縁後
は，父の親権に服することになると思われますが，どのように移記し
たらよいのでしょうか。

　父母離婚の際，子の親権者を父と定め，その子が親権者である父の代諾によ
り養子縁組した後，離縁する場合において，その子が15歳未満の者であるとき
は，養子の離縁後に法定代理人となるべき者が，養子に代わって離縁の協議を
しなければならない（民法811条2項）としています。

　離縁後に法定代理人となるべき者は，通常は実親になります。実父母離婚後
に離婚の際に親権者と定められた父の代諾により縁組し，その後離縁すると，
離婚時に親権者と定められた父の親権が回復することになりますので，離縁協
議者は実父となり，父の親権に服することになります。

　移記の方法は，離縁の日に父の親権に服することになりますので，「年月日
（離縁の日）父の親権に服するに至る月日記載」（参考145参照）となります。

　コンピュータシステムを用いて処理している場合は，次のようになります。

○養子縁組前の実方戸籍中子の身分事項欄

| 親　　権 | 【親権者を定めた日】平成27年5月23日
【親権者】父 |

- 132 -

第7 戸籍記載の移記

| 養子縁組 | 【届出人】父母 |
| | (縁組事項省略) |

○養子離縁後の実方戸籍中子の身分事項欄

養子離縁	【離縁日】平成３０年１１月９日
	(以下省略)
親　　権	【親権に復した日】平成３０年１１月９日
	【親権者】父
	【記録日】平成３０年１１月１５日

【問98】 未成年後見の開始事項があり，その後，未成年後見人の更迭事項
がありますが，この場合は，どのように移記したらよいのでしょう
か。

未成年後見事項及び未成年後見人更迭事項がある場合は，未成年後見人更迭
事項のみを移記したのでは，いつ未成年後見が開始したかが明確ではないこと
から，未成年後見事項を移記するとともに，未成年後見人の更迭事項がある場
合は，それをも移記することになります。したがって，未成年後見事項及び未
成年後見人更迭事項がある場合は，従前の両事項の記載をそのまま移記するこ
とになります。

カ　推定相続人の廃除に関する事項

推定相続人の廃除の審判が確定すると，廃除された者は，廃除を請求した者
にかかる相続権を失うことになることから，推定相続人の廃除に関する事項
は，常に移記事項になりますので，従前の記載をそのまま移記することになり
ます。

なお，この届出は，極めて事件数が少ない（全国で毎年二桁台の事件数）の

- 133 -

第7　戸籍記載の移記

で，見落としのないように注意する必要があります。

キ　日本の国籍の選択の宣言等に関する事項

国籍選択の届出は，重国籍者が日本の国籍を選択し，外国の国籍を放棄する旨を宣言する届出です（戸籍法104条の2）。

重国籍者は，重国籍になった時が20歳に達する以前であるときは22歳に達するまでに，その時（重国籍になった時）が20歳に達した後であるときはその時から2年以内に，いずれかの国籍を選択しなければならない（国籍法14条1項）としています。日本の国籍の選択は，外国の国籍を離脱することによるほかは，戸籍法の定めるところにより（戸籍法104条の2），日本の国籍を選択し，かつ，外国の国籍を放棄する旨の宣言をすることによってする（国籍法14条2項）ことになります。

この届出に基づく戸籍の記載により，その者の日本国籍が確定したことが登録公証され，国籍選択の催告（国籍法15条1項）を受けることがなくなります。

移記の方法は，従前戸籍に記載されている事項をそのまま移記することになります（移記事項とした理由については，109ページ【問81】参照）。

また，外国国籍喪失事項がある場合も，そのまま移記することになります。

外国の国籍を有する日本人が外国の国籍を離脱することは，日本の国籍の選択の一つの方法です（国籍法14条2項）。外国の国籍の喪失には，離脱（放棄）に限らず，その他の理由で当該外国の国籍を喪失した場合も含まれます。例えば，外国によっては，国籍剥奪の制度がある国もありますから，当該国で国籍を剥奪された場合も含まれます。また，日本の国籍の選択宣言をしたことによって外国国籍を喪失する法制の国にあっては，その場合も含まれます。

ク　名の変更に関する事項

> 【問99】戸籍の記載が，「名『哲吉』を『鉄吉』と変更届出昭和45年2月24日京都市上京区長受附同月26日送付」となっていますが，この場合は，どのように移記したらよいのでしょうか。

名の変更届があった場合の現行記載例は，「平成5年2月16日名の変更届出

－ 134 －

㊞」（法定196）としていますが，昭和23年記載例は，問にあるような記載をしていました。

このような記載があるときは，現行記載例に引き直して移記することになります。

具体的には，次のようになります。

① 戸籍用紙を用いて処理している場合

・事件本人の身分事項欄

「昭和45年2月24日名の変更届出同月26日京都市上京区長から送付㊞」

② コンピュータシステムを用いて処理している場合

・事件本人の身分事項欄

名の変更	【名の変更日】昭和４５年２月２４日 【送付を受けた日】昭和４５年２月２６日 【受理者】京都市上京区長

ケ 性別の取扱いの変更に関する事項

【問100】 性別の取扱いの変更の審判を受けた者から管外転籍届がありましたが，この場合は，どのように移記したらよいのでしょうか。

性同一性障害者の性別の取扱いの特例に関する法律3条1項の規定による審判があったときは，家庭裁判所書記官から戸籍記載の嘱託がされ（家事事件手続法116条），この嘱託により性別の取扱いの変更の審判を受けた者の身分事項欄に，当該変更に関する事項を記載する（戸籍法施行規則35条16号）ことになります。また，この変更の審判を受けた者が，新戸籍を編製され，又は他の戸籍に入る場合には，当該変更に関する事項で従前の戸籍に記載したものは新戸籍又は他の戸籍に移記しなければならない（戸籍法施行規則39条1項9号）としています。

具体的には，次のようになります。

第7　戸籍記載の移記

① 　戸籍用紙を用いて処理している場合

・転籍前の戸籍中事件本人の身分事項欄

「平成28年８月20日平成15年法律第111号３条による裁判確定同月23日嘱託東京都千代田区平河町一丁目４番地甲野義太郎戸籍から入籍父母との続柄の記載更正㊞」

・転籍後の戸籍中事件本人の身分事項欄

「平成17年８月20日平成15年法律第111号３条による裁判確定同月23日嘱託東京都千代田区平河町一丁目４番地甲野義太郎戸籍から入籍㊞」

② 　コンピュータシステムを用いて処理している場合

・転籍前の戸籍中事件本人の身分事項欄

平成１５年法律第１１１号３条	【平成１５年法律第１１１号３条による裁判確定日】　平成２８年８月２０日 【記録嘱託日】平成２８年８月２３日 【従前戸籍】東京都千代田区平河町一丁目４番地　甲野義太郎 【従前の記録】 　【父母との続柄】長男（長女）

・転籍後の戸籍中事件本人の身分事項欄

平成１５年法律第１１１号３条	【平成１５年法律第１１１号３条による裁判確定日】　平成２８年８月２０日 【記録嘱託日】平成２８年８月２３日 【従前戸籍】東京都千代田区平河町一丁目４番地　甲野義太郎

7　戸籍記載の移記のまとめ

以上，戸籍記載の移記について説明してきましたが，移記記載をご自分で実

際に経験すると，戸籍記載にかなり自信を深めるのではないでしょうか。

　最後に，移記に当たって，いくつか注意する事項について，触れることにします。

　まず，移記をすべき事項は，必ず遺漏のないように注意することが必要です。また，移記すべきでない事項，特に，移記することによってプライバシーを害することになるような事項，例えば，父の身分事項欄の認知事項，離婚事項等は，移記後に問題となることがありますので，特に，注意が必要です。

　次に，戸籍に記載する氏又は名の文字については，正字等で記載することについては既に説明しましたが，誤記のないようにすることが必要です。これは，後々，パスポート手続や相続の場面でも問題になることがありますので，記載の確認を怠らないように注意することです。特に，戸籍用紙を用いて処理している市区町村では，戸籍の再製をしなければならないことにもなります。

第8 戸籍記載の連続性

1 戸籍記載の連続性とは

【問101】戸籍記載の連続性とは，どのようなことをいうのですか。

戸籍は，日本人についての親族的身分関係を登録・公証するものであるということについては，冒頭で説明しましたので，ご承知のことと思います。また，戸籍は，人の一生（出生から死亡まで）を公証するものです。そのため，養子縁組をし，婚姻をし，又は転籍をしても，養子縁組前後の，婚姻前後の又は転籍前後の戸籍の所在場所がどこであるかを双方の戸籍から探索できるように工夫されています。この工夫は，戸籍の記載の仕組みによるものであり，これを戸籍記載の連続性といいます（戸籍記載の連続性という言葉は，筆者のネーミングであり，これに触れたものは，ないかもしれません。）。この戸籍記載の連続性という工夫があるからこそ，我が国の身分登録簿としての戸籍は，世界に冠たる戸籍制度ということができます。

【問102】戸籍記載の連続性は，どのように保たれているのですか。

戸籍記載の連続性を保つには，それぞれの場面により工夫がされています。例えば，法改正により戸籍の様式に変更があった場合，又は戸籍事務のコンピュータ化による場合は，改製新戸籍及び改製原戸籍のそれぞれの戸籍事項欄の記載により，また，本籍を他市区町村に移す場合は，転籍による新戸籍及び転籍により消除されるそれぞれの戸籍事項欄の記載により，さらに，婚姻・養子縁組等身分行為による場合は，入籍戸籍の婚姻（又は養子縁組）による入籍及び従前戸籍の婚姻（又は養子縁組）による除籍のそれぞれの記載により，従前本籍及び新本籍の所在場所が判明するよう工夫され，戸籍記載の連続性が保たれています。

− 138 −

第8 戸籍記載の連続性

また，この戸籍記載の連続性は，戸籍訂正の場合も同様です。戸籍訂正もその態様により，移記・消除，入籍・除籍等の方法（これについては，戸籍訂正の際に触れます。）がありますが，この訂正方法にも戸籍記載に工夫がされているのです。

2　戸籍改製の際の改製事項の記載による連続性

【問103】戸籍改製事項の記載による連続性は，どのように工夫されているのですか。

戸籍用紙の様式は，①明治19年式戸籍については明治31年戸籍法（明治31年法律12号）の施行と同時に施行された戸籍法取扱手続（明治31年司法省令5号）2条により，②明治31年式戸籍については大正4年戸籍法（大正3年法律26号）の施行と同時に施行された戸籍法施行細則（大正3年司法省令7号）1条により，③大正4年式戸籍は現行戸籍法（昭和22年法律224号）の施行と同時に施行された戸籍法施行規則（昭和22年司法省令94号）1条によりそれぞれ改正されています。様式の改正に伴い，旧様式の戸籍用紙から新様式の戸籍用紙に改製することになります。旧様式の戸籍の戸主の事項欄（現行戸籍法施行規則の戸籍用紙については，戸籍事項欄との名称を用いていますが，大正4年式戸籍までは，単に事項欄といいました。事項欄との名称を用いていたのは，戸籍事項及び身分事項の記載をしていたからです。）にする改製による除籍（又は消除）の記載と新様式の戸籍の戸籍事項欄（又は戸主の事項欄）にする戸籍編製事項の記載によって連続性を保つよう工夫されています。

それでは，大正4年式戸籍様式から現行戸籍様式に改製する方法（注1）を例に説明することにします。

大正4年式戸籍は，現行戸籍法施行と同時に新法戸籍とみなされ（戸籍法附則3条1項本文），新戸籍法施行後10年を経過したときは，旧法の規定による戸籍は，法務省令（平成11年法律第160号による改正前の条文は「命令」としていました。）の定めるところにより，新法によってこれを改製しなければなら

- 139 -

第8　戸籍記載の連続性

ない（同項ただし書）とし，昭和33年4月1日から改製作業が進められ，順次昭和改製原戸籍になりました。この改製には，第一次改製（注2）と第二次改製（注3）があります。

　例えば，大正4年式戸籍に在籍していた筆頭者及びその配偶者並びにその直系卑属以外の者について，第一次改製により改製新戸籍を編製するときは，大正4年式戸籍のその者の事項欄には，「改製により新戸籍編製につき昭和33年5月1日除籍」と記載し，改製新戸籍の戸籍事項欄には，「昭和32年法務省令第27号により改製昭和33年5月1日同所同番地甲野幸雄戸籍から本戸籍編製」と記載し，連続性を保っているのです。改製原戸籍となる事項欄に，単に「年月日除籍」と記載するだけでは改製新戸籍の編製場所（新本籍の所在）が分からないではないかとの疑問が生じますが，この場合は，その改製原戸籍の本籍と同一場所が改製新戸籍の所在であるという戸籍事務の取扱い（戸籍法30条3項参照）によってそのような疑問が解消されています（大量に改製作業を行うことから，戸籍記載の経済性をも考慮したものです。）。また，改製新戸籍の記載では，従前戸籍の所在場所が「同所同番地」では分からないのではないかと思われますが，この「同所同番地」とは，改製新戸籍の本籍の表示と同一場所を意味するので，従前戸籍の所在場所は特定されているのです。

　筆頭者及びその配偶者並びにその直系卑属については，大正4年式戸籍の筆頭者（戸主）の事項欄に，第一次改製により，まず「昭和32年法務省令第27号により昭和33年4月1日本戸籍改製」と記載（この記載は，旧法戸籍を新法戸籍に適合させるための記載です。）し，第二次改製により「昭和32年法務省令第27号により昭和35年4月25日あらたに戸籍を編製したため本戸籍消除」と記載し，改製原戸籍とします。また，改製新戸籍にはその戸籍事項欄に「昭和32年法務省令第27号により昭和33年4月1日改製につき昭和35年4月25日本戸籍編製」と記載します。いずれの記載についても新本籍及び従前戸籍の表示はありませんが，これは短期間に大量に改製することから，戸籍記載の経済性を考慮したものと思われますが，戸籍の表示欄（本籍欄及び筆頭者氏名欄）の記載により，新戸籍と従前戸籍との連続性を保っています（注4）。

－ 140 －

第8 戸籍記載の連続性

コンピュータ戸籍に改製する場合も同様です。平成改製原戸籍（戸籍事項欄若しくは戸籍初葉右側欄外）には，「平成6年法務省令第51号附則第2条第1項による改製につき平成年月日消除」とし，コンピュータ戸籍には，戸籍事項欄に「【改製日】平成年月日」「【改製事由】平成6年法務省令第51号附則第2条第1項による改製」として連続性を保っています（この改製の記載も従来の記載例を踏襲したものです。）。

3 転籍の際の転籍事項の記載による連続性

【問104】転籍事項の記載による連続性は，どのように工夫されているのですか。

転籍とは，戸籍の所在場所である本籍を移転することをいいますが，本籍の移転先が同一市区町村内の場合を「管内転籍」といい，本籍の移転先が他の市区町村の場合を「管外転籍」といいます。ここでいう，転籍事項の記載による連続性とは，管外転籍によるときのことです。

管外転籍の場合は，戸籍の所在場所が他の市区町村になりますから，甲戸籍がどこの市区町村に転籍したか，また，甲戸籍がどの市区町村から転籍してきたのかが分かるように，両戸籍を結びつける必要がありますから，戸籍事項欄の記載により，このつながりが保たれるように工夫されています。すなわち，甲戸籍が，A市からB市に転籍したときは，A市の戸籍の戸籍事項欄には「平成18年1月20日B市に転籍届出同月22日同市長から送付消除」と記載し，転籍後の本籍の場所を明らかにし，B市の戸籍の戸籍事項欄には「平成18年1月20日A市から転籍届出」と記載し，転籍前の本籍の場所を明らかにし，それぞれの記載により連続性を保つようになっています。

- 141 -

第8 戸籍記載の連続性

4 他の戸籍に入るとき及び戸籍から除かれるときの入籍・除籍事項の記載による連続性

【問105】 入籍・除籍事項の記載による連続性は，どのように工夫されているのですか。

戸籍は，人の一生の身分関係を明らかにするものであり，相続が発生した場合には，相続人は誰であるか等，重要な身分関係を証明する公簿ですから，婚姻又は養子縁組によって，どの戸籍に入籍したか，また，どの戸籍から入籍してきたかを明らかにする記載の工夫によって連続性を保っています。この記載の工夫とは，入籍・除籍という戸籍記載によるものです。

では，婚姻による戸籍の変動を例に，説明することにします。婚姻当事者は，戸籍の筆頭者及びその配偶者以外の者同士の婚姻の例です。

戸籍法16条1項本文は，「婚姻の届出があつたときは，夫婦について新戸籍を編製する。」としています。また，戸籍法23条は，「第16条乃至第21条の規定によつて，新戸籍を編製される者は，従前の戸籍から除籍される。」としています。さらに，戸籍法施行規則40条1項は，「戸籍から除くときは，除籍される者の身分事項欄にその事由を記載して，戸籍の一部を消除しなければならない。」としています。したがって，婚姻によって新戸籍が編製され，従前の戸籍から除かれる者の身分事項欄には，この三つを要素として記載することになりますから，「平成28年4月10日乙野梅子と婚姻届出東京都千代田区平河町一丁目4番地に夫の氏の新戸籍編製につき除籍」と記載します。この記載により，婚姻により「東京都千代田区平河町一丁目4番地」に夫の氏（甲野）で新戸籍を編製し，除籍されたことが分かります。コンピュータ戸籍では，「【新本籍】東京都千代田区平河町一丁目4番地」，「【称する氏】夫の氏」となります。

また，婚姻による新戸籍の記載方法も同様に工夫されています。戸籍法13条は，戸籍の記載事項を定めていますが，同条7号は，「他の戸籍から入つた者については，その戸籍の表示を記載しなければならない。」と，戸籍法施行規

- 142 -

則38条は，「新戸籍を編製される者の入籍に関する事項及び従前の戸籍の表示は，その者の身分事項欄にこれを記載しなければならない。」としています。したがって，婚姻により新戸籍を編製される者の身分事項欄には，この三つを要素として記載することになりますから，「平成28年4月10日乙野梅子と婚姻届出東京都千代田区平河町一丁目4番地甲野幸雄戸籍から入籍」と記載します。この記載により，「東京都千代田区平河町一丁目4番地甲野幸雄戸籍」が従前戸籍の表示であるということが分かります。コンピュータ戸籍では，「【従前戸籍】東京都千代田区平河町一丁目4番地甲野幸雄」となり，「従前戸籍」というインデックスを用いて分かりやすくなっています。

　このように，入籍，除籍という記載の工夫により連続性を保つことができるようになっています。

（注1）現行戸籍法は，同法6条の戸籍編製基準によって一つの夫婦及びこれと氏を同じくする子，又は配偶者のない者とこれと氏を同じくする子ごとに編製することとしていますから，現行様式の戸籍に改製することとしたものです。

（注2）第一次改製とは，昭和32年法務省令第27号（戸籍法附則3条1項の戸籍の改製に関する省令（以下「省令27号」という。）です。この省令については，戸籍関係の六法に収録されています。）5条1項及び4条1項又は5条2項前段の規定の場合の改製をいいます。また，この改製は義務付けられていることから強制改製ともいわれています。①5条1項の改製は，戸籍の筆頭者及びその配偶者並びにそれと氏を同じくする子以外の者（筆頭者の父母，弟，叔父，叔母等）が在籍している戸籍について，前記括弧書きの者について旧法戸籍から新法戸籍に改製したもので，新戸籍の筆頭者となる者の従前戸籍の事項欄に「改製により新戸籍編製につき昭和年月日除籍」と，改製による新戸籍の戸籍事項欄に「昭和32年法務省令第27号により改製昭和年月日同所同番地何某戸籍から本戸籍編製」と記載しました。また，②4条1項又は5条2項前段の規定の改製は，旧法戸籍であっても在籍者の形態からみて新戸籍法6条の戸籍編製基準に合致するものは，あえて新戸籍に編製替えしなくても実質的に問題がないので，簡便な措置として当該旧法戸籍の戸主の事項欄に改製事由「昭和32年法務省令第27号により昭和年月日本戸籍改製」と記載するのみで改製済みの効力を生じることとし，実際には戸籍の編製替えを省略したもので，いわゆる簡易改製というものです。

第8 戸籍記載の連続性

（注3）第二次改製とは，省令27号4条2項又は5条2項後段の簡易改製済みの戸籍は，戸籍の様式が旧法の様式であることには変わりはないので，これを名実ともに新法戸籍とするため，更に新法様式の戸籍用紙を用いて編製替えを認め，その実施を義務的なものとせず，市町村の任意としたことから，これを上記（注2）に対し，任意改製とも呼ばれています。この場合の戸籍記載の振り合いは，従前戸籍の筆頭者の事項欄は，「昭和32年法務省令第27号により昭和年月日あらたに戸籍を編製したため本戸籍消除」と，新たな戸籍の戸籍事項欄に「昭和32年法務省令第27号により昭和年月日改製につき昭和年月日本戸籍編製」となります。

（注4）改製に際して発出された基本通達（昭和32年6月1日民事甲1002号通達）及び具体的な改製の内容についての要領「戸籍改製事務処理要領」を参照してください。

第9 届書の審査方法

第9 届書の審査方法

　戸籍記載，戸籍記載の移記，戸籍の連続性等について説明してきましたが，ここからは，届書の審査方法について説明することにします。ここでは，戸籍事務と関連する住民基本台帳事務（住民基本台帳法9条2項通知）については，説明を省略します（以下，各届出について同様です。）。

1　出生届

　私権の享有は，出生に始まる（民法3条1項）とされています。戸籍制度は，この権利義務の主体である人の身分関係を登録し公証することを目的としていますので，その始期となる人の出生の事実は，できるだけ速やかに戸籍に記載する必要がありますので，届出期間を定め，届出を義務付けていますから，通常，法定の届出義務者から市区町村長に対して出生の届出がされます。

　出生の届出がされた場合は，出生子が嫡出子か嫡出でない子か，子の名の文字は用いることができる文字であるか，また，出生証明書が添付されているかなどの審査をする必要があります。

(1)　出生届書の様式

　届出の方法は，書面又は口頭でこれをすることができる（戸籍法27条）としています。また，届書の様式については，法務大臣は，事件の種類によって，届書の様式を定めることができる（戸籍法28条1項）とし，その事件の届出は，当該様式によってこれをしなければならない（同条2項）としています。つまり，事件の種類によって，届書の様式が定まっており，その様式によらなければならないとしているのです。

> 【問106】出生届の届書の様式は，定められているのでしょうか。

　上記に述べましたが，届出の種類によっては，一定の様式によらなければならないとしています。それでは，出生の届出についてはどうでしょうか。

－ 145 －

第9　届書の審査方法

　届書の様式については，戸籍法28条1項で，法務大臣は，事件の種類によっ
て，届書の様式を定めることができるとしており，具体的には，戸籍法施行規
則59条で「出生の届書は，附録第11号様式によらなければならない。」として
いますから，様式は定められているということになります。他に定められてい
る様式は，婚姻の届書，離婚の届書及び死亡の届書になります。この四届書の
様式は，戸籍法施行規則で定められていますから，法定様式といいます。

　したがって，出生の届出は，法定の様式によらなければならないことになり
ます。

　なお，上記四届書は，人口動態調査の基礎資料となる届出であることから，
その様式は法定されていますが，出生届書を含めその他の届書類全般につい
て，届書類標準様式に関する通達（昭和59年11月1日民二5502号通達（以下「標
準様式通達」という。））が発出され，大方の市区町村においては，この標準様
式による届書を使用しているものと思われます。

【問107】届書左側部分（届書本体部分）の欄外に（1）から（9）まで，
　　　　また，右側部分（出生証明書部分）も同様に，欄外に（10）から（15）
　　　　までの番号が振ってありますが，この番号は，どのようなことから振
　　　　られているのですか。

　法定様式（附録11号様式から14号様式まで）の届書には，問にあるような番号
は振られていませんが，標準様式通達によって，前述した四届書を含めた戸籍
届書の様式が示されています。標準様式通達では，出生届書について，（1）
から（15）までの番号が振られています。では，この番号は何を意味するので
しょうか。

　戸籍事務担当者の方は，戸籍事務と同時に人口動態統計事務を取り扱ってい
ますので，既にご承知のことと思います。この番号は，人口動態調査票とリン
クしているのです。つまり，出生届書の（1）欄は，「子の氏名・父母との続
き柄」です。同様に，人口動態調査出生票の（1）欄も「子の氏名・父母との
続き柄・男女別」となっています。以下の番号も同様です。

－ 146 －

第9 届書の審査方法

　このように，戸籍事務と人口動態統計事務は，密接な関係があります。人口動態統計もその歴史は古く，明治32年から統計が採られています。

　それでは，届書の審査方法について説明していくことにします。説明の都合上，届書の上欄から順に説明することにします。

　⑵ 「生まれた子」欄の審査

　「生まれた子」欄は，①子の氏名，②父母との続き柄，③生まれたとき，④生まれたところ，⑤住所（住民登録をするところ）の五つの欄がありますので，順に説明することにします。

　ア 「子の氏名」欄

【問108】届書の審査上，子の氏名については，どのような点に注意する必要がありますか。

　まず，子の氏については，嫡出子は父母の氏を称し，嫡出でない子は母の氏を称する（民法790条）ことになりますから，出生子が嫡出子か嫡出でない子か（これについては，後述します。）によって，それぞれ称する氏が決まります。また，氏の文字は，筆頭者氏名欄の氏の文字が誤字であるときは，それに対応する正字等で記載されているかを審査します（誤字で記載されていても，戸籍に記載する父母欄の氏の文字は，それに対応する正字等で記載します。）。

　次に，子の名については，戸籍法50条は，「子の名には，常用平易な文字を用いなければならない。常用平易な文字の範囲は，法務省令で定める。」とし，戸籍法施行規則60条で常用平易な文字の範囲を規定しています。

　したがって，子の名に用いることのできる文字は，①常用漢字表に掲げる漢字（2136字），②別表第二に掲げる漢字（862字），③片仮名又は平仮名（変体仮名を除く。）になります。なお，「ヰ」，「ヱ」，「ヲ」，「ゐ」，「ゑ」及び「を」は，戸籍法施行規則60条3号に規定する「片仮名又は平仮名」に含まれるとしています（平成16年9月27日民一2664号通達記1）（注1）。

　コンピュータにより処理している市区町村においては，子の名に用いることができる文字であるか否かを自動審査機能によりチェックします（基準書通達

－ 147 －

第9 届書の審査方法

第2の1，別紙1「審査事項一覧」参照）ので，届書に記載されている文字を入力することにより，コンピュータが審査します。

しかし，届書に記載されている文字は，届出人の書き癖がありますので，届出人が書かれた文字について疑問を持った場合は，必ず届出人に確認をすることに心掛ける必要があります。例えば，「高男」と命名した出生子について，届出人が筆写により届書を記載する場合，楷書で記載した場合であれば問題はないと思いますが，行書で記載したときは，「高」の文字は，いわゆる「はしごだか」（髙）になります。これは，筆写と活字との字体の相違，あるいは，書き方の習慣上の差ですが，子の名に用いることができる字体は「高」ですから，必ず届出人に確認をすることに心掛ける必要があります。

また，子の名に用いることができる文字の拡大（平成16年法務省令第66号）により，「巳」の文字が追加されていますので，届書に記載された子の名の文字は「巳」であるのか，「己」であるのか，また，「已」であるのかを確認する必要があります。筆写による字体は，突き抜けるのか，突き抜けないのかがはっきりしない場合が多いからです。氏又は名の記載に用いる文字の取扱いに関する「誤字俗字・正字一覧表」について（平成16年10月14日民一2842号通達）により，「己」と「巳」は相互に文字訂正をすることができないこととしています（注2）ので，特に，注意をする必要があります。

　　イ 「父母との続き柄」欄

「父母との続き柄」欄には，嫡出子と嫡出でない子のいずれかにチェックしなければなりませんので，民法に定める実親子関係について，簡単に触れておきます。

【問109】 嫡出子と嫡出でない子とは，具体的にはどのような子をいうのですか。

民法の定める実親子関係は，法律上の婚姻関係にある父母の間に生まれた場合と，婚姻関係にない父母の間に生まれた場合とによって，法律上の親子関係の成立，その効果などの取扱いを異にします。前者が嫡出子であり，後者が嫡

－ 148 －

出でない子です。このように実子を二つに区別するのは，一夫一婦制を尊重し，一夫一婦である場合だけが，社会的に正当にして合理的な男女の結合関係であるとみることに根拠を持つのですが，また，父母が婚姻しているときは，子にとって父母が確実ですが，そうでないときは，子にとって父が確実でないこともその理由の一つです。

　嫡出子は，更にその身分取得の原因が出生によるかどうかによって，生来の嫡出子と準正による嫡出子とに分かれます。前者は，民法772条による嫡出推定を受けるか否かによって，推定を受ける嫡出子と推定を受けない嫡出子とに分かれ，後者は，準正の時期によって，婚姻準正による嫡出子と認知準正による嫡出子（民法789条）とに分かれます（準正嫡出子については，認知及び婚姻の項で別途説明することにします。）。

(ア)　嫡出子の父母との続柄

【問110】推定を受ける嫡出子とは，具体的にはどのような子のことをいうのですか。

　嫡出子とは，一般的には法律上の婚姻関係にある父母の間に生まれた子，すなわち，妻が婚姻中に夫の子を懐胎して生んだ子のことです。したがって，嫡出子であるためには，①母が妻たる身分を有したこと，②婚姻の継続中に懐胎したものであること，③夫の子であること，という三つの要件を具備しなければなりません。

　上記の三つの要件のうち，①母が妻たる身分を有したことは，婚姻の成立について届出主義を採る現行法の下では，戸籍の記載によって容易に証明できます。これに反し，②と③の二つの要件を直接に証明することは極めて困難であり，しかも，現代科学の水準をもってしても正確に証明することはできません。そこで民法は，婚姻道徳（夫婦の同居・守操義務）と懐胎期間に関する医学統計とを信頼して，②の要件については，婚姻成立の日から200日後（200日を含みません。）又は婚姻の解消若しくは取消しの日から300日以内（300日を含みます。）に生まれた子は，婚姻継続中に懐胎したものと推定し（772条2

－ 149 －

第 9　届書の審査方法

項，懐胎時期の推定），また，③の要件については，妻が婚姻継続中に懐胎した子は夫の子と推定する（民法772条 1 項）と規定することによって，上記の困難な立証を免れるよう配慮しています。この推定は，嫡出否認の訴えのみによって覆すことができる特殊な法律上の推定です。

　なお，嫡出子は，父母の氏を称し（民法790条 1 項），父母の戸籍に入籍し（戸籍法18条 1 項），その子が未成年の間は父母の親権に服することになります（民法818条 1 項）。

┌───┐
【問111】推定を受けない嫡出子とは，具体的にはどのような子のことを
　　　　いうのですか。
└───┘

　婚姻前に懐胎され，婚姻成立後200日以内に生まれた子は，たとえ夫婦間の子であることが明らかな場合であっても，嫡出の推定を受けません。ところが，我が国では，結婚式を挙げて同棲して内縁関係に入り，子が生まれる直前になってから届出をする事例が少なくありません。しかし，このような状態の下に生まれた子を嫡出でないとするのはいかにも実情に適合しないため，学説の多くは，その子は嫡出子であり，ただ，嫡出の推定を受けることがないだけであると主張しました。かつて判例は，婚姻中に生まれた子は，婚姻前に懐胎しても，父が否認しない限り嫡出子であるとの立場を採っていました（大判大正 8 年10月 8 日民録25輯1756ページ）が，その後，態度を翻し，このような子は嫡出推定を受けることがなく，父母が婚姻届をした後に認知することによって，初めて準正による嫡出子になるにすぎないとしました（大判昭和 3 年12月 6 日新聞2957号 6 ページ）。この解釈によると，父が嫡出子出生の届出をすれば，その届出が認知届出の効力を有し準正の効果を生ずると考えられていましたから，それほど不都合はありませんでした（例えば，旧法中の庶子出生届（旧戸籍法83条前段）や現行戸籍法62条の届出が該当します。）しかし，父が子の出生前に死亡したり，子の出生届をしなかったりなどした場合には，父子関係を生じないことになり，はなはだ不都合な結果を生じました。このように判例の態度も動揺していましたが，昭和15年の大審院民事連合部判決は，婚姻に

－ 150 －

第 9　届書の審査方法

先行する内縁関係の継続中に懐胎があれば，婚姻届出後200日以内に生まれた子は，認知を待たず当然に生来の嫡出子となると判示しました（大判昭和15年1月23日民集19巻54ページ）。そして，この判例の趣旨に従い戸籍上の取扱いも，婚姻成立後の出生子である限り，父の認知を得るまでもなく，一律に嫡出子たる身分を有するものとしての出生届が受理されるようになりました（昭和15年4月8日民事甲432号通牒，昭和30年7月15日民事甲1487号回答）。この取扱いが現在まで引き継がれています。この結果，この種の子も嫡出子の身分を取得しますが，民法772条に定める嫡出子の推定を受けるものではないため，一般に推定を受けない嫡出子と呼ばれています。

このように，推定を受けない嫡出子は，生まれながらの嫡出子であることには違いがありませんから，父の認知を得るまでもなく推定を受ける嫡出子と同じく嫡出子の出生届をすることができます。したがって，父からはもとより，母からもその届出は認められます（昭和27年1月29日民事甲82号回答，昭和30年7月15日民事甲1487号回答）。ただし，母の夫によって懐胎された子でないときは，嫡出子ではありませんので，母から嫡出でない子の出生届がされた場合は，これを受理して差し支えないとされています（昭和26年6月27日民事甲1332号回答）。

なお，推定を受けない嫡出子について，その父子関係を覆すには，嫡出否認の訴えによるのでなく，親子関係不存在確認の訴えによってすることになります（大判昭和15年9月20日民集19巻1596ページ，昭和26年6月27日民事甲1332号回答）。

> 【問112】嫡出推定の規定が適用されない子の場合の戸籍実務の取扱いは，
> どのようになっていますか。

戸籍実務においては，妻が夫の子を懐胎し得ないことが，客観的に明白であることが裁判上明確にされている場合，例えば，①母又は母の夫が子の出生前後において7年間生死不明の理由で失踪宣告を受けている場合（昭和39年2月6日民事甲276号回答），②夫の生死が3年以上不明の理由で離婚の裁判が確定

－ 151 －

第9　届書の審査方法

した場合（民法770条1項3号，昭和2年10月11日民事7271号回答，昭和28年7月20日民事甲1238号回答），③夫の悪意の遺棄を原因とする離婚の裁判が確定した場合（民法770条1項2号，昭和38年7月1日民事甲1837号回答），④子の出生届出前に，子と表見上の父との間に親子関係不存在確認の裁判が確定した場合（昭和40年9月22日民事甲2834号回答），⑤子の出生届出前に，その子と事実上の父との間に認知の裁判が確定している場合（昭和41年3月14日民事甲655号回答），⑥子の出生届出前に，嫡出否認の裁判が確定している場合（昭和48年10月17日民二7884号回答）には，当該裁判の謄本を添付して，嫡出でない子又は後婚の嫡出子としての出生の届出がされたときは，当該届出は，これを受理する取扱いとなっています。

　以上の①から⑥までの先例の出生子は，嫡出推定の及ばない場合です。これらに該当する子を「推定の及ばない子」と呼ぶこともあります。

> 【問113】認知の届出の効力を有する出生届とは，どのような届出をいうのですか。

　父母の婚姻前に出生した子は，一般的には母の嫡出でない子ですから，その出生の届出は，母がしなければなりません（戸籍法52条2項）。しかし，その出生の届出をする前に，母が出生子の血縁上の父と婚姻し，その後，その父から嫡出子出生届をしたときは，その届出には認知の届出の効力が認められ，その子は準正嫡出子となります（戸籍法62条，民法789条2項）。

　この出生届は，一般の出生届と異なり，父の認知の届出の効力が与えられますので，次の要件を審査する必要があります。すなわち，①届出は父がしていること，②出生子には認知の要件が備わっていること（出生子は，嫡出でない子であることと，他男から胎児認知をされていないこと），が必要となります。したがって，この届出は，出生についての報告的届出と任意認知についての創設的届出の性質を併有するものです。この届出により出生子は，父母の婚姻後の戸籍に直接入籍することになります。戸籍の実務上この届出を「62条の出生届」といいます。

- 152 -

第9 届書の審査方法

【問114】嫡出子の父母との続柄は，どのように記載するのですか。

　嫡出子の父母との続柄は，長男（長女），二男（二女）と記載しますが，その数え方は，同一の夫婦ごとにその間の子のみについて数えることになりますから，父又は母の一方のみを同じくする子は，別に数えることになります。例えば，先妻との間に「長男」と「長女」が出生し，既に戸籍に入籍している場合において，その後に再婚し，再婚した妻との間に男の子と女の子が一人ずつ出生した場合は，やはりそれぞれ「長男」，「長女」となりますから，結果的には，一つの戸籍に長男が二人，長女が二人あることになります。父母との続柄は，戸籍を同じくするか異なるかによって数え方に影響することはありません。

　　(イ)　嫡出でない子の父母との続柄

【問115】嫡出でない子とは，どのような子のことをいうのですか。

　嫡出でない子とは，法律上の婚姻関係にない男女の間に生まれた子をいいます。

　嫡出でない子と母との親子関係は，原則として母の認知を要せず，分娩の事実によって当然に発生すると解されています（最判昭和37年4月27日民集16巻7号1247ページ）が，父との親子関係は，父に認知されなければ，父子関係は発生しません（注3）。

【問116】嫡出でない子の父母との続柄は，どのように記載するのですか。

　嫡出でない子の父母との続柄は，母との関係のみにより認定し，母が分娩した嫡出でない子の出生の順により，長男（長女），二男（二女）と記載します。

　従来は，嫡出でない子の父母との続柄は，単に「男」，「女」と記載していましたが，東京地方裁判所平成16年3月2日判決は，戸籍における父母との続柄欄において非嫡出子と嫡出子と区別する記載がプライバシー権等を侵害する違法な行為であるとして国等に区別記載の差止め及び損害賠償等を求めた事件に

- 153 -

第9　届書の審査方法

ついて，結論的には原告らの請求を退けたものの，判決文で，「嫡出子と非嫡出子の区別記載の必要性は認められるものの，国民のプライバシー保護の観点から，その記載方法は，プライバシーの侵害が必要最小限になるような方法を選択し，非嫡出子であることが強調されることがないようにすべきであるところ，現行の父母との続柄の記載は，戸籍制度の目的との関連で必要性の程度を超えており，プライバシー権を害しているものといわざるを得ない。」旨指摘しました。

　このようなことから，戸籍法施行規則の一部改正（平成16年法務省令第76号）を行い，嫡出でない子の戸籍における父母との続柄欄の記載は嫡出子の記載と同様とすることとしました。併せて，民事局長通達（平成16年11月1日民一3008号通達）が発出され，事務の取扱いの統一がされ，現行の記載方法は，子の父母との続柄は，父の認知の有無にかかわらず，上述のように，母との関係のみにより認定し，母が分娩した嫡出でない子の出生の順により，届書の「父母との続き柄」欄に「長男（長女）」，「二男（二女）」等と記載することとされています。例えば，母が離婚後に嫡出でない男の子を出生し，婚姻中に長男がある場合でも，その出生子は，長男となります。したがって，届書の審査に当たっては，出生証明書中の（14）欄「この母の出産した子の数」を確認するのも一つの方法です。

(ウ)　審査方法

> 【問117】嫡出子の審査方法は，どのようにしたらよいのでしょうか。

　嫡出子は，【問110】で説明したように，父母婚姻中に出生した子になりますから，審査方法は，①父母が婚姻しているか否か，②父母の婚姻成立の日から200日後であるか否かをまず確認します。確認の方法は，戸籍により確認することになります。この二つの要件を備えている場合は，推定を受ける嫡出子ですから，嫡出子出生届を受理して差し支えありませんが，②は例外が起きることがあります（下記参照）。

　また，婚姻後，200日以内の出生子の場合は，母に前婚があるか否かを確認

－ 154 －

しなければなりませんので，母の婚姻前の戸籍を調査し，①前婚がないとき，②前婚解消の日（離婚の日又は配偶者の死亡の日）から300日を経過しているときは，推定を受けない嫡出子であっても，嫡出子出生届として受理することができます（【問111】参照）。例外として，出生子が母の前婚の解消の日から300日以内で，かつ，後婚の成立の日から200日後の場合があります。このような例外が起きるのは，再婚禁止期間（待婚期間）（民法733条）（注４）内に誤って婚姻届が受理された場合に生じることになります。この場合は，「父母との続き柄」欄は，嫡出子にチェックし，長男（長女）と記載し（注５），届書の「その他」欄（以下「その他」欄という。）に「事件本人○○は，母が前婚解消後100日を経過しないうちに再婚し，前婚解消300日以内で，かつ，再婚200日後に出生したものであるため，前婚及び後婚双方の夫の子として推定を受けるので父未定の子である。」と記載してもらった上で，受理することになります（注６）。

【問118】 嫡出でない子の審査方法は，どのようにしたらよいのでしょうか。

　嫡出でない子については，【問115】で説明したとおり，法律上の婚姻関係にない男女の間に生まれた子をいいますから，一般的には，母が婚姻していないことが前提になりますので，母の戸籍により子の出生当時，母が婚姻していないことを確認することになります。母の戸籍を確認する場合において，注意しなければならない点をいくつか挙げることにします。

　①母の戸籍が分籍により編製されている新戸籍の場合です。この場合，分籍後，300日を超えているときは，受理して差し支えありませんが，300日を超えていないときは，従前戸籍を確認する必要があります。

　②母の戸籍が転籍により編製されている場合（母が戸籍の筆頭者である場合のみならず，在籍者の場合も含みます。）です。この場合も①と同様の確認を要することになります。つまり，転籍戸籍には，重要な身分事項を移記しますが，移記されない身分事項（例えば，離婚事項）もあるからです。

　③母の戸籍がコンピュータ戸籍に改製されている場合です。この場合も①，

第9　届書の審査方法

②同様，改製後，300日を超えているときは，受理して差し支えないことになります。

　④母の戸籍が帰化により編製されている新戸籍の場合です。この場合，帰化した日から300日を超えているときは問題がありませんが，300日以内の場合には，生来の日本人と違い従前戸籍がありませんから，それにより確認することができませんので，受理するに当たり疑義が生じたときは，受理前に管轄法務局に電話等で照会し，その指示を得て処理をした方がよいと考えます。

　⑤母が婚姻中の場合に嫡出でない子の出生の届出があった場合です。この場合は，【問112】で説明したとおり，確定した裁判の謄本を添付する必要があり，その判決等の主文及び理由を確認することになります。この場合は，届書「その他」欄にその裁判書の謄本を添付する旨を記載してもらうことになります。

【問119】　婚姻解消後300日以内に出生した子について，嫡出でない子としての出生届が母からされましたが，この届書には，医師の作成した「懐胎時期に関する証明書」が添付されています。この届出は，受理することができるのでしょうか。

　婚姻の解消又は取消し後300日以内に出生した子については，民法772条の規定により，前夫の推定を受ける嫡出子となるため，嫡出でない子としての出生の届出を受理することはできません。ところで，平成19年5月7日民一1007号法務省民事局長通達は，医師の作成した「懐胎時期に関する証明書」により，子の懐胎時期が婚姻の解消又は取消し後であるかどうかを審査し，審査によって婚姻の解消又は取消し後に懐胎したと認める場合には，民法772条の推定が及ばないものとして，婚姻の解消又は取消し時の夫を父としない出生の届出（嫡出でない子又は後婚の夫を父とする嫡出子としての出生の届出）を受理するものとしています（同通達記1（1）・（2））。したがって，問の届出は，添付された証明書により，婚姻の解消又は取消し後に懐胎したと認めることができるときは受理することができます。

－ 156 －

ウ　「生まれたとき」欄

　出生の届出は，14日以内（国外で出生があったときは，3か月以内）にこれをしなければならない（戸籍法49条1項）としており，戸籍の届出期間の起算日は，届出事件発生の日（戸籍法43条1項）としていますので，届出日が出生の日から起算して14日以内であるかを確認することになります。届出を怠った場合は，過料に処せられることになり（戸籍法135条），いわゆる失期通知を簡易裁判所にすることになります（戸籍法138条，戸籍法施行規則65条，戸籍事務取扱準則制定標準41条）。

　「生まれたとき」欄は，出生子の出生の年月日及び時分を記載することになりますが，この日時は，出生証明書にある「生まれたとき」の記載と，届出人の提出した届書の記載とを照合し，同一であるかを審査します。この場合，注意をするのは，時間の記載です。時分については，戸籍の記載事項ではありませんが，24時間制ではなく，「午前」又は「午後」の12時間制を用いますので，例えば，出生証明書に記載されている生まれたときの日時が「2017年10月10日20時10分」となっているときは，「平成29年10月10日午後8時10分」と記載します。また，出生証明書に記載されている日時が，例えば，平成29年10月20日午後12時30分となっているときは，真夜中の12時か昼の12時か明確ではありませんので，届出人に確認し，又は医師・助産師等証明書を作成した者に確認の上，20日を超えた真夜中であれば「21日午前零時（又は0時）30分」になり，20日の昼の12時であれば「20日午後零時（又は0時）30分」になります。いずれの日時か判明したときは，その旨を「付せん」処理することになります。さらに，外国で出生した子の場合は，その出生地の標準時で記載することになります（昭和30年6月3日民事甲1117号回答）。

　なお，届書に記載の日付が西暦で記載されていたとしても不受理の対象とはならず，また，書き直すこともありませんが，戸籍には，元号で記載することになります（昭和54年6月9日民二3313号通達）。

　【問120】 出生子は，届出日において既に学齢に達していますが，この場

第9 届書の審査方法

> 合はどのように処理をしたらよいのでしょうか。

　出生の届出期間を長年月徒過し，子が相当の年齢に達した後に出生届がされた場合，届出の重複や，日本国籍を有しない者について日本人と偽って出生届がされているおそれがあります。そのため，出生子が学齢に達した後に出生の届出がされたものについては，その受否について管轄法務局の長の指示を求めることとされています（昭和34年8月27日民事甲1545通達）から，管轄法務局の長に受理照会をして処理をすることになります。

　このように，管轄法務局の長に受否の指示を求めるべき出生届については，先例（注7）で示されていますので，それに該当する届出があった場合には，届出人に対し，説明をする必要があります。

　　エ 「生まれたところ」欄

　生まれたところ（出生の場所）の審査は，出生証明書の「生まれたところ」欄の記載と同一であるかを確認します。出生場所の戸籍の記載は，最小行政区画までですが，町名地番まで明確に記載されているかを確認します。

　国外で出生した場合は，国外の出生の場所を記載することになりますが，国外で出生した場合，証明書（出生登録証明書等）に記載されている出生場所については，日本での住所と同様の記載がされていないときがあります。例えば，病院の名のみが記載されており，その住所の記載がないときもありますが，その場合は，届出人（出生の場所を一番よく知っている者）に，別途，申述書等を提出してもらった上，処理することが望ましいと思います。国外で出生した子は，出生により日本国籍と同時に外国国籍を取得しているときがあり，国籍留保の届出を必要とするときがありますので，慎重に審査する必要があります。

　なお，戸籍には，最小行政区画までを記載することになりますが，国外で出生した場合は，最小行政区画が明確でない場合がありますので，届出人に対して最小行政区画がどこまでかを確認する必要があります。

- 158 -

第9 届書の審査方法

オ 「住所」欄

「住所」欄は，当該出生子について，その住所地の市区町村が，その属する世帯の住民票に職権記載をするために必要とするものです。通常は，父又は母が届出人ですから，届出人と住所が同一になります。「世帯主の氏名」及び「世帯主との続き柄」欄については，「住民基本台帳事務処理要領」（昭和42年10月4日民事甲2671号，自治振150号法務省民事局長，自治省行政局長通達）において定められていますので，出生届書の記載もこの取扱いに従うことになります。世帯主の嫡出子，世帯主である父に認知されている嫡出でない子等を統一して「子」と記載することとしています（平成6年12月5日自治振232号通知）。

(3) 「生まれた子の父と母」欄の審査

ア 嫡出子の場合の「父母の氏名」欄

(ア) 父母婚姻中の出生子

父母婚姻中に出生した子の場合は，父欄には父の氏名を，母欄には母の氏名を記載します。

(イ) 父母離婚後300日以内の出生子

届出当時の父母の氏名を記載することになりますので，父母が離婚している場合は，例えば，父欄には「甲野義太郎」，母欄には「乙野梅子」と記載することになります。

(ウ) 出生後に父母が養子縁組している場合の出生子

> **【問121】** 子の出生後，届出前に父母が養子縁組をしていますが，この場合，父母の氏名の記載は，どのようにしたらよいのでしょうか。

父母の氏名は，届出当時の氏名を記載することとしていますから，父母が養子縁組により養父母の氏を称している場合は，現在の氏である養子縁組により称した氏を記載することになります。しかし，子の入籍すべき戸籍は，出生当時の父母の戸籍になりますので，注意を要します。入籍戸籍については，後述する「本籍及び筆頭者氏名」欄の審査の項を参照してください。

- 159 -

第9 届書の審査方法

イ　嫡出でない子の場合の「父母の氏名」欄

　嫡出でない子の場合は，母の氏名のみを記載することになります。なお，出生子が胎児認知されている子であるときは，父及び母の氏名をそれぞれ記載し，「その他」欄に，例えば，「出生子は，年月日東京都千代田区平河町一丁目4番地甲野義太郎（父欄に記載した父の氏名）に胎児認知されている。」と記載します。

【問122】嫡出でない子の届出がありましたが，父欄に父の氏名を記載し，「その他」欄に，「父の本国法は，父子関係について事実主義を採用している」旨の記載がしてありますが，このような届出を受理することはできるのでしょうか。

　法律上の父子関係を成立させる法制には，認知主義と事実主義（注3参照）の二つの法制があります。我が国は，認知主義を採用していますから，法律上の父子関係を成立させるためには認知が必要となりますが，外国人を父とする場合において，その外国の法制が父子関係の成立に事実主義を採用しているときは，出生により法律上の父子関係が成立していることになりますので，届書に父の氏名を記載した届出を受理することができます。

　このような取扱いがされるようになったのは，平成元年の法例の一部を改正する法律（平成元年法律27号）の施行日（平成2年1月1日）からです（法例18条1項）（注8）。具体的な取扱いは，平成元年10月2日付け法務省民二3900号通達により示されています。同通達第3の2（2）は「外国人父の本国法が事実主義を採用している場合における日本人母からの嫡出でない子の出生の届出については，次のとおり取り扱う。」とし，アで「届書の父欄に氏名の記載があり，「その他」欄に父の本国法が事実主義を採用している旨の記載があり，かつ，父の国籍証明書，父の本国法上事実主義が採用されている旨の証明書及びその者が事件本人の父であることを認めていることの証明書（父の申述書，父の署名ある出生証明書等）の提出があるときは，事件本人の戸籍に父の氏名を記載する。」としています。

– 160 –

第9　届書の審査方法

　なお，法例は，法の適用に関する通則法（平成18年6月21日法律第78号）の施行（平成19年1月1日施行）により，廃止されています。

ウ　父母の年齢の記載

　父母の年齢の記載で注意をするのは，届出当時の年齢を記載するのではなく，子の出生当時の年齢を記載することです。例えば，母の生年月日が，「昭和63年10月10日」であるときに，子の出生年月日が「平成28年10月8日」であり，届出日が「平成28年10月15日」であるときは，届出日には満28歳になっていますが，子を出産した時の年齢を記載しますので，満27歳と記載することになります。これは，「父母の氏名・生年月日」欄に括弧書きで「子が生まれたときの年齢」としてありますから，間違うことはないと思いますが，人口動態統計との関連もありますので，注意を要します。

エ　「本籍及び筆頭者の氏名」欄

(ア)　父母婚姻中に出生した嫡出子の場合

　父母婚姻中に出生した嫡出子の場合は，父母の養子縁組による身分変動がないときは届出当時の戸籍の所在場所である本籍を記載することになります。例えば，子の出生届未済の間に父母がA市から，B市に転籍した後に出生の届出があった場合は，B市の本籍及びその戸籍の筆頭者の氏名を記載します。子は，出生当時の父母の戸籍に入籍するのが原則ですが，転籍前と転籍後の戸籍は，本籍地の変動があったのみであり，戸籍の同一性には変わりがありませんので，子を転籍後の戸籍に入籍させれば足りるからです。

> **【問123】** 出生当時，父母の本籍はA市にありましたが，出生の届出前に養子縁組をし，養親の氏を称して，B市に新本籍を定めています。この場合は，本籍及び筆頭者の氏名の記載はどうなるのですか。

　【問110】で説明したように，父母婚姻中に出生した嫡出子は，出生当時の父母の氏を称して，父母の戸籍に入籍することになりますので，①父母の縁組前の戸籍があれば（出生子の兄又は姉があり，父母の縁組前の戸籍に在籍しているとき），その本籍及び筆頭者の氏名を記載することになり，②父母の縁組前

－ 161 －

第9　届書の審査方法

の戸籍が全員除籍により消除されているときは，「本籍」欄には，父母の縁組前の戸籍の表示を記載し，「その他」欄に「父母の現在戸籍の表示「東京都中央区築地四丁目5番地丙山義太郎」，父母の戸籍（上記（6）欄）が除かれているため，同戸籍を回復した上，その戸籍の末尾に子を入籍させる。」と記載することになります。この場合，父母の養子縁組による新戸籍が同一本籍地市区町村にある場合も同様です。

　　　(イ)　父母離婚後300日以内に出生した嫡出子の場合

　民法790条1項ただし書は，「子の出生前に父母が離婚したときは，離婚の際における父母の氏を称する。」としていますから，離婚当時の父母の戸籍に入籍することになりますので，その戸籍の表示を本籍及び筆頭者の氏名として記載することになります。

> 【問124】　子の出生の届出がありましたが，父母離婚当時の戸籍（筆頭者は父）は，管外転籍しています。この場合は，どのように処理をしたらよいのでしょうか。

　子の入籍すべき戸籍は，父母離婚当時の戸籍になりますが，その戸籍が管外転籍し，除籍となっているときは，その除籍の末尾にいったん入籍させた上，転籍後の戸籍に入籍させることになります（昭和38年10月29日民事甲3058号通達）。これは，父母とのつながりをつけるためです（離婚により復氏し除籍された母とのつながりをつけないで，転籍後の父の戸籍に直接入籍させることになると，実母の死亡等により相続が発生したときに，相続人の探索等ができなくなるためです。）。この場合は，「本籍」欄には，父母離婚当時の戸籍の表示を記載し，「その他」欄に「父の転籍後の戸籍の表示「東京都世田谷区世田谷一丁目4番地甲野義太郎」，父母の離婚当時の戸籍（上記（6）欄）は転籍により除かれているため，出生子を同戸籍にいったん入籍させると同時に除籍の上，父の現在の戸籍に入籍させる。」と記載します。

> 【問125】　子の出生届がありましたが，父母離婚当時の戸籍は，子の出生

－ 162 －

第9　届書の審査方法

　前に筆頭者である父が養子縁組により除籍され，既にその戸籍が除籍
となっています。この場合は，どのように処理をしたらよいのでしょ
うか。

　この場合も，【問124】とほぼ同様の処理になりますが，相違点は，子につい
て新戸籍を編製することです。この場合は，「本籍」欄には，父母離婚当時の
戸籍の表示を記載し，「その他」欄に「父の縁組後の戸籍の表示「東京都中央
区築地四丁目5番地丙山二郎」，父母の離婚当時の戸籍（上記（6）欄）は除
かれているため，出生子を同戸籍にいったん入籍させると同時に除籍の上，同
所同番地に新戸籍を編製する。」と記載します。このような処理をするのは，
相続が開始した場合の相続人の探索等の便宜のためです。また，同所同番地に
新戸籍を編製するのは，戸籍法30条3項は，「届出人でない者について新戸籍
を編製すべきときは，その者の従前の本籍と同一の場所を新本籍と定めたもの
とみなす。」としているからです。

　なお，父母離婚当時の戸籍が，子の出生後，子の出生届前に筆頭者である父
の養子縁組により除籍され，その戸籍が除籍となっているときは，これを回復
し，回復後の戸籍に子を入籍させることになります（昭和36年6月6日民事甲
1324号指示17問決議前段参照）ので，「本籍」欄には，父母離婚当時の戸籍の表
示を記載し，「その他」欄に「父の縁組後の戸籍の表示「東京都中央区築地四
丁目5番地丙山二郎」，父母の離婚当時の戸籍（上記（6）欄）は除籍となっ
ているため，同戸籍を回復の上，出生子を回復後の戸籍に入籍させる。」と記
載します。

　このように，子が入籍すべき戸籍が除籍となっている場合は，除籍となった
日が，子の出生日の前後によって異なりますので，審査に当たっては注意を要
します。

　　　(ウ)　嫡出でない子の場合

　嫡出でない子は，母の氏を称して母の戸籍に入籍します（民法790条2項，戸
籍法18条2項）ので，原則として届出当時の母の戸籍に入籍しますから，「本

- 163 -

第9　届書の審査方法

籍」欄には，母の戸籍の表示を記載する（子の出生後，筆頭者である母の戸籍が転籍している場合は，転籍後の戸籍は，本籍地の変動があったのみで，戸籍の同一性には変わりがありませんので，その転籍戸籍に直接入籍させますので，その戸籍の表示を記載します。原則として，子の出生当時の母の民法上の氏と届出当時の母の民法上の氏が同一であるときは，現在の母の戸籍に入籍させます。）ことになります。しかし，母が，出生子の祖父母の戸籍に在籍しているときは，母について新戸籍を編製し，その新戸籍に子を入籍させることになります。

┌───┐
【問126】子の出生後，その届出をしない間に母が分籍していますが，この場合，分籍後の戸籍に入籍させて差し支えないのでしょうか。
└───┘

　戸籍の筆頭者及びその配偶者以外の者が嫡出でない子を出生し，出生届をしないうちに分籍により新戸籍を編製した後，嫡出でない子の出生届がされた場合は，分籍により編製された新戸籍に子を入籍させることになります。これは，母の氏に変動はないからです。この場合，「本籍」欄には，分籍後の母の戸籍の表示を記載することになります。

┌───┐
【問127】戸籍の筆頭者及びその配偶者以外の者が嫡出でない子を出生し，出生届がされましたが，この場合は，どのように処理をしたらよいのでしょうか。
└───┘

　戸籍法は，戸籍の筆頭者及びその配偶者以外の者がこれと同一の氏を称する子又は養子を有するに至ったときは，その者について新戸籍を編製する（戸籍法17条）としています。この場合，「本籍」欄には，母の父母（子の祖父母）の戸籍の表示を記載し，母が届出人であるときは，「その他」欄に「母につき新戸籍を編製する。新本籍「東京都千代田区平河町一丁目4番地」」と記載し，その新戸籍に子を入籍させることになります。また，母以外の者が届出人であるとき（例えば，子の祖父母が，母の親権代行者として届出をする場合です。）は，「その他」欄に「母につき従前本籍と同一の場所に新戸籍を編製す

－ 164 －

る。」と記載します。これは，前述したように，届出人でない者について新戸籍を編製する場合だからです。

> **【問128】** 父母婚姻中に出生した子について，出生届未済の間に，嫡出否認の裁判が確定したとして，裁判書謄本を添付した出生の届出がありましたが，この場合は，どのように処理をしたらよいのでしょうか。

父母婚姻中に出生した子は，推定を受ける嫡出子ということになりますが，出生届をしない間に，嫡出否認の裁判が確定すると，その子は嫡出でない子となります（父性の推定が否定されるからです。父母離婚後300日以内に出生した届出未済の子について，父子関係不存在確認の裁判が確定した場合も同様です。）ので，嫡出でない子の出生の届出をすることになります。この場合，「本籍」欄には，母の婚姻中の戸籍の表示を記載し，「その他」欄に「平成年月日甲野義太郎との嫡出否認の裁判確定，裁判書謄本添付」と記載します。

なお，子の出生後，出生届をしない間に父母が離婚し，嫡出否認の裁判があった場合も同様の処理になります。これは，子の称する氏は出生当時の母の氏（民法790条1項）だからです。また，この場合，母の現在戸籍に子を直接入籍させたいときは，家庭裁判所において母の氏を称する入籍許可の審判を必要とします。

オ 「同居を始めたとき」欄

この欄には，括弧書きで「結婚式をあげたとき，または，同居を始めたときのうち早いほうを書いてください」とあるように，父母が事実上の婚姻生活を始めたときを記載しますが，届出人が記載していれば，そのまま受理して差し支えないでしょう。

カ 「子が生まれたときの世帯のおもな仕事と父母の職業」欄

この欄は，戸籍の記載に直接関係するものではありませんが，人口動態調査票を作成する上で，必要となるものです。上段の「子が生まれたときの世帯のおもな仕事」欄については，出生の届出当時の父母の世帯の仕事について記載しますが，世帯の中に別な仕事をしている人がいる場合は，届出人が最も主要

-165-

第9 届書の審査方法

と考える人の仕事について，1～6に当てはまるものについて該当する□に
チェックをします。また，下段の「父母の職業」欄については，国勢調査年に
該当する年の4月1日から翌年3月31日までに生まれた子について届け出る場
合だけ記載することになりますが，その方法は，職業一覧表を届出の際に渡
し，その表中から該当する職業か，又はその番号を記載することになります。

(4) 「その他」欄の審査

「その他」欄には，戸籍の記載などに必要な事項で該当する欄のないものを
記載することになります。

この欄については，届出人が自ら記載するのは難しいと思われますので，届
出があった場合に，必要なときは，戸籍の窓口担当者が，届出人等を指導しな
がら記載方法を教授することになるでしょう。

この欄に記載すべき事項については，既にいくつか説明しましたが，以下
に，主な事項について掲げることにします。

① 父又は母について新戸籍を編製すべきときに，その旨及び新本籍（戸籍
法30条1項）

② 後順位の届出義務者，又は届出資格者が届出をするときに，先順位の者
が届出をすることができない事由

③ 届出期間経過後の届出のときに，その遅延事由

④ 嫡出推定の重複する子について，父が未定である旨

⑤ 届出をすべき者が未成年者であるため親権者が代わって届出をするとき
は，その旨

⑥ 当該出生届の事件本人以外の子について，父母との続柄を更正するとき
は，その旨

⑦ 出生証明書を添付できないときは，その旨

⑧ 日本国籍を留保する場合には，その旨（戸籍法104条）

⑨ 学齢に達した子の出生届については，子の住所を定めた年月日（昭和37
年7月7日民事甲1873号通達）

⑩ 胎児認知されているときは，その旨

- 166 -

第9 届書の審査方法

⑸ 「届出人」欄の審査

出生届の届出人については，嫡出子又は嫡出でない子のいずれについても，届出義務者が法定されており（戸籍法52条1項，2項，3項），また，届出義務者が届出をすることができないときには届出をすることができる届出資格者についても法定されています（同条4項）。したがって，「届出人」欄の審査に当たっては，出生子が嫡出子であるか，嫡出でない子であるかによって，届出義務を有する者が届出人となっているかを審査することになります。

ア 「届出人」欄

㋐ 嫡出子の出生届の場合

嫡出子の出生届は，届出義務者が法定されています。戸籍法52条1項は，「嫡出子出生の届出は，父又は母がこれをし，子の出生前に父母が離婚をした場合には，母がこれをしなければならない。」としています。したがって，嫡出子出生の届出は，一般的には，父又は母ということになります。

> 【問129】戸籍法52条4項に「第1項の規定によつて届出をすべき者が届出をすることができない場合には，その者以外の法定代理人も，届出をすることができる。」とありますが，その者以外の法定代理人とは，具体的にはどのような者のことをいうのですか。

この4項の規定は，昭和59年の法律改正（昭和59年法律第45号「国籍法及び戸籍法の一部を改正する法律」）によって新設されたものです。この規定の法定代理人は，届出資格者と呼ばれる者です。改正前の戸籍法では，出生届の届出義務者が法定されており，それらの者以外からの出生の届出があっても，それに基づく戸籍の記載はできず，就籍の裁判か職権記載の手続によらなければならないこととされていました。

また，同時に改正された国籍法は，国籍留保の適用範囲が拡大され，国外で出生した重国籍者すべてに適用されることになりましたが，国籍留保届は出生と同時にしなければならないことから，留保届ができない場合が生ずること等が考慮され，届出義務者以外の者に届出資格を認め，出生届をすることができ

- 167 -

第9 届書の審査方法

る者の範囲が拡大され，父母以外の法定代理人も出生の届出をできることに
なったものです。ただし，法定代理人は，第一順位の届出義務者である父又は
母が出生の届出をすることができない場合に限って届出をすることができるも
のです。この場合において，同居者以外の届出義務者があるときでも，法定代
理人は届出をすることができます。また，この規定は，国内出生についても適
用があることはいうまでもありません（戸籍490号46ページ）。

　次に，「父又は母が届出をすることができない場合」とは，父又は母が死亡
した場合，行方不明の場合，長期不在，病気中の場合が考えられますが，父又
は母が届出を怠っている場合も含まれるものと解されています（大正8年6月
4日民事1276号回答参照）。

　なお，法定代理人が届出をする場合は，「その他」欄に第一順位の届出義務
者である父又は母が届出をすることができない事由を記載することになります
（大正4年2月19日民220号回答）。

　次に，法定代理人としては，親権者と未成年後見人になりますが，誰が親権
者となるかは法の適用に関する通則法（以下「通則法」という。）32条により
子の本国法又は常居所地法になり，誰が未成年後見人であるかは通則法35条1
項により被後見人の本国法になります。法定代理人からの出生の届出は，実際
には未成年後見人からの届出が多いものと思われます。例えば，子の出生後，
届出前に親権者である父母が死亡し，未成年後見人が選任され，その者から出
生届がされる場合です。

　なお，法定代理人が届出をする場合は，出生届書に届出人が法定代理人であ
ることを証する書面，例えば，未成年後見人選任の審判書の謄本等を添付する
ことになります。

(イ)　嫡出でない子の出生届の場合

　嫡出でない子の出生届は，届出義務者が法定されています。戸籍法52条2項
は，「嫡出でない子の出生の届出は，母がこれをしなければならない。」として
います。したがって，母が第一順位の届出人となります。母が届出をすること
ができないとき，例えば，母が死亡したり，行方不明の場合には，未成年後見

－ 168 －

第9　届書の審査方法

人を選任し，その者がすることになります。また，出生子の母が，未成年者であるときは，母の親権代行者（民法833条）である，母の父又は母（子の祖父又は祖母）が届出をすることになります（戸籍法31条1項本文）が，母も届出をすることができます（同項ただし書）。

【問130】 父が同居者として届出し，同時に認知届出がされましたが，この場合は，両届出とも受理することができるのでしょうか。また，戸籍の取扱いは，どのようになるのでしょうか。

　嫡出でない子の出生の届出は，母が届出をすることになりますが，母が届出をすることができないときは，同居者も届出をすることができます（戸籍法52条3項）。なお，血縁上の父が同居者であるときでも父の資格では届出をすることはできません。また，同居者として届出をした者が，同時に認知の届出をする場合は，認知届書に出生届の届出人の資格を「父」と更正されたい旨の申出があるときは，便宜，更正手続を省略して，戸籍の出生事項中届出人の資格を直接「父届出」と記載して差し支えないとされています（昭和50年2月13日民二747号回答）。

　したがって，このような場合は，出生届及び認知届とも受理することができます。

　なお，嫡出でない子の出生届を事実上の父が「同居者」として届け出た後に当該出生子を父が認知した場合において，出生事項中の届出人の資格を「父」と更正されたい旨の申出があったときは，準正嫡出子の場合と同様に，これに応じて差し支えないとされています（昭和49年10月1日民二5427号通達）。

　　　イ　「住所」欄

届出人の住民登録をしている住所を記載することになります。

　　　ウ　「本籍」欄

届出人の本籍を記載することになります。

　　　エ　「署名」欄

署名は，届出人自らすることになります。届書は，印を押すようになってい

－ 169 －

第9 届書の審査方法

ますが，印を有しないときは，署名だけで足ります（戸籍法施行規則62条１項）。この場合は，付せんにより「印を有しないため，署名のみにて受理した。」旨記載しておきます。また，届出人の生年月日を記載することになりますが，元号ではなく，西暦により記載した場合は，補正等をすることなく，そのまま処理することになります。

(6) 添付書類の審査

ア 出生証明書

出生届には，出産に立ち会った医師，助産師，その他の者が作成した出生証明書を添付しなければならない（戸籍法49条３項本文）としています。

出生届書の記載と添付の出生証明書の記載は，原則として常に一致していなければなりません。特に男女の別，出生子の氏名，母の氏名，出生年月日時分及び出生の場所の記載は一致していなければなりません。なお，やむを得ない事由があって出生証明書を添付することができないときは，その受理について，管轄法務局の長に指示を求めなければならないとされています（昭和23年12月１日民事甲1998号回答）。

イ その他の書類等

(ア) 裁判書の謄本等

「その他」欄に「出生の届出前に何某との嫡出否認の裁判が確定した（又は親子関係不存在確認の裁判が確定した）ので，裁判書を添付する。」との記載があるときは，その裁判書の謄本が添付されているかを確認します。また，嫡出でない子の出生届出について，「その他」欄に「母の氏を称する入籍許可の審判書を添付する。」と記載があるときも同様です。

(イ) 申述書

国籍を留保する届出が同時にあった場合において，既にその届出期間が経過した届出の場合は，届出人の責めに帰することのできない事由を明らかにした書面（申述書等）が添付されているかを確認します。この場合は，その受理について，管轄法務局の長に指示を求める必要があります。

（注１）同通達は，記２で「長音記号「ー」は直前の音を延引する場合に限り，ま

－ 170 －

た，同音の繰り返しに用いる「ゝ」及び「ゞ」並びに同音の繰り返しに用いる「々」は直前の文字の繰り返しに用いる場合に限り，いずれも用いることができる。」とし，記3で「規則第60条第1号及び第2号に掲げる字体以外の字体によって子の名を記載した出生の届書は，受理しない。ただし，出生の届書に記載された漢字の形が同条第1号及び第2号に掲げる字体と異なる場合であっても，その差が活字のデザイン上の差又は筆写における書き方の習慣上の差であるとき（例えば，「令」と「令」との関係）は，当該届書を受理する（常用漢字表「字体についての解説」参照）」とし，記4で「3のただし書により出生の届書を受理したときは，戸籍への漢字の記載は，規則第60条第1号及び第2号に掲げる字体で行うものとする。」としています。

（注2）平成16年10月14日付け民一2842号通達により平成6年11月16日付け民二7007号通達で示された「誤字俗字・正字一覧表」は廃止されましたが，同表では，「己」と「巳」は別字であるが，誤記される例が多いので，申出があるときは訂正を認めるとしていました。

（注3）父との親子関係については，認知主義と事実主義のそれぞれの法制があります。認知主義とは，嫡出でない子と血縁上の父との親子関係について，父が自己の子であることを承認する意思を表明して親子関係を成立させる法制をいいます。事実主義とは，親子関係は，自己の子であることを承認する意思を表明するまでもなく，血縁関係が客観的に存在すれば，法律上も親子関係を認める法制をいいます。我が国は，認知主義の法制を採っていますが，母子関係については分娩の事実によって当然に発生するから，認知は要しないとしています（最判昭和37年4月27日民集16巻7号1247ページ）。

（注4）女が再婚する場合には，前婚の解消又は取消しの日から起算して100日を経過した後でなければならない（民法733条1項）としています。これを再婚禁止期間あるいは待婚期間といいます。この再婚禁止期間を定めているのは，再婚後に生まれてくる子が前夫の子か，後夫の子かの父性推定の混乱を避けるためで，一定の期間を空けなければ女は再婚をすることはできないとしています。したがって，その混乱が生じない場合，すなわち，女が前婚の解消又は取消しの時に懐胎していなかった場合又は前婚の解消又は取消しの後に出産した場合は，再婚禁止期間の規定は適用されないことになります（民法733条2項）。

（注5）父未定の子についても，戸籍法施行規則の一部改正（平成16年法務省令76号）及び民事局長通達（平成16年11月1日民一3008号通達）の趣旨から「長男（長女）」と記載します。父未定の子は，母の後婚の戸籍に入籍させること

－ 171 －

第9　届書の審査方法

になります（注6参照）ので，プライバシー保護の観点からもこのような取扱いが好ましいと考えます。

（注6）父未定の出生届は，届書の父欄は空欄とし，「その他」欄に「父未定」である事由を記載して母が届出をしなければなりません（戸籍法54条）。父未定の子は，父を定める裁判により，その氏も確定されますが，それまでの間は一応出生当時の母の氏を称し，母の戸籍に入籍し，父欄は空欄とされます。その後に父を定める裁判が確定し父が定まった場合は，改めて出生の届出をするのではなく，その裁判に基づく戸籍法116条の訂正申請により，戸籍記載の相違する部分について訂正をすることになります（大正3年12月28日民1962号回答）。

（注7）管轄法務局の長に受否の指示を求めるべき出生届については，【問120】のほか，①出生証明書の添付のない出生の届出（昭和23年12月1日民事甲1998号回答）。なお，親子関係不存在確認の裁判により戸籍から消除された子について，新たに出生の届出をする場合において，出生後相当期間を経過しているため出生証明書が得られないときは，その裁判書の謄本により，出生の年月日，親子関係などが明らかであれば，市町村長は，管轄法務局の長の指示を求める必要はないとされています（昭和42年8月4日民事甲2152号回答），②50歳以上の者を母とする子につき，出生施設が医療法上の病院であることを確認できない場合の出生の届出（昭和36年9月5日民事甲2008号通達・平成26年7月3日民一737号通達），③無国籍者を父母とする嫡出子等の出生の届出（昭和57年7月6日民二4265号通達）です。

（注8）法例18条1項「嫡出ニ非ザル子ノ親子関係ノ成立ハ父トノ間ノ親子関係ニ付テハ子ノ出生ノ当時ノ父ノ本国法ニ依リ母トノ間ノ親子関係ニ付テハ其当時ノ母ノ本国法ニ依ル子ノ認知ニ因ル親子関係ノ成立ニ付テハ認知ノ当時ノ子ノ本国法ガ其子又ハ第三者ノ承諾又ハ同意アルコトヲ認知ノ要件トスルトキハ其要件ヲモ備フルコトヲ要ス」

2　認知届

民法779条は，「嫡出でない子は，その父又は母がこれを認知することができる。」と規定していますから，母も認知をすることができることになりますが，母子関係については，原則として母の認知をまたず，分娩の事実により当然発生するとしています（最判昭和37年4月27日民集16巻7号1247ページ）から，

－ 172 －

第9 届書の審査方法

認知は，原則として，父のみがすることができるということになります。

認知とは，父とその嫡出でない子（法律上の婚姻関係にない父母間に生まれた子）との間に法律上の親子関係を形成する行為ですから，父と認知される子との間には，自然血縁的事実がなければ認知に効力はないことになります。これを逆説的にいうと，たとえ生物学上の父子関係があっても，それが認知という手続で確定することを必要とし，認知がない限り，法律上の親子関係があるとはされないことになります。

認知には，二つの立法主義があります。その1は，父の意思表示によって非嫡出父子関係を発生させ，父がその意思表示をしないときは，父に意思表示を命じ得るとする意思主義（主観主義）です。その2は，認知は真実の父子関係を確定するための手続であって，父の意思を全く問題にしないとする事実主義（客観主義・血縁主義）です。民法は，父が自発的に認知する任意認知と，任意認知がされない場合に子の側からする強制認知を認め，意思主義と事実主義を混在させています。

(1) **認知の種類**

ア **任意認知**

【問131】 任意認知とは，どのようなことをいうのでしょうか。また，認知には，どのような要件を必要とするのでしょうか。

任意認知とは，父がその意思に基づき自発的に嫡出でない子を認知することをいい，その届出は，創設的届出（民法781条1項，戸籍法60条）になります。父が制限能力者（成年被後見人・未成年者）であっても，認知の意味内容を判断する意思能力さえあれば，法定代理人の同意を得ないで認知をすることができます（民法780条，戸籍法32条）が，制限能力者に代わってその法定代理人が認知をすることはできません（昭和9年2月12日民事甲175号回答）。したがって，認知は，代理に親しまない行為ということになります（一般的に身分行為は代理に親しまない行為です。）。また，認知は，認知する者の単独行為であって，認知される者の承諾を必要としませんが，成年の子を認知するには，その

- 173 -

者の承諾を得なければならない（民法782条）ことになります。成年の子の認知の場合に，その者の承諾を要するのは，子が監護養育を必要とするときに放置しておいた親が，その子の成人後に一方的に認知し，子に扶養を求めるなどという利己的な目的を封じようとするものです。したがって，父から認知を受けていない成年の子が数人ある場合に，認知の承諾をした者は認知によって父の法律上の子となり，承諾をしなかった者には父との法律上の親子関係は生じないことになります。なお，後述する胎児認知の場合は，母の承諾を必要とします。

また，認知される子及び認知する父には，次のような要件が具備されていることを要します。

① 認知される子は，嫡出でない子であること（民法779条）

② 既に他の男に認知されていないこと

③ 事実上（血縁上）の父子関係が存在すること

④ 父が認知の意思を有すること

⑤ 成年に達している子を認知する場合は，その者の承諾があること（民法782条）

⑥ 死亡した子を認知する場合は，その子に直系卑属があること，さらに，その直系卑属が成年に達しているときは，その者の承諾があること（民法783条2項）

⑥ 父と嫡出でない子の間の身分関係は原則として問わないこと（注1）

イ 胎児認知

【問132】胎児認知とは，どのようなことをいうのでしょうか。また，どのような意義及び実益があるのでしょうか。

民法783条1項は，「父は，胎内に在る子でも，認知することができる。この場合においては，母の承諾を得なければならない。」と規定しています。これを胎児認知といいます。

胎児認知は，生まれてくる嫡出でない子に生来的に法律上の父子関係を与え

－ 174 －

るところにその実質的意義があります。特に，外国人女に懐胎させた日本人男が，出生する子に生来的に日本国籍を取得させる場合に，胎児認知の実益があります（国籍法2条1号）。このようなことから，近時，渉外的胎児認知の届出が多いものと思われます。なお，胎児認知は，胎児が出生した時に，その効力が生じます。

　また，認知される胎児及び認知する父には，次のような要件が具備されていることを要します。

　①　母の承諾があること（民法783条1項）

　②　事実上（血縁上）の父子関係が存在すること

　③　父が認知の意思を有すること

　④　任意認知又は遺言によること

　⑤　既に他の男に胎児認知されていないこと

　⑥　子の出生前に認知すること

　⑦　胎児が嫡出でない子として出生すること（民法779条）

　　ウ　遺言認知

> **【問133】** 遺言認知とは，どのようなことをいうのでしょうか。

　民法781条2項は，「認知は，遺言によっても，することができる。」と規定しています。すなわち，嫡出でない子を血縁上の父が遺言の方式によって認知することを遺言認知といいます。この遺言認知も任意認知の一方式です。

　遺言認知は，何らかの事情によって父が生存中に認知することができないときにされるものです。例えば，他女と婚姻中の父が不倫の女性に子を産ませ，その子に，父の死後に相続権を与える等のためにすることがあります。この認知は，遺言に関する要件及び方式（民法960条以下参照）に従ってされることを要するほか，認知に関する要件（民法779条ほか）を備えていなければなりません。また，遺言の効力は，遺言者である父の死亡の時から生ずる（民法985条1項）ことになります。

　遺言の効力が生じたときは，遺言執行者は，就職の日から10日以内に，認知

－ 175 －

第9　届書の審査方法

に関する遺言書（自筆遺言等の場合は，家庭裁判所の検認を要します。）の謄本を添付して，任意認知又は胎児認知の届出に関する規定に従い，届出をしなければなりません（戸籍法64条）が，この届出は，父が生前にする認知が創設的届出であるのと異なり，報告的届出になります。

エ　強制認知（裁判認知）

【問134】強制認知とは，どのようなことをいうのでしょうか。

　民法787条本文は，「子，その直系卑属又はこれらの者の法定代理人は，認知の訴えを提起することができる。」と規定しています。すなわち，父が認知をしないときは，訴えによってその意思に反しても，認知を請求することができることになります。この訴えが認知の訴えです。そして，この訴えでされる認知が強制認知であり，認知を求める権利を認知請求権といいます。

　この訴えの原告となり得る者は，条文にあるとおり，子，その直系卑属又はこれらの者の法定代理人ということになります。子は行為能力がなくても意思能力さえあれば，法定代理人の同意を得ることなく独立して訴えを提起することができます（人事訴訟法13条1項）。なお，胎児及びその母は，強制認知を求める適格を有しないとされています（大判明治32年1月12日民録5輯1巻7ページ，昭和25年1月7日民事甲22号回答）。

　父の生存中の認知の訴えの提訴期間については，特別の制限はありません。したがって，子の出生後何年経過しても，子らは認知の訴えを提起することができます（注2）。

　被告となるべき父が死亡した後は，検察官を相手方とすることになります（人事訴訟法42条1項）が，この訴えについては，出訴期間について，制限があります。すなわち，父が死亡した日から3年を経過したときは，もはや訴えを提起することができないとされています（民法787条ただし書）。このように，出訴期間の制限をしているのは，父の死亡後も長期にわたって身分関係を不安定な状態におくと身分関係に伴う法的安定性が害され，また，あまり長い期間を経過すると証拠が散逸し，事実関係が不明確になるばかりでなく，濫用によ

－ 176 －

第9 届書の審査方法

る弊害が生ずるので，これを避けるためです。なお，この3年の出訴期間の起算点については，最高裁昭和57年3月19日判決があります（注3）。

それでは，認知届の具体的な審査方法について，説明することにします。

(2) 任意認知届の審査

届書の上欄から順に説明することにします。届書は，届書類標準様式に関する昭和59年11月1日付け民二5502号通達による，いわゆる標準様式によります。

なお，渉外的認知届については，添付書面等についてのみ説明します。

ア 「認知される子」欄

(ア) 認知される子が未成年者の場合

認知される子が未成年者であるか否かは，生年月日により審査します。未成年者の場合は，特に，子及びその母の承諾を必要としません。

また，既に他男から認知されているか否かを審査する必要があります。この審査は，子の戸籍の身分事項欄の記載（認知事項の記載の有無）により容易に確認することができますし，父欄の記載の有無によっても分かります（父欄が空欄であれば，問題はないと思います。）。仮に，他男により既に認知されている場合は，その認知が無効であることを裁判上明らかにし，戸籍訂正をした後でなければ，届出を受理することはできません。

また，認知される子が外国人の場合は，その子が嫡出でない子であることの書面（出生登録証明書等）を必要とします。

なお，任意認知は，創設的届出ですから，常に，不受理申出（戸籍法27条の2第3項）がされていないかを審査する必要があります。コンピュータシステムにより処理している場合は，審査項目の一つになっていますから，見落とすことはないかと思います。この不受理申出については，創設的届出すべてについて共通項目になります。

> 【問135】認知する父は，認知される子の母の夫ですが，この場合は，子の身分に変動はあるのでしょうか。

- 177 -

第9　届書の審査方法

　認知する父が，認知される子の母の夫であるときは，子は，認知により嫡出子の身分を取得することになりますので，届書「その他」欄に「この認知により子は嫡出子長男（長女）の身分を取得するので，父母との続柄を「長男（長女）」と訂正する。」と記載することになります（下記【問140】の（注5）参照）。このように，嫡出でない子に対して嫡出子の身分を与えることを準正といい，その身分を取得した子を一般に準正嫡出子又は準正子といいます。

　嫡出でない子が準正嫡出子となるためには，二つの要件が備わっていることが必要です。その一つは，血縁上の父との間に法律上の親子関係を確定すること（すなわち認知）です。もう一つは，認知した父と子の母が婚姻をする（婚姻をしている）ことです。この認知及び父母の婚姻という二つの要件を備えることによって準正の効果を生ずることになり，本問のように，父母婚姻後に父が認知した場合を認知準正（民法789条2項）といい，父の認知後に父母が婚姻した場合を婚姻準正（同条1項）といいます。

　また，嫡出でない子の出生後に母が婚姻し，離婚した後，母と離婚した者が子の父であるときに，その父が子を認知した場合又は母死亡後に母の夫（父）が子を認知した場合においても，その子は嫡出子の身分を取得することになります（大正10年2月7日民事1051号回答）。このように，準正嫡出子の身分を取得するのは，父母の婚姻と父の認知という二つの要件があればよいということになり，父母の婚姻が継続していることは要件とはなりません。

【問136】戸籍の「父母との続柄」欄には既に「長男」と記載されていますが，準正嫡出子となった場合，この「父母との続柄」欄の記載は，訂正を必要とするのでしょうか。

　嫡出でない子の戸籍における父母との続柄の記載については，戸籍法施行規則の一部を改正する省令（平成16年法務省令第76号，平成16年11月1日施行）により，従来の取扱い（従来，嫡出でない子の父母との続柄は，単に「男（女）」と記載していました。）が変更され，嫡出でない子の父母との続柄は，父の認知の有無にかかわらず，母との関係のみにより認定し，母の分娩した嫡出でな

い子の出生の順により，「長男（長女）」，「二男（二女）」等と記載する（戸籍法施行規則附録6号及び付録24号の「信夫」の「父母との続柄」欄の記載，平成16年11月1日民一3008号通達記1）とされました。この取扱いにより，父母との続柄が既に「長男」と記載されていたとしても，この続柄は，母との関係のみにより認定したものであり（前記通達），準正嫡出子となった場合は，父母の婚姻関係から生まれた子として，改めてその続柄を認定することになりますから，父母との続柄の訂正を必要としますので，【問135】の説明と同様に，届書「その他」欄に父母との続柄訂正の旨を記載してもらい，訂正をすることになります（訂正の結果として，訂正前後で「長男（長女）」と同一の表記になることもあります。）。なお，父母婚姻中に生まれた子が既にあり，その子が，認知準正子の弟（妹）となるときは，その子についても父母との続柄の訂正を要することになりますから，この場合も，届書「その他」欄に「父母の戸籍「東京都千代田区平河町一丁目4番地甲野義太郎」に在籍する弟（妹）（氏名，生年月日，住所を記載する。）の父母との続柄を「二男（二女）」と訂正する。」と記載することになります。弟（妹）の父母との続柄を訂正する戸籍が，他の市区町村にある場合は，その市区町村に届書を送付することになります。

> 【問137】認知により準正嫡出子となった子が，父母と戸籍を異にするときは，認知の届出と同時に父母の戸籍に入籍させても差し支えないのでしょうか。

嫡出子は，父母の氏を称し（民法790条1項），父母の戸籍に入籍する（戸籍法18条1項）ことになりますが，父母と戸籍を異にする子が，父の認知又は父母の婚姻により準正嫡出子の身分を取得したとしても，それのみでは父母の戸籍に入籍することはできません。父母の戸籍に入籍するには，戸籍法98条1項により，父母の氏を称する入籍の届出により，入籍することができます。この場合，父母が婚姻中であれば，家庭裁判所における子の氏変更の許可審判を必要としません（民法791条2項，昭和62年10月1日民二5000号通達第5の1（1）オ）（注4）。

- 179 -

第9 届書の審査方法

(イ) 認知される子が成年者の場合

民法782条は,「成年の子は,その承諾がなければ,これを認知することができない。」と規定していますから,認知される子が成年者の場合は,その者の承諾書を添付する(戸籍法38条1項本文)ことになりますので,承諾書が添付されているかを審査します。この場合,届書「その他」欄に,認知される子が,「この認知を承諾する。」と記載し,「署名,押印」があるときは,承諾書は必要ありません(同項ただし書)。

また,認知される子が外国人の場合は,その子が嫡出でない子であることの書面(出生登録証明書等)を必要とします。

なお,成年に達している成年被後見人をその成年後見人が認知する場合において,成年後見監督人が置かれていないときは,特別代理人の承諾を要することになります(昭和45年1月31日民事甲464号回答)。

(ウ) 「住所」欄及び「本籍」欄

住所(住民登録をしているところ)が記載されているかを審査します。

本籍(認知される子が在籍している戸籍の表示)が記載されているかを審査します。なお,認知される子が外国人の場合は,国籍が記載されているかを審査します。この場合,国籍を証する書面(パスポート等)の添付を必要とします。

イ 「認知する父」欄

「認知する父」欄は,認知する父の氏名及び生年月日が記載されているかを審査します。「住所」欄は,認知する者の住民登録をしている住所が記載されているか,「本籍」欄は,その者の戸籍の表示が記載されているかを審査します。なお,認知する父が外国人の場合は,国籍が記載されているかを審査します。この場合,国籍を証する書面(パスポート等)の添付を必要とします。

> 【問138】 認知する父は,未成年者ですが,この届出を受理することはできるのでしょうか。

認知する父が未成年者であっても,認知の意味内容を判断できる意思能力さ

- 180 -

えあればよいことになりますから，その届出を受理することができます（民法780条）。前述したように，認知は，父が嫡出でない子との間に事実上の父子関係が存在することを承認する行為であり，父の自発的意思に基づくものであることを要しますので，たとえ父が未成年者であるとして，その法定代理人として親権者が届出をしても，その届出を受理することはできません（昭和9年2月12日民事甲175号回答）。これは，身分行為は代理に親しまないことからです。

ウ 「認知の種別」欄

認知の種別は，「□任意認知」の□にチェックがされているかを審査します。

エ 「子の母」欄

「子の母」欄は，子の母の氏名及び戸籍の表示が記載されているかを審査します。なお，外国人の場合は，母の氏名及び国籍が記載されているかを審査します。

> **【問139】** 認知される子の母は，他男と婚姻し，戸籍から除かれていますが，この場合，母の氏名等は，どのように記載するのですか。

「子の母」欄は，現在の母の氏名等を記載することになりますから，婚姻後の母の氏名が記載されているか，生年月日が記載されているかを審査するとともに，母の本籍は，婚姻後の現在の戸籍の表示が記載されているかを審査します。

オ 「その他」欄

未成年者を認知する場合は「□未成年の子を認知する」，成年者を認知する場合は「□成年の子を認知する」の□にチェックがされているかを審査します。

また，「その他」欄は，例えば，成年の子を認知する場合，被認知者の承諾の旨の署名・押印があるときのように，承諾等を証する書面に代える場合に用いることもあります。また，認知により嫡出子の身分を取得する場合や嫡出子の身分を取得したことにより，その者の弟（妹）になるものがあるときには，父母との続柄等の訂正をする必要があるときのように，戸籍訂正事項等，戸籍

－ 181 －

第9　届書の審査方法

に記載する事項を記載することになりますので，その旨の記載がされているか
を審査します。

> 【問140】認知される者が嫡出子の身分を取得する場合及び嫡出子の身分
> 　　　を取得することにより，弟となる者がある場合，「その他」欄には，
> 　　　どのように記載したらよいのでしょうか。

　認知する父が，認知される子の母の夫であるときは，認知によりその子は嫡
出子の身分を取得する（民法789条2項）ことになりますので，戸籍の「父母と
の続柄」欄の記載を訂正することになります。また，認知される者に弟となる
者がある場合は，弟の「父母との続柄」欄の記載も訂正することになります。
したがって，この場合は，届書「その他」欄にその旨の記載をしなければなり
ません。

　記載の内容については，前述していますが，次のようになります。

① 　父母と戸籍を異にする子が父母婚姻中の認知により嫡出子の身分を取得
　　する場合

　　「被認知者は，この認知により嫡出子長男（長女）の身分を取得するの
　　で，父母との続柄を長男（長女）と訂正する。」（注5）

② 　父母と同一の戸籍に在る子の認知によって，同一戸籍内の他の子の身分
　　に変更を来す場合

　　「被認知者広造は，この認知により嫡出子長男の身分を取得するので，
　　同籍内の幸二は父母との続柄が二男となるので，父母との続柄を訂正す
　　る。」

③ 　父母と戸籍を異にする子の認知によって，父母の戸籍又は他の戸籍に在
　　る子の身分に変更を来す場合

　　「被認知者広造は，この認知により嫡出子長男の身分を取得するので，
　　東京都千代田区平河町一丁目4番地甲野義太郎戸籍の幸二（平成28年10月
　　20日生，東京都千代田区平河町一丁目4番地（注；住所））は父母との続
　　柄が二男となるので，父母との続柄を訂正する。」

－ 182 －

第9　届書の審査方法

カ　「届出人」欄

届出人は，父以外にはありませんので，必ず「□父」の□にチェックがされているかを審査します。

住所及び本籍は，父が住民登録をしているところ及び父の本籍が記載されているかを審査します。この場合，「認知する父」欄の父の住所と本籍が同じ記載であることをも審査します。

署名は，父がします。なお，口頭による届出（戸籍法27条）の場合は，市区町村長が届書に記載すべき事項を記載し，これを読み聞かせた後，届出人に，その書面に署名させ，印を押させる（戸籍法37条2項）こととしていますので，署名・押印の有無は必ず審査しなければなりません。また，任意認知の届出は，届出の際の出頭者の確認（戸籍法27条の2第1項）を要することになりますので，出頭した者が認知者本人であるかを特定するために必要な運転免許証等の提出を求めて，本人確認を行うことになります。

キ　届出地

届出地は，戸籍法25条の届出地に関する一般原則によります。すなわち，届出人の所在地のほか，認知する父及び認知される子とも届出事件の本人（注6）ですから，そのいずれの本籍地においても届け出ることができますので，そのいずれであるかを審査することになります。

(3)　胎児認知届の審査

ア　「認知される子」欄

認知される子は胎児ですから，「氏名」欄は，単に「胎児」と記載されているかを審査します。

胎児には住所はありませんので，「住所」欄は，空欄となっているかを審査します。

「本籍」欄は，胎児の母の戸籍の表示が記載されているかを審査します。なお，認知される子（胎児）が外国人の場合は，母の国籍が記載されているかを審査します。

－ 183 －

第9　届書の審査方法

【問141】 認知される子（胎児）の母は，離婚していますが，現在，離婚
　　　後95日目です。この場合にも胎児認知の届出は受理することができる
　　　のでしょうか。

　離婚した女が懐胎している胎児について，その離婚後300日以内に前夫以外
の男から胎児認知の届出がされた場合，これを受理することができるかという
問題があります。戸籍実務は，古くからこれを認めています。先例は，離婚後
3か月目の女性について，前夫以外の男が同女の胎児を認知する届出をしたと
きは，これを受理する取扱いを認めています（大正7年3月20日民364号回答）。

　このような胎児認知の届出を受理した後，胎児認知された子が出生した場合
は，その出生の時期によってはその子は母の夫の子と推定されるときがありま
す（母の離婚後300日以内に出生したとき）（民法772条2項）。このような場合
は，受理した胎児認知届は不受理処分をすることになります。その後，届出人
が，出生子と前夫との間の嫡出否認の裁判（又は親子関係不存在確認の裁判）
が確定したとして，その裁判書の謄本を持参したときは，不受理処分を撤回し
た上，当初の胎児認知の届出をした日に遡り受理することになります。

　胎児認知は，特に，外国人女の嫡出でない子について，出生と同時に日本国
籍を取得させるため（国籍法2条1号）に行われることが多いと，前述しまし
たが，昭和57年の先例は，「韓国人と離婚した同国人女の胎児を，離婚後3か
月目に日本人男が認知し，その胎児が父母離婚後300日以内に出生したときに
おいて，出生後，母の前夫との間に親子関係不存在確認の裁判が確定したとき
は，さきにされた胎児認知届の効力は認められるので，出生子は国籍法2条1
号に該当し，日本国籍を取得する。」としています（昭和57年12月18日民二7608
号回答）。

　また，日本人同士についてのものですが，「胎児が父母離婚後300日以内に出
生したときにおいて，出生後，母の前夫との間に嫡出否認の裁判が確定したと
きは，さきにされた胎児認知届の効力は認められる。」としたものがあります
（平成3年1月5日民二183号回答）。

第9　届書の審査方法

【問142】認知される子（胎児）が双子ということですが，この場合，胎児認知届は，それぞれの胎児について提出することになるのでしょうか。

　認知する胎児が双子である場合に，届書を複数必要とするか否かという問題があります。

　医学の発達により，母の胎内にあるときから，性別の判定や単胎であるか双子であるか又は三つ子等であるかが，出生前から分かるようです。認知する父と胎児の母が届出窓口において，胎児は双子であるといった場合に，それぞれの胎児についての届出を要するか否かです。これに関する先例はありませんが，古くからの先例は，胎児認知の届出後，双子が出生した場合には，その双方について認知の効力を認めるべきであるとしています（明治43年5月28日民刑416号回答）。これは，胎児認知は，母の胎内にある子全体に対するものであるので，双子又は三つ子が生まれた場合には，すべての子に認知の効力が及ぶとしたものではないでしょうか（戸籍567号50ページ「こせき相談室」参照）。したがって，届書は，一通で差し支えないものと考えます。

　　　イ　「認知する父」欄
　(2)のイと同様です。

　　　ウ　「認知の種別」欄
　認知の種別は，任意認知ですから，「□任意認知」の□にチェックがされているかを審査します。

　　　エ　「子の母」欄
　(2)のエと同様です。

　　　オ　「その他」欄
　胎児認知ですから，「□胎児を認知する」の□にチェックがされているかを審査します。

　また，母の胎児認知の承諾書が添付されていないときは，「その他」欄に「この届出を承諾します。母の住所及び母の署名・押印」があるか否かを審査

－ 185 －

第9 届書の審査方法

します。胎児認知届は，母の承諾を要します（民法783条1項）ので，必ず承諾書の有無を審査しなければなりません。

　　カ　「届出人」欄

⑵のカと同様です。

　　キ　届出地

　胎児認知届の届出地は，母の本籍地に限定されます（戸籍法61条）。その理由は，胎児認知の届出に基づく戸籍の記載は，その届出によって直ちに行うのではなく，その後に提出されるべき被認知胎児の出生届を待って，これとともに戸籍の記載をすることになり，かつ，嫡出でない子は，その出生当時の母の戸籍に入籍するのが原則です（民法790条2項，戸籍法18条2項）から，当該胎児認知届書の保存ないし戸籍記載の処理の便宜等を考慮したものです。

【問143】日本人男が外国人女の胎児を認知する場合の届出地は，どこになるのでしょうか。

　外国人女の胎児について日本人男が認知する場合，その届出は，胎児の母（外国人女）の住所地にすることになります。先例は，「日本在住の英国人女の胎児を認知することができる。なお，右の胎児認知の届出は母の住所地にするが，子が出生したときにおいて父の身分事項欄にすべき認知事項の記載が遺漏するおそれもあるので，胎児認知届書を二通提出させ，前もってその一通を認知者の本籍地市町村長に送付しておくのが相当である。」（昭和29年3月6日民事甲509号回答）としています。前記回答は，届書を二通提出させ，その一通を送付するとしていますが，届書の一通化（平成3年12月27日民二6210号通達）が定着していますから，届書の写し（以下「届書謄本」という。）を作成し，本籍地市区町村長へ参考送付しておきます。参考送付を受けた父の本籍地市区町村長は，胎児認知届として受付帳に登載するのではなく，戸籍発収簿（戸籍事務取扱準則制定標準55条1項2号）に登載しておくことになり，被認知胎児が出生した後，改めて胎児認知届書に出生届書を添付して届出地（母の住所地）市区町村長から送付を受けた段階で，受付帳の処理をすることになります。

－ 186 －

第9　届書の審査方法

　　ク　届書の保管及び処理

　受付帳に記載後の胎児認知届書は，戸籍記載不要つづり（戸籍法施行規則50条1項）につづり込み，出生届又は死産届がされるまで保管します（大正4年1月9日民1009号回答）。また，備忘的措置として，戸籍に付せんを付するのは妥当ではありませんが，戸籍簿表紙の裏面にその旨の「メモ」紙を付することは差し支えないとされています（昭和36年7月22日民事甲1759号回答）ので，ファイル方式で戸籍を管理している場合は，ファイルにメモを挟み込む等の措置をしておくことも必要ではないかと考えます。コンピュータ庁においては，このような措置は必要ないものと思います（コンピュータシステムは，出生届がされたときに，胎児認知届がされている情報を持っているからです。）。なお，コンピュータ庁においても非コンピュータ庁においても，胎児認知整理簿（注7）を調製しておくことが好ましいと考えます。

> 【問144】胎児認知届の受理後，胎児の出生前に，母がA市から，B市に
> 　　　　転籍をしましたが，この場合，胎児認知届書の取扱いは，どのように
> 　　　　なるのでしょうか。

　この場合は，次のようになります。

　①　母の転籍前の本籍地のA市での処理

　胎児認知届の受理後，胎児の出生前に，母の戸籍がA市からB市に転籍した場合は，A市長は，胎児認知の届書謄本を作成し，参考送付である旨を明示して，B市長へ参考送付し，届書の原本は，胎児認知の受理地であるA市において保管しておきます。

　②　母の転籍後の本籍地のB市での処理

　転籍後の本籍地であるB市長は，胎児認知整理簿を調製している場合には，当該帳簿に胎児認知届書謄本が参考送付された旨を記載した上つづり込み，胎児認知整理簿を調製していない場合には，戸籍発収簿で収受し，戸籍記載不要つづりの目録に参考送付である旨を明示して，当該つづりに保管しておきます。

－ 187 －

第9 届書の審査方法

　昭和36年7月22日付け民事甲1759号回答は、「胎児認知届後母が管外に転籍した場合は、胎児認知届書の一通を母の新本籍地に送付する。」としています（注8）が、当時は、届書を二通提出させていたものと推測します（子の出生後、父の本籍地に出生届書とともに胎児認知届書を送付するため）が、届書の一通化が定着していること、また、胎児が死産した場合の死産届（下記ケ参照）は、胎児認知の届出をした市区町村長へ届出することになっていることから、届書原本は、受理市区町村長（A市）で保管することになります。

　　ケ　認知された胎児が死体で生まれた場合

> 【問145】認知された胎児が死産したとのことですが、この場合は、どのような取扱いをすることになるのでしょうか。

　認知された胎児が死体で生まれた場合は、認知の効力は生じません（被認知胎児との親子関係は、被認知胎児が出生することによって初めて法律上の効果を生じるからです。）。この場合、胎児が出産したと仮定した場合に、その出生の届出義務者となるべき者は、その事実を知った日から14日以内に、認知の届出地で、死産の旨を届け出なければならない（戸籍法65条本文）とされています。

　この届出は、人口動態調査に関する「死産の届出に関する規程」（昭和21年厚生省令42号）によって届け出るべき死産届と異なり、胎児について認知の届出がされている場合に、この届出を完結させることを目的とする特別の届出ですから、一方の届出をもって他方の届出に代えることはできないことになります（昭和23年10月11日民事甲3100号回答）。被認知胎児の死産届には、医師又は助産師の死産証明書を添付する必要があります。

　⑷　遺言認知届の審査

　　ア　「認知される子」欄

　　　⑺　認知される子が未成年者の場合

　⑵のア⑺と同様です。

－ 188 －

(イ)　認知される子が成年者の場合

(2)のア(イ)と同様です。

　　(ウ)　認知される子が胎児の場合

(3)のアと同様です。

　なお，遺言執行者が胎児認知の届出をしないでいたところ，被認知胎児が出生した場合は，胎児認知届としては受理することはできず，この場合は，通常の認知届となります（大正4年1月28日民125号回答）。

　　イ　「認知する父」欄

　「認知する父」欄には，認知する父の氏名及び生年月日が記載されているかを審査します。この場合，父の氏名の前に「亡」の文字が冠記されているかを審査します。例えば，「亡甲野義太郎」というように記載されているかです。「住所」欄は，死亡していますので空欄となっているかを審査します。「本籍」欄は，その者の戸籍（死亡時の戸籍）の表示が記載されているかを審査します。

　　ウ　「認知の種別」欄

　認知の種別は，遺言認知ですから，「□遺言認知」の□にチェックがされているかを審査します。併せて，遺言執行者が就職した年月日が記載されているかを審査します。

　　【問146】遺言とは，どのような制度のことをいうのでしょうか。

　遺言は，人の生前における最終の意思に法律的効果を認め，死後にその実現を図る制度であるといわれています。

　人がその死後における自己の財産関係や身分関係について配慮し，しかるべき措置を講じておきたいと望むのは人情の常であり，遺族がこれを尊重し，実現に努めるのは道義的要請でもあります。また，遺言の対象は，財産上・身分上の多岐にわたりますが，その主たるものは，財産の私的所有の是認が前提となります。遺言は，財産処分の一適用として，これに法的効果を与え，その内容の強制実現が保障されなければなりません（これを「遺言自由の原則」とい

－ 189 －

第9　届書の審査方法

います。）が，それは，社会公共の福祉の立場から正当視される範囲において
のみ是認されます。相続制度が財産関係を規律する社会的諸制度と密接な関係
を持ちつつ発達したのと同じく，遺言制度も財産の私的所有の発達に深い関わ
りを持ちます。

　なお，身分関係に係る遺言事項は，①認知（民法781条2項），②未成年後見
人の指定（民法839条1項），③未成年後見監督人の指定（民法848条）の三つで
す。

【問147】遺言には，どのような方式があるのでしょうか。また，遺言認
　　　知は，どの方式によっても差し支えないのでしょうか。

　遺言の方式は，大別して，普通方式と，特別方式に分けることができます。
遺言は，特殊な事情により特別方式による場合のほかは，普通方式によること
を必要とします。

　普通方式は，自筆証書遺言，公正証書遺言及び秘密証書遺言の三種類があり
ます（民法967条本文）。特別方式は，危急時遺言と隔絶地遺言があります。危
急時遺言は，さらに，一般危急時遺言と難船危急時遺言に，また，隔絶地遺言
は，伝染病隔離者遺言と在船者遺言に分けられます（民法976条から979条）。

　自筆証書遺言の場合を除き，遺言には，証人又は立会人を必要とします。遺
言の内容を知り，かつ，遺言の真実性を実質的に証明するのが証人であり，遺
言の成立や方式の適法性を形式的に証明するのが立会人です。証人及び立会人
は，遺言を公正・確実にするために必要とされるものですから，行為能力を欠
き，又は遺言に関して利害関係がある者は，証人又は立会人になることができ
ません（民法974条，982条）。これらの欠格者が立ち会ってされた遺言，法定数
の証人又は立会人の立会が得られないでされた遺言は，方式を欠き無効です。

　遺言認知は，上記に説明したいずれの方式によってもすることができます。
したがって，審査に当たっては，遺言の方式に無効原因がないか否かを審査す
ることが，一番重要なことになります。

　また，普通方式の遺言は，公正証書遺言を除き，遺言の効力が発生したとき

－ 190 －

は，家庭裁判所における検認を必要とし（民法1004条1項，2項），封印のある遺言書（秘密証書遺言）は，家庭裁判所において開封をする必要があります（同条3項）から，家庭裁判所の検認及び開封の有無を審査する必要があります。

【問148】遺言執行者の就職年月日とは，具体的には，どのように確認することになるのでしょうか。

遺言者は，遺言で，一人又は数人の遺言執行者を自ら指定し，又はその指定を第三者に委託することができる（民法1006条1項）としています。これを，指定遺言執行者といいます。また，指定遺言執行者が初めから存在しないとき，又は指定された者が就職を承諾せず，承諾しても任務終了前に辞任，死亡したなどして，後日存在しなくなったときは，家庭裁判所が利害関係人の請求によってこれを選任する（民法1010条，家事事件手続法39条）ことになります。これを選任遺言執行者といいます。

遺言は，遺言者の死亡によって効力を生ずることになりますので，指定遺言執行者又は選任遺言執行者からのいずれの届出であっても，戸籍実務としては，相続開始後（遺言者の死亡後）の就職年月日が記載されていれば，そのまま受理して差し支えないと考えます。

ところで，届書には，遺言執行者の就職年月日を記載させることとしていますが，これは，遺言による認知の効力は遺言者の死亡の時から生ずることになります（民法985条1項）が，その届出は，遺言執行者がその就職の日から10日以内にしなければならない（戸籍法64条）ことから，それを明らかにするためです。

また，遺言執行者にも欠格事由があり，未成年者及び破産者は，遺言執行者となることができないとしています（民法1009条）。

エ　「子の母」欄

(2)のエと同様です。

- 191 -

第9　届書の審査方法

オ　「その他」欄

未成年者を認知する場合は「□未成年の子を認知する」，成年者を認知する場合は「□成年の子を認知する」，胎児を認知する場合は「□胎児を認知する」の□にチェックがされているかを審査します。

遺言の効力は，遺言者である父の死亡の時から生じます（民法985条1項）ので，その効力（認知の効力）を生じた日を明らかにするため，遺言者の死亡年月日及び遺言書の謄本を添付する旨が記載されているかを審査します。例えば，「認知者甲野義太郎の死亡の年月日　平成29年10月10日」，「添付書類　遺言書の謄本」と記載されているかです。この場合の認知の日は，「平成29年10月10日」です。

カ　「届出人」欄

届出人は，遺言執行者になりますから，「□その他」の□にチェックが，括弧内には（遺言執行者）と記載されているかを審査します。住所，本籍及び署名は，遺言執行者自身の住所等を記載することになりますので，その記載がされているかを審査します。

キ　届出地

届出地は，戸籍法25条1項により，届出事件本人の本籍地又は届出人（遺言執行者）の所在地になります。

(5)　強制認知届の審査

ア　「認知される子」欄

(ア)　認知される子が未成年者の場合

(2)のア(ア)と同様です。

(イ)　認知される子が成年者の場合

裁判による届出ですから，成年者の場合でも，その承諾は必要ありません。

イ　「認知する父」欄

(2)のイと同様です。

ウ　「認知の種別」欄

審判の場合は，「□審判」の□にチェックがされているかを審査し，審判の

－ 192 －

第9　届書の審査方法

確定年月日については，確定証明書により審査します。また，判決の場合は，「□判決」の□にチェックがされているかを審査し，判決の確定年月日については，確定証明書により審査します。

　　エ　「子の母」欄

⑵のエと同様です。

　　オ　「その他」欄

未成年者を認知する場合は「□未成年の子を認知する」，成年者を認知する場合は「□成年の子を認知する」の□にチェックがされているかを審査します。

審判（又は判決）の謄本及び確定証明書を添付する等と記載されているかを審査します。

また，後述カの場合で，届出期間内に申立人が届出しないときに相手方から届出する場合は，「届出期間内に申立人乙川梅子から届出がないので，相手方父甲野義太郎から届出する。」と，申立人が死亡したため相手方から届出する場合は，「申立人乙川梅子は，平成29年3月20日死亡したため，相手方父甲野義太郎から届出する。」と記載されているかを審査します。

　　カ　「届出人」欄

届出人は，訴えを提起した者になります（戸籍法63条1項）ので，届書に添付されている審判（又は判決）の謄本により審査します。この届出期間は，審判（又は判決）の確定した日から，10日以内となっていますので，期間経過後に届出をすべき者（届出義務者）から届出があったときは，過料の対象になります（同法135条）。また，訴えを提起した者が届出をしないときは，その相手方は，審判（又は判決）の謄本を添付して届出をすることができます（同法63条2項）。この場合は，過料の対象とはなりません。

【問149】届出期間内に申立人から届出がなかったことから，期間経過後に相手方から届出がされましたが，このような届出を受理することはできるのでしょうか。

- 193 -

第9　届書の審査方法

　上記で説明しましたように，訴えを提起した者が届出をしないときは，その相手方から届出をすることができます（戸籍法63条2項）ので，受理して差し支えありません。なお，裁判の確定した日から10日以内に相手方から届出がされたときは，受理をすることはできませんが，不受理とすることはなく，届書を受領をし，戸籍発収簿により，受領日を明らかにしておく必要があります。この場合，届出期間を経過し，訴えを提起した者が届出をしないときは，届書を受領した日に遡り相手方からの届出を受理することになりますので，届出日（受理日）は受領日になりますから，それに基づいて戸籍の記載をすることになります。

> 【問150】申立人母が，審判確定後に，交通事故により死亡してしまったとのことですが，この場合，届出は誰がすることになるのでしょうか。また，届出がないときは，どのようになるのでしょうか。

　申立人が死亡してしまったときは，届出をすることができないことが明らかです。また，申立人が母ということから，被認知者は，15歳未満の未成年者でしょうから，未成年後見人を選任した上，届出をすることになります。この場合，届出期間経過後に相手方から届出があれば，届出を受理することになります（【問149】参照）。

　家庭裁判所において認知の審判が確定したときは，戸籍事務管掌者に通知がされることになります（家事事件手続規則134条）ので，届出がないとき又は届出ができないときは，市区町村長は，管轄法務局の長の職権記載許可を得て，戸籍の記載をすることになります。また，調停が不成立となり，さらに，審判によっても合意がされないときは，人事訴訟に移行しますが，人事訴訟の第一審裁判所は家庭裁判所（人事訴訟法（平成15年法律第109号）4条1項）になり，人事訴訟により認知請求が確定すると，裁判所書記官から戸籍事務管掌者に判決確定の通知がされることになります（人事訴訟規則17条）（注9）ので，市区町村長は，管轄法務局の長の職権記載許可を得て，戸籍の記載をすることになります。

－ 194 －

第9　届書の審査方法

　　　　キ　届出地

　⑵のキと同様です。

　⑹　報告的認知届（外国の方式により認知が成立した場合）の審査

　日本人を当事者又は当事者の一方として外国の方式により認知が成立したと
きは，証書の謄本を提出しなければならない（戸籍法41条）とされています。
この証書の謄本の提出があった場合について，簡単に触れることにします。

　渉外的認知の方式は，認知の成立を定める法律（準拠法）によることがで
き，また，行為地の法律によることもできます（法の適用に関する通則法34条）。
したがって，認知の方式は，子の出生の当時若しくは認知の当時の認知する者
の本国法又は認知の当時の子の本国法による場合と行為地の法律による場合が
あり，そのいずれによることも可能です。

　そうすると，認知の成立を定める法律による場合，父（認知者）が外国人で
あるときは，①外国に在る外国人について，当該外国においてその国の法律の
方式に従って認知が成立する場合と，②日本に在る外国人について，日本に駐
在する当該国の大使，公使又は領事がその国の法律の方式に従って行った行為
により認知を成立させる場合があります。また，父（認知者）が日本人である
ときは，①外国に在る日本人が，当該外国においてその国の法律の方式に従っ
て認知が成立する場合と，②日本に在る日本人が，日本に駐在する被認知者
（胎児認知の場合は，被認知胎児の母）の本国の大使，公使又は領事がその国
の法律の方式に従って行った行為により，認知が成立する場合があります。

　以上のようなことから認知が成立したとして証書の謄本の提出があった場合
は，その証書の謄本が当該外国の権限がある者によって作成されたものである
か，当事者（認知者及び被認知者）が特定されているか，成立年月日が明確で
あるかを審査します。また，認知する者又は認知される者が外国人の場合は，
その国籍を証する書面（パスポート等）の添付を要します。なお，母が外国人
である胎児認知届出の場合においては，胎児についての国籍を証する書面はあ
りませんので，母の国籍証明書を添付させることになります。

－ 195 －

第9 届書の審査方法

ア 生後認知の場合

(ア) 「認知される子」欄

(i) 認知される子が未成年者の場合

認知が成立していますが，他男から既に認知がされていないかを審査します。この場合，他男からの認知が，報告的認知の成立年月日以後であるときは，他男の認知が無効ということになりますし，また，この反対のとき（報告的認知の成立年月日が他男の認知日以後）のときは，報告的認知届を受理することができないことになりますから，このような場合は，管轄法務局の長に処理照会（注10）をすることになります。

(ii) 認知される子が成年者の場合

認知が成立していますので，その者の承諾は必要ありませんが，審査方法は，(i)と同様です。

(イ) 「認知する父」欄

証書に記載されている認知した者の氏名が届書に記載されている父の氏名と同一であるかを審査します。認知者が外国人であるときは，氏名は片仮名で記載されているかを審査します。なお，外国人の本国において，氏名を漢字で表記する場合には，正しい日本文字としての漢字を用いるときに限り，漢字で記載されていても差し支えありません（昭和59年11月1日民二5500号通達第4の3(1)）。

(ウ) 「認知の種別」欄

認知の種別欄は，空欄になっているかを審査します（外国の方式により認知が成立した場合は，「その他」欄にその旨の記載をすることになります。）。

(エ) 「子の母」欄

証書に記載されている母の氏名が届書に記載されている母の氏名と同一であるか，母が日本人であるときは本籍が記載されているか，母が外国人であるときは国籍が記載されているかを審査します。

(オ) 「その他」欄

未成年の子を認知した届出の場合は「□未成年の子を認知する」に，成年の

- 196 -

子を認知した届出の場合は「□成年の子を認知する」の□にそれぞれチェックがされているかを審査します。また，報告的届出であり，証書の提出になりますから，成立した年月日とその方式が記載されているかを審査します。例えば，「平成年月日○○○国の方式により認知，証書の謄本提出」と記載されているかを審査します。

㈎ 「届出人」欄

届出人は，認知した父が日本人であればその者，認知した父が外国人の場合は外国人父若しくは被認知者又は被認知者の母（日本人）になりますので，その者が届出人（証書提出者）であるかを審査します。外国人父については，証書の提出についての義務が課されていないこと及び報告的届出ですから，被認知者自ら又は被認知者（15歳未満の場合）の母（日本人）が証書の提出をした場合も受理して差し支えないと考えます。

日本人父が届出人の場合は，「□父」の□にチェックがされているか，その者の住所及び本籍が記載されているかを審査します。

被認知者自らが届出するときは，「□その他」の□にチェックがされているか，括弧内に（被認知者）と記載されているかを審査します。この場合は，「その他」欄に「認知者父が届出をしないので被認知者自ら届出をする。」と明確にしておくことが望ましいと考えます。住所及び本籍は，被認知者の住所及び本籍が記載されているかを審査します。

また，被認知者の母である日本人が届出をするときは，「□その他」の□にチェックがされているか，括弧内には（被認知者の母）と記載されているか，その者の住所及び本籍が記載されているかを審査します。

㈏ 届出地

外国で成立した場合は，当該外国にある日本の大使，公使又は領事（いわゆる在外公館の所在地）になります。また，外国から直接本籍地市区町村長に証書が提出された場合は，受理して差し支えないものと考えます。

日本で成立した場合は，認知者（日本人父）又は被認知者（日本人子）の本籍地市区町村長へ届出をすることになります。

- 197 -

第9 届書の審査方法

イ 胎児認知の場合

⑦ 「認知される子」欄

　胎児認知が成立していますが，他男から既に胎児認知がされていないかを審査します。この場合，他男からの胎児認知が，報告的胎児認知の成立年月日以後であるときは，他男の胎児認知が無効ということになりますし，また，この反対のとき（報告的胎児認知の成立年月日が他男の胎児認知日以後）のときは，報告的胎児認知届を受理することができないことになりますから，このような場合は，管轄法務局の長に処理照会をすることになります。

【問151】 外国の方式による胎児認知が認められた先例はあるのでしょうか。

　戸籍の先例に現れた事例はあまりありませんが，ここでは，三つの先例を紹介することにします。なお，外国の方式によって認知が成立した旨の証書が提出されたときは，その証書の謄本が当該外国の権限のある者によって作成されたものであること，例えば，裁判所，公証人，身分登録機関等の公の機関で公正を期し得るものによって作成されたか，当事者（胎児認知者及び胎児の母）が特定しているか，成立年月日が明確かを審査します。

　それでは，先例について触れることにします。

　一つは，昭和54年9月5日民二4504号民事局長回答です。これは，日本人男がスウェーデン人女の胎児を同国の方式により認知し，その届出があった場合は，受理して差し支えないとするものです。この届書には，「父であることの認知及び扶養負担に関する合意」と証する児童福祉局の書面の添付があり，「子」欄には，「母が妊娠中の子」の□にチェックがしてあるものです。この場合の胎児認知日は，父が認知の書面に署名した日とするのが相当であるというものです。

　二つ目は，平成13年2月20日民一490号民事局民事第一課長回答です。これは，日本人男がスロヴァキア人女の胎児を同国の方式により認知した旨の胎児認知届書に添付された証明書を胎児認知の成立を証明する書面として取り扱っ

－ 198 －

た事例です。この届書には，父母が裁判所に対し申し立てをし，その裁判所の記録が添付され，これを認知の成立を証する書面として取り扱ったものです（戸籍717号70ページ以下の解説を参照してください。）。

三つ目は，平成24年11月8日民一3037号民事局民事第一課長回答です。これは，前夫と婚姻中の外国人女の胎児を認知した日本人男からの報告的認知届について，前夫及び胎児の母（ともにドイツ国籍）の本国法において，本件認知がドイツ法上有効に成立しており，かつ，日本法上において公序に反するものではないことから受理して差し支えないとされたものです。この案件には，父母及び証明人の署名があるドイツ官憲発行のドイツ民法1595条に基づく「父性認知証明書」等が，添付されています（戸籍886号74ページ以下を参照してください。）。

(イ) 「認知する父」欄

上記アの(イ)と同様です。

(ウ) 「認知の種別」欄

上記アの(ウ)と同様です。

(エ) 「子の母」欄

上記アの(エ)と同様です。

(オ) 「その他」欄

「□胎児を認知する」の□にチェックがされているかを審査します。また，報告的届出であり，証書の提出になりますから，成立した年月日とその方式が記載されているかを審査します。例えば，「平成年月日○○○国の方式により胎児認知，○○作成の認知証書の謄本提出」と記載されているかを審査します。なお，既に胎児認知が成立していますので，母の承諾書の添付は要しません。

(カ) 「届出人」欄

届出人は，胎児認知した父が日本人であればその者，胎児認知した父が外国人の場合は外国人父又は胎児の母（日本人）であるかを審査します。外国人父については，証書の提出についての義務が課されていないこと及び報告的届出

ですから，胎児の母（日本人）が証書の提出をした場合も受理して差し支えないと考えます。

日本人父が届出人の場合は，「□父」の□にチェックがされているか，その者の住所及び本籍が記載されているかを審査します。

胎児の母である日本人が届出をするときは，「□その他」の□にチェックがされているか，括弧内には（胎児の母）と記載されているか，その者の住所及び本籍が記載されているかを審査します。

　　　　㈔　届出地

上記アの㈔と同様です。

　⑺　添付書類

添付書類については，それぞれのところで説明をしましたが，まとめると次のようになります。なお，ここでは，認知する父が日本人で認知される子が日本人の場合の添付書類についてのみ触れることにします。

　　ア　任意認知届

　　　㈎　認知される子が未成年者の場合

特に必要とする書面はありません。

　　　㈏　認知される子が成年者の場合

認知される子の承諾を証する書面です。なお，この場合，届書「その他」欄に「この認知を承諾する。何某㊞」と署名・押印がされているときは，承諾書の添付を省略できます（戸籍法38条1項ただし書）。

　　イ　胎児認知届

胎児の母の承諾を証する書面です。なお，この場合，届書「その他」欄に「この認知を承諾する。母　何某㊞」と署名・押印がされているときは，承諾書の添付を省略できます（戸籍法38条1項ただし書）。

　　ウ　遺言認知届

　　　㈎　生後認知の場合

　ｉ　認知される子が未成年者の場合

遺言書の謄本のほか，特に，必要とする書面はありません。

ⅱ　認知される子が成年者の場合

　遺言書の謄本のほか，認知される子の承諾を証する書面です。なお，この場合，届書「その他」欄に「この認知を承諾する。何某㊞」と署名・押印がされているときは，承諾書の添付を省略できます（戸籍法38条１項ただし書）。

　　　(イ)　胎児認知の場合

　胎児の母の承諾を証する書面です。なお，この場合，届書「その他」欄に「この認知を承諾する。母　何某㊞」と署名・押印がされているときは，承諾書の添付を省略できます（戸籍法38条１項ただし書）。

　　エ　強制認知届

　審判又は裁判の謄本及びその確定証明書です。なお，家庭裁判所から裁判確定の旨の通知があった戸籍訂正事件等について，市区町村長が当該事件の届出を受理するときは，裁判確定証明書の添付を必要としないという先例（昭和24年２月17日民事甲2601号通知）があります。

　　オ　報告的認知届（外国の方式により認知が成立した場合）

　証書又は証明書等，外国の方式により認知が成立した旨の書面及び翻訳者を明らかにした訳文（戸籍法施行規則63条の２）です。

（注１）父と嫡出でない子の間の身分関係は原則として問わないこととは，例えば，養父がその養子を自己の嫡出でない子として認知すること（明治32年３月29日民刑224号回答），自己の長女が出産した嫡出でない子や姪が出産した嫡出でない子を認知することは，法律上，特にこれを禁ずる規定がないため，戸籍先例として認められています（昭和５年６月５日民事611号回答，明治32年10月２日民刑1546号回答）。

　　　　なお，嫡出でない子が他人の特別養子となった場合は，実父母との嫡出又は非嫡出の親子関係が終了する（民法817条の９）結果，父は，その子と生理上の父子関係があっても，認知をすることはできません。

（注２）出生後25年経過したのちの認知請求に対し，相手方が不行使による権利失効の原則の適用を主張しましたが，最高裁は，「認知請求権は，その性質上長年行使しないからといって行使できなくなるものではない。」と判示しました（最判昭和37年４月10日民集16巻４号693ページ）。

（注３）内縁の夫が出奔行方不明になってから子が生まれたので，妻が勝手に婚姻

第9　届書の審査方法

届と夫名義で作成した出生届をし，子が嫡出子として戸籍に記載された後，親族の了解を得て協議離婚をし，子は母の氏を称する入籍の届出により母の戸籍に入籍していたところ，3年前に内縁の夫が死亡していることが確認されたため，婚姻届を含む一連の届出が全部無効となり，認知の訴えが父死亡後3年を経過した事案に対し，最高裁は，「父死亡の日から3年以内に認知の訴えを提起しなかったことがやむをえないものであり，また，右認知の訴えを提起したとしてもその目的を達しえなかった場合には，他に特段の事情がない限り，本条（787条）ただし書所定の認知の訴えの出訴期間は，父の死亡が客観的に明らかになった時から起算することが許されるものと解するのが相当である。」と判示しました（最判昭和57年3月19日民集36巻3号432ページ）。

（注4）昭和62年10月1日付け民二5000号通達第5の3

従来，民法第789条第1項又は第2項の規定によって嫡出子の身分を取得した子は，その身分を取得すると同時に父母の氏を称するものとして，認知の届出又は婚姻の届出によって直ちに父母の戸籍に子を入籍させる取扱いをしていた（昭和35年12月16日付け法務省民事甲第3091号当職通達）。

今回の改正により，1の（1）のとおり，父又は母が氏を改めたことにより父母と氏を異なることになった子は，父母が婚姻中であるときは，家庭裁判所の許可を得ないで父母の氏を称することができることとされたので，従前の取扱いを改め，準正嫡出子は，当然には父母の氏を称しないものとする。

この場合，準正嫡出子が父母の氏を称するには，戸籍法第98条に規定する入籍の届出によらなければならないこととなる。

（注5）父の認知により嫡出子の身分を取得する子については，従来は，「その他」欄に，他の子の身分の変更を来さない場合は「嫡出子の身分を取得する」と，また，他の子の身分に変更を来す場合は「長男の身分を取得する」と切り分けをし記載していたものと思われますが，嫡出でない子の戸籍における父母との続柄欄の記載についての通達（平成16年11月1日民一3008号通達）が発出され，従来の取扱いでは紛らわしいので，いずれの場合も「嫡出子長男の身分を取得する」とすることにより，父母との続柄欄の記載を訂正することが，より明確になると思います。

（注6）届出事件の本人とは，特定の戸籍届出事件の内容である身分関係の主体（当事者）となる者をいいます。認知届においては，認知者及び被認知者になります。

（注7）胎児認知整理簿の様式は特にありませんが，その様式を参考に示すと次の

－ 202 －

ようになります。

胎児認知整理簿

進行 番号	受付月日 (参考送付月日)	胎児認知 者の氏名	胎児認知 者の本籍	胎児の母 の氏名	胎児の母の 本籍（国籍）	備考

（注8）本件回答の前提となった照会事案は，「胎児認知届受理後，母の戸籍が他
　　　へ転属した場合，届書の一通を原本籍地に保管し届書一通及び届書謄本一通
　　　を新本籍地へ送付する。」とするものです。この照会に対して，本文にある回
　　　答がされたものです。

（注9）人事訴訟規則17条「戸籍の届出又は訂正を必要とする事項について人事訴
　　　訟の判決が確定したときは，裁判所書記官は，遅滞なく，当該人事訴訟に係
　　　る身分関係の当事者の本籍地の戸籍事務を管掌する者に対し，その旨を通知
　　　しなければならない。」

（注10）処理照会とは，他の市区町村で受理され送付された戸籍事件について，そ
　　　の処理に疑義がある場合，又は外国の方式により成立した戸籍事件について
　　　提出された証書が，外国の方式により適正に成立したものであるか疑義があ
　　　る場合等，その戸籍事件を処理するために管轄法務局の長に照会する場合を
　　　いい，届出の受理前に照会する場合を受理照会といいます（戸籍法施行規則
　　　82条）。

3　養子縁組届

　近年，当事者の知らない間に，無関係の第三者との養子縁組届が受理され，
養親又は養子にされたということが，マスコミに取り上げられたことは皆様の
ご記憶にあるところと思います。特に，養子縁組は，氏の変更，相続関係等親
族関係に及ぼす影響が大きいことから，戸籍事務担当者にとっては，神経を使
う届出の一つでしょう。

　上記のように縁組意思のない養子縁組の届出により，戸籍に不実の記載がさ
れることは，詐欺事件等の犯罪の温床となるばかりでなく，戸籍制度の信頼性

第9 届書の審査方法

を損ないかねないものです。また、戸籍事務担当者の方々の協議会である全国連合戸籍住民基本台帳事務協議会の総会において法務省にその対応策について要望がされるなどしていました。

このようなことから、法務省民事局は、平成22年12月27日民一3200号をもって「養子縁組の届出に関する取扱いについて」と題する法務省民事局長通達（以下「3200号通達」という。）を発出し、また、その運用上の留意事項を示すものとして、同日付け民一3201号をもって「養子縁組の届出に関する取扱いについて」と題する法務省民事局民事第一課長依命通知（以下「3201号通知」という。）を発出しました。この通達等は、氏の変更を目的として成年同士で短期間に養子縁組を繰り返す事案等の縁組意思のない養子縁組の届出を未然に防止するということを主たる目的としていると説明されています（戸籍853号１ページ）。この取扱いについては、以下の説明等の中で、その都度触れることとします。

(1) 養子縁組制度の変遷

養子縁組とは、自然血縁による親子関係のない者、又は血縁的親子関係はあっても嫡出親子関係がない者の間に、法的に親子関係を擬制する制度です。

養子制度は、３段階に分けることができます。最初は、封建的家父長家族における家長ないし祖先の祭祀承継者がない場合に、その承継者を得る要請に基づいて行われた「家のための養子」の段階です。次に、父権的家族制度の衰退とともに、子のない親の孤独を救い、労働力の増加や老後の扶養を期待する「親のための養子」の段階となります。最後に、親のない幼児等に親を与え、子の福祉を目的とする「子のための養子」の段階となります。

我が国も同様に、このような段階を踏んできました。旧民法の下では、家のため、親のための養子制度でしたが、戦後の民法改正は、家族制度的制約を削除するとともに、未成年の子を養子とするには家庭裁判所の許可を必要とするなど、子のための養子制度に近づき、昭和62年の民法の一部改正により、子の福祉の観点からかなりの修正が加えられるとともに、特別養子制度が新設されました。特別養子制度については、特別養子縁組の項で説明することにしま

- 204 -

第9　届書の審査方法

す。

(2)　養子縁組の実質的要件

養子縁組の実質的な要件については，民法792条以下に規定があります。その縁組の形態により，それぞれの要件を備えていることを審査する必要がありますので，以下に，その概略について説明することにします。

ア　当事者間に縁組する意思の合致があること（民法802条1号）

> **【問152】** 縁組をする意思の合致があることとは，どのようなことでしょうか。

縁組をする意思とは，養親となるべき者と養子となるべき者との間において，社会習俗観念からみて，真に親子と認められるような身分関係の設定を欲する効果意思をいいます。また，判例は，単に，芸娼妓とする方便としてされる養子（大判大正11年9月2日民集1巻448ページ）などには縁組意思がないとしています。もっとも，「社会習俗観念からみて，真に親子と認められるような身分関係の設定を欲する効果意思」とは，具体的にどのような内容かについては明確ではなく，その有無の判断が困難な場合も多いのです。したがって，民法は，養子縁組の届出に当たっては，当事者以外に証人により，人違いでないこと及び縁組意思があることを担保しようとしています（民法799条・739条）。しかし，縁組意思がないにもかかわらず，勝手に他人の養子となる縁組の届出や借金から逃れるため氏の変更を目的として縁組をすることなどが目立つようになってきたことから，戸籍の届出における本人確認等の取扱いについての通達（平成15年3月18日民一748号通達）が発出され，その後，戸籍記載の真実性を担保するための措置として，戸籍法の改正（平成19年法律第35号，平成20年5月1日施行）により，市区町村長は，縁組等の届出に際し，窓口に出頭した者に対して，その者を特定するために必要な運転免許証等の提示を求めることとされました（戸籍法27条の2第1項，いわゆる，「本人確認制度」といわれるものです。）。

－ 205 －

第9　届書の審査方法

> 【問153】縁組意思のない養子縁組，つまり，虚偽の養子縁組であると疑
> 　　　　われる届出とは，どのような養子縁組の形態でしょうか。また，その
> 　　　　疑いがある場合は，どのように対応することになるのでしょうか。

　3200号通達記1は，市区町村長は，短期間に成年同士の養子縁組を繰り返し
行っている者が届出人となっているなど，虚偽の養子縁組であると疑われる届
出として，3201号通知で，具体的な縁組形態を示しています。同通知第2の1
は，虚偽の養子縁組であると疑われる届出とは，次のような場合であるとし
て，以下の4事例を掲げています。

①　届出人のいずれかが，届出の前おおむね6月以内に，養子縁組又は離縁
　　を2回以上行っている場合（ただし，養子縁組又は離縁の当事者が前の養
　　子縁組又は離縁の当事者であるときは，1回として取り扱う。）

②　届出人のいずれかが，届出時に，二人以上の者と養子縁組をしている場合

③　第3（筆者注：第3「届出地市区町村長による審査及び照会」）の審査の過
　　程で，届出人のいずれかが，届出時までに，養子縁組又は離縁を3回以上
　　行っていることが判明した場合（ただし，養子縁組又は離縁の当事者が前
　　の養子縁組又は離縁の当事者と同一であるときは，1回として取り扱う。）

④　届出人のいずれかの住民票が，職権により削除されている場合

としています。これら①から④までに該当する場合であっても，3200号通達に
よる取扱いの対象外となる届出（同通知第2の2参照）を除き，その受理又は
不受理については，管轄法務局等の長に照会をすることになります（3200号通
達記1）。

　管轄法務局長等は，縁組の届出に関し，届出人，証人・使者等の事情聴取を
行うなどして，縁組意思の有無について十分調査をした上，市区町村長に対し
て，受理又は不受理の指示を行うことになります（3200号通達記2）。

第9 届書の審査方法

【問154】 成年被後見人が縁組するには，成年後見人の同意を必要とする
のでしょうか。

縁組意思の問題です。縁組意思は，身分的意思ですから，意思能力さえあれ
ばよいことになりますので，成年被後見人であっても，本心に復している場合
であれば成年後見人の同意を得ないで，単独で縁組の意思表示をすることがで
きます（民法799条・738条，戸籍法32条）。

ところで，現行戸籍法32条は，平成11年法律第152号により改正されたもの
です。改正前は，同法32条2項に「成年被後見人が届出をする場合には，届書
に届出事件の性質及び効果を理解するに足りる能力を有することを証すべき診
断書を添付しなければならない。」と規定していました。改正法は，この2項
を全文削除しました。改正前は，禁治産宣告又は準禁治産宣告があった場合
は，これを戸籍に記載することとしていましたが，平成11年法律第149号によ
り，禁治産及び準禁治産制度は廃止され，成年後見制度が創設されました。成
年後見については，新たな登記制度によることとされ，戸籍の記載事項とされ
なくなったため，2項を全文削除したものです。

　イ　養親となる者が成年者であること（民法792条）

夫婦が養親となる場合には，双方ともに成年者でなければなりませんが，戸
籍先例は，未成年者でも婚姻によって成年に達したものとみなされる者（婚姻
による成年擬制。民法753条）は，養親となることができるとしています（昭和
23年10月23日民事甲1994号回答）。しかし，養子の福祉と保護という立場からみ
ると，筆者としては，疑問があるところです。

　ウ　養子となる者が，養親となる者の尊属又は年長者でないこと（民法793
条）

- 207 -

第9　届書の審査方法

【問155】 おじ又はおばが，養親となる者より年少者の場合，これを養子
　　　とすることはできるのでしょうか。

　養親となる者と養子となる者が親族関係にある場合は，養子は養親の尊属で
あってはなりませんから，おじ・おばなどの尊属は，たとえ年少者であっても
養子とすることはできません。これは，社会倫理観念からのものです。

　また，養子となる者は，養親となる者よりも年長であってはならないとして
いるだけで，何らの制限もしていませんから，自己の直系卑属，例えば，自己
の嫡出でない子，孫や弟妹などを養子にすることはできることになります。

　　エ　後見人が被後見人（未成年被後見人及び成年被後見人をいう。以下同
　　　じ。）を養子とするには，家庭裁判所の許可を得なければならないこと。
　　　また，後見人の任務が終了した後でも，まだ管理の計算が終わらない間も
　　　同様であること（民法794条）

【問156】 後見人が被後見人を養子とするときは，なぜ家庭裁判所の許可
　　　を得なければならないのでしょうか。

　後見は，親のない未成年者や成年被後見人のために，国家の監督の下にその
身上及び財産上の保護を行うことを目的とする制度ですから，後見人は，被後
見人の身上に関する事務と財産に関する事務を行うことになります。

　後見人がその職に就いたならば，遅滞なく被後見人の財産の調査に着手し，
1か月以内にその調査を終わり，かつ，その目録を作成しなければならないと
しています（民法853条1項本文）。ただし，被後見人の財産状態が複雑多岐で
あるときは，家庭裁判所に申請してその期間を伸張してもらうことができます
（同条1項ただし書）。

　このように後見人は，その職務の一つとして被後見人の財産を管理する者で
すから，被後見人を養子とすることによって，後見人の不正・不当な財産管理
を隠ぺいすることを阻止しようとする趣旨（成年後見人や，未成年後見人の立
場を悪用した事件がありました。）から，監督機関として家庭裁判所の許可を

－ 208 －

第9　届書の審査方法

要件としたものです。この家庭裁判所の許可と民法826条の利益相反行為の禁止とは何ら関係がありませんので，後見人が現にその後見に服する15歳未満の子と養子縁組をする場合には，その代諾のための特別代理人を選任しなければなりません（昭和23年12月22日民事甲3914号回答）。この許可は，後記ケの未成年者を養子とするための許可とは，その目的ないし基準を異にし，その性質も別個であることから，両者の許可を得ることを要しますが，許可そのものは必ずしも別々にする必要はないとしています（昭和25年10月10日民事甲2633号回答）。

　　オ　配偶者のある者が未成年者を養子とするには，配偶者とともにしなけれ
　　　　ばならないこと（民法795条）

> 【問157】配偶者のある者が未成年者を養子とするには，なぜ配偶者とと
> 　　　　もにしなければならないのでしょうか。

　これは，未成年者は成年者と異なり，養育監護される必要があり，しかも父母の下でその共同親権により養育監護されるのが望ましいという子の利益のためです。

　ところで，配偶者のある者が未成年者を養子とする場合であっても，夫婦共同で縁組することを要しないとされている場合が二つあります。

　その一つは，配偶者の嫡出子を養子とする場合です。この嫡出子には，養子も当然に含まれます（民法809条参照）。自己の嫡出子又は養子については，自己の養子とする縁組をしたとしても子の身分に変動がないため，縁組をする実益がないことから，養子とすることができないとするのが，古くからの戸籍先例です（昭和23年1月13日民事甲17号通達。後記コ参照）。

　もう一つは，配偶者がその意思を表示することができない場合です。意思を表示することができない場合とは，その配偶者が精神上の障害により事理を弁識する能力を欠く常況にある場合や行方不明の場合等です。意思を表示することができない者は，未成年者を養育監護することも，親権を行使することもできませんので（民法818条3項ただし書），未成年者の養親とする実益がなく，

－ 209 －

第9 届書の審査方法

また，身分行為は，本人の意思を尊重する（身分行為は代理に親しまない）と
したものです。この場合は，届書「その他」欄に配偶者がその意思を表示する
ことができない旨及びその事由を記載してもらうことになります。

【問158】配偶者の嫡出でない子を養子とするときは，配偶者とともにす
　　　　ることを要しないのでしょうか。

　民法795条ただし書は，「配偶者の嫡出である子を養子とする場合（中略）
は，この限りでない。」と規定しています。配偶者の嫡出子を養子とする場合
は，単独縁組になりますが，配偶者の嫡出でない子を養子とするときは，夫婦
共同で縁組をしなければなりません。これは，養子になると，実親，養親の共
同親権に服し（民法818条3項本文），父母に養育監護されることになるにもか
かわらず，実親との関係においては嫡出でない子，養親との関係においては嫡
出子というのでは養育監護上不都合であり，また，自己の嫡出でない子を養子
とすることによってその子の地位が向上することになりますから，子の利益に
もつながることになります。この規定は，民法等の一部を改正する法律（昭和
62年法律第101号）により改正されたものです。

【問159】夫婦共同縁組の要件を具備しない養子縁組の届出を誤って受理
　　　　してしまった場合は，どのようにしたらよいのでしょうか。

　夫婦共同縁組の要件を具備しない養子縁組届は，これを受理することはでき
ませんし，また，誤って受理した縁組の効力については，原則として，縁組の
意思を表示した配偶者との縁組を含めて縁組すべてが無効とされています（最
判昭和56年4月24日判例時報1003号94ページ）。また，夫婦が共同して縁組すべき
場合に，その一方のみが単独でした縁組届出が受理されてしまったときの縁組
の効力についてのもう一つの最高裁判例は，「夫婦の一方の意思に基づかない
縁組の届出がされた場合でも，その他方と相手方との間に単独でも親子関係を
成立させる意思があり，かつ，そのような単独の親子関係を成立させること
が，一方の配偶者の意思に反しその利益を害するものでなく，養親の家庭の平

－ 210 －

第9　届書の審査方法

和を乱さず，養子の福祉をも害するおそれがないなど民法795条（筆者注：改正前民法）の規定の趣旨に反しない特段の事情がある場合には，縁組意思のある配偶者と相手方との縁組は有効であると解すべきである。」（最判昭和48年4月12日民集27巻3号500ページ）というものです。

戸籍実務としては，戸籍に夫婦共同縁組に反する記載があっても，その縁組は当然無効であるということはできませんので，戸籍訂正の申請がない以上，その記載をそのままにしておくほかはないことになり（昭和37年2月21日民事甲349号回答，昭和39年10月30日民事甲3560号回答），また，縁組の効力を夫婦各別に定めた審判に基づいてされた戸籍訂正申請も受理すべきものとしています（昭和49年3月12日民二1369号回答）。

なお，受理後，戸籍の記載前に誤りを発見した場合は，届出の追完（戸籍法45条）により処理することになります。また，戸籍の記載後であっても，配偶者とともに縁組をする意思を有しながら届書にその記載を遺漏して届け出た場合にも，追完届により処理して差し支えないと考えます（昭和30年11月30日民事甲2467号回答）。

　カ　配偶者のある者が縁組をするには，その配偶者の同意を得なければならないこと（民法796条）

> 【問160】配偶者の同意を得なければならないとは，どのようなことからなのでしょうか。

配偶者のある者が単独で養子をし又は養子となる場合は，配偶者がその意思を表示することができない場合を除いて，縁組をすることについて配偶者の同意を得なければなりません。この同意は，配偶者の嫡出子を養子とし，又は既に配偶者の養子となっている者を養子とする場合も同様です。

この配偶者の同意を養子縁組の要件としているのは，他の一方の利益を保護するためです。養子縁組をすることにより夫婦の一方に新たな身分関係を創設することは，他の一方に姻族関係を生じさせるとともに，他の一方の相続，扶養義務及び氏等に変動を生じさせる等，夫婦相互の利害に影響を及ぼすことに

－ 211 －

第9　届書の審査方法

なるからです。

　縁組の届出における審査では，この配偶者の同意を証する書面の添付がある
かを審査することになりますが，届書「その他」欄に「この縁組に同意しま
す。配偶者何某㊞」との記載があれば差し支えありません（戸籍法38条1項，
昭和62年10月1日民二5000号通達（以下「養子法基本通達」という。）第1の1（1）
ア）。しかし，縁組の証人になっている場合は，証人と縁組の同意は別個のも
のですから，間違わないよう注意する必要があります（改正養子法に関する質
疑応答集（以下「質疑応答集」という。）問4，戸籍532号4ページ）。未成年者が
婚姻をするときは，父母の同意を必要としますが，この場合，父母が証人と
なっているときは，「父母の同意は証人を兼ねる。」として処理する（昭和36年
2月27日・28日高知地方法務局管内戸籍事務協議会決議）のとは違います。

┌───┐
│【問161】配偶者が精神上の障害により事理を弁識する能力を欠く常況に │
│　　　　あり，その意思を表示することができない場合，届書には，どのよう │
│　　　　に記載したらよいのでしょうか。 │
└───┘

　配偶者のある者が成年者を養子とする場合は，原則として配偶者の同意を要
件としており，しかも養親となる者に配偶者があることは養親の戸籍上明らか
ですから，養子縁組届には，同意を証する書面を添付しなければなりません。
この同意を証する書面の添付がないときは，配偶者が意思を表示することがで
きない場合かを審査することになります。届出人が，例えば，「配偶者甲野梅
子は精神上の障害により事理を弁識する能力を欠く常況にあるためその意思を
表示することができない。」との事由であれば，その旨を届書「その他」欄に
記載してもらうことになります（養子法基本通達第1の1（1）イ）。

　キ　養子となる者が15歳未満であるときは，その法定代理人が本人に代わっ
　　　て縁組の承諾をすること（民法797条1項）

　民法は，未成年者のうち15歳未満の者について，意思能力の有無にかかわり
なく，一律に，縁組の意義とその当否を判断し得ない者とし，縁組をするには
法定代理人の代諾を要することとしています。この代諾する者を代諾権者とい

－ 212 －

います。代諾権者は，法定代理人としての親権者，未成年後見人，親権者及び未成年後見人を欠き，児童福祉施設入所中の児童の場合には，児童福祉施設の長になります（児童福祉法47条1項）。

なお，縁組の代諾については，戸籍707号に「養子縁組の代諾者及び離縁の協議者について」（森芳生）が掲載されており，「縁組の代諾について」の詳しい解説があります。

【問162】 父母の共同親権の下にある15歳未満の子があります。父母の一方が行方不明とのことで，父母の一方のみの代諾しか得られない場合は，届書にはどのように記載したらよいのでしょうか。

親権者である父母の一方が所在不明その他の事由により意思を表示することができない場合は，他の一方のみの代諾で差し支えありません。しかし，父母の意見が一致しないため一方のみが代諾している場合には，その縁組届は受理することはできないとしています（昭和23年6月9日民事甲1636号回答（3））。

届出人が，「配偶者は，所在不明により意思を表示することができない。」ということであれば，届書「その他」欄に，配偶者が意思を表示することができない旨及びその事由を，例えば，「養父の配偶者甲野梅子は，平成28年12月24日から所在不明によりその意思を表示することができない。」と記載してもらうことになります（戸籍法38条1項，養子法基本通達第1の1（1）イ）。

【問163】 【問158】の場合，養子となる嫡出でない子が15歳未満であるときは，その子の親権者である母が代諾することになりますが，この場合，特別代理人の選任を要することになるのでしょうか。

民法826条は，「親権を行う父又は母とその子との利益が相反する行為については，親権を行う者は，その子のために特別代理人を選任することを家庭裁判所に請求しなければならない。」と規定しています。配偶者の嫡出でない未成年者を養子とするときは，夫婦共同縁組をすることになりますが，養子が15歳未満のときは，その母が子に代わって承諾することになります。この場合，母

- 213 -

第9　届書の審査方法

とその子との利益が相反することになるかとの問題があります。

　この問題について，戸籍先例は，「従来，自己の15歳未満の嫡出でない子を配偶者とともに養子とする縁組の届出事件につき，嫡出でない子とその親権者との縁組に当たっては，子に代わって縁組の承諾をする特別代理人の選任を要することとして取り扱ってきたが（昭和23年11月30日付け民事甲第3186号当職回答等），今般，「民法等の一部を改正する法律（昭和62年法律第101号）」によって民法第795条が改正され，配偶者のある者が未成年者を養子とするには原則として配偶者とともにしなければならないこととされたところであり，この改正の趣旨に照らし，前記先例による取扱いは一部これを変更するのが相当と思料されるので，今後は，標記縁組（筆者注：「自己の15歳未満の嫡出でない子を配偶者とともに養子とする縁組の届出」）の場合に限って，嫡出でない子とその親権者との縁組につき特別代理人の選任は要しないこととし，その親権者からの縁組の届出を受理して差し支えないものとする。」（昭和63年9月17日民二5165号通達）としています（注1）。したがって，自己の15歳未満の嫡出でない子を配偶者とともに養子とする縁組の届出があった場合は，特別代理人の選任を要しないことになります。

　ク　代諾権者である法定代理人の他に養子となる者の父母でその監護すべき者が他にあるときは，その監護者の同意を，また，養子となる者の父母で親権を停止されているものがあるときも，同様に同意を要すること（民法797条2項）

┌───┐
【問164】養子となる者の父母で監護すべき者があるときとありますが，
　　　　監護者というのは，戸籍の記載事項ではありませんので，どのように
　　　　確認をしたらよいのでしょうか。
└───┘

　監護者とは，親権のうち身上監護のみを有するものとして，父母が協議離婚をする際に，その協議により，この協議が調わないとき又は協議をすることができないときは家庭裁判所の審判により定められます（民法766条1項）。そして，監護者として指定することができる者としては，離婚をする父母のうち親

－ 214 －

第9　届書の審査方法

権者にならない一方の者に限らず，第三者でもよく，この第三者の中には，一定の施設でもよいと解されています。

また，家庭裁判所は，子の利益のため必要があると認めるときは，監護者を変更することができ（民法766条3項），この変更は，親権者の場合と異なり父母の協議によってもできると解されています。この監護者は，父母の裁判離婚（民法771条），父母の婚姻の取消し（民法749条），父の認知（民法788条）の場合も定められます。いずれにしても父母の婚姻中は監護者はいないことになります。なお，この監護者については，戸籍の記載事項とはされていません。

ところで，養子となる者の法定代理人が縁組の代諾をするについて監護者である父又は母の同意を得ることを要することとしたのは，父母の一方が親権者，他方が監護者とされている場合，親権者が代諾して縁組をしてしまうと，その養子の身上監護権を含む親権は養親が行使することになり，監護者はその意思にかかわりなく，子に対する監護権を失ってしまうことになるからです。また，平成23年の民法の一部改正（平成23年法律第61号）により，親権停止の審判の制度が設けられたことから，2項に後段部分を追加し，養子となる者の父母で親権を停止されているものがあるときも，同様としました。

戸籍実務では，監護者の同意を得ることを要するか否かの審査方法は，市区町村長の形式的審査権に基づき，当該養子縁組届書中の「監護をすべき者の有無」欄の記載によって審査すれば足り，他に同意を得ることを要する監護者の有無を調査する必要はない（質疑応答集問33，戸籍532号11ページ）ことになります。

　ケ　未成年者を養子とするには，原則として家庭裁判所の許可を得なければ
　　　ならないこと（民法798条）

> 【問165】　家庭裁判所の許可を要するとしたのは，どのようなことからで
> 　　　しょうか。

家庭裁判所の許可を得ることとしたのは，養子制度が家のため，親のために濫用されることを防止し，真に子の福祉のための制度にしようとする趣旨に基

－ 215 －

第9 届書の審査方法

づくものであって，子のための養子法の代表的な現れです。そのため，自己又は配偶者の直系卑属を養子とする場合には，子の福祉が侵害されるおそれがないとして，家庭裁判所の許可を必要としないこととしています（民法798条ただし書）。

　コ　養子となる者は，養親の嫡出子又は養子でないこと（昭和23年1月13日民事甲17号通達（17））

養子縁組は，嫡出親子関係を創設する制度ですから，既に嫡出親子関係のある嫡出子や養子は，養子となることはできないとしたものです。

(3) 養子縁組の無効・取消し

ア　縁組の無効

①　人違いその他の事由によって当事者間に縁組をする意思がないとき（民法802条1号）

民法は，人違いその他の事由によってとしていますが，本人が知らない間に第三者によって届出された場合がこれに該当します（大判大正6年12月20日民録23輯2178ページ）。夫婦共同縁組において一方に縁組意思がなかった場合，法定代理権のない者が代諾縁組をした場合は，いずれも縁組意思を欠くものとして無効であることを原則とします。ただし，前者について，事情のいかんによっては縁組意思のある夫婦の一方との間の縁組が有効とされるときがあること（注2），後者について，先例（昭和30年8月1日民事甲1602号通達）はその追完を認め，判例（最判昭和27年10月3日民集6巻753ページ）は15歳に達した本人の追認によって縁組が有効になるとしています。

②　当事者が縁組の届出をしないとき（民法802条2号本文）

届出は，縁組成立のための形式的要件ですから，この場合は，無効になるというより，むしろ縁組は不成立ないし不存在ということになります。

イ　縁組の取消し

養子縁組の成立要件に瑕疵があっても，いったん縁組が成立した以上，なるべくこれを有効なものとして，存続させることが公益上望ましいことです。そのため民法は，縁組に次に掲げる七つの取消原因のいずれかに該当する瑕疵が

－ 216 －

ある場合に限って，一定の条件の下に，特定の取消権者が家庭裁判所に請求することによって，これを取り消し得るとしています（民法803条）。

① 取消原因

i　養親が未成年者であるとき。ただし，養親が成年に達してから6か月を経過し，又はその間に追認したときは，取消権を失います（民法804条）。

ii　養子が養親の尊属又は年長者であるとき（民法805条）。この取消権の行使には，期間の制限がなく，追認によって消滅することもありません。判例は，消滅時効（民法126条）によって消滅することもないと解しています（大判大正12年7月7日民集2巻438ページ）。

iii　後見人が被後見人を家庭裁判所の許可を得ないで養子にしたとき。この場合に，後見人の管理の計算が終わった後，養子が追認するか，又は6か月を経過したときは，取消権が消滅します。ただし，この追認は，養子が成年に達し，又は能力を回復した後にしたのでなければ効力がないことになります。そのため，後見人の辞任などの事由によって，養子が成年に達せず，又は能力を回復しない間に管理の計算が終わった場合には，この6か月の期間は，養子が成年に達し，又は能力を回復した時から起算されます（民法806条）。

iv　夫婦の一方が他方の同意を得ないで縁組をしたとき，詐欺又は脅迫によって同意をしたとき。ただし，同意をすべき者がその縁組を知った後，あるいは詐欺を発見し，若しくは脅迫を免れた後6か月を経過し，又はその間に追認をしたときは，取り消し得なくなります（民法806条の2）。

v　代諾縁組において，監護者である父母の同意を得ないで縁組をしたとき。ただし，同意をすべき者が追認をしたとき，又は養子が15歳に達した後6か月を経過するか追認をしたときは，取り消し得なくなります（民法806条の3）。

vi　未成年者を家庭裁判所の許可を得ないで養子にしたとき。ただし，この場合に，養子が成年に達した後に6か月を経過するか，又はその間に追認したときは，取消権が消滅します（民法807条）。

vii　縁組が詐欺又は脅迫によって行われたとき。もっとも，詐欺を発見し若

第9　届書の審査方法

しくは脅迫を免れた時から6か月を経過するか，又はその間に追認をすれば，取消権を失います（民法808条1項・747条）。婚姻の場合の取消権の消滅は3か月ですが，これより長くされているのは，子の出生など婚姻に比して緊急性の乏しいことによるものです。

②　取消権者

ⅰ　未成年者が養親のときは，養親となった未成年者又はその法定代理人になります（民法804条）。

ⅱ　尊属又は年長養子のときは，各当事者又はその親族になります（民法805条）。

ⅲ　被後見人が養子のときは，養子又は実方の親族になります（民法806条）。

ⅳ　夫婦の一方が他方の同意を得ないでしたときは，同意をしていない他方（民法806条の2第1項），詐欺又は脅迫によって同意をしたときは，その同意をした者になります（民法806条の2第2項）。

ⅴ　代諾縁組において監護者の同意を得ないでしたときは，同意をしていない監護者（民法806条の3第1項），詐欺又は脅迫によって同意をしたときは，その同意をした者になります（民法806条の3第2項）。

ⅵ　家庭裁判所の許可を得ないで未成年者を養子としたときは，養子，その実方の親族又は養子に代わって縁組を承諾した者になります（民法807条）。

ⅶ　詐欺又は脅迫による縁組のときは，詐欺又は脅迫を受けた当事者になります（民法808条1項・747条）。

③　取消しの請求

縁組を取り消すためには，取消権者が家庭裁判所に対してその請求をすることを要し，裁判外で取消しの意思表示をしても何らの効力もありません。

④　取消しの効果

縁組取消しの効果は，婚姻の取消しと同様，身分関係については遡及せず，将来に向かってのみ法定親子関係を消滅させることになります（民法808条1項本文・748条）。また，縁組の取消しによって，養子は縁組前の氏に復することになります（民法808条2項・769条・816条）。民法には規定はありませんが，縁

- 218 -

組によって生じた親族関係は当然に終了し（民法729条参照），未成年者である養子に対する養親の親権は消滅し，実親の親権が復活することになります。

(4) 養子縁組の効果

ア 嫡出親子関係の形成

養子は，縁組の日から，養親の嫡出子としての身分を取得します（民法809条）。さらに，養子と養親は，相互に親族的扶養義務を負うことになります（民法877条）。

また，養子と養親及びその血族との間においては，血族間におけるのと同一の親族関係を生ずることになります（民法727条）が，養子の血族と養親との間には，法定の血族関係は生じません。例えば，縁組後に生まれた養子の子は，養子を通じて養親及びその血族の法定血族となりますが，縁組前に出生している養子の子は，養親及びその血族との間にはなんらの血族関係を生ずることはありません（大判昭和7年5月11日民集11巻1062ページ，昭和27年2月2日民事甲89号回答）。

イ 養子の氏

養子は養親の氏を称することになります（民法810条本文）。ただし，婚姻によって氏を改めた者については，婚姻の際に定めた氏を称すべき間は，養親の氏を称さないことになります（同条ただし書）。

> 【問166】婚姻の際に定めた氏を称すべき間とは，どのようなことをいうのでしょうか。

昭和62年の民法改正（同年法律第101号）前は，配偶者のある者は，その配偶者の子を養子とする場合を除き，養親となる場合又は養子となる場合のいずれであっても，配偶者とともにしなければ，縁組をすることができないこととされていました。いわゆる，必要的夫婦共同縁組としていました。民法改正後は，配偶者のある者が成年者を養子とする場合，又は養子となる場合のいずれであっても，原則として配偶者の同意を得ることを要するものの，配偶者とともに縁組をすることを要しないこととされました。このように，配偶者のある

－ 219 －

第9　届書の審査方法

者であっても，夫婦共同で養子となる縁組をすることを要しなくなり，単独縁組が原則となりましたので，婚姻によって氏を改めた者のみが養子となる例が多くなることが予想されるため，その者が養親の氏を称しないこととする明文を設け，婚氏が縁氏に優先することを明確にするため，民法810条ただし書の規定が設けられたものです。このただし書の規定により養親の氏を称しないのは，養子が婚姻によって氏を改めた者についてです。そして，婚姻の際に定めた氏を称すべき間とは，婚姻の継続中はもとより配偶者の死亡により婚姻が解消した後も養親の氏を称することはなく，引き続き配偶者又は配偶者であった者の氏を称することになります。また，配偶者の死亡により縁組時に婚姻が既に解消している場合も同様です（養子法基本通達第1の3）。したがって，婚姻の際に氏を改めた者が養子となった場合は，離婚又は生存配偶者の復氏（【問167】参照）をしない限り，婚姻の際に定めた氏を称することになります。

> **【問167】** 生存配偶者が養子となった場合，養親の氏を称するには，どのような手続をしたらよいのでしょうか。

養親の氏を称するには，生存配偶者の復氏（民法751条1項，戸籍法95条）の手続をすることになります。生存配偶者の復氏により婚姻前の氏に戻りますが，養子縁組により養子は養親の氏を称することになるため（民法810条本文），直接，養親の戸籍に入籍することができます（養子法基本通達第1の3）。この場合，「復氏した後の本籍」欄は，「□もとの戸籍にもどる」の□にチェックし，養親の戸籍の表示を記載することになります。また，届書「その他」欄に，例えば，「妻（夫）の養父　丙山一郎」と記載します。

ウ　養子の親権者

養子が未成年であるときは，養親の親権に服することになります（民法818条2項）。

(5)　養子縁組の形態と戸籍の変動

養子縁組による戸籍の変動は，縁組の形態によりそれぞれ違いがあります。基本的には，養子は縁組により養親の氏を称し（民法810条本文），養親の戸籍

－ 220 －

に入籍する（戸籍法18条3項）ことになりますから，原則としては，養子が単身者であるときは養親の戸籍に入籍することになり，養子が夫婦であるときは夫婦について新戸籍を編製することになります。

それでは，普通養子縁組の形態にはどのような組合せがあるか，また，その形態により養子又は養親について戸籍の変動が生ずるかについて，以下に具体的に説明することにします。

　ア　夫婦が夫婦を養子とするときは，養子夫婦について新戸籍を編製することになります（民法810条本文，戸籍法20条，平成2年10月5日民二4400号通達（注3））。

【問168】夫婦（戸籍の筆頭者及びその配偶者）がそれぞれ自己の嫡出子の配偶者である夫婦の一方を養子とする縁組をする場合は，養子夫婦について新戸籍を編製することになるのでしょうか。

本問は，夫婦（戸籍の筆頭者及びその配偶者）がそれぞれ自己の嫡出子の配偶者である夫婦の一方を養子とする縁組をする場合，婚姻した嫡出子が，婚姻の際に氏を改めなかった者か氏を改めた者であるかによって，新戸籍を編製するかどうかという問題であると思います。

例えば，養親となる夫婦は，甲野義太郎と梅子夫婦とします。養子となる夫婦は，甲野義太郎の長男の啓太郎と梅子の長女の春子とします。義太郎・梅子夫婦は，義太郎の氏「甲野」で婚姻し，啓太郎・春子夫婦も啓太郎の氏「甲野」で婚姻した場合です。これを図示すると，次のようになります。

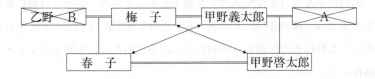

この場合の縁組は，義太郎と春子，梅子と啓太郎という形態になり，梅子の養子となる啓太郎は，婚姻の際に氏を改めなかった者ですから，養子夫婦について新戸籍を編製することになります。平成2年10月5日付け民二4400号通達

（以下「4400号通達」という。）は，「夫婦又は婚姻の際に氏を改めなかった者が養子となる縁組の届出があった場合には，養親となるべき者との氏の異同を問わず夫婦について新戸籍を編製するものとする。」としていますので，養子夫婦について「甲野」の氏で新戸籍を編製することになります。また，啓太郎が妻春子の氏である「乙野」の氏を称したときは，春子は婚姻の際に氏を改めなかった者ですから，義太郎との縁組により，「甲野」の氏で新戸籍を編製することになります。

　このように，夫婦が養子となる縁組の場合は，常に養子夫婦について新戸籍を編製することになります。

イ　夫婦が夫婦の一方（婚姻の際に氏を改めなかった者）を養子とするときは，養子夫婦について新戸籍を編製することになります（民法810条本文，戸籍法20条，4400号通達）。夫婦が自己の嫡出子の配偶者（婚姻の際に氏を改めなかった者）を養子とするときも同様です。

ウ　夫婦が夫婦の一方（婚姻の際に氏を改めた者）を養子とするときは，養子の戸籍に変動はありません（民法810条ただし書，養子法基本通達第1の3）。夫婦が自己の嫡出子の配偶者（婚姻の際に氏を改めた者）を養子とするときも同様です。

エ　夫婦が単身者（戸籍の筆頭者）を養子とするときは，養子は養親の戸籍に入籍することになります（民法810条本文，戸籍法18条3項）。夫婦が自己の死亡した嫡出子の配偶者（婚姻の際に氏を改めなかった者）を養子とするときも同様です。

オ　夫婦が単身者（生存配偶者）を養子とするときは，養子の戸籍に変動はありません（民法810条ただし書，養子法基本通達第1の3）。夫婦が自己の死亡した嫡出子の配偶者（婚姻の際に氏を改めた者）を養子とするときも同様です。

カ　夫婦が単身者（戸籍の筆頭者及びその配偶者以外の者）を養子とするときは，養子は養親の戸籍に入籍することになります（民法810条本文，戸籍法18条3項）。夫婦の嫡出子の子（孫）を養子とするときも同様です。

第9　届書の審査方法

キ　夫婦が外国人を養子とするときは，養親の戸籍に縁組事項のみを記載することになります。

ク　夫婦の一方（戸籍の筆頭者）が夫婦を養子とするときは，養子夫婦について新戸籍を編製することになります（民法810条本文，戸籍法20条，4400号通達）。

【問169】夫婦の一方（戸籍の筆頭者）が他方（筆頭者の配偶者）の嫡出子を養子とすると同時に，その嫡出子の配偶者を夫婦がともに養子とする縁組の場合は，養子夫婦について新戸籍を編製することになるのでしょうか。

この場合も【問168】と同様です。例えば，甲野義太郎・梅子夫婦が，梅子の嫡出子である乙川竹子とその夫英助を養子とするときは，義太郎は竹子及び英助と縁組し，梅子は英助のみと縁組することになります。この場合，竹子が婚姻の際に氏を改めなかった者であるときはもとより，婚姻の際に氏を改めた者であるときでも，新戸籍を編製することになります。つまり，養子は養親の氏を称することになりますから，竹子が婚姻の際に氏を改めなかった者であるときも，氏を改めた者であるとき（夫英助の氏で婚姻したとき）も，夫婦が夫婦を養子とする縁組になりますので，養子夫婦について新戸籍を編製することになります。

ケ　夫婦の一方（戸籍の筆頭者）が夫婦の一方（婚姻の際に氏を改めなかった者）を養子とするときは，養子夫婦について新戸籍を編製することになります（民法810条本文，戸籍法20条，4400号通達，【問169】参照）。

コ　夫婦の一方（戸籍の筆頭者）が夫婦の一方（婚姻の際に氏を改めた者）を養子とするときは，養子夫婦の戸籍に変動はありません（民法810条ただし書，養子法基本通達第1の3）。夫婦の一方（戸籍の筆頭者）が他方（筆頭者の配偶者）の子（婚姻の際に氏を改めた者）を養子とするときも同様です。

サ　夫婦の一方（戸籍の筆頭者）が単身者（戸籍の筆頭者）を養子とすると

－ 223 －

第9　届書の審査方法

きは，養子は養親の戸籍に入籍することになります（民法810条本文，戸籍
法18条3項）。

シ　夫婦の一方（戸籍の筆頭者）が単身者（生存配偶者）を養子とするとき
は，養子の戸籍に変動はありません（民法810条ただし書，養子法基本通達
第1の3，【問166】参照）。

ス　夫婦の一方（戸籍の筆頭者）が単身者（戸籍の筆頭者及びその配偶者以
外の者）を養子とするときは，養子は養親の戸籍に入籍することになりま
す（民法810条本文，戸籍法18条3項）。

セ　夫婦の一方（戸籍の筆頭者）が外国人を養子とするときは，養親の戸籍
に縁組事項のみを記載することになります。

ソ　夫婦の一方（筆頭者の配偶者）が夫婦を養子とするときは，養子夫婦に
ついて新戸籍を編製することになります（民法810条本文，戸籍法20条，
4400号通達）。夫婦の一方（筆頭者の配偶者）が他方（戸籍の筆頭者）の
嫡出子（婚姻の際に氏を改めた者であるか改めなかった者であるかを問わ
ず）とともにその配偶者を養子とするときも同様です。

タ　夫婦の一方（筆頭者の配偶者）が夫婦の一方（婚姻の際に氏を改めな
かった者）を養子とするときは，養子夫婦について新戸籍を編製すること
になります（民法810条本文，戸籍法20条，4400号通達）。夫婦の一方（筆頭
者の配偶者）が他方（戸籍の筆頭者）の嫡出子（婚姻の際に氏を改めな
かった者）を養子とするときも同様です。

チ　夫婦の一方（筆頭者の配偶者）が夫婦の一方（婚姻の際に氏を改めた
者）を養子とするときは，養子の戸籍に変動はありません（民法810条ただ
し書，養子法基本通達第1の3）。夫婦の一方（筆頭者の配偶者）が他方（戸
籍の筆頭者）の嫡出子（婚姻の際に氏を改めた者）を養子とするときも同
様です。

ツ　夫婦の一方（筆頭者の配偶者）が単身者（戸籍の筆頭者）を養子とする
ときは，養子は養親の戸籍に入籍することになります（民法810条本文，戸
籍法18条3項）。

－ 224 －

第9　届書の審査方法

テ　夫婦の一方（筆頭者の配偶者）が単身者（生存配偶者）を養子とするときは，養子の戸籍に変動はありません（民法810条ただし書，養子法基本通達第1の3，【問166】参照）。

ト　夫婦の一方（筆頭者の配偶者）が単身者（戸籍の筆頭者及びその配偶者以外の者）を養子とするときは，養子は養親の戸籍に入籍することになります（民法810条本文，戸籍法18条3項）。

ナ　夫婦の一方（筆頭者の配偶者）が外国人を養子とするときは，養親の戸籍に縁組事項のみを記載することになります。

ニ　単身者（戸籍の筆頭者）が夫婦を養子とするときは，養子夫婦について新戸籍を編製することになります（民法810条本文，戸籍法20条，4400号通達）。

ヌ　単身者（戸籍の筆頭者）が夫婦の一方（婚姻の際に氏を改めなかった者）を養子とするときは，養子夫婦について新戸籍を編製することになります（民法810条本文，戸籍法20条，4400号通達）。自己の嫡出子の配偶者（婚姻の際に氏を改めなかった者）を養子とするときも同様です。

ネ　単身者（戸籍の筆頭者）が夫婦の一方（婚姻の際に氏を改めた者）を養子とするときは，養子の戸籍に変動はありません（民法810条ただし書，養子法基本通達第1の3）。自己の嫡出子の配偶者（婚姻の際に氏を改めた者）を養子とするときも同様です。

ノ　単身者（戸籍の筆頭者）が単身者（戸籍の筆頭者）を養子とするときは，養子は養親の戸籍に入籍することになります（民法810条本文，戸籍法18条3項）。

ハ　単身者（戸籍の筆頭者）が単身者（生存配偶者）を養子とするときは，養子の戸籍に変動はありません（民法810条ただし書，養子法基本通達第1の3，【問166】参照）。

ヒ　単身者（戸籍の筆頭者）が単身者（戸籍の筆頭者及びその配偶者以外の者）を養子とするときは，養子は養親の戸籍に入籍することになります（民法810条本文，戸籍法18条3項）。

フ　単身者（戸籍の筆頭者）が外国人を養子とするときは，養親の戸籍に縁組事項のみを記載することになります。

ヘ　単身者（生存配偶者）が夫婦を養子とするときは，養子夫婦について新戸籍を編製することになります（民法810条本文，戸籍法20条，4400号通達）。単身者（生存配偶者）が亡夫（妻）の嫡出子夫婦を養子とするときも同様です。

ホ　単身者（生存配偶者）が夫婦の一方（婚姻の際に氏を改めなかった者）を養子とするときは，養子夫婦について新戸籍を編製することになります（民法810条本文，戸籍法20条，4400号通達）。単身者（生存配偶者）が夫婦の一方である婚姻の際に氏を改めなかった亡夫（妻）の嫡出子を養子とするときも同様です。

マ　単身者（生存配偶者）が夫婦の一方（婚姻の際に氏を改めた者）を養子とするときは，養子の戸籍に変動はありません（民法810条ただし書，養子法基本通達第1の3）。

ミ　単身者（生存配偶者）が単身者（戸籍の筆頭者）を養子とするときは，養子は養親の戸籍に入籍することになります（民法810条本文，戸籍法18条3項）。単身者（生存配偶者）が亡夫（妻）の嫡出子（分籍等により単身者となっている者）を養子とするときも同様です。

ム　単身者（生存配偶者）が単身者（生存配偶者）を養子とするときは，養子の戸籍に変動はありません（民法810条ただし書，養子法基本通達第1の3，【問166】参照）。

メ　単身者（生存配偶者）が単身者（戸籍の筆頭者及びその配偶者以外の者）を養子とするときは，養子は養親の戸籍に入籍することになります（民法810条本文，戸籍法18条3項）。

モ　単身者（生存配偶者）が外国人を養子とするときは，養親の戸籍に縁組事項のみを記載することになります。

ヤ　単身者（戸籍の筆頭者及びその配偶者以外の者）が夫婦を養子とするときは，養子夫婦について新戸籍を編製することになります（民法810条本

文，戸籍法20条，4400号通達）。

ユ　単身者（戸籍の筆頭者及びその配偶者以外の者）が夫婦の一方（婚姻の際に氏を改めなかった者）を養子とするときは，養子夫婦について新戸籍を編製することになります（民法810条本文，戸籍法20条，4400号通達）。

ヨ　単身者（戸籍の筆頭者及びその配偶者以外の者）が夫婦の一方（婚姻の際に氏を改めた者）を養子とするときは，養子の戸籍に変動はありません（民法810条ただし書，養子法基本通達第1の3）。

ラ　単身者（戸籍の筆頭者及びその配偶者以外の者）が単身者（戸籍の筆頭者）を養子とするときは，養親について新戸籍を編製し，養子はその新戸籍に入籍することになります（民法810条本文，戸籍法17条・18条3項）。

リ　単身者（戸籍の筆頭者及びその配偶者以外の者）が単身者（生存配偶者）を養子とするときは，養子の戸籍に変動はありません（民法810条ただし書，養子法基本通達第1の3）。

ル　単身者（戸籍の筆頭者及びその配偶者以外の者）が単身者（戸籍の筆頭者及びその配偶者以外の者）を養子とするときは，養親について新戸籍を編製し，養子はその新戸籍に入籍することになります（民法810条本文，戸籍法17条・18条3項）。

レ　単身者（戸籍の筆頭者及びその配偶者以外の者）が外国人を養子とするときは，養親の戸籍に縁組事項のみを記載することになります。

ロ　外国人が養親のときは，養子となる者が夫婦であっても，また，単身者であっても戸籍の変動はありませんので，縁組事項のみを記載することになります。

　基本的には，以上の43とおりの組合せ（外国人が養親となるときは1事例として）があります（夫婦の一方（戸籍の筆頭者）が他方（筆頭者の配偶者）の嫡出子を養子とすると同時に，その嫡出子の配偶者を夫婦がともに養子とする縁組の場合等を除く。）。これを一覧表にすると，次の表のようになります。

- 227 -

第9 届書の審査方法

◎養子縁組形態及び戸籍の変動一覧表

養子 ＼ 養親		夫　　婦			単　身　者			外国人
		夫婦双方	夫婦の一方		筆頭者	生存配偶者	在籍者	
			筆頭者	配偶者				
夫婦	夫婦双方	①	①	①	①	①	①	⑤
	夫婦の一方　筆頭者	①	①	①	①	①	①	⑤
	夫婦の一方　配偶者	②	②	②	②	②	②	⑤
単身者	筆頭者	③	③	③	③	③	④	⑤
	生存配偶者	②	②	②	②	②	②	⑤
	在籍者	③	③	③	③	③	④	⑤
外　国　人		⑤	⑤	⑤	⑤	⑤	⑤	

　（説明1）「夫婦の一方」のうち，筆頭者とは婚姻の際に氏を改めなかった者，配偶者とは婚姻の際に氏を改めた者をいいます。

　（説明2）「単身者」のうち，筆頭者とは分籍等により筆頭者となった者及び婚姻の際に氏を改めなかった者で配偶者との婚姻が解消している者，生存配偶者とは配偶者の死亡により婚姻が解消している者，在籍者とは戸籍の筆頭者及びその配偶者以外の者をいいます。

　（説明3）丸数字は，養子側から見たもので，以下のことを意味するものです。

　①　→　養子夫婦について新戸籍を編製する場合です。

　②　→　養子の戸籍に変動がない場合です。

　③　→　養子は養親の戸籍に入籍する場合です。

　④　→　養親について新戸籍を編製し，養子はその新戸籍に入籍する場合です。

－ 228 －

⑤　→　養子の戸籍に変動がなく，養親についても新戸籍を編製せず，養子
　　　　又は養親の戸籍に縁組事項のみを記載する場合です。

(6)　届書の審査方法

　届書の審査は，養子縁組の形態により，それぞれ方法を異にすることから，
各形態ごとに説明するとともに，戸籍の記載例（法定記載例及び参考記載例に
示されていないもの）についても，併せて，説明することにします。

　審査方法は，養子になる人の「養子氏名」欄には男，「養女氏名」欄には
女，養親になる人の「養父氏名」欄には男，「養母氏名」欄には女，また，そ
れぞれの「住所」欄及び「本籍」欄には住所及び本籍が記載されているかを審
査します。これらについては，本文での説明は原則として省略します。

　なお，説明の順序は，(5)の養子縁組の形態と戸籍の変動の順序とは異なりま
す。

　また，市区町村長は，養子縁組届があったときは，窓口に出頭した者に対し
て，運転免許証，旅券，在留カード等の提示を求めて，その者が届出事件の本
人（養親となる者及び養子又は養子となる者の法定代理人）であるかどうかの
確認をすることとされています（戸籍法27条の2第1項・2項，戸籍法施行規則
53条・53条の2）。届出人のなりすましや虚偽の届出の未然防止のため，この届
出事件の本人確認を怠らないようにしましょう。本人確認の方法等の具体的な
取扱いについては，平成20年4月7日民一1000号民事局長通達が発出されてい
ます。

　では，具体的事例について説明することにします。

ア　夫婦が15歳以上の未成年者を養子とする縁組届

①　養子の年齢

　養子の年齢については，生年月日により審査します。15歳以上の者であるか
は，届出日における満年齢によりますので，「年齢計算ニ関スル法律」（明治35
年法律第50号）により年齢計算をすることになります。例えば，平成15年1月
20日生まれの者は，平成30年1月19日の満了をもって満15歳に達します。

－ 229 －

第9 届書の審査方法

② 「父母の氏名・父母との続き柄」欄

父母の氏名は，届出時における父母の氏名を記載することになります（明治43年11月25日民刑872号回答等）ので，戸籍により審査することになります。父母が婚姻中のときは，「父」欄には氏名，「母」欄には名のみが記載されているかを審査します。また，父母が離婚しているときは，現在の父母の氏名がそれぞれ記載されているかを審査します。

【問170】養子は，既に縁組しており，更に他の夫婦の養子となる者です。この場合，最初の縁組における養父母の氏名は，どの欄に記載することになるのでしょうか。

届書の「父母の氏名」欄に記載する父母の氏名は，実父母の氏名です。養子が，既に縁組しており，更に他の者の養子となることを転縁組といいます。これについては，民法上明文の規定はありませんが，昭和23年1月13日付け民事甲17号通達（17）は，「自己の嫡出子又は養子を更に養子とすることは認められない。」としていることから，この場合を除き，民法上の養子縁組の実質的要件を具備していれば，転縁組は可能となります。この場合，第1の縁組による養父母の氏名は，「その他」欄に記載することになります。例えば，「養子の養父　甲野義太郎，養母　梅子」と記載します。

なお，戸籍に記載する養父母の氏名は，転縁組をした養父母の氏名（最後の養親の氏名）を記載すれば足ります（大正4年2月24日民241号回答）。

③ 「入籍する戸籍または新しい本籍」欄

養子は縁組により養親の戸籍に入籍することになりますから，「□養親の現在の戸籍に入る」の□にチェックがされているか，入籍する戸籍の表示が正しいかを審査します。

④ 「監護をすべき者の有無」欄

15歳以上の未成年者ですから，この欄は空欄となります。

⑤ 養子になる人の「届出人署名押印」欄

15歳以上の未成年者ですから，本人が署名押印することになりますので，署

名押印があるかを審査します。

　なお，下段の養子が15歳未満のときの「届出人」欄は，空欄となります。

　⑥　「その他」欄

　15歳以上の未成年者ですから，家庭裁判所の許可（民法798条本文）を必要と
しますので，許可書の添付の旨が「その他」欄に記載されているかを審査しま
す。「その他」欄の記載は，例えば，「養子は未成年者につき家庭裁判所の許可
を得て縁組する。添付書類　養子縁組許可の審判の謄本」となります。

　なお，養子が養親の直系卑属（養子が養親の孫）であるときは，家庭裁判所
の縁組の許可は不要となります（民法798条ただし書）ので，その旨を記載しま
す。例えば，「民法798条ただし書の縁組」と記載します。

　⑦　養親になる人の「届出人署名押印」欄

　養父及び養母の署名押印があるかを審査します。

【問171】 養父と養母の押印がありますが，印影をよく見ると，同一の印
　　　　　鑑ではないかと思われます。この場合，このまま受理して差し支えな
　　　　　いのでしょうか。

　届出人や証人については，別々の印鑑を押印させるのが原則となりますが，
そのまま受理して差し支えありません。

　本問について，戸籍683号に掲載された「戸籍届書の審査等にまつわる話し」
（青木惺）の一部を参考までに引用しますが，初任者の皆様には，この論説を
一読することをお薦めします。前記論説（20ページ）は，次のように記述して
います。

　「届書に押印する印鑑はどんなものでもよいのかについては，古くは，なる
べく実印を押印させることが望ましいとされていましたが（明治43年11月25日
付け民刑第1045民刑局長回答），現在の取扱いでは，認印でも差し支えないし，
いわゆる三文判でも受理を拒むことはできないとされています（大正15年5月
17日法曹界決議）。

　また，届書に押捺された届出人や証人等の印が同一の印鑑ではないかと思わ

第9　届書の審査方法

れる場合がありますが，別々の印鑑を押すように指導すべきかどうかについては，本来は届出人や証人各人につき別々の印鑑を押させるのが原則であろうと思いますが，実質的審査権のない市区町村長としては，印鑑が同一であるかどうかまで審査する必要はなく，同一の印鑑であると思われてもそのまま受理せざるを得ないとされています（昭和35年5月28日・29日岡山地方法務局管内戸籍住民登録事務協議会決議六）。もっとも，戸籍法施行規則第62条の規定から，印がなくても受理できるという取扱いの趣旨からすれば，押印された印鑑が，三文判であるかどうか，同一の印鑑であるかどうかなど問題としなくともよいということにはなるものと考えます。

　このように言いますと印鑑の押印はさほど重要なものではないというような感じを受けるかと思いますが，戸籍法施行規則第62条の取扱いは，いわば救済措置としての規定であると考えるべきでありまして，これが原則ではないということも理解しておく必要があります。特に届出の有効無効が裁判で争われるような場合において，届書の押捺の信憑性が問題となることも多いことから，常に原則的処理（押印させるという）を心掛ける必要はあると考えます。」

　⑧　「証人」欄

　成年の証人2人の署名等があるかを審査します（民法799条・739条2項）。

　なお，証人は，外国人でも差し支えありません。

【問172】証人という制度は，どのような意味合いを持つのでしょうか。

　婚姻，協議離婚，養子縁組，協議離縁の各届出については，民法の規定するところにより2名以上の成年の証人を必要としています（民法739条2項・764条・789条・812条）。

　この証人制度は，当事者が上記四つの身分行為を行うことについて，相互に任意の合意があったことを，第三者をして証明させるための制度です。言い換えますと，この四つの身分行為は，当事者の意思に基づくことが重要ですから，その意思の真実性と届出の正確性を担保させることにより，届出によって発生するところの法律的効果について過誤がないようにするためのものです。

－ 232 －

第9　届書の審査方法

しかも，届書に証人として署名押印する者は，この届出について当事者の意思を確認すべき法律上の義務があるとされ，これに違背したときは，民事上のいわゆる損害賠償の責めを負うべきものと解されています（高松高判昭和37年2月8日下民集13巻1号45ページ）。

したがって，この証人制度は，届出された身分行為について，届出人双方の合意によるものであるということを，証人が署名押印することによって人的に担保させ，虚偽の届出を防止しようとするものであるということです。

⑨　添付書類

家庭裁判所の養子縁組の許可書を添付することになります。ただし，直系卑属を養子とするときは，この許可は不要です（民法798条ただし書）。

イ　夫婦が15歳未満の者を養子とする縁組届

【問173】祖父母が，孫二人（10歳の兄と8歳の妹）を同時に養子としたいということで，1通の届書に「養子」及び「養女」の氏名を記載したとのことです。この孫は，同一戸籍に在籍していますが，このような届出を受理することはできるのでしょうか。

本来，男の子の孫と女の子の孫を同時に養子とするときでも，届書は各別に提出することになります。養子縁組という身分行為は，養親と養子一人一人について，それぞれ別個の身分行為であり，また，戸籍事件としてもそれぞれ一事件として計算することになります。複数件分の届出事件を1通の届書に記載して届け出ることは，原則として認められませんので，各別に届書を作成するように指導する必要があります。

しかし，どうしても1通の届書で受理してほしいと窓口で請われた場合は，便宜，受理せざるを得ないものと考えます（戸籍663号47ページ参照）。

なお，この届出を受理した場合，戸籍事件数は，2件として計上することになりますから，届書に付す受付番号は2件分になりますので，注意する必要があります。

- 233 -

第 9 届書の審査方法

① 養子の年齢

前記アと同様です。

② 「父母の氏名・父母との続き柄」欄

前記アと同様です。

③ 「入籍する戸籍または新しい本籍」欄

前記アと同様です。

④ 「監護をすべき者の有無」欄

養子となる者が15歳未満の未成年者の場合は，(2)クで説明したとおり，法定代理人のほかに養子となる者の父母でその監護をすべき者が他にあるときは，法定代理人が養子に代わって縁組の承諾をするには，その監護者の同意を得なければなりません（民法797条2項）から，「監護をすべき者の有無」欄の「□上記の者はいない」の□にチェックがしてあるときは，同意を証する書面は不要です。また，同意を要する監護者がいるとき，例えば，「□届出人以外に養子になる人の監護をすべき　□父」の□にチェックがしてあるときは，父の同意を証する書面の添付を必要とします。この場合，同意を証する書面に代えて，監護者に「その他」欄に同意をする旨を付記させて，署名させ，印を押させることでも差し支えないとされています（養子法基本通達第1の2）。

このように，届書の審査は，「監護をすべき者の有無」欄の記載によって審査すれば足ります（質疑応答集問33，戸籍532号11ページ）。

⑤ 養子になる人の「届出人署名押印」欄

15歳未満の者ですから，この欄は，空欄となります。

⑥ 養子が15歳未満のときの「届出人」欄

届出人の「資格」欄は，親権者である父母の場合は「□父」及び「□母」の□に，同様に親権者が養父母の場合は「□養父」及び「□養母」の□に，親権者が父（養父）及び養母（母）の場合は「□父（養父）」及び「□養母（母）」の□に，単独親権の場合は該当する親権者の□にチェックがされているかを審査し，さらに，「署名押印」欄の記載があるかを審査します。

- 234 -

⑦　「その他」欄

15歳未満の未成年者ですから，家庭裁判所の縁組許可を要しますので，その許可書添付の旨が記載されているかを審査します。

なお，【問173】の場合は，家庭裁判所の許可は不要です（民法798条ただし書）。

【問174】 養子となる15歳未満の者には未成年後見人が選任されています。養子縁組により養父母の共同親権に服することになりますが，未成年後見終了の記載をしてもらいたいときは，どのように届書に記載したらよいのでしょうか。

後見に服する未成年者が縁組した場合，縁組後は，養父母の共同親権に服することになります（民法818条2項）ので，後見は終了します。

このように，養子縁組により後見が終了するときは，「その他」欄に後見終了事項を記載されたい旨記載して届出があったとき，例えば，「養子乙山英助は，甲野義太郎同人妻梅子と縁組したため未成年者の後見が終了するので，未成年者の後見終了事項を記載してください。」とあったときのみ，市区町村長限りの職権により，養子の従前戸籍の身分事項欄に「平成年月日養子縁組したため未成年者の後見終了同日（月日）記載」の振り合いで記載することになります（昭和54年8月21日民二4391号通達二の1）。コンピュータシステムによる証明書記載例は，タイトル「未成年者の後見」となり，インデックス「【未成年者の後見終了日】平成年月日，【記録日】平成年月日，【特記事項】養子縁組したため」となります。

⑧　養親になる人の「届出人署名押印」欄

前記アと同様です。

⑨　「証人」欄

前記アと同様です。

⑩　添付書類

前記アと同様です。

ウ　夫婦が15歳未満の嫡出でない子を養子とする縁組届（養子となる者の母が未成年者のため母に代わって親権を行う父母（養子となる者の祖父母）が代諾する場合）

① 養子の年齢

前記アと同様です。

② 「父母の氏名・父母との続き柄」欄

母の氏名が記載されているかを審査します。父に認知されている場合は，父の氏名が記載されているかを審査します。

なお，父母との続柄は，戸籍に記載されているとおりであるかを審査します。

③ 「入籍する戸籍または新しい本籍」欄

前記アと同様です。

④ 「監護をすべき者の有無」欄

前記イと同様です。

なお，認知された嫡出でない子の場合でも，「□上記の者はいない」の□にチェックがしてあれば，そのまま受理して差し支えありません。

⑤ 養子になる人の「届出人署名押印」欄

前記イと同様です。

⑥ 養子が15歳未満のときの「届出人」欄

嫡出でない子の親権は，母が行使することになりますが，子の母が未成年者の場合は，子の母の親権者（子から見て祖父母）が子の母が行うべき親権を代行することになります（民法833条）。15歳未満の子が養子となるときには，養子に代わって法定代理人が届出（代諾）することになりますが，母が未成年者のときは，母の親権者が届出人となります。

届出人の「資格」欄には，該当する項目がありませんので，空欄となります。この場合，届出人の資格については，「その他」欄に記載することになりますから，「その他」欄にその旨の記載がされているかを審査します。

第9 届書の審査方法

⑦ 「その他」欄

前記⑥で説明したように，代諾者は，養子の母の親権代行者になりますので，「養子の親権者が未成年のため，その者の親権者が届出する。」と，また，家庭裁判所の縁組許可書の添付の旨が記載されているかを審査します。

⑧ 養親になる人の「届出人署名押印」欄

前記アと同様です。

⑨ 「証人」欄

前記アと同様です。

⑩ 添付書類

前記アと同様です。

⑪ 戸籍記載例

ⅰ 戸籍用紙により処理している場合の記載例

・養親の戸籍中養父母の各身分事項欄

「平成29年3月10日妻（夫）とともに乙山英助を養子とする縁組届出㊞」

・養親の戸籍中養子の身分事項欄

「平成29年3月10日甲野義太郎同人妻梅子の養子となる縁組届出（代諾者母の親権者乙山幸助及び乙山秋子）京都市上京区小山初音町19番地乙山花子戸籍から入籍㊞」

・養子の縁組前の戸籍中その身分事項欄

「平成29年3月10日甲野義太郎同人妻梅子の養子となる縁組届出（代諾者母の親権者乙山幸助及び乙山秋子）同月12日東京都千代田区長から送付同区平河町一丁目4番地甲野義太郎戸籍に入籍につき除籍㊞」

ⅱ コンピュータシステムによる証明書記載例

・養親の戸籍中養父母の各身分事項欄

養子縁組 　【縁組日】平成２９年３月１０日
　　　　　　【共同縁組者】妻（夫）
　　　　　　【養子氏名】乙山英助

- 237 -

第9　届書の審査方法

・養親の戸籍中養子の身分事項欄

養子縁組　　【縁組日】平成２０年３月１０日

　　　　　　【養父氏名】甲野義太郎

　　　　　　【養母氏名】甲野梅子

　　　　　　【代諾者】母の親権者　乙山幸助

　　　　　　【代諾者】母の親権者　乙山秋子

　　　　　　【従前戸籍】京都市上京区小山初音町１９番地　乙山花子

・養子の縁組前の戸籍中その身分事項欄

養子縁組　　【縁組日】平成２０年３月１０日

　　　　　　【養父氏名】甲野義太郎

　　　　　　【養母氏名】甲野梅子

　　　　　　【代諾者】母の親権者　乙山幸助

　　　　　　【代諾者】母の親権者　乙山秋子

　　　　　　【送付を受けた日】平成２０年３月１２日

　　　　　　【受理者】東京都千代田区長

　　　　　　【入籍戸籍】東京都千代田区平河町一丁目4番地　甲野義
　　　　　　　　太郎

エ　夫婦が成年者を養子とする縁組届

① 　養子の年齢

前記アと同様です。

民法４条は，「年齢二十歳をもって，成年とする。」としています。

② 　「父母の氏名・父母との続き柄」欄

前記アと同様です。

③ 　「入籍する戸籍または新しい本籍」欄

前記アと同様です。

－ 238 －

④ 「監護をすべき者の有無」欄

前記アと同様です。

⑤ 養子になる人の「届出人署名押印」欄

前記アと同様です。

⑥ 「その他」欄

養子が更に他の者の養子となるときは，「その他」欄に，届出当時の養父母の氏名が記載されているかを審査します。例えば，「養子の養父　甲野義太郎，養母　梅子」と記載されているかです。

⑦ 養親になる人の「届出人署名押印」欄

前記アと同様です。

⑧ 「証人」欄

前記アと同様です。

オ　夫（戸籍の筆頭者）が妻の嫡出である15歳以上の未成年者を養子とする縁組届（養子となる者が他籍にある場合）

【問175】夫が妻の嫡出子を養子とする縁組をする場合も，配偶者（妻）の同意を要することになるのでしょうか。

　民法795条は，「配偶者がある者が未成年者を養子とするには，配偶者とともにしなければならない。ただし，配偶者の嫡出である子を養子とする場合又は配偶者がその意思を表示することができない場合は，この限りでない。」と規定しています。また，同法796条本文は「配偶者のある者が縁組をするには，その配偶者の同意を得なければならない。」と規定しています。この同意は，縁組により氏に変更をもたらすことや，相続に関しても，配偶者が亡くなったときの相続分等に影響を及ぼすことからのものです。

　したがって，本問は，配偶者の同意を要することになります。

① 養子の年齢

前記アと同様です。

－ 239 －

② 「父母の氏名・父母との続き柄」欄

前記アと同様です。

③ 「入籍する戸籍または新しい本籍」欄

前記アと同様です。

④ 「監護をすべき者の有無」欄

前記アと同様です。

⑤ 養子になる人の「届出人署名押印」欄

前記アと同様です。

⑥ 「その他」欄

配偶者の同意を証する書面に代える場合は，配偶者が「この縁組に同意する。養父の妻　甲野梅子㊞」と記載があるか，署名押印があるかを審査します。

⑦ 養親になる人の「届出人署名押印」欄

前記アと同様です。

⑧ 「証人」欄

前記アと同様です。

⑨ 添付書類

配偶者である妻の同意を証する書面です。

なお，「その他」欄に同意する旨を付記してあれば，同意書の添付は省略できます。

カ　夫（戸籍の筆頭者）が妻の嫡出である15歳未満の者を養子とする縁組届（養子となる者が他籍にある場合）

① 養子の年齢

前記アと同様です。

② 「父母の氏名・父母との続き柄」欄

前記アと同様です。

③ 「入籍する戸籍または新しい本籍」欄

前記アと同様です。

－ 240 －

④ 「監護をすべき者の有無」欄

「□上記の者はいない」の□にチェックがしてあるときは，監護者の同意を証する書面は不要です。

⑤ 養子になる人の「届出人署名押印」欄

前記イと同様です。

⑥ 「その他」欄

前記オと同様です。

⑦ 養親になる人の「届出人署名押印」欄

前記アと同様です。

⑧ 「証人」欄

前記アと同様です。

⑨ 添付書類

前記オと同様です。

　　キ　妻（筆頭者の配偶者）が夫の嫡出である15歳以上の未成年者を養子とする縁組届（養子となる者が同籍している場合）

① 養子の年齢

前記アと同様です。

② 「父母の氏名・父母との続き柄」欄

前記アと同様です。

③ 「入籍する戸籍または新しい本籍」欄

いわゆる同籍内縁組になりますので，養子の戸籍には変動がありませんので，「□養子の戸籍に変動がない」の□にチェックがされているかを審査します。

④ 「監護をすべき者の有無」欄

前記アと同様です。

⑤ 養子になる人の「届出人署名押印」欄

前記アと同様です。

- 241 -

第9　届書の審査方法

⑥　「その他」欄

前記オと同様です。

【問176】養子となる者は，父母離婚の際に親権者を父と定められた者ですが，養子縁組により実父と養母との共同親権に服することになります。この場合，「その他」欄には，どのように記載したらよいのでしょうか。

　父母が協議離婚をする際には，父母の一方を親権者と定めることになります（民法819条1項）が，養子縁組により養親と養親の配偶者である実母（実父）の共同親権に服することになります（昭和25年9月22日民事甲2573号通達）ので，その旨を「その他」欄に記載することになります。例えば，「養子はこの縁組により父と養母の共同親権に服する。」と記載します。この場合，市区町村長限りの職権により養子の身分事項欄に「平成年月日甲野春子と養子縁組したため父及び養母の共同親権に服するに至る同日（月日）記載㊞」の振り合いで記載します。コンピュータシステムにより処理している場合は，タイトルは「親権」とし，インデックスは「【共同親権に服した日】平成年月日，【親権者】父及び養母，【記録日】平成年月日，【特記事項】甲野春子との養子縁組による父と養母の共同親権」となります。

⑦　養親になる人の「届出人署名押印」欄

前記アと同様です。

⑧　「証人」欄

前記アと同様です。

⑨　添付書類

前記オと同様です。

⑩　戸籍記載例

ⅰ　戸籍用紙により処理している場合の記載例

・養親の戸籍中その身分事項欄

「平成29年4月20日甲野啓太郎を養子とする縁組届出㊞」

－ 242 －

第9　届書の審査方法

・養親の戸籍中養子の身分事項欄

「平成29年4月20日同籍甲野春子の養子となる縁組届出㊞」

ⅱ　コンピュータシステムによる証明書記載例

・養親の戸籍中その身分事項欄

養子縁組　　　【縁組日】平成２９年４月２０日

　　　　　　　【養子氏名】甲野啓太郎

・養親の戸籍中養子の身分事項欄

養子縁組　　　【縁組日】平成２９年４月２０日

　　　　　　　【養母氏名】甲野春子

　　　　　　　【養親の戸籍】東京都千代田区平河町一丁目４番地　甲

　　　　　　　　　野義太郎

　　ク　妻（筆頭者の配偶者）が夫の嫡出である15歳未満の者を養子とす
　　　　る縁組届（養子となる者が同籍し，法定代理人である親権者父が代諾
　　　　する場合）

①　養子の年齢

前記アと同様です。

②　「父母の氏名・父母との続き柄」欄

前記アと同様です。

③　「入籍する戸籍または新しい本籍」欄

前記キと同様です。

④　「監護をすべき者の有無」欄

前記カと同様です。

⑤　養子になる人の「届出人署名押印」欄

前記イと同様です。

⑥　養子が15歳未満のときの「届出人」欄

届出人の「資格」欄は，親権者（□父）の□にチェックがされているか，

第9　届書の審査方法

「署名押印」欄の記載があるかを審査します。

⑦　「その他」欄

前記オと同様です（【問176】参照）。

⑧　養親になる人の「届出人署名押印」欄

前記アと同様です。

⑨　「証人」欄

前記アと同様です。

⑩　添付書類

前記オと同様です。

⑪　戸籍記載例

ⅰ　戸籍用紙により処理している場合の記載例

・養親の戸籍中その身分事項欄

「平成29年4月20日甲野啓太郎を養子とする縁組届出㊞」

・養親の戸籍中養子の身分事項欄

「平成29年4月20日同籍甲野春子の養子となる縁組届出（代諾者親権者父）㊞」

ⅱ　コンピュータシステムによる証明書記載例

・養親の戸籍中その身分事項欄

養子縁組　　【縁組日】平成２９年４月２０日
　　　　　　【養子氏名】甲野啓太郎

・養親の戸籍中養子の身分事項欄

養子縁組　　【縁組日】平成２９年４月２０日
　　　　　　【養母氏名】甲野春子
　　　　　　【養親の戸籍】東京都千代田区平河町一丁目４番地　甲
　　　　　　　　野義太郎
　　　　　　【代諾者】親権者父

ケ　夫（戸籍の筆頭者）が妻の嫡出でない15歳以上の未成年者を養子
　　とする縁組届（養子が他籍にある場合）

①　養子の年齢

前記アと同様です。

②　「父母の氏名・父母との続き柄」欄

前記ウと同様です。

③　「入籍する戸籍または新しい本籍」欄

前記アと同様です。

④　養子になる人の「届出人署名押印」欄

前記アと同様です。

⑤　「その他」欄

特に，記載すべき事項はありません。

⑥　養親になる人の「届出人署名押印」欄

配偶者の嫡出でない子を養子とする縁組の場合は，必要的夫婦共同縁組になりますので，必ず夫婦で縁組をすることになりますから，夫婦が届出人となっているかを審査します。

⑦　「証人」欄

前記アと同様です。

　コ　夫（戸籍の筆頭者）が妻の嫡出でない15歳未満の者を養子とする
　　縁組届（養子が他籍にある場合）

①　養子の年齢

前記アと同様です。

②　「父母の氏名・父母との続き柄」欄

前記ウと同様です。

③　「入籍する戸籍または新しい本籍」欄

前記アと同様です。

④　「監護をすべき者の有無」欄

前記ウと同様です。

第9　届書の審査方法

⑤　養子になる人の「届出人署名押印」欄

前記イと同様です。

⑥　養子が15歳未満のときの「届出人」欄

　嫡出でない子の親権者は通常母です。父に認知され，父母の協議又は家庭裁判所の審判により父が親権者になっている場合もあります。縁組当時の親権者は誰であるかについては，戸籍により審査します。母が親権者であるときは，親権者（□母）の□にチェックがされているかを審査し，さらに，「署名押印」欄の記載があるかを審査します。

【問177】 養子は，実母とも縁組にすることなりますが，この場合，利益
　　　相反行為にはならないのでしょうか。

　【問163】で説明したとおり，利益相反行為にはなりませんので，特別代理人の選任は要しないことになります。

⑦　「その他」欄

前記ケと同様です。

⑧　養親になる人の「届出人署名押印」欄

前記ケと同様です。

⑨　「証人」欄

前記アと同様です。

サ　配偶者を有しない戸籍の筆頭者が夫婦を養子とする縁組届

　養子になる人が夫婦のときは，「養子氏名」欄には夫，「養女氏名」欄には妻が記載されているかを審査します（以下同じ。）。

①　養子の年齢

　養子になる人が夫婦のときは，特に，養子の年齢について注意する必要はありません。養子が夫婦のときは，家庭裁判所の養子縁組の許可を必要としないからです。しかし，養親との年齢において，養親より年長であっては養子となることはできません（民法793条）ので，注意して審査する必要があります（以下同じ。）。

第9　届書の審査方法

②　「父母の氏名・父母との続き柄」欄

前記アと同様です。

③　「入籍する戸籍または新しい本籍」欄

夫婦が養子になるときは，常に新戸籍を編製しますので，「□養子夫婦で新しい戸籍をつくる」の□にチェックがされているか，新しい本籍が記載されているかを審査します。

【問178】 新しい本籍の場所を養子になる人の現在の本籍と同一の場所に定めるときも，新しい本籍を記載しなければならないのでしょうか。
また，筆頭者の氏名はどのように記載されていればよいのでしょうか。

戸籍の記載は，届出に基づいてするものです（戸籍法15条）から，この欄は必ず記載しなければなりません。新本籍の場所が，縁組前後においても同一の場所と定めたとしても同様です。夫婦を養子とするときの養親の縁組事項の記載は，縁組前後の養子の戸籍の表示を縁組事項に記載することになります（参考44等）。また，養子が夫婦のときは必ず新戸籍を編製することになりますから，そのためにも必要とします。

また，縁組により養子は養親の氏を称することになります（民法810条本文）から，縁組後の氏名（氏は養親の氏）を記載することになりますので，縁組後の氏名で記載されているかを審査します。

なお，筆頭者については，「夫」であるか「妻」であるかを審査しなければなりません。養子縁組によって，従来の筆頭者を変更することはできませんので，これについては，養子になる人の戸籍で確認する必要があります。

④　「監護をすべき者の有無」欄

夫婦ですから，この欄は空欄となります。

⑤　養子になる人の「届出人署名押印」欄

養子が夫婦ですから，本人が署名押印することになりますので，それぞれの署名押印があるかを審査します。

－ 247 －

第9 届書の審査方法

　なお，養子夫婦が押捺する印は，別々の印鑑であることが好ましいと思います（231ページ【問171】参照）。特に，本人確認についての問題がありますので，注意する必要があります。

　⑥　「その他」欄

　養子となる夫婦（又はその一方）が転縁組であるときは，養親の氏名が記載されているかを審査します。例えば，「養子の養父　甲野義太郎，同養母　梅子」「養女の養父　甲野義太郎，同養母　梅子」と記載されているかです。

　なお，転縁組の場合，新戸籍に記載する養父母欄の養親の氏名は，最後の縁組の養親の氏名を記載すれば足ります（大正4年2月14日民241号回答）。

【問179】養子となる者は夫婦ですが，この場合，配偶者の同意は，どのように確認をすればよいのでしょうか。

　配偶者のある者が単独で養子をし又は養子となる場合は，縁組をすることについて配偶者の同意を得なければなりません（民法796条本文）が，配偶者のある者が配偶者とともに養子をする場合，又は養子となる場合は，互いに配偶者の同意を要しないこととしています（同条ただし書，養子法基本通達第1の1（1）エ・オ）。

　したがって，夫婦が養子となる場合は，同意を証する書面の添付は不要となります。これは，夫婦がともに同一人の養子となるときは，相互に他方が縁組することを容認しているものとみなすのが妥当だからです。

　なお，各別の届書により同時に届出がされた場合も同様に，配偶者の同意を要しないとされ，この場合の届出の件数は，届書の通数の数の届出があったものとして取り扱うこととしています（養子法基本通達第1の1（1）エ）。

　⑦　養親になる人の「新しい本籍」欄

　養親については，既に戸籍の筆頭者であり，この縁組によって養親について新戸籍を編製することはありませんので，この欄は空欄となります。

　⑧　養親になる人の「届出人署名押印」欄

　前記アと同様です。

⑨　「証人」欄

前記アと同様です。

シ　配偶者を有しない戸籍の筆頭者が単身者を養子とする縁組届

養子となる人が単身者の場合は，養子になる人の「養子氏名」欄には男，「養女氏名」欄には女が記載されているかを審査します（以下同じ。）。

①　養子の年齢

養子の年齢については，生年月日により審査します。年齢は，届出日における満年齢によりますので，「年齢計算ニ関スル法律」（明治35年法律第50号）により年齢計算をすることになります。単身者が，15歳未満の者か，15歳以上の未成年者か，又は成年者であるかを審査します。

②　「父母の氏名・父母との続き柄」欄

前記アと同様です。

③　「入籍する戸籍または新しい本籍」欄

前記アと同様です。

④　「監護をすべき者の有無」欄

ⅰ　養子が15歳未満のとき

養子が15歳未満のときに，「□上記の者はいない」の□にチェックがされているときは，監護をすべき父又は母の同意を証する書面は不要です。戸籍実務では，監護者の同意を得ることを要するか否かの審査方法は，市区町村長の形式的審査権に基づき，当該養子縁組届書中の「監護をすべき者の有無」欄の記載によって審査すれば足り，他に同意を得ることを要する監護者の有無を調査する必要はない（質疑応答集問33，戸籍532号11ページ）ことになります。

ⅱ　養子が15歳以上の未成年者及び成年者のとき

15歳以上の未成年者及び成年者のときは，この欄は空欄となります。

⑤　養子になる人の「届出人署名押印」欄

ⅰ　養子が15歳未満のとき

養子が15歳未満のときは，下段の養子になる人が15歳未満のときの「届出人」欄に署名押印することになりますので，この欄は空欄となります。

第9　届書の審査方法

ii　養子が15歳以上の未成年者及び成年者のとき

15歳以上の未成年者及び成年者のときは，この欄に署名押印がされているかを審査します。

⑥　養子になる人が15歳未満のときの「届出人署名押印」欄

養子が15歳未満のときは，その法定代理人が代諾することになります（民法797条1項）ので，「資格」欄の「親権者（□父）」等にそれぞれチェックがされているかを審査します。

⑦　「その他」欄

養子となる者が15歳未満及び15歳以上の未成年者のときは，養親がその直系卑属を養子とするときを除き家庭裁判所の縁組許可を必要とします（民法798条）ので，その場合は，「その他」欄に「養子は未成年者につき家庭裁判所の許可書謄本を添付する。」旨の記載がされているかを審査します。

⑧　養親になる人の「新しい本籍」欄

前記サと同様です。

⑨　養親になる人の「届出人署名押印」欄

前記アと同様です。

⑩　「証人」欄

前記アと同様です。

⑪　添付書類

養子となる者が15歳未満及び15歳以上の未成年者のときは，養親がその直系卑属を養子とするときを除き家庭裁判所の縁組許可を必要とします（民法798条）ので，家庭裁判所の養子縁組の許可書になります。また，養子となる者が15歳未満のときに，届出人以外に養子となる者の監護をすべき父又は母等があるときは，その同意を証する書面になります。なお，この場合，届書「その他」欄に，その者の同意をする旨の署名・押印があるときは，同意を証する書面は不要です。

ス　戸籍の筆頭者及びその配偶者以外の者が夫婦を養子とする縁組届

①　養子の年齢

－ 250 －

前記サと同様です。

② 「父母の氏名・父母との続き柄」欄

前記アと同様です。

③ 「入籍する戸籍または新しい本籍」欄

前記サと同様です。

④ 「監護をすべき者の有無」欄

前記サと同様です。

⑤ 養子になる人の「届出人署名押印」欄

前記サと同様です。

⑥ 「その他」欄

前記サと同様です。

⑦ 養親になる人の「新しい本籍」欄

戸籍の筆頭者及びその配偶者以外の者が夫婦を養子としても，養親については新戸籍を編製しませんので，この欄は空欄となります。

> 【問180】 本例の場合，なぜ，養親については，新戸籍を編製しないのでしょうか。

戸籍の編製単位は，戸籍法6条に規定されています。戸籍法6条ただし書は，「配偶者がない者について新たに戸籍を編製するときは，その者及びこれと氏を同じくする子ごとに，これを編製する。」と規定しています。また，戸籍法17条は，「戸籍の筆頭に記載した者及びその配偶者以外の者がこれと同一の氏を称する子又は養子を有するに至つたときは，その者について新戸籍を編製する。」と規定しています。さらに，戸籍法18条3項は，「養子は，養親の戸籍に入る。」と規定しています。これらのことから，本例のように，戸籍の筆頭者及びその配偶者以外の者が養子をしたときは，養親について新戸籍を編製すると思われたのではないかと思います。しかし，養子となる者は，夫婦ですから，戸籍編製単位である戸籍法6条本文の規定が優先することになります。つまり，戸籍法6条本文は，「戸籍は，市町村の区域内に本籍を定める一の夫

- 251 -

第9 届書の審査方法

婦（中略）ごとに，これを編製する。」としていますので，戸籍の筆頭者及び
その配偶者以外の者が夫婦を養子としたときは，養親について新戸籍を編製す
ることはないのです。

⑧　養親になる人の「届出人署名押印」欄

前記アと同様です。

⑨　「証人」欄

前記アと同様です。

セ　戸籍の筆頭者及びその配偶者以外の者が単身者を養子とする縁組届

①　養子の年齢

前記シと同様です。

②　「父母の氏名・父母との続き柄」欄

前記アと同様です。

③　「入籍する戸籍または新しい本籍」欄

養子は養親の氏を称して養親の戸籍に入籍することになります（民法810条本
文，戸籍法18条3項）。また，養親については，養子縁組により新戸籍を編製す
ることになります（下記⑧参照）ので，「□養親の新しい戸籍に入る」の□に
チェックがされているか，筆頭者の氏名（養親の氏名）が記載されているかを
審査します。この場合，下記⑧の戸籍の表示と同一であるかを審査します。

④　「監護をすべき者の有無」欄

前記シと同様です。

⑤　養子になる人の「届出人署名押印」欄

前記シと同様です。

⑥　養子になる人が15歳未満のときの「届出人署名押印」欄

前記シと同様です。

⑦　「その他」欄

前記シと同様です。

⑧　養親になる人の「新しい本籍」欄

戸籍の筆頭者及びその配偶者以外の者が単身者を養子とするときは，養親に

- 252 -

第9 届書の審査方法

ついて新戸籍を編製します（戸籍法17条）ので，必ず記載がされているかを審査します。

> **【問181】** 養親になる人の「新しい本籍」欄には，「筆頭者の氏名」を記載
> する欄がありませんが，なぜないのでしょうか。

　養子になる人については，新戸籍をつくるときは「新しい本籍」欄には，「筆頭者の氏名」を記載する欄があります。【問178】で説明しましたが，縁組により養子は養親の氏を称することになるため，縁組後の氏名を記載することになります。養親の場合は，縁組によっても氏の変動を生じないため，「養父（養母）」欄に記載されている氏で新戸籍を編製することになりますので，あえて「筆頭者の氏名」を記載することがないことから，その欄を設けていないのです。

　⑨　養親になる人の「届出人署名押印」欄

　前記サと同様です。

　⑩　「証人」欄

　前記アと同様です。

　⑪　添付書類

　前記シと同様です。

　　ソ　夫婦が夫婦を養子とする縁組届

> **【問182】** 養子となる夫婦の一方（夫）が養親となる夫婦の一方（妻）よ
> りも年齢が1歳上ですが，このようなときにも，夫婦が夫婦を養子と
> する縁組届出を受理することができるのでしょうか。

　民法793条は，「年長者は，これを養子とすることができない。」と規定していますので，問にある夫婦は，夫婦を同時に養子とすることはできないことになります。

　また，民法は，単独縁組を原則としており，配偶者のある者が配偶者とともにしなければならない養子縁組，いわゆる必要的夫婦共同縁組としているの

- 253 -

第9 届書の審査方法

は，未成年者を養子とするとき（民法795条本文）のみです。

そうすると，問のような縁組の届出があったときは，どのように処理するのかです。

問の場合は，養父となる者については，夫婦を養子とすることができますので，養父の配偶者の同意を得て（民法796条本文）養子縁組をすることができることになります。また，養母となる者は，養子となる夫婦の一方である妻を養子とすることができる事例ですから，それぞれの配偶者の同意（養母，養女のそれぞれの夫の同意）を得て，養子縁組をすることができます。

したがって，事件本人らが養子縁組を望むのであれば，養子縁組届は，2件の届書ですることになります。その1は養父となる者と養子となる夫婦の縁組届，その2は養母となる者と養女となる者の縁組届となります（後記ノ及びハの事例とは内容を異にします。）。

本例の以下の説明は，夫婦が夫婦を養子とする縁組届があった場合のものです。

① 養子の年齢

前記サと同様です。

② 「父母の氏名・父母との続き柄」欄

前記アと同様です。

③ 「入籍する戸籍または新しい本籍」欄

前記サと同様です。

④ 「監護をすべき者の有無」欄

前記サと同様です。

⑤ 養子になる人の「届出人署名押印」欄

前記サと同様です。

⑥ 「その他」欄

前記サと同様です。

⑦ 養親になる人の「新しい本籍」欄

前記サと同様です。

⑧　養親になる人の「届出人署名押印」欄

前記アと同様です。

⑨　「証人」欄

前記アと同様です。

タ　夫婦が夫婦の一方を養子とする縁組届（養子が自己の氏を称する婚姻をしている場合）

養子となる者が夫婦で，その一方が養子となる縁組のときは，他の一方の同意を必要としますので，必ず同意の有無を審査することになります（以下同じ。）。

①　養子の年齢

前記サと同様です。

②　「父母の氏名・父母との続き柄」欄

前記アと同様です。

③　「入籍する戸籍または新しい本籍」欄

養子が自己の氏を称する婚姻をしている場合ですから，養子は養親の氏を称することになります（民法810条本文）ので，前記サと同様です。

④　「監護をすべき者の有無」欄

前記サと同様です。

⑤　養子になる人の「届出人署名押印」欄

前記サと同様です。

⑥　「その他」欄

養子となる者の配偶者の同意を証する書面に代える場合は，この欄に「この縁組に同意する。養子の妻何某㊞」と記載されているかを審査します。

また，養子となる者の配偶者（妻）は，縁組による新戸籍に同時に入籍することになりますから，例えば，「丙山春子は養子である夫二郎の新戸籍に入籍する。住所は，夫に同じ。」と記載することになります。この「配偶者が入籍する」旨の記載は，戸籍の記載は届出に基づいてすることになりますので，記載遺漏の防止のためにも必ず確認することを忘れないようにしましょう。

－ 255 －

⑦　養親になる人の「新しい本籍」欄

前記サと同様です。

⑧　養親になる人の「届出人署名押印」欄

前記アと同様です。

⑨　「証人」欄

前記アと同様です。

⑩　添付書類

配偶者の同意を証する書面（戸籍法38条1項本文）になります。

なお，届書「その他」欄に配偶者の同意の旨が記載されている場合は，この書面は不要となります。

チ　夫婦が夫婦の一方を養子とする縁組届（養子が相手方の氏を称する婚姻をしている場合）

①　養子の年齢

前記サと同様です。

②　「父母の氏名・父母との続き柄」欄

前記アと同様です。

③　「入籍する戸籍または新しい本籍」欄

養子が相手方の氏を称する婚姻をしている場合ですから，養子は養親の氏を称しません（民法810条ただし書）ので，前記キと同様です。

④　「監護をすべき者の有無」欄

前記サと同様です。

⑤　養子になる人の「届出人署名押印」欄

前記サと同様です。

⑥　「その他」欄

養子となる者の配偶者の同意を証する書面に代える場合は，この欄に「この縁組に同意する。養子の夫何某㊞」と記載されているかを審査します。

⑦　養親になる人の「新しい本籍」欄

前記サと同様です。

⑧　養親になる人の「届出人署名押印」欄

前記アと同様です。

⑨　「証人」欄

前記アと同様です。

⑩　添付書類

前記タと同様です。

　　ツ　夫婦の一方（戸籍の筆頭者）が夫婦を養子とする縁組届

夫婦の一方が養子をするときは，他の一方の同意を必要としますので，必ず同意の有無を審査することになります（以下同じ。）。

養親となる人の配偶者の同意を除き，前記サと同様です。

　　テ　夫婦の一方（戸籍の筆頭者）が夫婦の一方を養子とする縁組届（養子が自己の氏を称する婚姻をしている場合）

養親となる者及び養子となる者の配偶者の同意を除き，前記タと同様です。

　　ト　夫婦の一方（戸籍の筆頭者）が夫婦の一方を養子とする縁組届（養子が相手方の氏を称する婚姻をしている場合）

養親となる者及び養子となる者の配偶者の同意を除き，前記チと同様です。

　　ナ　夫婦の一方（筆頭者の配偶者）が夫婦の一方を養子とする縁組届（養子が自己の氏を称する婚姻をしている場合）

養親となる者及び養子となる者の配偶者の同意を除き，前記タと同様です。

　　ニ　夫婦の一方（筆頭者の配偶者）が夫婦の一方を養子とする縁組届（養子が相手方の氏を称する婚姻をしている場合）

養親となる者及び養子となる者の配偶者の同意を除き，前記チと同様です。

　　ヌ　夫婦がその嫡出子の配偶者を養子とする縁組届（養子が自己の氏を称する婚姻をしている場合）

養子となる者の配偶者（養親の嫡出子）の同意を除き，前記タと同様です。

なお，本例の場合，「その他」欄に「養子の配偶者は養親の嫡出子である旨」を記載するとする戸籍実務書がありますが，この記載は不要と考えます。

第9 届書の審査方法

　　ネ　夫婦がその嫡出子の配偶者を養子とする縁組届（養子が相手方の氏
　　　を称する婚姻をしている場合）

養子となる者の配偶者の同意を除き，前記チと同様です。

　　ノ　夫婦の一方が他方の嫡出子を養子とすると同時にその嫡出子の配偶
　　　者を夫婦がともに養子とする縁組届

本例は，次のような事例です。甲野義太郎が，妻梅子の嫡出子である乙川竹子（夫の氏を称して婚姻）を養子とするとともに，同夫婦が竹子の夫乙川英助をともに養子とする縁組です。これを図で示すと，次のようになります。

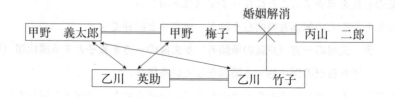

【問183】上記のような縁組をする場合，届書は，各別にしなければならないのでしょうか。

　この縁組は，1通の届書で届出をすることができます。夫婦がともに養子（英助をともに養子とする）をする場合に該当しますので，1通の届書で差し支えないことになります。

　また，当然のことながら，各別の届書により届出することもできます。

　なお，本例は，養父については養子夫婦，養母については養子（英助）のみとの縁組となりますから，戸籍事件としては，夫婦共同縁組とはなりませんので，2件として受理することになります。

　①　次の②を除き，前記タと同様です。
　②　「その他」欄

1通の届書で届出された場合は，縁組形態を明らかにする必要があります（戸籍記載をするために必要であり，かつ，戸籍記載の間違いを防止するため）

ので，その旨を記載しなければなりません。例えば，「乙川竹子は甲野梅子の嫡出子につき，甲野義太郎とのみ縁組する。」と記載されているかを審査します。この記載をすることは，前記ヌの事例とは違い，前述したように，戸籍記載の間違いを防止するために，縁組形態を明らかにするものです。

また，乙川竹子は甲野義太郎とのみの縁組であり，甲野梅子は乙川英助とのみの縁組です。すなわち，それぞれ単独縁組になりますから，それぞれの配偶者の同意（民法796条本文）を要することになりますので，その旨を記載しなければなりません。例えば，「夫義太郎と乙川竹子の縁組に同意する。養父の妻　梅子㊞」「夫英助と甲野梅子の縁組に同意する。養子の妻　乙川竹子㊞」と記載されているかを審査します。

③　戸籍記載例

ⅰ　戸籍用紙により処理している場合の記載例

・養子の新戸籍中戸籍事項欄

「平成29年３月20日編製㊞」

・養子の新戸籍中筆頭者となる養子（英助）の身分事項欄

「平成29年３月20日妻とともに東京都千代田区平河町一丁目４番地甲野義太郎同人妻梅子の養子となる縁組届出大阪市北区老松町二丁目７番地乙川英助戸籍から入籍㊞」

・養子の新戸籍中養子（竹子）の身分事項欄

「平成29年３月20日夫とともに甲野義太郎の養子となる縁組届出入籍㊞」

・養子の縁組前の戸籍中筆頭者である夫（英助）の身分事項欄

「平成29年３月20日妻とともに東京都千代田区平河町一丁目４番地甲野義太郎同人妻梅子の養子となる縁組届出同月23日同区長から送付同区平河町二丁目10番地に新戸籍編製につき除籍㊞」

・養子の縁組前の戸籍中妻（竹子）の身分事項欄

「平成29年３月20日夫とともに甲野義太郎の養子となる縁組届出同月23日東京都千代田区長から送付除籍㊞」

- 259 -

第 9　届書の審査方法

・養親の戸籍中養父（義太郎）の身分事項欄

「平成29年 3 月20日妻とともに大阪市北区老松町二丁目 7 番地（新本籍東京都千代田区平河町二丁目10番地）乙川英助同人妻竹子を養子とする縁組届出㊞」

・養親の戸籍中養母（梅子）の身分事項欄

「平成29年 3 月20日夫とともに乙川英助を養子とする縁組届出㊞」

ⅱ　コンピュータシステムによる証明書記載例

・養子の新戸籍中戸籍事項欄

戸籍編製　　【編製日】平成２９年３月２０日

・養子の新戸籍中筆頭者となる養子（英助）の身分事項欄

養子縁組　　【縁組日】平成２９年３月２０日
　　　　　　【共同縁組者】妻
　　　　　　【養父氏名】甲野義太郎
　　　　　　【養母氏名】甲野梅子
　　　　　　【養親の戸籍】東京都千代田区平河町一丁目 4 番地　甲
　　　　　　　　野義太郎
　　　　　　【従前戸籍】大阪市北区老松町二丁目 7 番地　乙川英助

・養子の新戸籍中養子（竹子）の身分事項欄

養子縁組　　【縁組日】平成２９年３月２０日
　　　　　　【共同縁組者】夫
　　　　　　【養父氏名】甲野義太郎
　　　　　　【養親の戸籍】東京都千代田区平河町一丁目 4 番地　甲
　　　　　　　　野義太郎
　　　　　　【従前戸籍】大阪市北区老松町二丁目 7 番地　乙川英助

－ 260 －

第9　届書の審査方法

・養子の縁組前の戸籍中筆頭者である夫（英助）の身分事項欄

養子縁組　　　【縁組日】平成２９年３月２０日
　　　　　　　【共同縁組者】妻
　　　　　　　【養父氏名】甲野義太郎
　　　　　　　【養母氏名】甲野梅子
　　　　　　　【養親の戸籍】東京都千代田区平河町一丁目４番地　甲
　　　　　　　　　野義太郎
　　　　　　　【送付を受けた日】平成２９年３月２３日
　　　　　　　【受理者】東京都千代田区長
　　　　　　　【新本籍】東京都千代田区平河町二丁目１０番地

・養子の縁組前の戸籍中妻（竹子）の身分事項欄

養子縁組　　　【縁組日】平成２９年３月２０日
　　　　　　　【共同縁組者】夫
　　　　　　　【養父氏名】甲野義太郎
　　　　　　　【養親の戸籍】東京都千代田区平河町一丁目４番地　甲
　　　　　　　　　野義太郎
　　　　　　　【送付を受けた日】平成２９年３月２３日
　　　　　　　【受理者】東京都千代田区長
　　　　　　　【新本籍】東京都千代田区平河町二丁目１０番地

・養親の戸籍中養父（義太郎）の身分事項欄

養子縁組　　　【縁組日】平成２９年３月２０日
　　　　　　　【共同縁組者】妻
　　　　　　　【養子氏名】乙川英助
　　　　　　　【養子氏名】乙川竹子
　　　　　　　【養子の従前戸籍】大阪市北区老松町二丁目７番地　乙

－ 261 －

川英助
【養子の新本籍】東京都千代田区平河町二丁目１０番地

・養親の戸籍中養母（梅子）の身分事項欄
養子縁組　　【縁組日】平成２９年３月２０日
　　　　　　【共同縁組者】夫
　　　　　　【養子氏名】乙川英助
　　　　　　【養子の従前戸籍】大阪市北区老松町二丁目７番地　乙川英助
　　　　　　【養子の新本籍】東京都千代田区平河町二丁目１０番地

ハ　夫婦がそれぞれ自己の嫡出子の配偶者である夫婦の一方を養子とする縁組届

本例は，次のような事例です。甲野義太郎が，妻梅子の嫡出子である甲野竹子（義太郎の嫡出子啓太郎の妻であり，夫の氏を称して婚姻）を，妻梅子が，夫義太郎の嫡出子である甲野啓太郎（梅子の嫡出子竹子の夫）を，それぞれ養子とする縁組です。これを図で示すと，次のようになります。

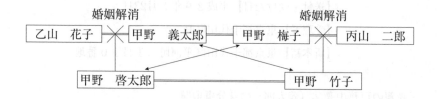

【問184】上記の届出は，１通の届書によりすることができるのでしょうか。

夫婦が成年者を養子とするときは，配偶者の同意を得て，それぞれ単独で縁組をすることができますので，本来は，義太郎と竹子及び梅子と啓太郎の縁組

第9　届書の審査方法

届出をすることになりますが，1通の届書により届出された場合も受理して差し支えありません。ただし，戸籍事件としては，夫婦共同縁組とはなりませんので，2件として受理することになります。

　また，このような事案については，各別に届出がされるよりかは，1通で届出されたほうが，戸籍記載の誤り等もなくなりますから，戸籍事務担当者としても，事務軽減になるのではないかと思います。例えば，義太郎と竹子の縁組が先に受理され，梅子と啓太郎の縁組届出が後に受理された場合は，戸籍の記載について，負担が生ずることになります。すなわち，義太郎と竹子との縁組が先に受理された場合は，竹子の戸籍に変動はありませんので，義太郎との縁組事項を記載するのみになります。次に，後件で梅子と啓太郎との縁組届出がされると，啓太郎について新戸籍を編製し，その新戸籍に竹子が「夫の縁組」により入籍しますから，その旨の記載をすることになります。さらに，届書「その他」欄にもその旨の記載をしなければならないということになります。

　①　以下の②を除き前記タと同様です。

　②　「その他」欄

　1通の届書により届け出られたときは，縁組形態及び戸籍の記載をするために，「自己の嫡出子の配偶者をそれぞれが縁組する。」と記載されているかを審査します。

　また，本例は，養親及び養子とも夫婦ですから，それぞれの配偶者の同意を必要としますので，同意書に代える場合は，「甲野義太郎と甲野竹子との縁組に同意する。養父の妻　甲野梅子㊞　養女の夫　甲野啓太郎㊞」「甲野梅子と甲野啓太郎との縁組に同意する。養母の夫　甲野義太郎㊞　養子の妻　甲野竹子㊞」と記載されているかを審査します。

　③　戸籍記載例

　ⅰ　戸籍用紙により処理している場合の記載例

　・養子の戸籍中戸籍事項欄

「平成29年3月20日編製㊞」

－ 263 －

第9　届書の審査方法

　・養子の新戸籍中筆頭者となる養子（啓太郎）の身分事項欄

「平成29年3月20日東京都千代田区平河町一丁目4番地甲野義太郎同籍梅子の養子となる縁組届出東京都千代田区平河町一丁目10番地甲野啓太郎戸籍から入籍㊞」

　・養子の新戸籍中養子（竹子）の身分事項欄

「平成29年3月20日東京都千代田区平河町一丁目4番地甲野義太郎の養子となる縁組届出夫とともに入籍㊞」

　・養子の縁組前の戸籍中筆頭者である夫（啓太郎）の身分事項欄

「平成29年3月20日東京都千代田区平河町一丁目4番地甲野義太郎同籍梅子の養子となる縁組届出東京都千代田区平河町一丁目10番地に新戸籍編製につき除籍㊞」

　・養子の縁組前の戸籍中妻（竹子）の身分事項欄

「平成29年3月20日東京都千代田区平河町一丁目4番地甲野義太郎の養子となる縁組届出夫とともに除籍㊞」

　・養親の戸籍中養父（義太郎）の身分事項欄

「平成29年3月20日東京都千代田区平河町一丁目10番地（新本籍同所同番地）甲野啓太郎同籍竹子を養子とする縁組届出㊞」

　・養親の戸籍中養母（梅子）の身分事項欄

「平成29年3月20日東京都千代田区平河町一丁目10番地（新本籍同所同番地）甲野啓太郎を養子とする縁組届出㊞」

　ⅱ　コンピュータシステムによる証明書記載例

・養子の戸籍中戸籍事項欄

戸籍編製　　　【編製日】平成２９年３月２０日

・養子の新戸籍中筆頭者となる養子（啓太郎）の身分事項欄

養子縁組　　　【縁組日】平成２９年３月２０日

　　　　　　　【養母氏名】甲野梅子

【養親の戸籍】東京都千代田区平河町一丁目４番地　甲
　　野義太郎
【従前戸籍】東京都千代田区平河町一丁目１０番地　甲
　　野啓太郎

・養子の新戸籍中養子（竹子）の身分事項欄

養子縁組　　【縁組日】平成２９年３月２０日
　　　　　　【養父氏名】甲野義太郎
　　　　　　【養親の戸籍】東京都千代田区平河町一丁目４番地　甲
　　　　　　　　野義太郎
　　　　　　【従前戸籍】東京都千代田区平河町一丁目１０番地　甲
　　　　　　　　野啓太郎

・養子の縁組前の戸籍中筆頭者である夫（啓太郎）の身分事項欄

養子縁組　　【縁組日】平成２９年３月２０日
　　　　　　【養母氏名】甲野梅子
　　　　　　【養親の戸籍】東京都千代田区平河町一丁目４番地　甲
　　　　　　　　野義太郎
　　　　　　【新本籍】東京都千代田区平河町一丁目１０番地

・養子の縁組前の戸籍中妻（竹子）の身分事項欄

養子縁組　　【縁組日】平成２９年３月２０日
　　　　　　【養父氏名】甲野義太郎
　　　　　　【養親の戸籍】東京都千代田区平河町一丁目４番地　甲
　　　　　　　　野義太郎
　　　　　　【新本籍】東京都千代田区平河町一丁目１０番地

第9 届書の審査方法

・養親の戸籍中養父（義太郎）の身分事項欄

養子縁組　　　【縁組日】平成29年3月20日

【養子氏名】甲野竹子

【養子の従前戸籍】東京都千代田区平河町一丁目10番
地　甲野啓太郎

【養子の新本籍】東京都千代田区平河町一丁目10番地

・養親の戸籍中養母（梅子）の身分事項欄

養子縁組　　　【縁組日】平成29年3月20日

【養子氏名】甲野啓太郎

【養子の従前戸籍】東京都千代田区平河町一丁目10番
地　甲野啓太郎

【養子の新本籍】東京都千代田区平河町一丁目10番地

ヒ　生存配偶者が夫婦の一方を養子とする縁組届（養子が自己の氏を称する婚姻をしている場合）

前記タと同様です。

フ　生存配偶者が夫婦の一方を養子とする縁組届（養子が相手方の氏を称する婚姻をしている場合）

前記チと同様です。

ヘ　夫婦が成年者を養子とする縁組届と同時に養子となる者の子（未成年者）を養子とする縁組届

この縁組は，夫婦が自己の嫡出子以外の成年者を養子とすると同時に，その養子となる者の未成年の子を養子とする場合です。

例えば，夫婦が養子とする成年者（養女）は，自己の嫡出子以外の者であり，その養女となる者は嫡出でない子を出生し，新戸籍が編製され，その養女となる者の戸籍にある未成年の子（養女の嫡出でない子）を同時に養子とする縁組の場合です。この場合の縁組形態は，①夫婦が成年者を養子とする縁組届

- 266 -

と②夫婦が未成年者を養子とする縁組になります。①については238ページ以下，②については229ページ以下を参照してください。

【問185】 前件で夫婦が成年者を養子とする縁組届がされ，後件で養子の子との縁組届がされた場合，養子の子である未成年者を養子するときの家庭裁判所の縁組許可は必要となるのでしょうか。また，戸籍の処理はどのようになるのでしょうか。

　まず，前段の家庭裁判所の縁組許可について説明することにします。

　民法798条は，その本文で「未成年者を養子とするには，家庭裁判所の許可を得なければならない。」とし，また，同条ただし書は，「自己又は配偶者の直系卑属を養子とする場合は，この限りでない。」と規定しています。本問の未成年者が，ただし書にある「自己の直系卑属」に該当するか否かによって，許可を要するか否かになります。

　養子は縁組により養親の嫡出子の身分を取得し（民法809条），養子と養親及びその血族との間においては，養子縁組の日から，血族間におけるのと同一の親族関係を生ずるとしています（民法727条）。このように，縁組による親族関係の発生は，縁組の日からとされていますので，養子縁組前の養子の子（直系卑属）と養親との間には，養親族関係は発生しないことになります（大判大正6年12月26日民録23巻226ページ，大判昭和7年5月11日民集11巻1062ページ）。したがって，養親が，養子の縁組前の子を養子とするには，家庭裁判所の許可を要することになります（昭和33年6月13日民事甲1206号回答）。

　次に，後段の戸籍の処理について説明することにします。

　養子は，養親の氏を称し，養親の戸籍に入籍します（民法810条本文，戸籍法18条3項）。本問の養子となる者は，親子です。まず，母が縁組により養親の氏を称し，養親の戸籍に入籍し，後件の縁組により子が同じく養親の戸籍に入籍します。この結果，三代戸籍ができるような感じを受けます。養子となった者は母子ですが，養親との関係では，いずれも養子です。戸籍法17条は，「戸籍の筆頭に記載した者及びその配偶者以外の者がこれと同一の氏を称する子又

－ 267 －

第9　届書の審査方法

は養子を有するに至つたときは，その者について新戸籍を編製する。」と規定
していますが，本問は，これには該当しないことになります。したがって，同
一戸籍に在籍していた母子が同時に同一の養親の養子となったときは，その母
と子はともに養親の戸籍に入籍することになります。

（注1）戸籍542号73ページ以下の解説参照
（注2）「共同縁組をすべき場合に単独縁組をしたときには，原則として縁組意思
　　　のある者についても縁組は無効であるが，その者が単独でも縁組をする意思
　　　があり，かつ，子の福祉を図るという新法第795条の趣旨にもとることがない
　　　と認められる特段の事情があるときは，その者については，縁組は成立する
　　　と考えるべきであろう。前記最高裁判所の判例（筆者注：最判昭和48年4月
　　　12日民集27巻3号500ページ）にいう配偶者の利益の保護，家庭の平和の観点
　　　は，特段の事情の判断につき，判断の基準とする必要はないと思われる。し
　　　かし，新法第795条の趣旨に反するものではないと認める特段の事情のある場
　　　合においても，単独縁組につき配偶者の同意が欠けていることには変わりが
　　　ないから，配偶者は第806条の2に基づき，当該縁組を取り消しうるものと解
　　　すべきであろう。」（「改正養子法と戸籍実務」（法務省民事局内戸籍実務研究
　　　会編・テイハン）16ページ）
（注3）平成2年10月5日民二4400号通達は，「夫婦又は婚姻の際に氏を改めなかっ
　　　た者が養子となる縁組の届出があった場合には，養親となるべき者との氏の
　　　異同を問わず夫婦について新戸籍を編製するものとし，これらの縁組につい
　　　て離縁届があった場合にも新戸籍を編製する。また，この取扱いによって養
　　　子夫婦について新戸籍を編製した場合に，縁組前の戸籍に在籍する子が父母
　　　の氏を称し父母の戸籍に入るには，戸籍法第98条による入籍届によって入籍
　　　する。」ことを要旨とするものです。

4　養子縁組取消届

　縁組の取消しについては，216ページ以下に，①取消原因，②取消権者，③
取消しの請求，④取消しの効果について既に説明しています。ここでは，取消
届があった場合の審査等について，説明することにします。

【問186】縁組取消しの裁判が確定した場合は，養子縁組取消しの届出を

－ 268 －

第9 届書の審査方法

することになりますが，届書標準様式には該当する届書様式がありま
せん。具体的には，どのような届書の様式になるのでしょうか。

　戸籍届書の様式は，戸籍法28条1項で「法務大臣は，事件の種類によって，
届書の様式を定めることができる。」と規定し，事件の種類については戸籍法
施行規則23条1項，届書の様式については戸籍法施行規則59条に規定していま
す。戸籍法施行規則59条は，いわゆる4届書の様式については，附録様式によ
らなければならないとしています。この4届書及びその他の事件についての届
書様式は，通達（昭和59年11月1日民二5502号通達）により様式が示されていま
す。この通達による様式を戸籍届書標準様式（以下「標準様式」という。）と
いいます。養子縁組取消届書は，標準様式には示されていません。また，離縁
の取消し，婚姻の取消し及び離婚の取消し等に関しても標準様式を示していま
せん。縁組等の取消しに関する事件が少ないことからではないでしょうか。ち
なみに，養子縁組取消届は，年間10件前後という件数です。特に様式はありま
せんので，戸籍の記載ができるような届書の様式であれば差し支えないと思い
ます。届書の記載事項は，戸籍法29条以下に規定されていますので，この要件
（内容）が含まれていれば差し支えありません。

　参考までに，届書の様式を示すと，次のようになります。この様式は，養父
母が養子縁組取消しの請求をした場合のものです。

養子縁組取消届

養親の
　　戸籍の表示　　　東京都千代田区平河町一丁目4番地　甲野義太郎
　　住　　　　所　　東京都千代田区平河町一丁目4番地
　　　　　　　　　　養父　　甲　野　　義太郎　昭和42年6月21日生
　　　　　　　　　　養母　　甲　野　梅　子　昭和45年1月8日生
養子の
　　戸籍の表示　　　東京都千代田区平河町一丁目4番地　甲野義太郎

- 269 -

第9 届書の審査方法

```
住     所    東京都中央区築地四丁目3番2号
        父      乙 川 孝 助
        母      乙 川 冬 子
        養子    甲 野 英 助  昭和63年5月1日生
```

（1）　平成29年10月11日養子縁組取消しの裁判確定

（2）　養子英助は，東京都中央区築地四丁目3番乙川孝助戸籍に復籍する。

　上記養子縁組取消しにつき，裁判の謄本及び確定証明書を添えて届出をする。

　平成29年10月16日

```
            届出人  養父  甲 野 義太郎  ㊞
            届出人  養母  甲 野 梅 子  ㊞
```

東京都千代田区長　殿

(1) 届出人

届出人は，縁組の取消しを請求した者になります（戸籍法69条・63条1項）。

(2) 届出期間

縁組の取消しを請求した者が，裁判（審判）確定の日から10日以内に届出をしなければなりません（戸籍法69条・63条1項）。

なお，届出期間を経過した場合は，相手方からも届出をすることができます（戸籍法69条・63条2項）。

また，縁組取消しの審判等が確定した場合は，裁判所書記官から事件本人の本籍地市区町村長に対し通知がされます（人事訴訟規則17条・家事事件手続規則134条）ので，当事者が届出をしないときは，市区町村長は管轄法務局の長の許可を得て，戸籍の処理をすることになります。

(3) 添付書類

添付書類は，裁判の謄本及び確定証明書になります。

なお，裁判所書記官から通知がされているときは，確定証明書の添付は不要となります（昭和29年12月24日民事甲2601号回答）。

－ 270 －

第9　届書の審査方法

> 【問187】戸籍の記載は，どのようになるのでしょうか。

　縁組取消しの効果は，将来に向かってのみその効力を生ずることになります（民法808条１項・748条１項）ので，入籍・除籍により処理することになります。つまり，離縁の場合と同様の処理になりますので，届書には，復籍すべき戸籍の表示を記載しなければなりません。

　では，【問186】に示した養子縁組取消届に基づいて記載例を示します。

　ⅰ　戸籍用紙により処理している場合の記載例

　・養親の戸籍中養父母の各身分事項欄

「平成29年10月11日甲野英助を養子とする縁組取消の裁判確定同月16日届出㊞」

　・養親の戸籍中養子の身分事項欄

「平成29年10月11日養父甲野義太郎養母梅子の養子となる縁組取消の裁判確定同月16日養父母届出東京都中央区築地四丁目３番乙川孝助戸籍に入籍につき除籍㊞」

　・養子の復籍すべき縁組前の戸籍中その身分事項欄

「平成29年10月11日養父甲野義太郎養母梅子の養子となる縁組取消の裁判確定同月16日養父母届出同月18日東京都千代田区長から送付同区平河町一丁目４番地甲野義太郎戸籍から入籍㊞」

　ⅱ　コンピュータシステムによる証明書記載例

　・養親の戸籍中養父母の各身分事項欄

養子縁組取消し	【縁組取消しの裁判確定日】平成２９年１０月１１日 【養子氏名】甲野英助 【届出日】平成２９年１０月１６日

－ 271 －

第9　届書の審査方法

・養親の戸籍中養子の身分事項欄

養子縁組取消し　【縁組取消しの裁判確定日】平成２９年１０月１１
　　　　　　　　　日
　　　　　　　　【養父氏名】甲野義太郎
　　　　　　　　【養母氏名】甲野梅子
　　　　　　　　【届出日】平成２９年１０月１６日
　　　　　　　　【届出人】養父母
　　　　　　　　【入籍戸籍】東京都中央区築地四丁目３番　乙川孝助

・養子の復籍すべき縁組前の戸籍中その身分事項欄

養子縁組取消し　【縁組取消しの裁判確定日】平成２９年１０月１１
　　　　　　　　　日
　　　　　　　　【養父氏名】甲野義太郎
　　　　　　　　【養母氏名】甲野梅子
　　　　　　　　【届出日】平成２９年１０月１６日
　　　　　　　　【届出人】養父母
　　　　　　　　【送付を受けた日】平成２９年１０月１８日
　　　　　　　　【受理者】東京都千代田区長
　　　　　　　　【従前戸籍】東京都千代田区平河町一丁目４番地
　　　　　　　　　甲野義太郎

【問188】縁組取消しの効果として，養子は縁組前の氏に復することになりますが，この場合，縁氏続称の届出をすることができるのでしょうか。

　問にあるように，縁組取消しの効果として，養子は縁組前の氏に復することになります（民法808条２項・769条・816条）。
　縁氏続称の届出とは，離縁の際に称していた氏を離縁後も称することができ

－ 272 －

第9　届書の審査方法

る届出のことです。この届出は，戸籍法73条の２に「民法第816条第２項の規定によつて離縁の際に称していた氏を称しようとする者は，離縁の年月日を届書に記載して，その旨を届け出なければならない。」と規定してします。この届出の要件は，①離縁により復氏したこと，②他に称する氏がないこと，③縁組の期間が７年を超えていること，④離縁の日から３か月以内に届け出ることです。

　民法816条２項の規定は，縁組の取消しについても準用されています（民法808条２項，戸籍法69条の２）ので，縁組の取消しによって縁組前の氏に復した者も，離縁の場合と同様の要件により，縁組中の氏を称することができます。

> 【問189】【問188】の届出をすることができるとした場合，届出人でない
> 　　　　養子が取消しの届出と同時にしたいときは，どのようにしたらよいの
> 　　　　でしょうか。

　縁組の取消しを請求した者でないときは，届出人とはなりませんので，届出期間満了前は自ら届出することはできません。この場合，届出人（養親）に協力を求め，【問186】で取消届書の様式を示しましたが，同様式中の「(2)　養子英助は，東京都中央区築地四丁目３番乙川孝助戸籍に復籍する。」とする部分を，「(2)　養子英助は，戸籍法69条の２の届出を同時にする。甲野英助㊞」と記載し，同時に戸籍法69条の２の届出を連件でする方法で差し支えないと考えます。

> 【問190】縁組取消しによって養子は復氏，復籍することになりますが，
> 　　　　届出人でない養子が新戸籍編製の申出をしたいときは，どのようにし
> 　　　　たらよいのでしょうか。

　戸籍法19条１項ただし書は，縁組の取消しによって，縁組前の氏に復する者が，新戸籍編製の申出をしたときは，新戸籍を編製することができるとしています。【問189】のように，縁組の取消しを請求した者でないときは，届出人とはなりません。この場合も，届出人である養親の協力を求め，【問186】の取消

第9　届書の審査方法

届書の様式中の「(2)　養子英助は，東京都中央区築地四丁目3番乙川孝助戸籍に復籍する。」とする部分を，「(2)　この届出により養子英助につき新戸籍編製の申出をする。新本籍　大阪市北区老松町二丁目7番地　甲野英助㊞」と記載することで差し支えないものと考えます。昭和53年7月22日付け民二4184号通達は，「裁判又は調停による離婚等の届出人でない者が，当該届出によって復氏する場合に，届書の「その他」欄に新戸籍を編製する旨を記載し，署名・押印して届け出られた場合，又はその旨の申出書を添付して届出があった場合には，これに基づいて新戸籍を編製して差し支えない。」との取り扱いを認めていますので，同様に処理して差し支えないものと考えます。

5　養子離縁届

　養親子関係及び縁組によって生じた養子と養方との親族関係は，離縁によって解消します（民法729条）。離縁には，当事者の協議により届け出ることによって効力を生ずる協議離縁と，離縁の調停成立，審判・判決の確定及び和解の成立並びに請求の認諾によって効力を生ずる裁判上の離縁があります。

　養子縁組は，婚姻の場合と異なり，養親又は養子の死亡によっては解消しません。この場合，生存当事者は，家庭裁判所の許可を得て，離縁をすることができます。これを死後離縁といいます。

(1)　協議離縁の実質的成立要件

ア　離縁意思の存在

　縁組の当事者は，その協議によって離縁をすることができるとしています（民法811条1項）。特に，離縁原因となるべき事由のあることを必要とせず，当事者に離縁をする意思の合致があれば足ります。この協議は，当事者自身がすることを本則とします。すなわち，協議離縁の能力は，意思能力があれば足りることから，民法は15歳以上の者はこれを有するものとして取り扱い，成年被後見人も，意思能力を回復している場合には，成年後見人の同意を要せず離縁をすることができます（民法812条・738条，戸籍法32条）。

　離縁の意思は，真に嫡出親子関係を解消しようとする意思であり，他の何ら

- 274 -

かの目的のための方便として離縁の届出をしても，離縁は無効です。

イ　15歳未満の養子の離縁における離縁協議者（法定代理人の協議）

　15歳未満の養子が離縁をするには，養子の離縁後に法定代理人となるべき者（多くの場合，養子の実父母）が養子に代わって離縁の協議をしなければなりません（民法811条2項）。この養子に代わって離縁の協議をするということは，だれかが幼少な養子に代わって協議できなければ不便であることと，同時に，離縁後の子の保護を図る趣旨のものです。

　離縁後に法定代理人となるべき者は，通常は実父母です。実父母が離婚しているときは，その協議で，その一方を養子の離縁後の親権者となるべき者と定めなければなりません（民法811条3項）。この場合，父母の間でこの協議が調わないとき，又は協議をすることができないときは，父若しくは母又は養親の請求によって，家庭裁判所が，協議に代わる審判をすることになります（民法811条4項，家事事件手続法167条・168条・172条・別表二⑦・244条・284条）。さらに，養子の離縁後に法定代理人となるべき者がないときは，養子の親族その他の利害関係人の請求によって，家庭裁判所が養子の離縁後にその未成年後見人となるべき者を選任することになります（民法811条5項，家事事件手続法176条〜178条・別表一⑦）。

　15歳未満の養子の離縁に関する協議者については，民法に以上のように規定されていますが，ⅰ養父母の離婚後に親権を行う養親と離縁する場合，又は養親の一方の死亡後に生存養親と離縁する場合，ⅱ養父母の一方が死亡した後，生存養親と死亡養親と同時に離縁する場合，ⅲ実親と養親の共同親権に服する養子が離縁する場合，ⅳ転縁組をしている場合については，誰が協議者となるかの問題があります。

　以下に，15歳未満の養子が離縁する場合の離縁協議者について，具体的事例ごとに説明することにします。

　なお，死亡養親との離縁については，後記(3)を参照してください。

①　実父母の代諾により縁組し，離縁の際に実父母が婚姻中又はその一方が死亡している場合

第9　届書の審査方法

　この場合は，離縁後の親権者は実父母又は生存している一方になりますので，その者が離縁協議者となります（民法811条2項）。

　②　実父母の代諾により縁組し，離縁の際に実父母双方が死亡している場合

　この場合は，後見が開始しますので，家庭裁判所で選任された養子の離縁後に未成年後見人となるべき者が離縁協議者となります（民法811条5項）。

　③　実父母の代諾により縁組し，離縁の際に実父母が離婚している場合

　この場合は，実父母の協議で，その一方を養子の離縁後の親権者となるべき者と定め，その者が離縁協議者となります（民法811条3項）。また，実父母の協議が調わないとき，又は協議をすることができないときは，協議に代わる家庭裁判所の審判により定められた実父（又は実母）が離縁協議者となります（民法811条4項）。

　④　実父母離婚後，親権者と定められた父の代諾により縁組し，離縁の際に
　　父が生存している場合

　この場合は，離縁後の法定代理人は実父になりますので，実父が協議離縁者となります。

　⑤　実父母離婚後，親権者と定められた父の代諾により縁組し，離縁の際に
　　父が死亡している場合

　この場合は，後見が開始しますので，家庭裁判所で選任された養子の離縁後に未成年後見人となるべき者が離縁協議者となります。

　⑥　養父母離婚後に，親権者と定められた養父又は養母と離縁する場合

　この場合は，離縁によって実親の親権は回復せず，後見が開始しますので，家庭裁判所で選任された養子の離縁後に未成年後見人となるべき者が離縁協議者となります（昭和37年7月14日民事甲1989号回答）。

　⑦　養父母離婚後に，親権者でない他の一方の養父又は養母と離縁する場合

　この場合は，親権者である養父又は養母が離縁協議者となります。

　⑧　養父母離婚後，親権者でない他の一方と離縁し，次に，親権者と定めら
　　れた養親と離縁する場合，又は養父母双方と同時に離縁する場合

　この場合は，①と同様，離縁後の親権者は実父母又は生存している一方にな

りますので，その者が離縁協議者となります。実父母が死亡しているときは，家庭裁判所で選任された養子の離縁後に未成年後見人となるべき者が離縁協議者となります。

> 【問191】養父母離婚後，15歳未満の養子が養父母双方と同時に離縁する場合の，届出の審査は，どのようなことに注意する必要があるのでしょうか。

養父母離婚後に15歳未満の者が離縁する場合は，届書に記載がある離縁協議者が，養子の離縁後にその法定代理人となるべき者であるか否かを審査します。また，受理の方法によっては，戸籍の記載についても，手数が掛かることになりますので，注意する必要があります。

では，前記⑧の事例で，養父母双方と同時に離縁する場合を考えてみましょう。この場合，届書が2通で提出されたとき（養父母が離婚していますから，このような届出を想定することができます。），これは，同⑥の事例の届出と同⑦の事例の届出が同時にされた場合と同じになります。これを別個の届出として，例えば，同⑥の届出を1番で，同⑦の届出を2番で受理したときはどうでしょうか。同⑥の届出の離縁協議者は，未成年後見人になります。そうすると，同⑦の届出の離縁協議者も未成年後見人になります。しかし，養父母は，同時に離縁する意思を持ち，また，養子の実父母もそのつもりで，離縁協議者として届書に署名・押印をしていたときはどうでしょうか。この場合，担当者が，離縁協議者として未成年後見人を選任しなければ受理することができないと，受理を拒むことになるのでしょうか。

そこで，このような場合は，届出人全員に離縁の意思があることを確認し，同時離縁をするということであれば，実父母が離縁協議者となりますので，各届書の「その他」欄に「同時離縁」と記載し，1通の届出があったものとして取り扱うことができます。また，この場合は，戸籍の記載も1事項になります。

⑨ 養親の一方の死亡後に生存養親のみと離縁する場合

－ 277 －

第9　届書の審査方法

この場合は，離縁によって実親の親権は回復せず，後見が開始しますので，家庭裁判所で選任された養子の離縁後に未成年後見人となるべき者が離縁協議者となります（昭和37年7月14日民事甲1989号回答）。

⑩　実父母の代諾により縁組し，養父母の一方が死亡した後，生存養親及び死亡養親と同時に離縁する場合

この場合は，離縁によって，実父母の親権が回復することになりますので，実父母が離縁協議者となります。

なお，この場合，実父母の一方が死亡しているときは，生存している一方が離縁協議者となります。また，実父母双方が死亡しているときは，後見が開始しますので，家庭裁判所で選任された養子の離縁後に未成年後見人となるべき者が離縁協議者となります。

⑪　養親と実親が婚姻して共同親権者となった後，養親と実親の婚姻中に離縁する場合

この場合は，実親が離縁協議者となります（昭和26年8月14日民事甲1653号回答）。

⑫　養親と実親が婚姻して共同親権者となった後，養親と実親が離婚し，離婚の際に実親を親権者と定めた場合

この場合は，親権者と定められた実親が離縁協議者となります。

⑬　養親と実親が婚姻して共同親権者となった後，養親と実親が離婚し，離婚の際に養親を親権者と定めた場合

この場合は，縁組の際の代諾者（養親と離婚した実親も含む。）が離縁協議者となります（昭和26年8月4日民事甲1067号回答）。縁組の際の代諾者が死亡しているときは，後見が開始しますので，家庭裁判所で選任された養子の離縁後に未成年後見人となるべき者が離縁協議者となります。例えば，実父（実父母離婚の際，その協議で親権者と定められた者）の代諾により，実母の後夫と縁組し，離縁するときは，離縁協議者は実父となり，実父が死亡しているときは，家庭裁判所で選任された養子の離縁後に未成年後見人となるべき者になります。

－ 278 －

第9　届書の審査方法

⑭　養親と実親が婚姻して共同親権者となった後，その実親が死亡した場合

この場合は，縁組が死亡した実親の代諾でされたのであれば，後見が開始しますので，家庭裁判所で選任された養子の離縁後に未成年後見人となるべき者が離縁協議者となり，縁組が生存する実親の代諾でされたのであれば，生存実親が離縁協議者となります。生存する実親がいないときは，前者と同じになります。

⑮　第1の縁組の養親と離縁する場合

この場合は，第2の縁組の養親が離縁協議者となります（大正8年6月4日民事1276号回答）。

⑯　第2の縁組の養親と離縁する場合

この場合は，第1の縁組の養親が離縁協議者となります（昭和24年4月11日民事甲725号回答）。

⑰　嫡出でない子が，実母の代諾により縁組し，離縁する場合

この場合は，離縁後の親権者は実母になりますので，実母が協議離縁者になります。

⑱　嫡出でない子が，実母の代諾により縁組し，離縁の際に実母が死亡している場合

この場合は，後見が開始しますので，家庭裁判所で選任された養子の離縁後に未成年後見人となるべき者が離縁協議者となります。

⑲　嫡出でない子が，実母とその夫と縁組し，その婚姻中に離縁する場合

この場合は，養父との離縁は実母が離縁協議者となり，養母（実母）との離縁は，利益相反行為になりますので，家庭裁判所の審判により特別代理人を選任し，その者が離縁協議者となります。したがって，この場合は，実母及び特別代理人が離縁協議者となります。

【問192】嫡出でない子を実母とその夫が養子とする縁組のときは，特別
　　　　代理人の選任を要しないとされています（昭和63年9月17日民二5165号
　　　　通達）が，前記⑲の事例の離縁のときには，なぜ特別代理人を選任し

- 279 -

第9　届書の審査方法

　　　　なければならないのでしょうか。

　配偶者のある者が未成年者を養子とするときは，配偶者の嫡出子を養子とする縁組を除き，配偶者とともにしなければならないとしています（民法795条）から，配偶者の未成年である嫡出でない子を養子とするには，実親である配偶者とともにしなければなりません。また，養子が未成年者であって，養親夫婦が婚姻中に離縁をするには，夫婦共同でしなければなりません（民法811条の2本文）。したがって，養子は，実母である養母とも離縁することになりますから，その者が15歳未満であるきは，養子の離縁後に法定代理人となるべき者が離縁協議者となります。

　ここで，問題となるのは，養母（実母）とその嫡出でない子である養子との離縁が，利益相反行為（民法826条）に該当するかということです。養子縁組により養母との間に嫡出子親子関係が生じていましたが，養子離縁により，法定の嫡出親子関係が解消し，子は，母との間において再び嫡出でない子となります。従前は，嫡出子と嫡出でない子との間において相続分において差異がありました（平成25年法律第94号改正前民法900条4号ただし書前段参照）が，現在は，相続分は同等とされています。しかし，離縁により嫡出でない子となりますから，利益相反行為になると考えられますので，特別代理人の選任を要します（第179回東京戸籍事務連絡協議会，戸籍617号56ページ（注1），戸籍618号46ページ）。

　⑳　嫡出でない子が，養母（実母）と養父が離婚後，養父のみと離縁する場合

　この場合は，養母（実母）が離婚の際に親権者と定められているときは，養母が離縁協議者となります。また，養父が親権者と定められているときは，後見が開始しますので，家庭裁判所で選任された養子の離縁後に未成年後見人となるべき者が離縁協議者となります。

　15歳未満の養子の離縁における離縁協議者は，上記のとおりです。これを一覧表にまとめると，次のようになります（上記の事例の順には整理していませ

－ 280 －

第9 届書の審査方法

んので，ご了承ください。）。

　なお，15歳未満の養子の死亡養親との離縁における離縁協議者（後記(3)のア
(ウ)）もこの表にまとめることにしました。

	事　　　例			協　　議　　者
1	婚姻中の父母の代諾により縁組した場合	①	父母婚姻中のとき	父母
		②	父母の一方が死亡しているとき	生存する父又は母
		③	父母双方とも死亡しているとき	家庭裁判所で選任された未成年後見人
		④	父母が離婚しているとき	父母の協議又は家庭裁判所で親権者と定められた父又は母
2	父母離婚後に親権者と定められた父又は母の代諾で縁組した場合	①	代諾した父又は母が生存しているとき	代諾した父又は母
		②	代諾した父又は母が死亡しているとき	家庭裁判所で選任された未成年後見人
3	嫡出でない子が母の代諾により縁組した場合	①	代諾した母が生存しているとき	母
		②	代諾した母が死亡しているとき	家庭裁判所で選任された未成年後見人
4	嫡出でない子が母の代諾により母とその夫と縁組した場合	①	養父と養母（実母）が婚姻中に離縁するとき	養父との離縁については実母，養母（実母）との離縁については家庭裁判所で選任された特別代理人
		②	養母（実母）と養父が離婚後，養父とのみ離縁するとき	ⅰ　離婚の際に養母（実母）が親権者と定められたときは養母（実母） ⅱ　離婚の際に養父が親権者と定められたときは家庭裁判所で

－ 281 －

第9　届書の審査方法

				選任された未成年後見人
		③	養母（実母）と養父の離婚後，養父と離縁し，その後，養母（実母）と離縁するとき	家庭裁判所で選任された特別代理人
5	養子縁組後，養父母が離婚している場合	①	親権者である養父又は養母と離縁するとき	家庭裁判所で選任された未成年後見人
		②	親権者でない養父又は養母と離縁するとき	親権者である養父又は養母
		③	親権者でない他の養親と離縁し，次に，親権者である養親と離縁するとき，又は養父母双方と同時に離縁するとき	ⅰ　父母又は生存しているその一方 ⅱ　父母が死亡しているときは，家庭裁判所で選任された未成年後見人
6	転縁組している場合	①	第1の縁組の養親と離縁するとき	第2の縁組の養親
		②	第2の縁組の養親と離縁するとき	第1の縁組の養親
7	養親と実親が婚姻して共同親権者となっている場合	①	養親と実親の婚姻中に離縁するとき	実親
		②	養親と実親が離婚し，離婚の際，実親を親権者と定め離縁するとき	実親
		③	養親と実親が離婚し，離婚の際，養親を親権者と定め離縁するとき	ⅰ　縁組の際の代諾者（養親と離婚した実親も含む。） ⅱ　縁組の際の代諾者が死亡しているときは，家庭裁判所で選

第9 届書の審査方法

				任された未成年後見人
		④	実親が死亡した後に離縁するとき	i 縁組の代諾者が死亡した実親のときは家庭裁判所で選任された未成年後見人 ii 縁組の代諾者が生存している他方の実親のときは生存実親，その者が死亡しているときは家庭裁判所で選任された未成年後見人
8	養父母の一方が死亡している場合	①	死亡している養親とのみ離縁するとき	生存している養親
		②	生存している養親とのみ離縁するとき	家庭裁判所で選任された未成年後見人
		③	生存養親と死亡養親と同時に離縁するとき	i 父母又は生存しているその一方 ii 父母双方が死亡しているときは，家庭裁判所で選任された未成年後見人
9	養父母の双方が死亡している場合	①	死亡養親の一方とのみ離縁するとき	養親死亡後，家庭裁判所で選任された未成年後見人
		②	死亡養親双方と同時に離縁するとき	養親死亡後，家庭裁判所で選任された未成年後見人

ウ 縁組当事者の一方が夫婦の場合における離縁

㋐ 成年者との離縁

① 養親が夫婦であるとき

成年養子と離縁するには，養親が配偶者とともに縁組をした場合であって

— 283 —

第9　届書の審査方法

も，養親夫婦の一方のみですることができます（民法811条の2）。

② 養子が夫婦であるとき

養子が夫婦であるときは，養子夫婦の一方のみで離縁をすることができます（養子法基本通達第2の1（1）イ）。

(イ)　未成年者との離縁

① 養親が夫婦であるとき

未成年者と離縁をするには，養親が配偶者とともに養子をした場合のみでなく，個別に養子をした場合にも，夫婦がともにしなければなりません（民法811条の2，養子法基本通達第2の1（2）ア）。個別に養子をした場合とは，例えば，AがBを養子とした後，AがCと婚姻し，Cが更にBを養子とした場合等のことです。

② 養親が夫婦であって，夫婦の一方がその意思を表示することができない
とき

養親が夫婦であって未成年者と離縁をする場合においても，夫婦の一方が，精神上の障害により事理を弁識することができないとき，又は行方不明等の事由によってその意思を表示することができないときは，他の一方が単独で離縁をすることができます（民法811条の2ただし書）。この場合は，届書の「その他」欄に配偶者がその意思を表示することができない旨及びその事由を届出人に記載してもらうことになります（養子法基本通達第2の1（2）イ）。

(2)　協議離縁の形式的成立要件

協議離縁は，当事者の協議により届け出ることによって効力を生ずることになります（民法812条・739条）。いわゆる，創設的届出になります。

届出事項，届出人等については，届書の審査方法の項で説明することにしますので，ここでは省略します。

(3)　死亡した縁組当事者の一方との離縁

民法は，縁組当事者の一方が死亡した場合（失踪宣告を含む。）には，婚姻の場合と異なり，当然には縁組関係が解消するものとはしておりません。縁組当事者の一方が死亡した後に生存当事者が養親子関係を終了させようとすると

- 284 -

きは，家庭裁判所の許可を得て，離縁することができると規定しています（民法811条6項，家事事件手続法39条・別表一62）。これを死後離縁といいます。この家庭裁判所の許可は，離縁の一つの要件であって，許可の審判があってもそれによって効力を生ずるものではなく，届け出ることによって効力を生ずることになる，創設的届出です。この死後離縁を許可する審判に対して利害関係人は即時抗告をすることができます（家事事件手続法162条）ので，死後離縁の届出をするには，離縁を許可する審判が確定したことを証する確定証明書の添付を要することになります。届書の審査に当たっては，この点に注意する必要があります。

養親が死亡すると，養親子間の生存を基礎とする現実的な法律関係（親権・扶養など）が終了するのはもとよりですが，縁組は単に当事者だけの関係ではなく，養子と養親を通じてその血族との間に親族関係を生じており，その関係は，縁組当事者の死亡だけでは解消しないとするのが民法の立場です。そのため戸籍先例は早くから，養親の一方が死亡後，生存養親と養子が離縁しても亡養親との養親子関係及び血族関係は残存し，これを解消するには，死後離縁をしなければならないとしています（昭和24年4月21日民事甲925号回答）。しかし，もともと親族的身分関係は生存者間の法律関係であって，生存者と死亡者との間の現実的な法律関係は存在しませんから，縁組当事者の一方が死亡すると死者との間の養親子関係は当然に消滅することになります。そのため死後離縁といっても，それは単に養子と亡養親側の生存法定血族との間の親族関係を解消させる意味を持つに過ぎないということになります。

> 【問193】 死亡した縁組当事者の一方との離縁に当たって，家庭裁判所の離縁許可を必要とするのは，どのようなことからでしょうか。

家庭裁判所の許可を要するとしたのは，当事者間の利益調整を家庭裁判所が適切に行うことからです。

これについては，「戸籍事務担当者のための家族法読本（19）」（梶村太市，戸籍648号19ページ）に，次のような記述がありますので，それを引用すること

- 285 -

第9　届書の審査方法

にします。「死後離縁の許可基準については明文の規定はありませんが，次の
ような諸点に留意しつつ，それが親子間の道義や人倫に著しく反するもので申
立権の濫用にわたるものでないかぎり，申立てが真意に基づくときはこれを許
可するのが相当であると解されています。第1に，養子からの離縁の申立ての
場合には，死亡養親から相続や扶養などにより多大の利益や恩恵を受けた養子
が，生存養親（死亡養親の配偶者）などの扶養などを不当に免れるために養親
族間から離脱しようと図るのを防止するためであり，第2に，養親からの申立
ての場合には，特に養子に養子縁組後に生まれた子があるようなときには，そ
の子は死後離縁により養親に対する第1順位の推定代襲相続人たる地位を失う
ことになり，あたかも推定相続人廃除（乙類審判事項（筆者注；家事事件手続
法39条・別表一⑧・188条））と同様の重大な効果を生ずることになる結果，こ
れらの事情を考慮して亡養子の未成熟子の福祉に支障なきことを期するためで
ある，と解されています。」

【問194】 死亡した養親との養子離縁届の不受理申出が，18歳の養子から
　　　　ありましたが，このような相手方のない申出を受け付けることはでき
　　　　るのでしょうか。

　養子は，死亡した養親と離縁するときは，家庭裁判所の許可を得てすること
になります。この家庭裁判所の許可は，離縁の一つの要件であって，許可の審
判が確定してもそれによって効力が生ずるものではなく，死後離縁は，協議に
よる離縁の場合と同様，届出によって効力を生ずる，創設的届出です。

　ところで，不受理申出の対象となる届出は，認知，縁組，離縁，婚姻又は離
婚の届出とされています（戸籍法27条の2）から，問にある申出を受け付ける
ことができることになります。

　この申出の対象となる届出は，相手方のない一方的届出ですので，他に届出
をすることができる者がいないことになります。このように，対象者がいない
ことから受け付ける必要性はないとも思われますが，虚偽の届出をされるおそ
れも考えられますので，戸籍の届出における本人確認等の取扱い（戸籍法27条

－ 286 －

第9　届書の審査方法

の2）の趣旨から，また，虚偽届出の防止という意味からも，実益があるものと思います。このような戸籍実務の取扱いは，事例は違いますが，古くから行われています（昭和39年12月21日民事甲4007号回答）（注2）。

ア　15歳未満の養子が死亡養親と離縁する場合の離縁協議者（離縁許可の申立人）

死亡養親と離縁する場合においても，15歳未満の養子の離縁における離縁協議者については，離縁の形態により，それぞれ異なりますが，基本的には，前記(1)のイと同様です。また，死亡養親との離縁については，家庭裁判所の許可を要しますので，離縁許可の申立人は，離縁協議者と同一人ということになります。

㈎　養父母双方が死亡している場合

> **【問195】** 養父母双方が死亡し，養子が15歳未満の場合は，誰が死後離縁の申立人になるのでしょうか。また，死亡養親の一方のみと離縁するときはどうでしょうか。

養子が15歳未満の場合において，養親双方が既に死亡しているときは，後見が開始しています（昭和23年11月12日民事甲3585号通達）から，未成年後見人が離縁許可の申立人になります。未成年後見人が選任されていないときは，未成年後見人選任の申立てをした上，選任された未成年後見人が申立てをすることになります。

養子に実父母がある場合は，離縁によって後見が終了し，実父母が離縁後の親権者となります（昭和37年9月13日民事（二）発396号依命通知）が，実父母が離縁許可の申立て，離縁届をすることはできません。この場合は，いずれも，養子の法定代理人である未成年後見人がすることになります（昭和39年2月13日民事甲319号回答）ので，注意する必要があります。また，養親双方が死亡している場合であっても，その一方のみと離縁することができます（昭和25年6月22日付け民事甲1747号回答は，養子は，養父母の死亡後，養親と各別に離縁することができるとしています。）。この場合も，未成年後見人が離縁許可の申立人に

－ 287 －

なることはいうまでもありません。

(イ) 養父母の一方が死亡している場合

① 死亡養親とのみ離縁するとき

養子が，死亡養親とのみ離縁するときは，生存養親が申立人になります。死亡養親との離縁後も生存養親が引き続いて養子の親権を行う（つまり，離縁後の法定代理人として親権を行使する。）ことになるからです。

② 生存養親とのみ離縁するとき

養子が，生存養親とのみ離縁するときは，離縁後に未成年後見人となるべき者を選任し，その未成年後見人となるべき者が申立人になります（昭和37年7月14日民事甲1989号回答）。生存養親と離縁すると，養子について親権を行う者がいなくなり，後見が開始する（民法838条1号）からです（前記(1)のイ⑨参照）。

③ 生存養親及び死亡養親と同時に離縁するとき

養子が，生存養親と死亡養親と同時に離縁するときは，実父母が申立人になります（昭和37年11月29日民事甲3439号回答）。死亡養親との離縁については，生存養親が離縁協議者であり，これにより死亡養親との縁組は解消しますので，その後に（又は同時に）生存養親と離縁すれば，離縁後の法定代理人として実父母の親権が回復するからです（前記(1)のイ⑩参照）。

(ウ) 死亡養親との離縁において養子が15歳未満の場合の離縁協議者

① 養父母の一方が死亡している場合

ⅰ 死亡している養親とのみ離縁するとき

この場合は，生存養親が離縁協議者となります。

ⅱ 生存養親と死亡養親と同時に離縁するとき

この場合は，実父母の親権が回復しますので，実父母が離縁協議者となります。実父母の一方が死亡しているときは生存している実父母が，実父母双方が死亡しているときは後見が開始しますので，家庭裁判所で選任された養子の離縁後に未成年後見人となるべき者が離縁協議者となります。

② 養父母双方が死亡している場合

養父母双方の死亡により後見が開始していますので，未成年後見人が選任さ

第9 届書の審査方法

れています。

離縁の際に未成年後見人が選任されていないときは，家庭裁判所で選任の手続をする必要があります。

死亡養親の一方のみ又は双方と離縁するときは，いずれも未成年後見人が離縁協議者となります。

なお，養父母双方との離縁により実親の親権が回復することになりますから，届書「その他」欄に「未成年後見終了事項を記載してほしい。」旨記載して届出があった場合は，職権により，戸籍用紙により処理している場合は，「年月日離縁したため未成年者の後見終了同日記載㊞」と記載します。また，コンピュータシステムにより処理している場合は，タイトル「未成年者の後見」とし，「【未成年者の後見終了日】年月日，【記録日】年月日，【特記事項】養子離縁したため」と記載します。

　　イ　死亡養子との離縁許可の申立人

死亡養子との離縁許可の申立人は，生存養親になります（民法811条6項，養子法基本通達第2の2）。

　（4）　裁判離縁

当事者間で離縁意思の合致がみられないときには，協議離縁をすることはできませんので，このようなときは，裁判上の離縁の手続を執ることになります。裁判離縁とは，法定の原因（民法814条）に基づき当事者の一方が他方に対して養親子関係の解消を求める訴え（離縁の訴え）を提起し，請求認容の確定判決によって成立する離縁をいいます。この裁判上の離縁には，調停離縁，審判離縁，判決離縁，和解離縁及び請求の認諾離縁の5種類があります。

> 【問196】裁判上の離縁原因とは，具体的にはどのようなものがあるのでしょうか。

民法814条1項柱書きは，「縁組の当事者の一方は，次に掲げる場合に限り，離縁の訴えを提起することができる。」と規定し，1号から3号までに離縁原因を掲げています。

－ 289 －

第9　届書の審査方法

1号は,「他の一方から悪意で遺棄されたとき。」と規定しています。

ここにいう悪意の遺棄とは,単なる物質的な扶養義務不履行に限られるものではない（大判昭和13年3月24日民集17巻499ページ）とし,学説も,精神的な親子共同生活関係を破棄して顧みない行為であるとしています。

2号は,「他の一方の生死が3年以上明らかでないとき。」と規定しています。

昭和62年の民法改正（昭和62年法律第101号）前は,養子の生死が3年以上明らかでないときのみが離縁原因とされていました。養親の生死不明が離縁原因とされていないのは,家のための養子の思想の反映であると批判されていました。そこで,昭和62年の民法改正によって養親の生死が3年以上明らかでないときが加えられ,「養子の生死が」を「他の一方の生死が」となったものです。

3号は,「その他縁組を継続し難い重大な事由があるとき。」と規定しています。

その他縁組を継続し難い重大な事由とは,例えば,養親子が事実上離別して以来10数年にわたって絶縁状態にあり,「養親子間における実質的親子関係が,客観的に破壊されたと認められる場合」（最判昭和40年5月21日家月17巻6号247ページ）など,諸般の事情を総合して判断されます。

ア　調停離縁

裁判上の離縁をするには,まず,家庭裁判所に調停を申し立てなければなりません（家事事件手続法257条1項)。これを調停前置主義といいます。

調停において,当事者間に合意が成立し,これが調停調書に記載されたときは,調停が成立したものとし,その記載は,確定判決と同一の効力を有する（家事事件手続法268条1項）としています。

イ　審判離縁

調停委員会の調停が成立しない場合でも,家庭裁判所は,調停委員会の意見を聴き,当事者双方のために衡平に考慮し,一切の事情を考慮して,職権で,事件の解決のため必要な審判をすることができます（家事事件手続法284条)。この審判は,当事者がこれに対して2週間以内に異議の申立てをしなければ,

- 290 -

第9　届書の審査方法

確定判決と同一の効力を有します。

ウ　判決離縁

> 【問197】調停が不調になり，また，審判も合意に達しなかった場合，離
> 　　　　縁の訴えは，どの裁判所にすることになるのでしょうか。

　従来は，離縁の調停が成立せず，審判もされず，又は審判が効力を失った場合に，法定の離縁原因があるときは，地方裁判所へ離縁の訴えを提起することとされていました。司法制度改革の一環として，家庭裁判所の機能を充実させ，人事訴訟手続の充実・迅速化を図ることを目的とした「人事訴訟法」（平成15年法律第109号）が，平成16年4月1日から施行されました。この「人事訴訟法」は，離婚訴訟等の人事訴訟の第一審を地方裁判所から家庭裁判所に移管すること等を主な内容とするもので，離婚訴訟等の紛争は，調停から訴訟までを家庭裁判所で取り扱うことになりました。離縁の裁判についても，同様です（人事訴訟法2条3号・4条）。

　したがって，離縁の裁判は，第一審の裁判所である家庭裁判所でそのまま引き継がれることになります。

　なお，「人事訴訟法」の概要については，戸籍756号1ページ以下に掲載されていますので，一読してください。

> 【問198】離縁の裁判が確定したときは，調停が成立したとき又は審判が
> 　　　　確定したときと同様，戸籍事務管掌者に対して，戸籍通知はされるの
> 　　　　でしょうか。

　従来，地方裁判所等において戸籍の届出などを必要とする事項について，人事訴訟の判決が確定した場合には，戸籍事務管掌者に対する通知はされていませんでした。これは，通知を要する旨の規定が設けられていなかったからです。

　戸籍の届出又は訂正を必要とする事項について，家庭裁判所において調停が成立し又は審判が確定したときは，裁判所書記官は，戸籍事務管掌者に対する

- 291 -

第9 届書の審査方法

通知をする（家事事件手続規則134条2項・136条）ものとしています。これは、調停の成立又は審判の確定により、戸籍の届出をする義務等が生じたにもかかわらず、当事者がその義務を怠り、その届出が所定の期間内に行われないときは、調停又は審判の内容が戸籍上の記載に反映されないことになるからです。そのような事態は、戸籍の機能に照らして好ましくありません。そこで、戸籍事務管掌者が、そのような事態を把握して、届出をしない当事者に対しては催告等の手続（戸籍法44条）をとるなど、可及的速やかに戸籍の整備に努めることを可能にするため、裁判所書記官が戸籍事務管掌者に対する通知をするものとしているのです（青木義人，大森政輔「全訂戸籍法」247ページ）。

人事訴訟規則（平成15年最高裁判所規則第24号）は、戸籍の届出又は訂正を必要とする事項について、人事訴訟の判決が確定したときの戸籍事務管掌者に対する通知について規定（人事訴訟規則17条）しています。したがって、人事訴訟が確定したときは、戸籍事務管掌者に対して、裁判所書記官から通知がされることになります。なお、下記に説明する離縁の訴えに係る訴訟において和解が成立し又は請求の認諾があった場合の戸籍事務管掌者に対する通知についても、人事訴訟規則35条で同規則17条を準用していますので、同様に通知がされることになります。

エ　和解離縁

人事訴訟法は、訴訟上の和解により紛争の最終的な解決が図られるようにするために、離縁訴訟についても訴訟上の和解を認め、和解により直ちに離縁が成立することになります（人事訴訟法44条・37条）。離縁は、離縁をする旨の和解調書への記載により離縁の効力が生ずることになりますので、その日が離縁の和解成立日になります。この場合の戸籍の記載は、戸籍用紙により処理しているときは「年月日養父何某と離縁の和解成立」、コンピュータシステムにより処理しているときは「【離縁の和解成立日】年月日」となります（法定記載例番号90等参照）。

オ　請求の認諾離縁

これも、人事訴訟法により新たに認められたものです。離縁の訴えに係わる

－ 292 －

訴訟で請求の認諾が調書への記載により離縁の効力が生ずることになりますので，その日が離縁の請求認諾日になります。この場合の戸籍の記載は，戸籍用紙により処理しているときは「年月日養父何某と離縁の請求認諾」，コンピュータシステムにより処理しているときは「【離縁の請求認諾日】年月日」となります（法定記載例番号90等参照）。

カ 訴えの当事者

訴えの当事者は，縁組当事者の一方と他方の本人になります。養子が満15歳に達しない間は，民法811条の規定により養親と離縁の協議をすることができる者から，又はこれに対して，離縁の訴えを提起することができるとしています（民法815条）。また，当事者の一方が成年被後見人で意思能力がないときは，その成年後見人は，成年被後見人のために訴え，又は訴えられることができます（人事訴訟法14条1項本文）。

具体的には，次のようになります。

(ア) 養親が夫婦である場合

① 未成年者と離縁するとき

未成年者と離縁するときは，共同して訴え，又は訴えられなければなりません。

② 成年者と離縁するとき

成年者と離縁するときは，離縁をしようとする当事者の一方が他方を被告（相手方）として，離縁の訴えの提起（調停の申立て）をすることになります。

(イ) 養子が15歳未満の場合

養子が15歳未満の場合は，養子の離縁後に法定代理人となるべき者が原告（申立人）となり又は被告（相手方）となります（民法815条）。

(ウ) 当事者の一方が成年被後見人の場合

当事者の一方が成年被後見人で意思能力がないときは，成年後見人が成年被後見人のために原告（申立人）となり又は被告（相手方）となります（人事訴訟法14条1項本文）。

なお，成年後見人が，離縁の相手方となるときは，成年後見監督人が原告

第9 届書の審査方法

（申立人）となり又は被告（相手方）となります（同法14条1項ただし書・同条2項）。

　(5)　**協議離縁の無効・取消し**

　協議離縁の無効及び取消しについて，人事訴訟法2条柱書きは，「この法律において「人事訴訟」とは，次に掲げる訴え（中略）に係る訴訟をいう。」と規定し，その3号で「（前略）協議上の離縁の無効及び取消しの訴え（後略）」と規定しています。しかし，民法には，直接の規定を設けていませんが，離縁は，離縁意思の合致がないとき，又は正当な権限を有しない者が本人に代わって協議をしたときは，無効と考えて差し支えないものと考えます。

　なお，離縁の届出に関する正当な権限を有する届出人からの届出でないため，離縁が無効である場合においても，後日，正当な届出人から追完の届出があれば，当初から有効であると解することができます。最高裁判所昭和27年10月3日判決（民集6巻753ページ）は，「縁組行為も追認を許さないものでないから，無権代理行為の追認（民法116条）の類推により，養子が15歳に達した後に追認すれば，縁組は当初から有効になる。」としました。したがって，協議離縁の場合にもこの判例を当てはめることができるものと考えられます。

　次に，離縁の取消しです。詐欺又は強迫による離縁は，詐欺又は強迫を受けた者からその離縁の取消しを家庭裁判所に請求することができます（民法812条・747条）。ただし，この取消権は，当事者（養子が15歳未満の場合には，その離縁協議者を含む。）が詐欺を発見し又は強迫を免れたときから6か月を経過するか，又は追認をしたときには消滅します（民法812条・808条1項）。

　この協議離縁の無効・取消しを請求する手続，その性質，効力，戸籍訂正申請・届出などの関係は，縁組の無効・取消しの場合に準じます。ただ，取消しの場合に限り，その効果は遡及し，協議離縁は当初からなかったことになりますので，この点だけが相違します。

- -
【問199】離縁の取消しのときは，その効果は遡及し，養子縁組が引き続き継続していたものとなるのでしょうか。
- -

養子縁組の取消しの効果は，身分関係については遡及せず，将来に向かってのみ法定親子関係を消滅させます（民法808条1項・748条）。しかし，詐欺又は強迫によってされた協議離縁は，取り消されるまでは有効ですが，取消しの裁判が確定しますと，その効果は遡及しますので，協議離縁は最初からなかったことになります。したがって，当事者間の養子縁組は，継続していたことになります。

(6) 離縁の効果

離縁の効果は，養親と養子との間に発生していた法定嫡出親子関係が消滅するのはもとより，それに伴う当然の効果として，養子と養親の血族との間の法定血族関係及びそれに基づく姻族関係もすべて消滅します。また，養子縁組後に婚姻した養子の配偶者，同じく縁組後に生まれた養子の直系卑属及びその配偶者と養親及びその血族との間の親族関係も同様に消滅します（民法729条）。ただし，養親子関係があることによる婚姻障害は，離縁後もなお残存することになります（民法736条）。

そして，離縁の効果として，養子が未成年者であれば，実父母の親権が復活し，親権者となるべき実父母が死亡等によりいないときは後見が開始します。また，離縁の効果として，養子は，原則として，縁組前の氏に復し，縁組前の戸籍に入ります（民法816条，戸籍法19条1項本文）。養子が転縁組している場合は，第2の縁組を離縁すれば第1の縁組の養親の氏に復することになり，実方の氏には復さないことになります。離縁の形態により復氏するかしないか，これが，戸籍実務にとって，一番の難しさでもあります。これについては，次の(7)で触れることにします。

(7) 養子離縁の形態と戸籍の変動

前記(6)で説明しましたが，養子は，離縁により，原則として，縁組前の氏に復し，縁組前の戸籍に入ります。転縁組について離縁するときは，第1の縁組について離縁又は取消しのない限り，第1の縁組当時の氏に復しますので，その戸籍に復籍することになります。その他については，それぞれのところで説明することにします。

第9　届書の審査方法

なお，養親については，縁組と違い，離縁によっては戸籍の変動を生じることはありません。例えば，筆頭者及びその配偶者以外の者が単身者を養子とするときは，養親について新戸籍を編製しますが，養子離縁により，養親が単身者となっても，養親は父母の戸籍には復籍できません（昭和23年4月8日民事甲193号回答）ので，戸籍の変動を生じることはありません。

それでは，養子離縁の形態と，その形態により養子について戸籍の変動が生ずるかについて，以下に具体的に説明することにします。

ア　養親及び養子ともに夫婦の場合

(ア)　養子夫婦が養親双方と離縁をするとき

養子夫婦は，養親双方と離縁をすると，縁組前の氏に復しますので，養子夫婦について新戸籍を編製することになります（民法816条1項本文，戸籍法19条1項・20条，平成2年10月5日民二4400号通達）。

(イ)　養子夫婦が養親の一方のみと離縁をするとき

養子夫婦は，養親の一方のみと離縁をしても，縁組前の氏には復しませんので，養子の戸籍に変動はありません（民法816条1項ただし書，養子法基本通達第2の3（1））。民法816条1項は，「養子は，離縁によって縁組前の氏に復する。ただし，配偶者とともに養子をした養親の一方のみと離縁をした場合は，この限りでない。」と規定しています。

> **【問200】** 配偶者とともに養子をした養親の一方のみと離縁をしても，養子は他の一方との縁組が継続している限り，縁組前の氏には復することはないということですが，縁組前の氏には復しない例としては，どのような離縁の形態が考えられるのでしょうか。

養親の一方のみと離縁をした場合は，養子が夫婦であるか単身者であるかに関わらず，いずれの場合も復氏しないことになります。養子法基本通達第2の3(1)は，次の五つの例を挙げています。①養親夫婦の婚姻中にその一方のみと離縁をした場合，②養親夫婦の離婚又は婚姻の取消し後，婚姻の際に氏を改めなかった養親のみと離縁をした場合，③養親夫婦の離婚又は婚姻の取消し後，

－ 296 －

婚姻の際に氏を改めた養親のみと離縁をした場合，④養親夫婦の一方の死亡後，生存養親又は死亡養親のみと離縁をした場合，⑤養親夫婦の双方の死亡後，その一方のみと離縁をした場合です。したがって，配偶者とともに養子をした養親の一方のみと離縁をしても，養子は他の一方との縁組が継続している限り，縁組前の氏に復することはないということになります。

(ウ) 養子夫婦の一方（婚姻の際に氏を改めなかった者）と養親双方と離縁をするとき

夫婦の氏の主導性は，婚姻の際の夫婦の氏の合意にあり，婚姻の際に氏を改めなかった者にあります。養子夫婦の一方が，養親双方と離縁をし，復氏するか否かは，この氏の主導性により決まります。氏の主導性のある者が離縁をすると，縁組前の氏に復することになります。したがって，養子夫婦の一方で婚姻の際に氏を改めなかった者が，養親双方と離縁をすると，養子は復氏しますので，養子夫婦について新戸籍を編製することになります（民法816条1項本文，戸籍法19条1項・20条）。

(エ) 養子夫婦の一方（婚姻の際に氏を改めなかった者）と養親の一方のみと離縁をするとき

夫婦の氏の主導性のある者が離縁をするときですが，養親の一方のみとの離縁ですから，養子は縁組前の氏には復しませんので，養子夫婦の戸籍に変動はありません。

(オ) 養子夫婦の一方（婚姻の際に氏を改めた者）と養親双方又はその一方と離縁をするとき

夫婦のうち，婚姻の際に氏を改めた者が，養親双方又はその一方と離縁をしても，養子の氏に変動は生じませんので，養子夫婦の戸籍に変動はありません。

イ 養親が夫婦で養子が単身者（養親の戸籍に入籍している者）の場合

(ア) 養親双方と離縁をするとき

養子は，養親双方と離縁をすると，縁組前の氏に復しますので，元の戸籍に戻るか又は新戸籍を編製することになります（民法816条本文,戸籍法19条1項）。

- 297 -

第9 届書の審査方法

(イ) 養親の一方のみと離縁をするとき

養子は，養親の一方のみと離縁をしても，縁組前の氏には復しませんので，養子の戸籍に変動はありません（民法816条1項ただし書）。

ウ　養親が夫婦で養子が単身者（縁組後分籍している者）の場合

(ア) 養親双方と離縁をするとき

養子は，養親双方と離縁をすると，縁組前の氏に復しますので，元の戸籍（実方戸籍）に戻るか又は新戸籍を編製することになります（民法816条本文，戸籍法19条1項）。縁組後に分籍した者が，離縁により元の実方戸籍に復籍することができるのは，離縁という身分行為によるものです。戸籍法19条1項本文は，養子縁組によって氏を改めた者が，離縁によって，縁組前の氏に復するときは，縁組前の戸籍に入るとしているからです。

(イ) 養親の一方のみと離縁をするとき

養子は，養親の一方のみと離縁をしても，縁組前の氏には復しませんので，養子の戸籍に変動はありません（民法816条1項ただし書）。

エ　養親が夫婦で養子が養親の戸籍に入籍し，婚姻した後に離縁をする場合

(ア) 養子が自己の氏（養親の氏）を称して婚姻している場合

① 養親の双方と離縁をするとき

養子は，養親双方と離縁をすると，縁組前の氏に復しますので，養子夫婦について縁組前の氏で新戸籍を編製することになります（民法816条1項本文，戸籍法19条1項・20条）。

② 養親の一方のみと離縁をするとき

養子は，養親の一方のみと離縁をしても，縁組前の氏には復しませんので，養子夫婦の戸籍に変動はありません（民法816条1項ただし書）。

(イ) 養子が相手方の氏を称して婚姻している場合

養子が相手方の氏を称して婚姻しているときは，養親の双方及びその一方のみと離縁をしても，養子の戸籍に変動はありません。これは，氏の主導性は婚姻の際に氏を改めなかった者にあるからです。

- 298 -

第9　届書の審査方法

> **【問201】** 養子が相手方の氏を称して婚姻をしているときは，養親の双方と離縁をしても，養子の戸籍に変動はないということは，養子は縁組前の氏には復しないということなのでしょうか。

　養子は，養親双方との離縁によって縁組前の氏に復することになります（民法816条1項本文）ので，婚姻の際に相手方の氏を称しているときも，観念的には縁組前の氏に復することになります。しかし，本問の氏の主導性は，婚姻の際に定めた氏にあります。本問の養子は，婚姻の際に氏を改めた者ですから，氏の主導性は，婚姻の際に氏を改めなかった相手方配偶者の氏になりますので，戸籍の変動はないということになります。

　なお，婚姻の際に氏を改めた者は，離婚によって婚姻前の氏に復することになります（民法767条1項）。この場合の婚姻前の氏とは，養子が養親双方と離縁をしているときは，縁組前の氏，すなわち，実方の氏になります（昭和25年11月9日民事甲2909号回答）。したがって，この者は，婚姻事項中の従前戸籍（この場合の従前戸籍の表示は，養親であった者の戸籍です。）には戻りませんので，審査に当たっては，この点に注意する必要があります。特に，転籍しているときは，縁組及び離縁事項とも移記されていません（戸籍法施行規則39条1項3号）ので，慎重な審査を要します。

オ　養親夫婦が離婚している場合

㈠　養子が夫婦の場合

① 養子夫婦が離婚した養親の双方と離縁をするとき

　この場合は，ア㈠と同様，養子夫婦について新戸籍を編製することになります。

② 養子夫婦が離婚した養親の一方のみと離縁をするとき

　この場合は，ア㈡と同様，養子の戸籍に変動はありません。

㈡　養子が単身者の場合

養子が単身者の場合は，次の例を除いて，前記イの事例と同様です。

養子が，離婚復氏した養親の氏を称する入籍によりその養親の戸籍に入籍し

－ 299 －

第9 届書の審査方法

ているときは，①離婚によって婚姻前の氏に復しなかった養親とのみ離縁する
ときは，養子の戸籍に変動はありません。②離婚復氏した養親と離縁をすると
きは，養子は他の一方の養親との縁組が継続していますので，入籍の届出前の
氏に復することになります（養子法基本通達第2の3（2））から，原則的には，
入籍届出前の養親の戸籍に復籍することになります。

カ　養子夫婦が離婚した後，離縁をする場合

㋐　養親が夫婦の場合

①　養子が婚姻の際に氏を改めなかった者であるとき

ⅰ　養親双方と離縁をするとき

　養子は，養親双方と離縁をすると，縁組前の氏に復します（民法816条1項本
文）。この場合，実方戸籍には復籍せず，新戸籍を編製することになります。
これは，婚姻の際に氏を改めなかった者は，離婚によって実方戸籍には復籍で
きないことからです（戸籍法19条1項の適用をすることはできないためです。）。

ⅱ　養親の一方とのみ離縁をするとき

　養子は，養親の一方のみと離縁しても縁組前の氏には復しませんので，戸籍
の変動はありません。

②　養子が婚姻の際に氏を改めた者で，離婚後に養親の戸籍に入籍している
　　か又は新戸籍を編製しているとき

ⅰ　養親双方と離縁をするとき

　養子は，養親双方と離縁をすると，縁組前の氏に復しますので，実方戸籍に
復籍するか又は新戸籍を編製することになります。

　養子縁組後，離婚により新戸籍を編製している場合において，離縁により実
方戸籍に復籍することができるかとの疑問も生じます。離婚による新戸籍の編
製は，自己の意思ですが，離縁という新たな身分行為が発生したことにより，
実方戸籍に復籍するか，又は更に新戸籍編製の申出をすることができることに
なるからです（戸籍法19条1項の適用があるということになります。）。

－ 300 －

ⅱ 養親の一方のみと離縁をするとき

養子は，養親の一方のみと離縁しても縁組前の氏には復しませんので，戸籍の変動はありません。

③ 養子が離婚の際に戸籍法77条の２の届出をしているとき

ⅰ 養親双方と離縁をするとき

養子は，養親双方と離縁をすると，縁組前の氏に復しますので，実方戸籍に復籍するか又は新戸籍を編製することになります。

なお，この場合，戸籍法73条の２の届出要件を満たしているときは，同届出をすることができます。戸籍法73条の２の届出要件については，後記(8)に説明していますので，それを参照してください。

【問202】実方の氏が「丙山」で，婚姻により相手方の氏「乙川」を称し，夫婦で「甲野」と養子縁組し，離婚により戸籍法77条の２の届出をした者が，離縁により戸籍法73条の２の届出により称する氏は，具体的にはどの氏になるのでしょうか。

問にある者は，戸籍法77条の２の届出により，現在，「甲野」の氏を称しています（戸籍法77条の２の届出により称した氏）。その後，養親双方と離縁することにより，養子は縁組前の氏に復することになります（民法816条１項本文）。この場合，復する氏は，実方の氏である「丙山」になります。戸籍法73条の２の届出は，離縁と同時又は離縁の日から３か月以内にすることができ，この届出により，養子は，離縁の際に称していた氏を称することができます（民法816条２項，戸籍法73条の２）。

「丙山」の氏に復した者が，離縁の際に称していた氏は「甲野」です。したがって，養子は，戸籍法73条の２の届出をすることにより，離縁の際に称していた「甲野」の氏を称することになります（戸籍527号９ページ参照）。

なお，戸籍法77条の２の届出により新戸籍が編製されている者が，離縁と同時に戸籍法73条の２の届出をした場合において，その戸籍に他に同籍者がないときでも，養子離縁により新戸籍を編製します。同戸籍（戸籍法77条の２の届

第9 届書の審査方法

出により編製された戸籍）は，離婚による復氏の効果により編製されたもので
あり，離縁による復氏の効果により編製された戸籍ではありませんので，単
に，同戸籍に離縁事項及び戸籍法73条の2の届出事項を記載することはできな
いからです。

ii 養親の一方のみと離縁をするとき

養子は，養親の一方のみと離縁をしても縁組前の氏には復しませんので，戸
籍の変動はありません。

キ 養親が単身者の場合
(ア) 養子が夫婦のとき

養子夫婦が同時に又は婚姻の際に氏を改めなかった者のみが離縁をするとき
は，養子は縁組前の氏に復しますので，養子夫婦について新戸籍を編製するこ
とになります。また，養子のうち，婚姻の際に氏を改めた者のみが離縁すると
きは，氏の主導性のない者の離縁ですから，養子夫婦の戸籍に変動はありませ
ん。

(イ) 養子が単身者のとき

養子は，離縁により縁組前の氏に復しますから，縁組前の戸籍に戻るか又は
新戸籍を編製することになります。

(ウ) 養子が婚姻した後，離縁するとき

養子が婚姻の際に氏を改めなかった者（養親の氏で婚姻した者）であるとき
は，離縁により縁組前の氏に復しますので，養子夫婦について新戸籍を編製す
ることになります。また，養子が婚姻の際に氏を改めた者であるときは，離縁
により観念的には縁組前の氏に復しますが，氏の主導性は相手方配偶者にあり
ますので，離縁によっても戸籍の変動はありません。

ク 死亡養親と離縁をする場合

養子は，死亡養親の双方との離縁により縁組前の氏に復し，その一方のみと
の離縁によっては縁組前の氏には復しません。したがって，死亡養親との離縁
における戸籍の変動は，上記アからキまでの例と同様ですから，それを参考と
してください。

第9　届書の審査方法

以上の離縁形態による戸籍の変動を表にまとめると，次のようになります。

◎離縁形態による戸籍の変動一覧表

養子　＼　養親			日本人夫婦（婚姻中若しくは離婚後又は死亡後）		日本人と外国人との夫婦（婚姻中若しくは離婚後又は死亡後）			単身者（死亡後を含む）	
			双方	一方	双方	日本人とのみ	外国人とのみ	筆頭者	筆頭者以外
縁組時に夫婦	婚姻中	双方（外国人配偶者を含む）	①	④	①	①	④	①	①
		筆頭者のみ	①	④	①	①	④	①	①
		配偶者のみ	④	④	④	④	④	④	④
	離婚後	婚姻の際に氏を改めなかった者	③	④	③	③	④	③	③
		離婚により新戸籍を編製している者	②③	④	②③	②・③	④	②・③	②・③
		離婚により養親の戸籍に入籍している者	②③	④	②③	②・③	④	②・③	②・③
縁組時に単身者	養親の戸籍に入籍している者　従前戸籍	戸籍の筆頭者	③	④	③	③	④	③	③
		戸籍の在籍者	②③	④	②③	②・③	④	②・③・⑤	②・③
	縁組後分籍している者		②③	④	②③	②・③	④	②・③	②・③
	縁組後，婚姻している者	自己の氏で婚姻している者	①	④	①	①	④	①	①
		相手方の氏で婚姻している者	④	④	④	④	④	④	④
	縁組後，婚姻し，離婚している者	自己の氏で婚姻した者	②③	④	②③	②・③	④	②・③	②・③
		離婚により新戸籍を編製している者	②③	④	②③	②・③	④	②・③	②・③
		離婚により養方戸籍に復籍している者	②③	④	②③	②・③	④	②・③	②・③

— 303 —

第9　届書の審査方法

一覧表の説明

1　養親欄

　養親夫婦については，二つの形態，一つは，養親双方が日本人夫婦の場合，その一つは，養親が日本人と外国人との夫婦の場合としました。説明中では，渉外的な離縁の形態について触れていませんが，日本人と外国人との夫婦の養子となった日本人養子は，日本人養親のみとの離縁によって，すなわち，外国人養親との離縁に関係なく，縁組前の氏に服することになるからです。また，単身者については，筆頭者と筆頭者以外に分けてあります。単身者とは，養子縁組により養親について新戸籍を編製した者の場合又は既に戸籍の筆頭者であった場合（夫婦のうち婚姻の際に氏を改めなかった者を含む。）であり，筆頭者以外とは，夫婦のうち婚姻の際に氏を改めた者若しくは生存配偶者又は筆頭者及びその配偶者以外の者をいいます。

2　養子欄

　養子については，縁組時を基準とし，夫婦であるか単身者であるかを明確にしてあります。さらに，養親の戸籍に入籍している者については，縁組前の戸籍（従前戸籍）の筆頭者であった者（分籍した者，自己の氏で婚姻した後に離婚した者等）か，在籍者であった者かに分け，また，縁組後に婚姻している者又は婚姻し離婚している者についての欄を設け，わかりやすい表としています。

3　丸数字の見方

　丸数字は，養子側から見たもので，下記のことを意味するものです。本表は，離縁時に養子となった者の身分関係がどのようになっているかを確認することにより，戸籍の変動の有無が分かります。例えば，縁組時に夫婦であった者が，離縁時に離婚しており，その者が婚姻の際に氏を改めた者で，離婚により新戸籍を編製している者の場合は，「縁組時に夫婦」欄の「離婚後」の「離婚により新戸籍を編製している者」欄を見て，離縁する養親の欄との交差した欄にある丸数字が該当する戸籍の変動等になります。

　なお，丸数字が二つ以上あるときは，いずれかを選択することができる場合

－ 304 －

第9　届書の審査方法

です。

記

① → 養子夫婦について新戸籍を編製する場合

② → 養子は元の戸籍に戻る場合

③ → 養子について新戸籍を編製する場合

④ → 養子の戸籍に変動はない場合

⑤ → 母の戸籍法77条の2の届出による新戸籍に直接入籍できる場合（こ
れは，②と同様に「元の戸籍に戻る場合」と同様の考え方のものです
（昭和52年2月24日民二1390号回答）。）（注3）

(8)　離縁の際の氏を称する届出

養子縁組によって氏を改めた養子は，離縁によって，原則として縁組前の氏
に復することになります（民法816条1項本文）。離縁によって縁組前の氏に復
した者は，戸籍法73条の2の届出をすることにより，離縁の際に称していた氏
を称することができます（民法816条2項）。この縁組中の氏の続称（以下「縁氏
続称」という。）は，離縁による氏の変更により生ずる社会的不便を解消するこ
とを目的としたものです。縁氏続称の届出をするには，次のような要件を必要
とします。①離縁により復氏したこと，②他に称すべき氏がないこと，③養子
縁組の期間が7年を超えていること，④離縁の日から3か月以内に届出をする
ことです（下記ア参照）。

なお，この縁氏続称の取扱いは，縁組が取り消された場合も，民法808条2
項が離縁の際に称していた氏の続称を定める同法816条2項を準用しています
ので，離縁の場合に準じて処理することになります（養子法基本通達第3の9）。

【問203】婚氏続称については婚姻期間を要件としていませんが，縁氏続
称については縁組期間を要件としているのは，どのようなことからな
のでしょうか。

縁氏続称については，婚氏続称と異なり，縁組の日から7年を経過している
ことを要件として加えています。後者については，離婚により復氏した者が婚

－ 305 －

第9　届書の審査方法

姻中に生まれた子と氏を同一にしたいという社会的要請がありますが，前者については，そのような要請のある場合は少ないこと，後者については氏の変更のみを目的とした制度の濫用が実際上考えられませんが，前者についてはそのおそれがあること，元来，永年使用した氏でなければ，氏の変更による社会的不利益は少なく，続称の必要性も少ないこと等を考慮したものであると説明されています（戸籍525号10ページ）。

ア　縁氏続称の要件

㋐　離縁により復氏したこと

　縁氏続称の届出をすることができるのは，民法816条1項本文の規定によって縁組前の氏に復した者であることを要します（民法816条2項）。したがって，離縁をしたとしても氏に変動がないか，又は縁組前の氏以外の氏を称する場合には，離縁によっては縁組前の氏に復しませんので，縁氏続称の届出をすることはできません。また，離縁により復氏するということは，離縁が協議離縁のみならず，裁判離縁，特別養子離縁又は外国の方式による離縁のいずれの場合であっても，縁氏続称の届出をすることができることになります。

> 【問204】縁氏続称の届出をすることができない場合とは，具体的には，どのような離縁形態のときでしょうか。

　縁氏続称の届出をすることができない場合とは，離縁によっては縁組前の氏に復しないときになりますから，次のような離縁が該当すると説明されています（戸籍527号5ページ）。

① 配偶者とともに養子をした養親の一方とのみ離縁をした場合（民法816条1項ただし書）

② 養親夫婦の共同縁組によって養子となった者が，離婚復氏した養親の氏を称する入籍の届出をした後に，その養親のみと離縁をした場合（養子法基本通達第2の3（2）参照）

③ 養子が配偶者の氏を称して婚姻をした場合，又は配偶者の氏を称して婚姻をした後に養子となった場合において，その婚姻中又は配偶者が死亡し

－ 306 －

ても生存配偶者の復氏をしていない間に離縁をした場合。これに対し，養
子縁組の前後を問わず自己の氏を称して婚姻をした養子が離縁をした場合
は，復氏しますので，縁氏続称の届出をすることができます。

④　転縁組をした養子が，第2の縁組の継続中に，第1の縁組の養親と離縁
をした場合

⑤　実母の配偶者（夫の氏を称する婚姻）の養子となった者が，養父と実母
の離婚後，養父との縁組が継続のまま，離婚復氏した母の氏を称する入籍
の届出をし（昭和26年9月4日民事甲1787号通達参照），その後，養父と離縁
をした場合

⑥　外国人の養子となった者が離縁をした場合。もっとも，外国人と縁組を
し，又は離縁をしても氏に変動はありません。

　(イ)　**他に称すべき氏がないこと**

　離縁によって縁組前の氏に復した者であっても，縁氏続称の届出をするまで
の間に他の氏を称すべきものとされる場合は，縁氏続称の届出をすることがで
きないことになります。他の氏を称すべきものとされる場合とは，①離縁復氏
後に配偶者の氏を称する新たな婚姻をした場合です。この場合は，婚姻によっ
て夫婦同氏の原則により常に配偶者の氏を称しなければならないからです。②
離縁復氏後に新たに養子となった場合です。この場合は，縁組により養親の氏
を称しなければならないからです。

　したがって，縁氏続称の届出をすることができるのは，離縁復氏後に，養子
が他の氏を称しなければならないような身分行為をしていない場合ということ
になります。

【問205】　次のような縁組及び離縁をしている者は，縁氏続称の届出によ
り，「丙山」の氏を称することができるのでしょうか。
　　　「甲野」（実方の氏）の氏を称していた者が「乙川」の養子となった
　　後，更に転縁組をし「丙山」の養子となった場合において，「丙山」
　　と離縁し「乙川」の氏に復し，更に「乙川」と離縁して「甲野」の氏

－ 307 －

第9 届書の審査方法

> に復したときに，いずれの縁組もその期間が7年を超え，かつ，「丙山」との離縁後3か月以内であるときです。

まず，問にある縁組及び離縁の順番を図示すると，次のようになります。

＊（丸数字は，時系列を示すものです。）

　縁氏続称の届出をするには，縁組期間が7年を超えているという要件を満たしていなければなりません（これについては，下記(ｳ)参照）。本例では，乙川との縁組期間は2年ですが，縁組継続中に，更に丙山と縁組し，丙山との離縁までの間が8年あります。そうすると，乙川との縁組は，縁組の日から10年ということになりますので，縁組期間については，いずれもこの要件を満たしていることになります。また，縁氏続称の届出期間については，離縁の日から3か月以内としていますから，丙山の氏を称するには平成30年1月5日まで届出をすることができ，乙川の氏を称するには平成30年2月1日まで届出をすることができます。

　この場合，養子は，丙山の氏を称したいということですから，上記の期間内に戸籍法73条の2の届出をすることにより，丙山の氏を称することができます（戸籍527号6ページ参照）。

　なお，本問のように，乙川及び丙山のいずれの氏の縁氏続称の届出をすることができる場合であっても，例えば，乙川の氏の縁氏続称の届出をしたときは，たとえ届出期間の3か月以内であっても自らの意思でいったん氏の呼称を選択したものですから，他の呼称（丙山）を続称する届出をすることはできませんので，注意を要します。

第9　届書の審査方法

(ウ)　**養子縁組の期間が7年を超えていること**

　縁氏続称の届出をすることができるのは，縁組の日から7年を経過した後に離縁をした場合に限られます（民法816条2項）。

【問206】縁組の日から7年を経過したとは，通算した7年ということでしょうか。それとも，連続した7年ということでしょうか。

　縁組の日から7年を経過したとは，縁組の日から継続して7年が経過したということです。縁組の期間を通算した場合に7年を超えることになるときは，該当しません。例えば，Aが甲と縁組し，4年後に離縁し，再び甲と縁組し，その4年後に離縁したとしますと，通算の縁組期間は8年になりますが，このように途中で中断した場合は含まれないことになります。

(エ)　**離縁の日から3か月以内に届出をすること**

　縁氏続称は，離縁の日から3か月以内に戸籍法73条の2の届出をすることによって，することができます（民法816条2項）。この縁氏続称は，届出をすることによってその効力を生ずることになる創設的届出です。

【問207】　3か月の期間計算方法は，どのようになるのでしょうか。また，満了日が，市区町村の休日の場合はどのようになるのでしょうか。

　縁氏続称の届出期間は，民法で定められていますから，民法の期間計算の一般原則に従うことになりますので，起算日は離縁の日の翌日になります（民法140条）。また，その満了日は，暦に従い計算することになりますので，3か月後のその起算日に応答する日の前日をもって満了します（民法143条）。例えば，平成29年11月17日（金）に離縁の届出をした場合は，期間計算の起算日は翌日の18日になり，その3か月後のその起算日に応答する日の前日をもって満了しますから，平成30年2月17日（土）が満了日となります。このように，届出期間の末日が土曜日のときに，休日明けの2月19日（月）に届出があった場合，これを受理することができるかという問題があります。

　このような問題については，昭和63年12月20日民二7332号民事局長通達「行

- 309 -

第9　届書の審査方法

政機関の休日に関する法律及び地方自治法の一部を改正する法律の施行に伴う戸籍事務の取扱いについて」が発出されています。この通達は，届出期間の末日が，届出地市区町村の地方自治法4条の2第1項の規定による条例で定める休日に当たるときは，同法4条の2第3項本文の規定により，その市区町村の条例で定める休日の翌日（例えば，休日となる土曜日が期間の末日となるときは翌週の月曜日）が当該届出等の期間の末日となるとしています。したがって，2月17日（土）が市区町村の条例で定める休日であるとき（大半の市区町村が休日と考えます。）は，翌週の月曜日の2月19日が届出期間の末日ということになります。

　　イ　届出人

【問208】養子は14歳の者ですが，この度，離縁をすることになりました。
　　　　縁組期間は8年になりますが，養子自らも縁氏続称の届出をすることができるのでしょうか。

　本問のように15歳未満の者から離縁の際に称していた氏を称する届出がされた場合の取扱いについては，平成27年3月9日民一308号民事局民事第一課長通知（以下「308号通知」という。戸籍917号83ページ）が発出されています。308号通知は，次のように取り扱うとしています。

　同通知記1は，「民法（明治29年法律第89号）第816条第2項及び戸籍法（昭和22年法律第224号）第73条の2の規定に基づく離縁の際に称していた氏を称する届出（以下「縁氏続称の届出」という。）については，民法上，法定代理人等が代わって縁氏続称の届出をすることができる旨の規定が設けられていないことから，身分行為として，未成年者であっても，意思能力を有する限り，自ら届出をすることができる。」とし，

　同通知記2は，「戸籍事務上，15歳以上の者は意思能力を有するものとされているところ（昭和23年10月15日付け民事甲第660号民事局長回答等参照），15歳未満の者から届け出られた縁氏続称の届出については，市区町村長は，その受理又は不受理につき，管轄の法務局，地方法務局又はそれらの支局の長（以

－ 310 －

下「管轄法務局長等」という。）に照会をするものとする。」とし，

同通知記３は，「管轄法務局長等は，２の届出人の事情聴取を行うなどして，届出人の意思能力の有無について十分調査をした上，市区町村長に対し，受理又は不受理の指示を行う。」としています。

したがって，本問のような届出がされたときは，管轄の法務局長等に受理照会をして，処理することになります。

(9)　届書の審査方法

届書の審査は，養子離縁の形態により，それぞれ方法を異にしますので，各形態ごとに説明するとともに，事例によっては，戸籍の記載例についても，併せて，説明することにします。

審査方法は，「養子」欄中の「養子氏名」欄には男，「養女氏名」欄には女，「養親」欄中の「養父氏名」欄には男，「養母氏名」欄には女，また，それぞれの「住所」欄及び「本籍」欄には住所及び本籍が記載されているかを審査します。これらについては，本文での説明は原則として省略します。

ところで，離縁により養子は縁組前の氏に復氏することになりますが，養親が夫婦であるときは，養親双方（死亡した養親を含む。）と離縁しない限り，養子は復氏しないことになります。これについては，既に296ページ以下で説明したところですが，昭和62年の民法改正（昭和62年法律第101号民法等の一部を改正する法律（昭和63年１月１日施行）。以下「昭和62年改正民法」という。）前の戸籍実務では，非常に複雑な取扱いがされていました。

【問209】昭和62年の民法改正前の戸籍実務では，非常に複雑な取扱いがされていたということですが，具体的には，どのような取扱いがされていたのでしょうか。

現行法は，養親夫婦が離婚した後に，その一方とのみ離縁しても復氏しないこととしています。この取扱いは，昭和62年改正民法施行後からのものです。改正前の取扱いは，養親が夫婦であった者で，その養親の一方のみとの離縁が例外的に認められている場合（昭和62年改正民法施行前は，養親が夫婦の場合

-- 311 --

は，必要的夫婦共同離縁という取扱いでした。例外的に認められる場合としては，養親夫婦が離婚した場合もその一つでした。）に，その離縁した養子が復氏するのか否かで解釈が分かれ，戸籍実務上も非常に複雑な場合分けをしていました。

　その概要は，①養父母離婚後の離縁の場合は，婚姻の際にその者の氏を称した者，すなわち戸籍の筆頭者と離縁したときは，養子は縁組前の氏に復し（昭和25年6月22日民事甲1747号回答），婚姻の際にその者の氏を称しなかった者，すなわち戸籍の筆頭者の配偶者と離縁したときは，養子は復氏しない（昭和23年6月24日民事甲1899号回答），②養父母の一方の死亡後の離縁のときは，生存養親と離縁すると養子は直ちに縁組前の氏に復する（昭和24年9月9日民事甲2039号回答）が，死亡養親と離縁しても養子は復氏しない（昭和25年11月9日民事甲2909号回答），③養父母双方死亡後の離縁のときは，その双方の養親と離縁して初めて養子は縁組前の氏に復する（昭和25年6月22日民事甲1747号回答）ものとされていました。

　以上は，場合を大きく分けての概要ですが，これに種々の条件が付加されてより複雑な取扱いとなり，戸籍実務の上で離縁による復氏の取扱いは，最も難解なものとなっていました（法務省民事局法務研究会編「改正養子法と戸籍実務」（テイハン）114ページ）。

　では，具体的事例について説明することにします。

　なお，離縁の届書の審査に当たっては，窓口に出頭した者に対して，その者を特定するために必要な運転免許証等の提示を求め，本人確認（戸籍法27条の2第1項）を怠らないようにする必要があります。

ア　養親及び養子ともに夫婦の場合

　養親及び養子ともに夫婦の場合は，それぞれ個別に離縁することができます（民法811条1項）。また，養子は，養親の双方と離縁することにより復氏し，養親の一方のみとの離縁では復氏しません（民法816条1項）。さらに，養子が夫婦のときは，婚姻の際に氏を改めた者が養親双方と離縁しても復氏せず，婚姻の際に氏を改めなかった者又は夫婦が養親双方と離縁することにより，養子夫

婦は復氏することになります。ここでは，養親夫婦及び養子夫婦が同時に離縁
する場合について，説明することにします。

① 「父母の氏名，父母との続柄」欄

父母の氏名は，届出時における父母の氏名を記載することになります（明治
43年11月25日民刑872号回答等）ので，戸籍により審査することになります。父
母が婚姻中のときは，「父」欄には氏名，「母」欄には名のみが記載されている
かを審査します。また，父母が離婚しているときは，現在の父母の氏名がそれ
ぞれ記載されているかを審査します。

② 「離縁の種別」欄

離縁の種別の該当する□にチェックがされているかを審査します（以下同
じ。）。

ⅰ 協議離縁のとき

協議離縁のときは，「□協議離縁」の□にチェックがされているかを審査し
ます。

ⅱ 裁判離縁のとき

裁判離縁のときは，添付された裁判書によりその種類を，また，確定証明書
によりその日付が正しいかを審査します。例えば，調停離縁のときは，「□調
停」の□にチェックがされ，その成立年月日が正しく記載されているかを審査
します。

③ 「離縁後の本籍」欄

ⅰ 協議離縁のとき

養子が夫婦ですから，必ず「□新しい戸籍をつくる」の□にチェックがされ
ているかを審査します。また，筆頭者の氏名は，離縁復氏後の氏名が記載され
ているかを審査します。

【問210】 離縁する養子夫婦の縁組前の戸籍は，夫婦の子が在籍している
　　　　ため除籍となっていませんが，このような場合にも，離縁により新戸
　　　　籍を編製することになるのでしょうか。

第9 届書の審査方法

戸籍法19条1項本文は,「養子縁組によつて氏を改めた者が,離縁によつて,縁組前の氏に復するときは,縁組前の戸籍に入る。」と規定しています。また,戸籍法20条は,「前二条の規定によつて他の戸籍に入るべき者に配偶者があるときは,前二条の規定にかかわらず,その夫婦について新戸籍を編製する。」と規定しています。したがって,養子夫婦が離縁するときは,縁組前の戸籍の有無にかかわらず,新戸籍を編製することになります(昭和25年4月10日民事甲932号回答,平成2年10月5日民二4400号通達)。

この場合,縁組前の戸籍にある子が父母の戸籍に入るには,父母と同籍する入籍届によることになります(昭和51年11月4日民二5351号通達記五,平成2年10月5日民二4400号通達)。

　ⅱ　裁判離縁のとき

【問211】裁判による離縁の届出があった場合において,養親が届出人(訴えを提起した者)のときは,養子夫婦の新戸籍の編製場所はどのようになるのでしょうか。

裁判による離縁の届出があった場合において,届出人が養子夫婦であれば養子の意思が届書に反映されていますので問題はありません。しかし,届出人が養親であるときは,離縁後の新本籍の場所が問題となります。この場合は,養子の従前の本籍と同一の場所を新本籍(戸籍法30条3項)として記載されていれば問題はありません。

なお,養子夫婦が,届書の「その他」欄に「新本籍の場所を○○○に定め新戸籍を編製する。」と記載して,署名押印(この場合,夫婦の署名押印を要します。)し,又はその旨の申出書を添付して,届出があったときは,これに基づき,その場所を新本籍として差し支えありません(昭和53年7月22日民二4184号通達)。

　④　養子の「届出人署名押印」欄

　ⅰ　協議離縁のとき

署名は,現在の氏名(養子縁組中の氏名)でされているかを審査します(15

- 314 -

第9 届書の審査方法

歳未満の者の養子離縁を除き、以下同じ。）。

ⅱ 裁判離縁のとき

届出人となるときは、ⅰと同じです。届出人とならないときは、空欄となります。

⑤ 養親の「届出人署名押印」欄

ⅰ 協議離縁のとき

養親それぞれが署名しているかを審査します（以下同じ。）。

ⅱ 裁判離縁のとき

届出人となるときは、ⅰと同じです。届出人とならないときは、空欄となります。

⑥ 「その他」欄

養子が届出人でないときにおいて、離縁後の新本籍の場所を定めるときはその旨の記載が、また、養子の申出書が添付されたときは「養子の新本籍の場所の申出書添付」の旨の記載がされているかを審査します。

⑦ 「証人」欄

ⅰ 協議離縁のとき

協議離縁のときは、成年の証人2人以上が必要です（民法812条・739条2項、戸籍法33条）から、証人の署名押印があり、生年月日が記載されているかを審査します。この場合、証人が成年者であるかは、記載されている生年月日で確認します。また、証人は、外国人でも差し支えありません（昭和6年7月24日民事794号回答）（以下同じ。）。

ⅱ 裁判離縁のとき

裁判離縁のときは、証人は不要ですから、空欄となります。

イ 養親が夫婦で養子が単身者の場合

㋐ 養子が成年者のとき

養親が夫婦である場合において成年者と離縁するときは、養親は夫婦と共に又はその一方のみで離縁することができます（民法811条の2）。

- 315 -

第9　届書の審査方法

①　「父母の氏名，父母との続柄」欄

前記アと同じです。

②　「離縁の種別」欄

前記アと同じです。

③　「離縁後の本籍」欄

ⅰ　養親双方と離縁するとき

ⅰ－1　協議離縁のとき

　養子は，養親双方と離縁すると，縁組前の氏に復することになります（民法816条1項本文）。したがって，養子は，縁組前の戸籍に戻るか又は新戸籍を編製することになりますので，「□もとの戸籍にもどる」又は「□新しい戸籍をつくる」の□にチェックがされているかを審査します。また，離縁後の本籍及び筆頭者の氏名は，「□もとの戸籍にもどる」ときは縁組前の戸籍の表示及び筆頭者の氏名，「□新しい戸籍をつくる」ときは新本籍の表示及び離縁復氏後の氏名が記載されているかを審査します。

ⅰ－2　裁判離縁のとき

　養親が届出人（訴えの提起者）である場合は，養子は届出人ではありませんので，原則として縁組前の戸籍に戻ることになりますから「□もとの戸籍にもどる」の□に，また，縁組前の戸籍が除かれているときは，「□新しい戸籍をつくる」（この場合は，養子の従前の本籍と同一の場所）の□にチェックがされているかを審査します。この場合，養子が，届書の「その他」欄に「新本籍の場所を○○○に定め新戸籍を編製する。」と記載して署名押印し，又はその旨の申出書を添付して，届出があったときは，これに基づき，その場所を新本籍の場所として差し支えありません（昭和53年7月22日民二4184号通達）。

ⅱ　養親の一方と離縁するとき

　養子は，養親の一方と離縁しても復氏しません（民法816条1項ただし書）ので，「□養子の戸籍に変動がない」の□にチェックがされているかを審査します（以下，養親の一方のみとの離縁のときは同じ。）。

－ 316 －

④　養子の「届出人署名押印」欄

前記アと同じです。

⑤　養親の「届出人署名押印」欄

前記アと同じです。

⑥　「その他」欄

前記アと同じです。

⑦　「証人」欄

前記アと同じです。

㈡　養子が15歳以上の未成年者のとき

養親が夫婦である場合において未成年者と離縁するときは，夫婦が共にしなければならないとしています（民法811条の２本文）ので，養親夫婦が届出人となっているかを審査しなければなりません。この「夫婦が共にしなければならない」とは，養親が配偶者と共に養子をした場合のみでなく，個別に養子をした場合，例えば，甲がＡを養子とし，その後，甲が乙と婚姻し，乙がＡを養子とした場合も含まれます（養子法基本通達第２の３（２）ア）。

> 【問212】養親の一方が，意思を表示することができないときは，他の一方が単独で離縁することができるとされていますが，この場合，届書には，どのように記載されていればよいのでしょうか。

民法811条の２ただし書は，「夫婦の一方がその意思を表示することができないときは，この限りでない。」と規定しています。この「その意思を表示することができないとき」とは，例えば，精神上の障害により事理を弁識する能力を欠く常況にあるとき，又は行方不明等の事由によってその意思を表示することができないときです。この場合は，届書の「その他」欄に配偶者がその意思を表示することができない旨及びその事由を記載してもらうものとする（養子法基本通達第２の３（２）イ）との取扱いが示されています。例えば，行方不明で意思を表示することができないときは，「養父甲野義太郎は，平成27年９月から所在不明によりその意思を表示することができない。」と記載されていれ

－ 317 －

第9　届書の審査方法

ば差し支えありません。

①　「父母の氏名，父母との続柄」欄

前記アと同じです。

②　「離縁の種別」欄

前記アと同じです。

③　「離縁後の本籍」欄

ⅰ　協議離縁のとき

前記イの(ア)と同じです。

ⅱ　裁判離縁のとき

前記イの(ア)と同じです。

④　養子の「届出人署名押印」欄

前記アと同じです。

⑤　養親の「届出人署名押印」欄

前記アと同じです。

⑥　「その他」欄

養親の一方がその意思を表示することができないときは，「その他」欄にその旨の記載（前記【問212】参照）がされているかを審査することになります。

⑦　「証人」欄

前記アと同じです。

(ウ)　養子が15歳未満の者のとき

養子が15歳未満の者のときは，養親夫婦と養子の離縁後の法定代理人となるべき者が届出人になります。

ⅰ　父母の代諾で縁組し，父母の婚姻中に離縁するとき

①　「父母の氏名，父母との続柄」欄

前記アと同じです。

②　「離縁の種別」欄

前記アと同じです。

- 318 -

第9　届書の審査方法

③　「離縁後の本籍」欄

a　協議離縁のとき

前記イの(ア)と同じです。

> **【問213】** 前記イの(ア)と同じということですが，この場合も新戸籍編製の
> 申出ができるのでしょうか。15歳未満の養子が離縁するときは，離縁
> 後の法定代理人となるべき者が届出人となり，事件本人である養子は
> 届出人とはなりませんから，戸籍法30条3項が適用されるのではない
> でしょうか。

　戸籍法30条3項は，「届出人でない者について新戸籍を編製すべきときは，
その者の従前の本籍と同一の場所を新本籍と定めたものとみなす。」と規定し
ていますから，そのように考えられたものと思われます。

　戸籍法30条3項の「届出人でない者」とは，例えば，裁判離縁の訴えの提起
者が養親で，その相手方が養子であるときの養子をいいます。戸籍法63条1項
は，「訴を提起した者は，裁判が確定した日から十日以内に，その旨を届け出
なければならない。」と規定し，訴えの提起者に届出義務を課しています。届
出義務者である養親が，離縁の届出をするときに，養子の縁組前の戸籍が除か
れているときは，養子について新戸籍を編製することになります（戸籍法19条
1項ただし書）。この場合，届出人（養親）が勝手に新本籍を定めて届け出して
しまうと，本人（養子）の意思に基づかず思いがけない場所を本籍とされてし
まう結果を生じます。また，裁判上の離縁原因の一つである「他の一方の生死
が3年以上明らかでないとき」（民法814条1項2号）のように届出において本
人の意思を表示させることになると，届出人に負担を掛ける等，いたずらに複
雑になる結果を生じます。そこで，新本籍をその者の従前の本籍と同一の場所
と法定しておけば，本人にとっても不都合がないと考えられたものです。

　ところで，15歳未満の養子は，制限能力者であり，届出能力もありませんの
で，本人に代わって離縁後に法定代理人となるべき者が離縁協議者として離縁
の届出人となります。離縁協議者（離縁後の法定代理人となるべき者）は，養

－ 319 －

第9 届書の審査方法

子に代わる者ですから，その届出の効力は養子本人に帰属することになり，養子本人からの届出と同一視されますので，離縁後の養子の新本籍をどこに定めるかは自由になります。したがって，離縁協議者は，新戸籍編製の申出をすることができます（戸籍496号55ページ）。

　b　裁判離縁のとき

　前記イの(ア)と同じです。

　養子の離縁後の法定代理人となるべき者が訴えを提起（民法815条）したときは，離縁の届出もその者がすることになります（戸籍法73条・63条）。この場合，新戸籍編製の申出をすることができます（戸籍756号49ページ）。

　④　養子の「届出人署名押印」欄

　この欄は，空欄となります。

　⑤　養子が15歳未満のときの「届出人」欄

　a　「資格」欄

「資格」欄は，父母が婚姻中ですから，「離縁後の親権者□父」及び「離縁後の親権者□母」の□にチェックがされているかを審査します。

　b　「署名押印生年月日」欄

　父母の署名押印がされ，生年月日が記載されているかを審査します。

　⑥　養親の「届出人署名押印」欄

　前記アと同じです。

　⑦　「証人」欄

　前記アと同じです。

　ii　父母の代諾で縁組し，父母の一方が死亡した後に離縁するとき

　養子が15歳未満のときの「届出人」欄を除いて上記iの父母の婚姻中に離縁するときと同じです。

　○　養子が15歳未満のときの「届出人」欄

　a　「資格」欄

「資格」欄は，生存中の父又は母が離縁協議者となりますから，父が生存している場合は「離縁後の親権者□父」の□に，母が生存している場合は「離縁

－ 320 －

後の親権者□母」の□にチェックがされているかを審査します。

　b　「署名押印生年月日」欄

　父又は母の署名押印がされ，生年月日が記載されているかを審査します。

　ⅲ　父母の代諾で縁組し，父母が離婚した後に離縁するとき

　父母が離婚しているときは，父母の協議又は家庭裁判所で離縁後の親権者と定められた父又は母が離縁協議者となります。

　本事例の場合は，離縁協議者である旨の書面の添付等を要することになりますので，その旨を届書の「その他」欄に記載してもらうことになります。

　「その他」欄を除いて上記ⅰ及びⅱと同じです。

　①　「その他」欄

　a　父母の協議により親権者を定めた場合

　父母の協議により親権者を定めた場合は，例えば，「実父母が離婚しているので，離縁後の親権者を協議で母と定め，母が離縁協議者となる。親権者指定届は，本日，別件で届出する。」と記載されているかを審査します。

　b　家庭裁判所の審判により親権者が定められた場合

　家庭裁判所の審判により親権者が定められた場合は，例えば，「家庭裁判所の審判により離縁後の親権者を母と定められたので，審判書謄本及び確定証明書を添付する。親権者指定届は，本日，別件で届出する。」と記載されているかを審査します。

　本事例は，「親権者指定届は，本日，別件で届出する。」としましたが，離縁の届出と同時に親権者指定の届出をしないときでも，離縁協議者は分かりますので，同時届出でなくとも差し支えありませんが，戸籍の処理上からは，同時届出が好ましいものと考えます。

　②　添付書類

　添付書類は，父母の協議による場合は協議による親権者指定書，審判による場合は審判書謄本及び確定証明書になります。

　なお，親権者指定届を同時に提出した場合は，離縁届書に離縁協議者の資格を証する書面の添付は省略しても差し支えないものと考えます。これは，届書

－ 321 －

第9　届書の審査方法

の「その他」欄に「本日，別件で届出」と記載してあり，それで分かるからで
す。

【問214】 本事例のように，同時に親権者指定の届出があった場合，親権
　　　　事項は，どの戸籍にどのように記載するのでしょうか。

　親権者指定届は，離縁により復籍した戸籍又は新戸籍に記載することになり
ます。これは，養子縁組中は養親の親権に服していますから，縁組中の戸籍に
は記載することはできないからです。戸籍の記載は，離縁事項を記載した後，
親権者指定事項を記載することになります。

　父母協議による親権者指定の戸籍の記載は，

　(戸籍用紙により処理している場合)

　・離縁後の子の戸籍中その身分事項欄

「平成29年7月10日母親権者となる同日父母届出㊞」（参考記載例番号140参照）

　(コンピュータシステムにより処理している場合)

　・離縁後の子の戸籍中その身分事項欄

親　　　権	【親権者となった日】平成２９年７月１０日
	【親権者】母
	【届出日】平成２９年７月１０日
	【届出人】父母

となります。

　また，審判による親権者指定の戸籍の記載は，

　(戸籍用紙により処理している場合)

　・離縁後の子の戸籍中その身分事項欄

「平成29年7月10日母親権者となる同日母届出㊞」（参考記載例番号141。冒
頭の平成29年7月10日の日付は，離縁届出の日を記載します。）

－ 322 －

第9　届書の審査方法

（コンピュータシステムにより処理している場合）

・離縁後の子の戸籍中その身分事項欄

親　　権	【親権者となった日】平成２９年７月１０日
	【親権者】母
	【届出日】平成２９年７月１０日
	【届出人】母

となります。

　ⅳ　父母の代諾で縁組し，父母双方とも死亡した後に離縁するとき

　父母双方とも死亡した後に離縁するときは，養子の離縁後に法定代理人となるべき者がありませんので，未成年後見が開始しますから，家庭裁判所の審判により未成年後見人を選任し，その者が届出人となります。

　本事例の場合は，離縁協議者である旨の書面の添付等を要することになりますので，その旨を届書の「その他」欄に記載してもらうことになります。

　「その他」欄を除いて上記ⅰ及びⅱと同じです。

　①　「その他」欄

　「その他」欄には，「養子の実父母が死亡のため未成年後見人を選任し，未成年後見人が離縁協議者となる。」，「添付書類　未成年後見人を証する書面」と記載されているかを審査することになります。

　②　添付書類

　添付書類は，未成年後見人選任審判の謄本になります。

　なお，未成年後見人は，戸籍法81条１項の規定により未成年者の後見開始届をしなければなりません。

【問215】養子の離縁協議者となった者の後見開始及び後見人就職の日は，いつになるのでしょうか。また，未成年後見人は，別途，後見開始届をしなければならないということですが，離縁届書で兼ねることはできないのでしょうか。

- 323 -

第9　届書の審査方法

　養子の離縁協議者となった者の後見開始及び後見人就職の日は，いずれも離縁届受理の日になります。また，離縁届書の「その他」欄に上記に記したほか「養子は離縁により親権を行う者がないため未成年後見が開始する。」旨の記載があれば，別途，未成年者の後見開始届を省略することができます。この場合，受付は，離縁届と未成年者の後見開始届の2件として処理することになります（昭和37年5月30日民事甲1469号通達）（注4）。

　なお，戸籍の記載は，法定記載例番号118によります（冒頭の年月日は，離縁届出の日になります。）。

　v　父母離婚後にした縁組で，15歳未満の養子が離縁するとき

　a　縁組の代諾をした父又は母が生存しているとき

　縁組の代諾をした父又は母が生存しているときは，その父又は母が離縁後の法定代理人となるべき者になりますので，その者が届出人になります。したがって，養子が15歳未満のときの「届出人」欄には，その者が届出人なっているかを審査することになります。

　上記以外は，イの(ウ)と同じです。

　b　縁組の代諾をした父又は母が死亡しているとき

　縁組の代諾をした父又は母が死亡しているときは，未成年後見が開始しますので，前記ivと同じです。

　　ウ　養子が養親の戸籍に入籍し，婚姻した後に離縁する場合

　養子が養親の戸籍に入籍し，婚姻した後に離縁する場合は，養子が自己の氏（養親の氏）を称して婚姻しているか，養子が相手方の氏を称して婚姻しているかによって，養子の「離縁後の本籍」欄の記載方法を異にします。

　　　(ア)　養子が自己の氏（養親の氏）を称して婚姻しているとき

　養子が自己の氏（養親の氏）で婚姻しているときは，離縁により縁組前の氏に復することになります（民法816条1項本文）。

　①　「父母の氏名，父母との続柄」欄

　前記アと同じです。

－ 324 －

第9 届書の審査方法

② 「離縁の種別」欄

前記アと同じです。

③ 「離縁後の本籍」欄

ⅰ 協議離縁のとき

養子が夫婦ですから，必ず「□新しい戸籍をつくる」の□にチェックがされているかを審査します。また，筆頭者の氏名は，離縁復氏後の氏名が記載されているかを審査します。

ⅱ 裁判離縁のとき

前記アと同じです。

④ 養子の「届出人署名押印」欄

前記アと同じです。

⑤ 養親の「届出人署名押印」欄

前記アと同じです。

⑥ 「その他」欄

養子は離縁により縁組前の氏に復しますが，配偶者を有するため，戸籍法20条の規定により，養子と配偶者について新戸籍を編製することになります。この場合は，養子の離縁後の戸籍に妻が入籍する旨及びその住所（住民基本台帳法9条2項）を記載することになります。したがって，この場合は，「その他」欄に，「養子の妻梅子（昭和55年1月8日生）は，養子離縁後の新戸籍に入る。妻梅子の住所は夫に同じ。」と記載されているかを審査します。

⑦ 「証人」欄

前記アと同じです。

(イ) **養子が相手方の氏を称して婚姻しているとき**

養子が相手方の氏を称して婚姻しているときは，離縁により縁組前の氏に復することになりますが，婚姻の際に定めた氏が優先しますので，戸籍の変動はありません。したがって，前記(ア)と違う点は，「離縁後の本籍」欄及び「その他」欄になりますが，「離縁後の本籍」欄についてのみ説明することにします。

- 325 -

第9　届書の審査方法

○　「離縁後の本籍」欄

　離縁により復氏はしますが，婚姻の際に定めた氏が優先しますので，「□養子の戸籍に変動がない」の□にチェックがされているかを審査します。

> 【問216】　養親の戸籍はコンピュータシステムにより処理していますが，この場合，離縁事項中の「【養子氏名】」は，どのように記載するのでしょうか。

　戸籍用紙により処理している場合は，養子が婚姻により養親の氏を称しているか相手方の氏を称しているかにかかわらず，養子離縁により養親の戸籍には「養子英子と協議離縁届出」と記載します。しかし，コンピュータシステムにより処理している場合は，養子氏名を記載することになりますから，養親の氏が「甲野」のとき「【養子氏名】甲野英子」とします。

　ところで，婚姻により氏が「乙川」となったときはどのように記載するかとの疑問かと思われます。この場合は，婚姻後の氏名を記載することになります。当然，戸籍届書の「養子氏名」欄には，婚姻後（現在）の氏名を記載しますから，その氏名を記載することになります。したがって，養子の氏名は，「【養子氏名】乙川英子」となります。

エ　養親夫婦が離婚している場合（養子が15歳以上の単身者の場合）

　養親夫婦が離婚している場合は，養子が未成年者であるときも，単独で離縁することができます。民法811条の２本文は，「養親が夫婦である場合において未成年者と離縁をするには，夫婦が共にしなければならない。」としていますから，養親夫婦が離婚し，若しくはその一方が死亡したため婚姻が解消し，又は婚姻が取り消された後に離縁する場合は，養親の一方のみと離縁することができます。

　なお，ここでは，養子が15歳以上の単身者の場合の離縁について，説明することにします。

第9　届書の審査方法

　　(ｱ)　婚姻の際に氏を改めなかった養親と離縁するとき

　i　養子が離縁する養親の戸籍に在るとき

　養子は，養親の一方のみと離縁しても復氏はしませんので，養子の戸籍に変動はありません。

　①　「父母の氏名，父母との続柄」欄

　前記アと同じです。

　②　「離縁の種別」欄

　前記アと同じです。

　③　「離縁後の本籍」欄

　「離縁後の本籍」欄は，「□養子の戸籍に変動がない」の□にチェックがされているかを審査します。

　④　養子の「届出人署名押印」欄

　前記アと同じです。

　⑤　養親の「届出人署名押印」欄

　前記アと同じです。

　⑥　「その他」欄

　「その他」欄には，養親の一方のみとの離縁であり，養子は復氏しませんから，養母との縁組が継続していることを明らかにするため，例えば，「養母乙野梅子（注；復氏後の養母の氏名）。養母との縁組が継続しているため，養子の戸籍に変動はない。」と記載されているかを審査します。

　⑦　「証人」欄

　前記アと同じです。

┌──┐
│　【問217】この場合の戸籍の記載で注意しなければならないのは，どのよ　│
│　　　　うなことでしょうか。　　　　　　　　　　　　　　　　　　　　　│
└──┘

　この場合の戸籍の記載は，戸籍用紙により処理しているときは「養父」欄の養父の氏名を朱線を縦に一本引く方法により消除し（昭和23年12月1日民事甲1998号回答），養母欄に養母の氏（現在の氏）を記載することになります。ま

－ 327 －

第9　届書の審査方法

た，コンピュータシステムにより処理している場合は，「戸籍に記録されている者」欄の「【養父】甲野義太郎」の表示を消除することになります。

【問218】 婚姻の際に氏を改めなかった養親と離縁しても，戸籍に変動はないということですが，養親子同氏・同戸籍の原則には反しないのでしょうか。

　本例のように，婚姻の際に氏を改めなかった養親と離縁しても，養親の一方のみとの離縁ですから，養子は，縁組前の氏に復することなく，離縁前（縁組中）の氏を称し続けることになります。したがって，養親子関係のない者が，同一戸籍に同籍することになります。

　これは，婚姻の際に氏を改めなかった養親（戸籍の筆頭者）と離縁したからといって，離婚復氏した養親との間に氏の変動を生ずるような身分行為はありませんので，その氏を称することができませんし，他に称すべき氏もないからです。このように，養子は，離縁後も離縁した養親の戸籍に同籍し，その者の氏を称しているようにみえますが，養子が称している氏は，縁組が継続している養親（養母）の縁組時の氏であって，離縁した養親の氏ではありません。これと同様の例としては，例えば，母が相手方の氏を称して再婚し，母の氏を称して母の再婚後の戸籍に入籍した子が，離婚により母が除籍され，その戸籍に，子が母の前夫と同籍している場合があります。この場合も，離婚復氏した実母との間に氏の変動を生ずるような身分行為はありませんし，他に称すべき氏もないからです。このように，戸籍法6条の戸籍編製基準の原則に反するような事例が生ずることがあります。

　ii　離婚復氏した養親の氏を称する入籍の届出により養親の戸籍に在るとき
　この場合も i と同様，養子の戸籍に変動はありません。
　① 「父母の氏名，父母との続柄」欄
　前記アと同じです。
　② 「離縁の種別」欄
　前記アと同じです。

－ 328 －

③ 「離縁後の本籍」欄

「離縁後の本籍」欄は，「□養子の戸籍に変動がない」の□にチェックがされ
ているかを審査します。

④ 養子の「届出人署名押印」欄

前記アと同じです。

⑤ 養親の「届出人署名押印」欄

前記アと同じです。

⑥ 「その他」欄

前記ⅰと同じです。

⑦ 「証人」欄

前記アと同じです。

　　(イ)　**離婚復氏した養親と離縁するとき**

ⅰ　養子が婚姻の際に氏を改めなかった養親の戸籍に在るとき

① 「父母の氏名，父母との続柄」欄

前記アと同じです。

② 「離縁の種別」欄

前記アと同じです。

③ 「離縁後の本籍」欄

「離縁後の本籍」欄は，「□養子の戸籍に変動がない」の□にチェックがされ
ているかを審査します。

④ 養子の「届出人署名押印」欄

前記アと同じです。

⑤ 養親の「届出人署名押印」欄

前記アと同じです。

⑥ 「その他」欄

「その他」欄には，養親の一方のみとの離縁であり，養子は復氏しませんか
ら，養父との縁組が継続していることを明らかにするため，例えば，「養父
甲野義太郎。養父との縁組が継続しているため，養子の戸籍に変動はない。」

- 329 -

第9　届書の審査方法

と記載されているかを審査します。

⑦　「証人」欄

前記アと同じです。

⑧　戸籍の記載

この場合の戸籍の記載は，戸籍用紙により処理している場合は，「養母」欄の養母の氏名を朱線を縦に一本引く方法により消除します。また，コンピュータシステムにより処理している場合は，「戸籍に記録されている者」欄の「【養母】甲野梅子」の表示を消除します。

ⅱ　離婚した養親の氏を称する入籍の届出によりその戸籍に在るとき

養子は，養親の一方のみと離縁しても復氏はしませんが，本例は，養子が民法791条１項及び戸籍法98条１項の規定に基づく入籍の届出によって養母の戸籍に入籍した後に，その養母とのみ離縁したときです。この場合は，養子は養父との縁組が継続していますので，養母との離縁により，養母の戸籍に入籍する前の戸籍，すなわち養父の戸籍に入籍することになります（養子法基本通達第2の3（2））。

①　「父母の氏名，父母との続柄」欄

前記アと同じです。

②　「離縁の種別」欄

前記アと同じです。

③　「離縁後の本籍」欄

「離縁後の本籍」欄は，「□もとの戸籍にもどる」の□にチェックがされているか，従前戸籍の表示に誤りがないかを審査します。

④　養子の「届出人署名押印」欄

前記アと同じです。

⑤　養親の「届出人署名押印」欄

前記アと同じです。

⑥　「その他」欄

「その他」欄には，縁組継続中の養父の氏名及び養子は離縁により養父の戸

- 330 -

籍に入籍する旨を明らかにするため，例えば，「養父　甲野義太郎。養子は離縁により養父の戸籍に入籍する。」と記載されているかを審査します。

⑦　「証人」欄

前記アと同じです。

㈡　養親双方と同時に離縁するとき

養子は，養親双方と離縁すると，縁組前の氏に復することになります（民法816条1項本文）。したがって，養子が，婚姻の際に氏を改めなかった養親の戸籍に在るとき又は離婚復氏した養親の戸籍に在るときのいずれの場合においても，養子は復氏することになります。

①　「父母の氏名，父母との続柄」欄

前記アと同じです。

②　「離縁の種別」欄

前記アと同じです。

③　「離縁後の本籍」欄

「離縁後の本籍」欄は，「□もとの戸籍にもどる」の□にチェックがされているか，従前戸籍の表示に誤りがないかを審査します。この場合の従前戸籍の審査は，養父又は養母のいずれの戸籍に在るときも養子縁組事項の従前戸籍の表示により確認します。

また，新戸籍の編製もできますので，この場合は，「□新しい戸籍をつくる」の□にチェックがされているか，筆頭者の氏は復氏後の氏を記載しているかを審査します。養子が届出人でないときは，前記イの㈠iと同じです。

④　養子の「届出人署名押印」欄

前記アと同じです。

⑤　養親の「届出人署名押印」欄

前記アと同じです。

なお，離婚復氏している養親については，離婚後の氏名で記載されているかを審査します。

－ 331 －

第9　届書の審査方法

⑥　「その他」欄

「その他」欄の記載は，次の【問219】を参照してください。

【問219】本例の場合，養親の住所及び本籍の記載方法は，どのようにな
　　　　るのでしょうか。また，届書が，養父と養子及び養母と養子の二つの
　　　　届書で同時に提出されたときは，どのように処理したらよいのでしょ
　　　　うか。

離縁届書の養親の「住所」欄及び「本籍」欄は，養父と養母とにそれぞれ区
分されていません。本例は，養父と養母が離婚した後の離縁です。通常，離婚
後は，住所及び本籍を異にしていますから，それぞれの住所及び本籍をどのよ
うに記載したらよいかとの疑問と思います。

この場合は，それぞれの欄を二つに区切り，養父及び養母の住所及び本籍を
記載することで差し支えないものと考えます。また，欄を区切って使用すると
本籍等を記載しにくいというときは，「その他」欄に，養父及び養母の住所及
び本籍を記載することでも差し支えありません。

次に，届書が，養父と養子及び養母と養子の2通の届書で同時に提出された
とき（養親が離婚していますから，このようなときもあると思います。）は，
届出人全員に離縁の意思があることを確認し，同時離縁するということであれ
ば，各届書の「その他」欄に「同時離縁」と記載し，1件の届出があったもの
として取り扱うことができます。また，この場合は，戸籍の記載も一事項にな
ります。

【問220】同時離縁の場合，戸籍の記載に当たっては，どのような点に注
　　　　意すればよいのでしょうか。

養子が，離婚した養親と離縁するときですから，養父母の氏が相違していま
す。特に，戸籍用紙により処理している場合には，注意する必要があります。
例えば，養親が婚姻中であるときの離縁事項は，「養父甲野義太郎養母梅子と
協議離縁届出」と，養母については名のみを記載しますが，離婚しているとき

- 332 -

は，「養父甲野義太郎養母乙野梅子と協議離縁届出」と，養母の氏名を記載することになります。さらに，養母が，離婚の際に戸籍法77条の2の届出をしているときは，「養父甲野義太郎養母甲野梅子と協議離縁届出」と記載することになります。したがって，記載に当たっては，届書の「養親」欄の養父及び養母の氏名を確認した上，記載することに注意する必要があります。

　また，養父母が婚姻中のときは，養父母のそれぞれの離縁事項は，養父については「妻とともに養子英助と協議離縁届出」と，養母については「夫とともに養子英助と協議離縁届出」と記載しますが，養父母が離婚した後の離縁事項は，養父については「乙野梅子とともに養子英助と協議離縁届出」とし，養母については「甲野義太郎とともに養子甲野英助と協議離縁届出」と記載します。コンピュータシステムにより処理している場合は，養父については「【共同離縁者】乙野梅子」と，養母については「【共同離縁者】甲野義太郎」と記録します。

　⑦　「証人」欄

　前記アと同じです。

オ　養親が夫婦で養子夫婦が離婚した後，離縁する場合

　本例は，婚姻した後に夫婦で養子となった場合です。

㋐　養子が婚姻の際に氏を改めなかった者であるとき

　i　養親双方と離縁するとき

　養子は，養親双方と離縁すると復氏します（民法816条1項本文）ので，縁組前の氏に復することになります。養子は，婚姻の際に氏を改めなかった者ですから，新戸籍を編製することになります。

　①　「父母の氏名，父母との続柄」欄

　前記アと同じです。

　②　「離縁の種別」欄

　前記アと同じです。

　③　「離縁後の本籍」欄

　離縁後の本籍は，前記に説明したように，新戸籍を編製することになります

－ 333 －

第9　届書の審査方法

から，「□新しい戸籍をつくる」の□にチェックがされているかを審査します。また，筆頭者の氏名は，復氏後の氏名で記載されているかを審査します。

なお，裁判離縁で養子が届出人でないときは，前記アを参照してください。

④　養子の「届出人署名押印」欄

前記アと同じです。

⑤　養親の「届出人署名押印」欄

前記アと同じです。

⑥　「証人」欄

前記アと同じです。

ⅱ　養親の一方とのみ離縁するとき

養子は，養親の一方のみと離縁しても復氏しません（民法816条１項ただし書）。

①　「父母の氏名，父母との続柄」欄

前記アと同じです。

②　「離縁の種別」欄

前記アと同じです。

③　「離縁後の本籍」欄

「離縁後の本籍」欄は，「□養子の戸籍に変動がない」の□にチェックがされているかを審査します。

④　養子の「届出人署名押印」欄

前記アと同じです。

⑤　養親の「届出人署名押印」欄

前記アと同じです。

⑥　「証人」欄

前記アと同じです。

> 【問221】養親の一方のみと離縁後，養子が，転籍又は他の戸籍に入籍する場合，縁組事項の移記記載に当たっては，どのようなことに注意す

－ 334 －

第9 届書の審査方法

> る必要があるのでしょうか。

　転籍又は他の戸籍に入籍する場合，養子縁組事項は，移記事項とされています（戸籍法施行規則39条1項3号）。また，養親の一方とのみ離縁したときの戸籍の記載は，戸籍用紙により処理している場合は，養父母欄の養父又は養母の氏名の記載を朱線を一本引く方法により消除し，コンピュータシステムにより処理している場合は「戸籍に記録されている者」欄の【養父】又は【養母】の記録を消除します。

　本問は，文章で説明するよりも，当初の縁組事項の記載とその移記事項の記載を比較すると分かりやすいと思いますので，以下に示すことにします。

　戸籍用紙により処理している場合の当初の縁組事項が，例えば，「平成25年2月9日妻とともに東京都千代田区平河町一丁目4番地甲野義太郎同人妻梅子の養子となる縁組届出大阪市北区老松町二丁目7番地乙川英助戸籍から入籍㊞」とあるときに，これを移記するときは，①筆頭者の配偶者である養親と離縁しているときは，「平成25年2月9日東京都千代田区平河町一丁目4番地甲野義太郎の養子となる縁組届出大阪市北区老松町二丁目7番地乙川英助戸籍から入籍㊞」となり，②筆頭者である養親と離縁しているときは，「平成25年2月9日東京都千代田区平河町一丁目4番地甲野義太郎同籍梅子の養子となる縁組届出大阪市北区老松町二丁目7番地乙川英助戸籍から入籍㊞」となります。この記載で分かりますように，夫婦ではないことから「妻とともに」（又は「夫とともに」）の記載を省き，さらに，養親の一方と離縁していますから「同人妻梅子」の記載を省き若しくは「同人妻梅子」を「同籍梅子」と引き直して移記することになります。

　なお，コンピュータシステムにより処理している場合は，【共同縁組者】及び【養母氏名】若しくは【養父氏名】の記録を除いて移記することになります。

- 335 -

第9 届書の審査方法

(イ) 養子が婚姻の際に氏を改めた者であるとき

i 離婚により新戸籍を編製し，養親双方と離縁するとき

養子は，養親双方と離縁すると，縁組前の氏に復することになります（民法816条1項本文）。この場合の縁組前の氏とは，婚姻前の氏になります。婚姻により氏を改めた者は，離婚により婚姻前の氏に復することになります（民法767条1項）が，縁組が継続している場合は，離婚により観念的には婚姻前の氏に復氏しますが，縁組の氏が優先しますので，離婚により養親の戸籍に入籍するか，又は養親の氏で新戸籍を編製することになり，離縁により縁組前の氏に復しますが，この場合の復する氏は，婚姻前の実方の氏ということになります。

① 「父母の氏名，父母との続柄」欄

前記アと同じです。

② 「離縁の種別」欄

前記アと同じです。

③ 「離縁後の本籍」欄

前記イの(ア)と同じです。ただし，その者が，自己の意思で新戸籍を編製した場合（分籍等）は，実方戸籍に復籍することができませんので，注意する必要があります（注5）。

> 【問222】「□もとの戸籍にもどる」にチェックがされている場合，その戸籍を確認するには，どのようにしたらよいのでしょうか。

本来は，婚姻事項により婚姻前の戸籍の表示を確認することができますが，養子は離婚していますから，養子の身分事項欄には婚姻事項が移記されていません（戸籍法施行規則39条4号）ので，婚姻前の戸籍の表示を確認することができないことになります。この場合は，届書の「離縁後の本籍」欄に記載された本籍地市区町村長に問い合わせて確認することになります。元の戸籍（実方戸籍）を確認したところ，その者が分籍により新戸籍を編製しているときは，元の戸籍（実方戸籍）に戻ることはできませんので，その旨を届出人に説明する

- 336 -

第9　届書の審査方法

必要があります。

　なお，養子縁組事項にある従前戸籍の表示（戸籍法13条7号）は，婚姻により編製又は入籍した戸籍の表示ですから，注意する必要があります。

　④　養子の「届出人署名押印」欄

前記アと同じです。

　⑤　養親の「届出人署名押印」欄

前記アと同じです。

　⑥　「その他」欄

「その他」欄には，「離縁後の本籍は，実方戸籍である。」旨を記載しておくと間違いがなくなると考えます。

　⑦　「証人」欄

前記アと同じです。

　ⅱ　離婚により新戸籍を編製し，養親の一方と離縁するとき

　①　「父母の氏名，父母との続柄」欄

前記アと同じです。

　②　「離縁の種別」欄

前記アと同じです。

　③　「離縁後の本籍」欄

　養子は，養親の一方のみと離縁しても復氏しませんので，「□養子の戸籍に変動がない」の□にチェックがされているかを審査します。

　④　養子の「届出人署名押印」欄

前記アと同じです。

　⑤　養親の「届出人署名押印」欄

前記アと同じです。

　⑥　「その他」欄

「その他」欄には，養親の一方のみとの離縁であり，養子は復氏しませんので，養母との縁組が継続していることを明らかにするため，例えば，「養母甲野梅子。養母との縁組が継続しているため，養子の戸籍に変動はない。」と

－ 337 －

第9 届書の審査方法

記載されているかを審査します。

⑦ 「証人」欄

前記アと同じです。

iii 離婚により養親の戸籍に入籍し，養親双方と離縁するとき

前記iと同じです。

iv 離婚により養親の戸籍に入籍し，養親の一方のみと離縁するとき

前記iiと同じです。

カ 夫の氏を称して婚姻した妻が夫死亡後に養子となり，離縁するに当たり，実方の氏に復する場合

本例は，婚姻の際に氏を改めた者が，夫死亡後に養子となり，離縁するに当たり，届書の「その他」欄に「養子は離縁によって実方の氏に復する。」旨の記載がある場合です。

婚姻によって氏を改めた者については，婚姻の際に定めた氏を称すべき間は，養親の氏を称しないこととされています（民法810条ただし書）。婚姻の際に定めた氏を称すべき間とは，婚姻継続中はもとより，配偶者の死亡により縁組時に婚姻が既に解消している場合も同様としています（養子法基本通達第1の3）。したがって，本例の養子は，婚姻時の戸籍に在籍しています。この者が婚姻前の氏に復するには，離縁後に生存配偶者の復氏の届出（民法751条1項，戸籍法95条）をすればよいことになります。しかし，離縁と同時に直接，婚姻前の戸籍（実方戸籍）に復籍したいときは，離縁届書の「その他」欄に「養子は離縁によって実方の氏に復する。」旨の記載をして届出すれば，実方戸籍に復籍することができます（昭和25年10月16日民事甲2404号通達参照）（注6）。

① 「父母の氏名，父母との続柄」欄

前記アと同じです。

② 「離縁の種別」欄

前記アと同じです。

- 338 -

第9 届書の審査方法

③ 「離縁後の本籍」欄

ⅰ 協議離縁のとき

養子は離縁により，実方の氏に復する場合ですから，「□もとの戸籍にもどる」の□にチェックがしてあるかを審査します。この場合の「もとの戸籍」は，実方戸籍になりますので，婚姻事項の従前戸籍の表示により確認します（夫死亡後転籍し，婚姻事項が移記されていないときは，転籍前の戸籍により確認する必要があります。）。

また，実方戸籍が除かれているとき又は新戸籍を編製するときは，「□新しい戸籍をつくる」の□にチェックがされているかを審査します。この場合は，「筆頭者の氏名」には，復氏後の氏名が記載されているかを審査します。

ⅱ 裁判離縁のとき

前記イの(ア)を参照してください。

④ 養子の「届出人署名押印」欄

前記アと同じです。

⑤ 養親の「届出人署名押印」欄

前記アと同じです。

⑥ 「その他」欄

「その他」欄には，「養女は，この離縁により亡夫との婚姻前の氏「乙野」の氏に復する。」と記載がされているかを審査します。

【問223】 生存配偶者の復氏届と離縁届が同時に提出されたときは，どのようなことに注意をしたらよいのでしょうか。

本問の場合は，届出人がどのようなことを望んでいるかを確認する必要があり，受理の順番を間違えないようにすることです。

例えば，生存配偶者の復氏届を受理し，離縁届を受理するとどうなるでしょうか。まず，生存配偶者の復氏届を受理すると，その届出により婚姻前の氏を称することなく，養親の氏を称することになります（養子法基本通達第1の3）。養親の氏を称することになるとは，養親の戸籍に入籍することです。次

- 339 -

第9　届書の審査方法

に，養子離縁届を受理すると，実方（婚姻前）の氏を称することになり，結果的には，実方の氏を称しますから問題は生じないことになりますが，届書の審査及び戸籍記載に負担が掛かることになります。したがって，養子が，離縁と同時に生存配偶者の復氏届をし，実方の氏に戻りたいということであれば，本例のような届出をすることができる旨を届出人に説明したらいかがでしょう。

【問224】本例の戸籍の記載は，どのようになるのでしょうか。また，生存配偶者の復氏の旨の記載は，必要になるのでしょうか。

戸籍の記載は，婚姻後の戸籍から実方戸籍へ入籍する記載（又は新戸籍を編製する記載）をすることになります。

記載例は，次のようになります。

（戸籍用紙により処理している場合）

・養子（生存配偶者）の婚姻前（実方）の戸籍中その身分事項欄

「平成29年3月12日養父甲野太郎と協議離縁届出同月14日東京都千代田区長から送付大阪市北区老松町二丁目7番地丙山一郎戸籍から入籍㊞」

・養子（生存配偶者）の戸籍中その身分事項欄

「平成29年3月12日養父甲野義太郎と協議離縁届出東京都千代田区平河町二丁目5番地乙野忠一戸籍に入籍につき除籍㊞」

・養父の戸籍中その身分事項欄

「平成29年3月12日養子春子と協議離縁届出㊞」

（コンピュータシステムにより処理している場合）

・養子（生存配偶者）の婚姻前（実方）の戸籍中その身分事項欄

養子離縁　　　【離縁日】平成２９年３月１２日

　　　　　　　【養父氏名】甲野義太郎

　　　　　　　【送付を受けた日】平成２９年３月１４日

　　　　　　　【受理者】東京都千代田区長

　　　　　　　【従前戸籍】大阪市北区老松町二丁目７番地　　丙山一郎

－ 340 －

第9　届書の審査方法

・養子（生存配偶者）の戸籍中その身分事項欄

養子離縁　　　【離縁日】平成２９年３月１２日

　　　　　　　【養父氏名】甲野義太郎

　　　　　　　【入籍戸籍】東京都千代田区平河町二丁目５番地　乙野
　　　　　　　　忠一

・養父の戸籍中その身分事項欄

養子離縁　　　【離縁日】平成２９年３月１２日

　　　　　　　【養子氏名】丙山春子

キ　嫡出でない子が実母及び実母の夫と縁組している場合（養子が15歳未満の者である場合）

㋐　養親の婚姻中に離縁するとき

　養親が婚姻中に未成年者と離縁するときは，配偶者と共に離縁をしなければなりません（民法811条の2）。

①　「父母の氏名，父母との続柄」欄

　母の氏名は，現在の母の氏名が記載されているかを審査します。

　なお，認知された嫡出でない子のときは，父の氏名が記載されているかを審査します。

②　「離縁の種別」欄

　前記アと同じです。

③　「離縁後の本籍」欄

　離縁後の本籍は，縁組前の戸籍に戻ることもできますし，従前戸籍があるときでも新戸籍を編製することもできます（【問213】参照）。したがって，「□もとの戸籍にもどる」の□にチェックがされているときは，従前戸籍の表示及び筆頭者の氏名が正しく記載されているかを審査します。また，新戸籍を編製するときは，筆頭者の氏名は，養子の復氏後の氏名が記載されているかを審査します。

－ 341 －

第9 届書の審査方法

④ 養子の「届出人署名押印」欄

この欄は空欄となります。

⑤ 養子が15歳未満のときの「届出人」欄

養子が15歳未満のときの離縁は，養子の離縁後に法定代理人となるべき者が離縁協議者となります。また，本例は，実母である養母とも離縁しますので，実母との離縁は利益相反行為（民法826条）に該当します（第179回東京戸籍事務連絡協議会，戸籍617号56ページ，戸籍618号46ページ）から，特別代理人を選任し，その者が離縁協議者となります。

したがって，本例は，養父との離縁は実母が，養母（実母）との離縁は特別代理人が離縁協議者となります。

なお，この場合は，特別代理人の選任を証する家庭裁判所の審判書謄本を添付することになります。

a 「資格」欄

「資格」欄は，離縁後の親権者である，実母と特別代理人となります。特別代理人については，「□未成年後見人」の「未成年後見人」を削除し，その上に，「特別代理人」と記載し，□にチェックがされているかを審査します。また，離縁後の親権者である母については，「離縁後の親権者（□母）」の□にチェックがされているかを審査します。

b 「署名押印生年月日」欄

特別代理人及び実母の署名押印がされ，生年月日が記載されているかを審査します。

⑥ 養親の「届出人署名押印」欄

前記アと同じです。

⑦ 「その他」欄

「その他」欄には，「特別代理人選任を証する家庭裁判所の審判書謄本を添付する。」と記載されているかを審査します。

⑧ 「証人」欄

前記アと同じです。

- 342 -

⑨ 添付書類

添付書類は，特別代理人選任を証する家庭裁判所の審判書謄本です。

　　㈠　**養親の離婚後に離縁するとき**

養親の離婚後は，養子が未成年者の場合であっても，個別に離縁することができます（民法811条の２本文）。

ここでは，協議離縁についてのみ説明することにします。

　ⅰ　離婚した養親双方と離縁するとき

離婚の際に養子の親権者を養母（実母）と定めた場合は，前記㈠と同じです。

また，離婚の際に養子の親権者を養父と定めた場合は，離縁により未成年後見が開始しますので，離縁後の養子の未成年後見人と特別代理人が離縁協議者となります。この場合は，特別代理人選任及び未成年後見人選任の審判書の謄本を添付することになります。

なお，母が離婚により戸籍法77条の２の届出により新戸籍を編製しているときは，離縁によって当然には母の新戸籍には入籍することはできませんが，離縁の届出の際に，戸籍法77条の２の届出による母の新戸籍に同籍を希望する旨の表示をしたときは，直接母の戸籍に入籍することができるとされています（昭和52年２月24日民二1390号回答）。この場合は，届書「その他」欄に「養子は，離縁後母と同籍することを希望する。」と記載されているかを審査します。

　ⅱ　養父とのみ離縁するとき

離婚の際に養子の親権者を養母（実母）と定めた場合は，離縁協議者は養母（実母）となります。

　ⅲ　養母（実母）とのみ離縁するとき

離婚の際に養子の親権者を養父と定めたときは，養父が離縁協議者となります。また，親権者を養母（実母）と定めたときは，特別代理人が離縁協議者となります。

第9　届書の審査方法

ク　死亡した養親と生存養親と同時に離縁する場合（養子が成年者の場合）

　養子は，死亡養親と生存養親と同時に離縁すると復氏することになります。

　届書は，1通で差し支えありませんが，届出事件としては，2件として処理することになります（昭和24年5月31日民事甲1253号回答）。また，戸籍の記載は，一事項として記載して差し支えありません。

　なお，死亡養親との離縁については，離縁許可書と確定証明書を添付することになりますが，その効力は，届出によって生ずることになります。このことからも，戸籍の記載は，一事項としてすることができることが分かります。

　①　「父母の氏名，父母との続柄」欄

　前記アと同じです。

　②　「離縁の種別」欄

　離縁の種別は，死亡養親と生存養親と同時に離縁する場合です。したがって，この場合は，「□協議離縁」と「□死亡した者との離縁」の□にそれぞれチェックがされているかを審査します。死亡した養親との離縁には，死亡養親との離縁の許可審判が確定した年月日が記載されているかについても審査します。

　③　「離縁後の本籍」欄

　縁組前の戸籍に戻るときは「□もとの戸籍にもどる」，新戸籍を編製するときは「□新しい戸籍をつくる」の□にチェックがされているかを審査します。

　④　養子の「届出人署名押印」欄

　前記アと同じです。

　⑤　「養親」欄

　死亡している養親については，「養父（又は養母）氏名」欄の氏の冒頭に「亡」の文字が冠記されているかを審査します。「亡」の文字を冠記するのは，戸籍の記載をするためのものです（法定記載例番号44・45参照）。

　⑥　養親の「届出人署名押印」欄

　生存養親が署名しているかを審査します。

－ 344 －

第9 届書の審査方法

⑦ 「その他」欄

「その他」欄には，「離縁許可審判の謄本及びその確定証明書を添付する。」
旨の記載がされているかを審査します。

⑧ 「証人」欄

前記アと同じです。

⑨ 添付書類

添付書類は，離縁許可審判の謄本及びその確定証明書です。

ケ　死亡した養親双方と離縁する場合（養子が15歳未満の者の場合）

① 「父母の氏名，父母との続柄」欄

前記アと同じです。

② 「離縁の種別」欄

離縁の種別は，「□死亡した者との離縁」の□にチェックがされ，死亡養親
との離縁の許可審判が確定した年月日が記載されているかについても審査しま
す。

③ 「離縁後の本籍」欄

前記キの(ア)と同じです。

④ 養子の「届出人署名押印」欄

この欄は，空欄になります。

⑤ 養子が15歳未満のときの「届出人」欄

養親双方が死亡していますので，未成年後見が開始し，未成年後見人が選任
されていますので，「□未成年後見人」の□にチェックがされているかを審査
します。

また，その者の署名押印がされ，生年月日が記載されているかを審査しま
す。

なお，未成年後見人が選任されていないときは，養子の離縁後にその未成年
後見人となるべき者を選任して（民法811条5項）から，届出をすることになり
ます。養子に実父母がある場合，死亡養親の双方との離縁によって後見が終了
し，実父母が離縁後の親権者となります（昭和37年9月13日民事（二）発396号

- 345 -

第9 届書の審査方法

依命通知）が，実父母が離縁許可の申立て，離縁届をすることはできず，いずれも，養子の法定代理人である未成年後見人がすべきであるとしています（昭和39年2月13日民事甲319号回答）。

⑥ 「養親」欄

「養父及び養母氏名」欄の氏の冒頭にそれぞれ「亡」の文字が冠記されているかを審査します。

⑦ 養親の「届出人署名押印」欄

この欄は，空欄になります。

⑧ 「その他」欄

「その他」欄には，「離縁許可審判の謄本及びその確定証明書を添付する。」旨の記載がされているかを審査します。

⑨ 「証人」欄

死亡養親との離縁は，協議離縁と同じように成年の証人が2人以上必要です（昭和24年5月30日民事甲1251号回答）。これは，届出によって効力を生ずる創設的届出になるからです。

⑩ 添付書類

添付書類は，離縁許可審判の謄本及びその確定証明書です。

【問225】 養親死亡後の離縁による戸籍の記載は，養子の身分事項欄にのみすることとしています（法定記載例番号44・45）が，養親の身分事項欄に記載しないのは，どのようなことからでしょうか。

養子が亡養親と離縁したときは，養親の身分事項欄に離縁事項の記載を要しないこととされています（昭和24年7月11日民事甲1585号回答）。

この記載を要しないという趣旨は，養親の死亡による相続の開始後の離縁は，離縁の効果が専ら生存している養子と養親の血族との親族関係の有無の問題ですから，死亡養親については，離縁事項を記載する実益が乏しいことによるものです。

－ 346 －

第9　届書の審査方法

コ　死亡した養子と養父母が離縁する場合

①　「父母の氏名，父母との続柄」欄

死亡した養子の父母欄に記載されている父母の氏名が記載されていれば差し支えないものと考えます。死亡した養子については，離縁事項を記載しないからです。

②　「離縁の種別」欄

離縁の種別は，「□死亡した者との離縁」の□にチェックがされ，死亡養子との離縁の許可審判が確定した年月日が記載されているかについても審査します。

③　「離縁後の本籍」欄

この欄は，空欄になります。

④　養子の「届出人署名押印」欄

この欄は，空欄になります。

⑤　養子が15歳未満のときの「届出人」欄

この欄は，空欄になります。

⑥　「養親」欄

前記アと同じです。

⑦　養親の「届出人署名押印」欄

養父母がそれぞれ署名押印しているかを審査します。

⑧　「その他」欄

前記ケと同じです。

⑨　「証人」欄

死亡養子との離縁についても，成年の証人が2人以上必要です。

⑩　添付書類

添付書類は，離縁許可審判の謄本及びその確定証明書です。

サ　戸籍法73条の2の届出

縁氏続称の届出をするには，①離縁により復氏したこと，②他に称すべき氏がないこと，③養子縁組の期間が7年を超えていること，④離縁の日から3か

－ 347 －

第9 届書の審査方法

月以内に届出をすることの要件をすべて満たしていることが必要です。届書の審査に当たっては，これらの要件を備えているかを十分に確認する必要があります。

㈎ 離縁届と同時に届出があったとき

i 離縁届書

離縁届書の審査は，前記を参考にしてください。

なお，離縁の届出と同時に戸籍法73条の2の届出をする場合は，離縁届書の「離縁後の本籍」欄は空欄とし，「その他」欄に「戸籍法73条の2の届出を同時に届出」と記載します。

ii 離縁の際に称していた氏を称する届書

① 「離縁の際に称していた氏を称する人の氏名」欄

この欄は，離縁届と同時に届け出るときと，離縁により復籍した後又は新戸籍を編製した後に届け出るときでは，記載方法を異にします（届書にその旨が記載されています。）。

本例は，離縁届と同時に届け出るときですから，離縁前の氏名を記載しますので，離縁前の氏名が記載されているかを審査します。

② 「本籍」欄

離縁届と同時に届け出するときですから，離縁前の本籍が記載されているかを審査します。

③ 「氏」欄

「氏」欄は，変更前（現在称している氏），変更後（離縁の際称していた氏）の二つの欄があります。離縁届と同時に届け出るときですから，同一の氏になります。例えば，縁組中の氏が「甲野」であれば，変更前，変更後いずれの氏も「甲野」と記載されているかを審査します。

④ 「縁組年月日」欄

離縁する養親との縁組年月日が記載されているかを審査します。これは，縁氏続称の要件の一つである縁組期間の起算点の審査をするためのものです。

- 348 -

第9　届書の審査方法

⑤　「離縁年月日」欄

離縁年月日が記載されているかを審査します。これは，縁氏続称の要件である縁組期間の7年間の要件を満たしているかの審査をするためのものです。

⑥　「離縁の際に称していた氏を称した後の本籍」欄

新本籍の場所が記載されているかを審査します。また，筆頭者の氏名が正しく記載されているかを審査します。

⑦　「届出人署名押印」欄

届出人の署名は，現在の氏名（例えば，甲野英助）でされているか，押印があるかを審査します。

㈠　離縁復籍後に届出があったとき

①　「離縁の際に称していた氏を称する人の氏名」欄

離縁により復氏した者からの届出は，離縁後の氏名を記載しますので，離縁後の氏名が記載されているかを審査します。

②　「本籍」欄

離縁復籍した場合ですから，復籍した戸籍の表示が記載されているかを審査します。

③　「氏」欄

離縁復氏した者ですから，例えば，変更前（現在称している氏）「乙川」，変更後（離縁の際称していた氏）「甲野」と記載されているかを審査します。

④　「縁組年月日」欄

前記㈠のⅱと同じです。

⑤　「離縁年月日」欄

前記㈠のⅱと同じです。

⑥　「離縁の際に称していた氏を称した後の本籍」欄

離縁によって復籍した者が，戸籍法73条の2の届出をした場合において，その者が戸籍の筆頭に記載されていないときは，その者について新戸籍を編製することになります（戸籍法19条3項，養子法基本通達第3の3）。したがって，新本籍の場所が記載されているかを審査します。また，筆頭者の氏名は，変更後

－ 349 －

第9　届書の審査方法

の氏名で記載しますので，その氏名が記載されているかを審査します。

⑦　「届出人署名押印」欄

届出人の署名は，現在の氏名（例えば，乙川英助）でされているか，押印があるかを審査します。

㈦　新戸籍が編製された後に届出があったとき

①　「離縁の際に称していた氏を称する人の氏名」欄

前記㈣と同じです。

②　「本籍」欄

前記㈣と同じです。

③　「氏」欄

前記㈣と同じです。

④　「縁組年月日」欄

前記㈠の ii と同じです。

⑤　「離縁年月日」欄

前記㈠の ii と同じです。

⑥　「離縁の際に称していた氏を称した後の本籍」欄

離縁によって復氏した者が，戸籍法73条の2の届出をした場合において，その者が戸籍の筆頭に記載されていて，かつ，その戸籍に同籍者があるときは，その届出をした者について新戸籍を編製することになります（戸籍法19条3項，養子法基本通達第3の4（1））。また，その者が戸籍の筆頭に記載されているが，その戸籍に同籍者がないときは，戸籍法107条1項の規定による氏の変更の場合の記載に準じて，戸籍の記載をするとされています（養子法基本通達第3の5）。したがって，他に同籍者があるときは，前記㈣と同様であり，他に同籍者がないときは，この欄は空欄となります。

⑦　「届出人署名押印」欄

前記㈣と同じです。

（注1）　第179回東京戸籍事務連絡協議会

　　　協議問題「自己の15歳未満の嫡出でない子を配偶者とともに養子とし，その

－ 350 －

後，配偶者とともに離縁をする場合，自己との離縁に当たり，養子について特別代理人の選任を要するか。」（最高裁判所提出）

提案理由「自己の15歳未満の嫡出でない子を配偶者とともに養子とする縁組の届出があった場合の取扱いについては，戸籍実務上，特別代理人の選任は不要と解されている（昭和63年9月17日民二第5165号法務省民事局長通達参照）。その理由は，この場合の嫡出でない子とその親権者との関係は利益相反行為にはあたらないと考えることによるものと思われる。

しかしながら，このような考え方は離縁の場合には該当しないのではないかと思われる。この点の解釈が家事実務，戸籍実務に影響するので，各庁の意見をお伺いしたいと思い提出する。」

結論「本問については，特別代理人の選任を要する。」

（注2）昭和39年12月21日付け民事甲4007号回答は，「夫死亡し遺妻が実方へ復籍する意思はないのに，婚方の死亡した夫の父母が姻族関係終了届，復氏届を偽造して届出するおそれがあるので，その届出があってもこれを受理しないよう書面で申出があったときは，離婚届出不受理申出書に準じた取扱いをしてよいか。」という照会に対し，「貴見のとおり取り扱って差し支えない。」としたものです（戸籍592号67ページ参照）。

（注3）昭和52年2月24日付け民二1390号回答は，「母の夫と養子縁組をした者が，母の戸籍法77条の2の届出後に離縁する場合に，単身者であるときは母の称する氏に復することができるが，配偶者を有するときは母の称する氏に復することができない。」というものです。この事例は，「Aが母Bの夫Cと養子縁組により，C，Bの戸籍に入籍している場合において，母BがCと離婚後戸籍法77条の2の届出をした後，AがCとの養子離縁届書に母Bの戸籍法77条の2の届出後の氏を称する旨の記載をして届出があった場合は，受理して差し支えないか。」との照会に対しての回答です。また，同回答は，「Aが母Bの夫Cと養子縁組によりC，Bの戸籍に入籍した後，DとAの氏を称する婚姻により新戸籍を編製している場合」及び「AがDとAの氏を称する婚姻後，母Bの夫Cとの養子縁組により新戸籍を編製している場合」は，受理すべきでないとしています。これは，Aが単身者であれば，離縁により復氏し，離婚復氏した母と同籍することができることからです。この場合，母の戸籍法77条の2の届出後の氏は，いわゆる呼称上の氏といわれるものですが，民法上の氏は，離縁したAと母Bは親子ですから同氏となりますので，呼称上の氏である母の戸籍法77条の2の届出後の戸籍に復籍することができるとしたものです。しかし，Aが，婚姻している場合は，離縁したとしても，母B

－ 351 －

第9　届書の審査方法

の戸籍法77条の2の届出による氏の効果は及ばないと解されることから，離縁によって母の戸籍法77条の2の届出後の氏を直ちに称することはできないためです。母の戸籍法77条の2の届出後の氏を称するには，民法791条1項の規定により，家庭裁判所の氏変更許可の審判を得てすることになります。

（注4）昭和37年5月30日民事甲1469号通達は，「15歳未満の養子の離縁について，民法811条5項の規定によって養子の離縁協議者となった者の後見開始（筆者注；現行の未成年者の後見開始）及び後見人就職の日は，いずれも離縁届の受理の日であり，戸籍法81条の規定によって後見開始の届出を要する。」（通達記二の（二）（2））とし，「後見開始の届出人は離縁届の届出人と同一であるから，離縁届書「その他の事項」欄に「後見開始」に関する事項を記載し，これによって別の書面による後見開始届に代えてさしつかえない（この場合受附は「養子離縁」と「後見開始」の2件として処理する。）」（通達記二の（二）（3））としています。

（注5）戸籍法19条1項本文は，「婚姻又は養子縁組によつて氏を改めた者が，離婚，離縁又は婚姻若しくは縁組の取消によつて，婚姻又は縁組前の氏に復するときは，婚姻又は縁組前の戸籍に入る。」と規定しています。したがって，婚姻により氏を改めた者が，夫婦で養子となり，その後，離婚し，更に離縁するときは，離縁により縁組前の氏，すなわち，婚姻前の氏に戻ることになります。しかし，分籍した者が縁組した場合，離縁により戻る縁組前の戸籍は，分籍により編製した戸籍ですから，その戸籍に戻ることになり，実方の戸籍には戻れないことになります。この場合，分籍した戸籍が縁組により除籍となっているときは，新戸籍を編製することになります（戸籍法19条1項ただし書）。

（注6）昭和25年10月16日民事甲2404号通達は，「婚養子が妻の死亡後に，又は養子夫婦の一方が他の一方の死亡後に，養親と離縁する場合の戸籍の取扱方について」との表題で，その柱書きは，「旧法施行当時婚養子縁組婚姻により入籍した婚養子が，妻の死亡後離縁したときは，離縁によって直ちに実方の氏に復するものとして取り扱われているのに対し，夫の氏を称する婚姻をした妻が夫と共に他の者の養子となり，夫の死亡後養親と離縁したときは，離縁によって直ちに実方の氏に復しないものとして取り扱われている。しかし右二つの場合の戸籍の取扱方を異にすることは，適当でないと考えられるので今後は，右二つの場合において，養子が実方の氏に復する意思を有し離縁届書に「養子は，離縁によって実方の氏に復する。」旨を記載して届け出たときは，直ちに実方の氏に復するよう取り扱うことに戸籍の取扱方を変更するこ

－ 352 －

第9　届書の審査方法

ととした。」（抜粋）としています。

6　養子離縁取消届

　離縁の取消しについては，294ページ以下に，①取消原因，②取消権者，③取消しの請求，④取消しの効果について既に説明しています。ここでは，取消届があった場合の審査等について，説明することにします。もっとも，この取消届は，年間で10数件程度のものですから，取り扱ったことがある方はほとんどいないといってもいいくらいです。

　なお，離縁取消届書の様式については，269ページに掲載している，「養子縁組取消届」を参考としてください。

> 【問226】詐欺又は強迫によってされた協議離縁は，取り消されるまでは
> 　　　　有効ですが，取消しの裁判が確定すると，その効果は遡及し，協議離
> 　　　　縁は最初からなかったことになるようですが，離縁事項を消除しない
> 　　　　のは，どのようなことからなのでしょうか。

　離縁取消しの裁判が確定すると，その効果は遡及し，当初から離縁の効力は生じないことになります。したがって，この離縁取消しの届出によって，戸籍には離縁が全くなかったと同様の処理をすべきではないかと考えられます。例えば，養子夫婦が離縁により新戸籍を編製し，縁組時の戸籍が消除されているときは，新戸籍を消除し，消除された戸籍を回復するという処理をすることが考えられます。この処理は，一種の戸籍訂正と同様の考え方です。

　しかし，戸籍実務の取扱いは，このような場合は，戸籍訂正申請としては処理せず，離縁取消し届出として処理するものとしています（参考記載例番号107から112まで）。届出による戸籍の処理は，養子縁組や婚姻の届出と同様，入籍・除籍ということになります。また，入籍戸籍にする離縁取消事項は，出生事項，婚姻事項及び養子縁組事項を移記（戸籍法施行規則39条）した後に記載することになります。したがって，離縁事項は，消除をしませんので，戸籍記載に当たっては，注意を要します。

- 353 -

第 9　届書の審査方法

(1)　届出人

届出人は，離縁取消しの請求をした者になります（戸籍法73条・63条）。

(2)　届出期間

離縁の取消しを請求した者が，裁判（審判）確定の日から10日以内に届出を
しなければなりません（戸籍法73条・63条 1 項）。

なお，届出期間を経過した場合は，相手方からも届出をすることができます
（戸籍法73条・63条 2 項）。

また，離縁取消しの裁判（審判）が確定した場合は，裁判所書記官から事件
本人の本籍地市区町村長に対し通知がされます（家事事件手続規則130条・136
条，人事訴訟規則35条・17条）ので，当事者が届出をしないときは，市区町村長
は管轄法務局の長の許可を得て，戸籍の処理をすることになります。

(3)　添付書類

添付書類は，裁判（審判）の謄本及び確定証明書になります。

なお，裁判所から通知がされているときは，確定証明書の添付は不要となり
ます（昭和29年12月24日民事甲2601号回答）。

7　婚姻届

(1)　婚姻制度の沿革

婚姻とは，終生の共同生活を営もうとする目的をもった男女の法的結合関係
のことです。憲法24条 1 項は，「婚姻は，両性の合意のみに基いて成立し……」
としており，当事者の意思の合致が，婚姻の根本的要件であることを明示して
います。

ところで，我が国の婚姻制度の変遷をみると，現行憲法の規定とはかなりの
違いがあります。我が国では，古くから専制的な家父長制社会の下に，一夫多
妻制その他の旧時代的婚姻制度が行われてきていました。やがて明治維新の到
来によって，封建的身分による差別を廃止するとともに，婚姻の自由を肯定
し，階級的内婚制（内婚制とは，配偶者の選択を特定範囲の者の間だけに限る
とする制度をいいます。）（注 1 ）の撤廃など画期的な改正がされ，明治31年の

－ 354 －

旧民法が重婚を禁止し（旧民法766条），ここに初めて一夫一婦の共諾婚（男女自身の合意のみによって成立する婚姻）と法律婚主義（法律上の届出を要求する建前）を確立しました。しかし，旧民法は，家を中心とする家父長制家族制度を採ったため，婚姻に際して戸主や父母の同意を必要とし（旧民法750条・772条），法定の推定家督相続人間での婚姻を不可能とする（旧民法744条）など，自由な婚姻意思に基づく婚姻が著しく制限されていました。また，一夫一婦の夫婦関係についても，男性優位を建前とし，例えば，裁判上の離婚原因としての姦通（旧民法813条2号）についても，夫婦を平等に取り扱わず，夫にのみ離婚請求権を与えていたのは，顕著な事例です。

このような沿革がありますが，現行法は全面的にこれを改め，婚姻を当事者の意思の合致のみとし，当事者以外の者が干渉することのない純粋な共諾婚としました。また，夫婦間の法的地位についても，すべての不平等が廃止され，夫婦は，全く独立対等の立場で，互いに人格を尊重しつつ，協力扶助すべきものと定められました。冒頭に触れた憲法24条1項は，「……夫婦が同等の権利を有することを基本として，相互の協力により，維持されなければならない。」としています。

(2) 婚姻の実質的成立要件

ア 婚姻意思の合致

婚姻が成立するためには，当事者間に婚姻しようとする意思，すなわち，社会観念上夫婦であると認められる関係を創設しようとする意思がなければなりません。当事者に婚姻する意思がないときは，婚姻は無効となります（民法742条1号）。

ところで，何をもって婚姻意思とみるかについては，二つの見解が対立しています。一つは，実質的意思説（注2）です。この見解によると，婚姻意思とは，社会観念に従い，客観的に夫婦とみられる生活共同体の創設を真に欲する効果意思であるとするもので，判例（最判昭和44年10月31日民集23巻1894ページ）及び通説の採る立場です。もう一つは，形式的意思説（注3）です。この見解は，婚姻の届出をすることについて当事者間に合意があれば，実質的・客観的

第9　届書の審査方法

な夫婦関係を創設しようとする意思の有無とは関係なく婚姻は有効になるとするもので，一部の学説が主張しています。

戸籍実務は，判例及び通説の見解を採っています。すなわち，婚姻意思は，届書を作成する時に存在しなければならないことはもちろんのこと，届書が提出される時にも存在することを要します。したがって，婚姻届書を作成した後，一方が婚姻意思を撤回したときは，その後に他方が勝手に届書を提出しても，婚姻は無効です。もっとも，現在は，婚姻届不受理の申出及び戸籍の届出における本人確認を制度（戸籍法27条の2）として行っていますので，他方が勝手に届出をすることを未然に防止することができます。また，届出人の一方の本人確認ができなかったときは，その者に通知を発出する等の対応をしていますから，虚偽の届出を防止することができ，婚姻が無効になる事例は少なくなるものと思われます。

> **【問227】**　適式な婚姻届が作成され，それが受理された当時，たまたま本人が意識を失い，意思能力を欠いていたときは，その婚姻は有効に成立するのでしょうか。

本問については，次のような判例（最判昭和44年4月3日民集23巻709ページ）があります。それによると，「婚姻届書作成後，当事者の一方が昏睡状態に陥り死亡したが，その死亡の1時間ほど前に届書が提出されていた場合は，届書作成当時婚姻意思を有していたこと，当事者間に事実上の夫婦共同生活関係が存続していたこと，届書受理以前に翻意するなど婚姻の意思を失う特段の事情がないことなどの事実が認められるならば，婚姻は有効に成立する。」というものです。

なお，夫婦となるべき者が，適式な婚姻届書を作成し，その届出を一方に委託した場合に，その者が届出をする前に，他方が死亡したときは，その婚姻は，当然に無効になります（大判昭和16年5月20日民集20巻629ページ。昭和28年2月26日民事甲294号回答）。

- 356 -

第9　届書の審査方法

イ　婚姻適齢（婚姻最低年齢）

民法731条は，「男は，18歳に，女は，16歳にならなければ，婚姻をすることができない。」と規定しています。このような婚姻最低年齢の制度は，肉体的，精神的，社会的又は経済的に未熟な段階での婚姻が，当事者の福祉に反する懸念があることから，健全な婚姻をする能力を欠くと考えられる年少者の婚姻を禁ずるものです。また，婚姻最低年齢に男女差を設けているのは，一般に，女性の方が心身の発達が早く，低年齢での婚姻，出産の例もあることを考慮したものとされています。

なお，旧民法は，男は満17歳，女は満15歳に達しなければ婚姻をすることができない（旧民法765条）としていました。

ウ　重婚の禁止

民法732条は，「配偶者のある者は，重ねて婚姻をすることができない。」と規定しています。この規定は，一夫一婦制の原則を採ることを表明したものです。また，この要件に反する婚姻は，取消しの対象となります（民法744条）。

【問228】戸籍の届出における本人確認を行っており，また，非本籍地で届出をするときは，戸籍謄本（戸籍の全部事項証明書）を提出してもらっています（戸籍法施行規則63条）。それでも重婚が生じることはあるのでしょうか。

前述したように，我が国では，法律婚主義を採っています。また，戸籍事務管掌者は，届出に当たって，要件を審査した上で受理決定をしていますから，通常は，重婚が生じることはないと思います。しかし，私の経験をも含めて考えると，次のような場合に重婚が生ずることがあります。

①　届出人が，重ねて婚姻をしようとする意思をもって届出をする場合です。これは，どのような場合かというと，例えば，A男が，午前中にB女と共に非本籍地である乙市に赴き，戸籍謄本（戸籍の全部事項証明書）を提出して同人との婚姻届をし，さらに，その日の午後にC女と共に本籍地である甲市に赴き，同人との婚姻届をして，いずれも受理されたような場合です。

- 357 -

第9　届書の審査方法

　なお，悪意で重婚した者は，重婚罪として刑事上の処罰を受けることになります（刑法184条）。

　②　戸籍法27条の2の施行前の事例ですが，A男が，B女（実際は偽のB女）と共に市区町村の窓口に赴き，B女の離婚届不受理申出の取下書を提出し，併せて，A男とB女との離婚届と，A男とC女との婚姻届を提出し，各届出がそれぞれ受理された場合において，後日，この不受理申出の取り下げが，本物のB女からではないことが判明し，A男とB女の離婚は，無効であるとの裁判が確定した結果，重婚が生じたことがあります。この場合，後婚は，婚姻取消原因に該当することになります。

　③　A男は，外国の方式で外国人B女との婚姻が成立していたにもかかわらず，我が国に証書の提出を行わず，更に日本人C女との婚姻届をし，これが受理された後，前婚が判明したケースです。これは，前婚の外国人B女からの通報により判明したものです。この場合も，日本人C女との婚姻は，取消原因になります。

　ところで，問題となるのは，夫婦の一方が失踪宣告を受けたため，他方が善意で再婚した後に失踪宣告が取り消された場合です。これについての戸籍事務の取扱いは，前婚は回復せず，後婚はその効力に変動はないので，重婚にはならないとしています（民法32条1項後段，昭和6年10月19日民事805号回答，昭和25年2月21日民事甲520号回答）。この失踪宣告による婚姻の解消については，平成8年2月26日の法制審議会総会決定「民法の一部を改正する法律案要綱」も同様の見解を示しています（注4）。

　　エ　再婚禁止期間

　民法733条1項は，「女は，前婚の解消又は取消しの日から起算して100日を経過した後でなければ，再婚をすることができない。」と規定しています。これは，前婚と後婚があまりにも期間が短いと，再婚後に生んだ子の父が前夫であるか後夫であるかが不明となり，それを混乱するのを防止する趣旨です。また，これを待婚期間といいます。

　なお，女が前婚の解消又は取消しの時に懐胎していなかった場合若しくは前

－ 358 －

第9 届書の審査方法

婚の解消又は取消しの後に出産した場合は，再婚禁止規定の適用をしないことになります（民法733条2項）。

【問229】 なぜ，女性については，再婚禁止期間を設けているのでしょうか。

　民法は，妻が婚姻中に懐胎した子は夫の子と推定するとともに，婚姻の成立の日から200日後又は婚姻の解消若しくは取消しの日から300日以内に生まれた子は，婚姻中に懐胎したものと推定する（民法772条）としているため，子を出産する女性について一定期間再婚を制限しなければ，再婚後に生まれる子の父について，前夫の子か又は後夫の子か，嫡出推定の重複が生じてしまうからです。戸籍実務としては，出生届を画一的に審査する上では，この規定は必要であると考えます。

　民法が規定する再婚禁止期間は，旧民法施行時から平成28年の民法の一部改正の法律（同年法律第71号）が施行される平成28年6月7日までは，6か月を経過した後（6か月間）とされていました。平成28年の法改正により「女は，前婚の解消又は取消しの日から起算して100日を経過した後」でなければ再婚することができないとされました。

　この民法の一部改正は，平成27年12月16日の最高裁判所の違憲判決（再婚禁止期間の6か月は，100日を超える期間は違憲）を受けたものです。また，再婚禁止期間が，6か月を経過した後を100日を経過した後と改正した理由は，次の図を見ていただくとお分かりいただけると思います。

－ 359 －

第9　届書の審査方法

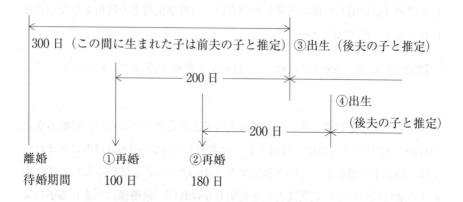

　上の図でお分かりのように，再婚禁止期間が100日あれば，前夫の子として推定を受ける300日以内に生まれた子の要件をクリアでき，婚姻の成立から200日を経過した後に生まれた子（図の③出生）は，現在の夫の子となります。したがって，100日の再婚禁止期間があればよいことになります。

【問230】再婚禁止期間の適用を必要としないのは，どのような場合でしょうか。

　民法733条2項柱書きは，「前項の規定は，次に掲げる場合には，適用しない。」とし，二つの場合を掲げています。1号は，「女が前婚の解消又は取消しの時に懐胎していなかった場合」，2号は，「女が前婚の解消又は取消しの後に出産した場合」です。したがって，この二つの場合のいずれかに該当するときは，再婚禁止期間の適用はなくなります。

　この民法733条2項に該当するとした医師の証明書（「民法第733条第2項に該当する旨の証明書」。以下本問で「証明書」という。）を提出した場合は，その婚姻の届出を受理することができるとする，平成28年6月7日付け法務省民一第584号民事局長通達（以下「584号通達」という。）が発出されています。この証明書の様式については，584号通達に示されています。

　584号通達は，証明書において，女性が，①前婚の解消又は取消しの日より後に懐胎している，②前婚の解消又は取消しの日以後の一定の時期において懐

胎していない，③前婚の解消又は取消しの日以後に出産した（ここにいう出産には，出産（早産を含む。），死産（流産），子宮外妊娠の手術が含まれる。）のいずれかに当たると診断されている場合には，その他証明書の内容に疑義があるなどの特段の事情がない限り，民法第733条第2項に規定する，「女が前婚の解消又は取消しの時に懐胎していなかった場合」又は「女が前婚の解消又は取消しの後に出産した場合」に該当するものとして判断して差し支えないとしています。

したがって，市区町村長は，証明書等の審査によって，妻になる人が民法733条2項各号のいずれかに該当すると認め，その他の婚姻要件を具備している場合には，民法733条1項に規定する再婚禁止期間内の婚姻の届出であったとしても，これを受理するとしています（584号通達記1（2））。

また，再婚禁止期間の適用がないとする戸籍先例としては，次のようなものがあります。①前夫と再婚する場合です（大正元年11月25日民事708号回答）。これは，嫡出推定の問題は生じないからです。②夫の生死が3年以上不明であることを理由として離婚判決が確定した後に再婚する場合です（大正7年9月13日民1735号回答，昭和25年1月6日民事甲2号回答）。これは，前夫の嫡出子推定が及ばないからです。③女が受胎能力のない年齢に達している場合です（昭和39年5月27日民事甲1951号回答）。この先例の女性の年齢は，67歳です。受胎能力がなくなる年齢は何歳かは，個々人によって異なりますので，非常に難しい問題です。

上記①〜③の戸籍先例により婚姻の届出を受理する場合は，584号通達の証明書の添付は必要としないとされています（平成28年6月7日民一585号通知記3）。

【問231】「民法第733条第2項に該当する旨の証明書」を添付して再婚が認められた場合に，その婚姻事項を記載するには，どのような点に注意をするのでしょうか。

584号通達記1（3）は，再婚に係る婚姻届出の受理が民法733条2項の適用

第9　届書の審査方法

による適法なものであることを明らかにするため，妻の身分事項欄に婚姻事項を記載するとともに，特記事項として「民法第733条第2項」の記載をすることとしています。この記載は，婚姻の届出により夫婦で新戸籍を編製する場合は，夫婦の新戸籍及び妻の婚姻前の戸籍のいずれも妻の身分事項欄にすることになります。

　なお，この特記事項は，新戸籍を編製され又は他の戸籍に入籍するときには，移記を要しないことになります。

　ここでは，コンピュータ戸籍の場合の記載例を示すことにします。

・夫婦の新戸籍中妻の身分事項欄

　婚　　姻　　【婚姻日】平成30年10月4日
　　　　　　　【配偶者氏名】甲野義太郎
　　　　　　　【従前戸籍】京都市上京区小山初音町18番地　乙野梅子
　　　　　　　【特記事項】民法第733条第2項

・妻の婚姻前の戸籍中その身分事項欄

　婚　　姻　　【婚姻日】平成30年10月4日
　　　　　　　【配偶者氏名】甲野義太郎
　　　　　　　【送付を受けた日】平成30年10月7日
　　　　　　　【受理者】東京都千代田区長
　　　　　　　【新本籍】東京都千代田区平河町一丁目4番地
　　　　　　　【称する氏】夫の氏
　　　　　　　【特記事項】民法第733条第2項

　　オ　近親婚の禁止

　一定範囲内における婚姻は，禁止されています。これには，優生学的理由による禁止と道義的理由による禁止の二つに分かれています。

　①　優生学的理由

　自然血族の間では，直系血族又は三親等内の傍系血族（叔父と姪，叔母と

甥）の間では，互いに婚姻をすることができないとしています（民法734条1項本文）。また，特別養子縁組によって実方の父母及びその血族との親族関係が終了した後も同様であるとしています（民法734条2項）。

②　道義的理由による禁止

直系姻族の間（例えば，舅と嫁）では，婚姻をすることができないとし，後に離婚又は配偶者の死亡による姻族関係終了の届出をして姻族関係が終了した場合も同様であるとしています（民法735条）。また，養子，その配偶者，直系卑属又はその配偶者と養親若しくはその直系尊属の間では婚姻をすることができず，離縁によって姻族関係が終了した後も，婚姻をすることができないとしています（民法736条）。

なお，養子と縁組後に養親の配偶者になった者との関係は，民法736条の対象とはならないので，戸籍先例は，婚姻することができるとしています（昭和28年12月25日民事甲2461号回答）。この先例の事案は，まず，①甲（養父）と乙（養子）が縁組をし，次に，②甲（夫）と丙（妻）が婚姻しました。その後，③甲は，乙と離縁し，さらに，④甲は，丙と離婚した後に，⑤甲の養子であった乙と，甲の妻であった丙との婚姻届がされたものです。このような場合，乙と丙との婚姻届を受理することができるかという照会に対する回答は，「乙丙間の姻族関係が乙の離縁によって終了している場合である。この場合には，乙丙間に婚姻障害がないものと解して取り扱うことができるものと考える。」というものです。

> 【問232】養子と養親の実子とは，婚姻できるのでしょうか。また，夫が亡くなった後，その亡夫の兄弟との婚姻は，どうでしょうか。

近親婚の禁止の対象となるのは，法律上の親族関係がある場合です。養子と養親側の傍系血族（養子と養親の実子）及び傍系姻族（夫と亡妻の姉妹，妻と亡夫の兄弟）との間にあっては，優生学的考慮や道義的考慮をする必要がありませんので，婚姻することができるとされています（民法734条1項ただし書・735条）。また，縁組前に生まれた養子の子と養親及びその親族との間には法律

- 363 -

第9　届書の審査方法

上の親族関係がありませんので，婚姻を禁止されないこととされています（明治32年4月13日民刑39号回答）。

> **【問233】** 夫（又は妻）になる人が，特別養子（民法817条の2）であるときの審査方法は，どのようになるのでしょか。

　特別養子縁組制度は，昭和62年法律第101号民法等の一部を改正する法律（昭和63年1月1日施行）により創設されたものです。この制度は，低年齢の未成年者の「利益のため特に必要がある」ときに成立が認められるものです（民法817条の7）。普通養子縁組は，その成立後も養子の実方の父母その他の親族との親族関係は存続し，相互に相続，扶養する関係が残ります。しかし，特別養子縁組が成立すると，その効果は，縁組によって実方の父母その他の親族との法律上の親族関係は，婚姻障害を除き，終了します（民法817条の9）。

　特別養子縁組によって実方の親族との間の血族，姻族関係が終了した後も，これらの者と特別養子となった者との間の婚姻障害については，縁組前と同様です（民法734条2項・735条）。上記のように，血族間の婚姻禁止は，優生学的理由によるものであり，また，直系姻族（例えば，実父の後妻）との間の婚姻禁止は，道義的理由によるものですから，特別養子縁組によって法律上の親子関係が消滅した後も，これらの婚姻の障害を存続させることが必要とされたものです。

　特別養子縁組制度が創設され，その施行から30年を経過しようとしていますので，既に婚姻適齢期を迎えた方も多いものと思います。夫（又は妻）になる人が，特別養子であるかは，戸籍の記載により確認することができます。例えば，戸籍の身分事項に「民法817条の2」との記録がある者が，夫（又は妻）になる人であるときは，次のような審査をする必要があります。

　養子法基本通達第6の1（4）は，「特別養子を当事者とする婚姻の届出を受理するに際し必要があるときは，規則第63条の規定により縁組前の養子の戸籍の謄本を提出させ，又は縁組前の戸籍を調査することによって，近親婚による婚姻障害の要件を審査するものとする。」としています。届出人双方が本籍

－ 364 －

人である場合，又は戸籍の謄本（戸籍の全部事項証明書）を提出したとして
も，その戸籍の父母欄の記載では，兄弟姉妹であるかは判断できません（特別
養子の父母欄の父母の氏名は，特別養親の父母の氏名であり，他の一方の父母
欄との父母が相違していたとしても，それのみでは，近親婚に該当するかは判
断できません。）。そこで，具体的には，基本通達にあるように，縁組前の戸籍
を提出してもらう必要があります。例えば，特別養子が婚姻する相手方が父母
の戸籍に在籍していて，かつ，その戸籍が一度も管外転籍等をすることなく移
動していないようなときは，特別養子となった者の有無が分かるときもありま
すが，最低でも平成改製原戸籍を調査する必要があります。また，特別養子縁
組前の戸籍を提出してもらう必要も生じてくるものと思います。兄弟姉妹が結
婚してしまうような，悲しい結果をもたらせないためにも必要であると思いま
す。

カ　未成年者の婚姻と父母の同意

　民法737条1項は，「未成年の子が婚姻をするには，父母の同意を得なければ
ならない。」と規定しています。これは，未成年者は一般に，思慮分別が十分
ではないため，父母がその判断を保佐する趣旨で認められたものです。父母の
同意がない婚姻届であっても，そのまま受理されれば，その婚姻は有効に成立
します（最判昭和30年4月5日民集18巻61ページ）。また，この婚姻をその後に取
り消すことはできません（民法744条参照）。

> **【問234】** 父母が離婚しているときは，親権者である父又は母の一方の同
> 　　　意があれば差し支えないのでしょうか。また，養子縁組しているとき
> 　　　は，どうなのでしょうか。

　民法は，同意権者を父母としていますから，父母が離婚している場合にも双
方の同意を必要としますし，親権を辞任・喪失した父母も同意権を有します
（昭和33年7月7日民事甲1316号回答）。もっとも，父母の同意は，一方が同意し
ないときは，他の一方の同意だけで足り，父母の一方が知れないとき，死亡し
たとき，又はその意思を表示することができないときも，他の一方で足りると

第9 届書の審査方法

しています（民法737条2項）。

また，養子縁組しているときは，養父母の同意を得ればよく，実父母の同意を得る必要はありません（昭和24年11月11日民事甲2641号回答）。この場合，実父母のみの同意がある婚姻の届出は受理すべきではないとしています（昭和23年10月15日民事甲1412号回答）。

なお，養父と実母が婚姻している場合は，その双方の同意を要し，実母を親権者として離婚したときも，養父と実母の同意を要するとしています（昭和26年1月10日民事甲3419号回答）。この場合も，その一方が同意しないとき又は同意することができないときは，他の一方の同意で足りるとしています（前同回答）。

(3) 婚姻の形式的成立要件

婚姻は，戸籍法の定めるところにより届出をし，これを市区町村長が受理することによって成立する（民法739条1項，戸籍法74条）ことになります。したがって，この届出は，創設的届出になります。

なお，届出事項，届出人，証人等については，届書の審査方法の項において，具体的に説明することにします。

(4) 婚姻の効果

ア 夫婦同氏

民法750条は，「夫婦は，婚姻の際に定めるところに従い，夫又は妻の氏を称する。」と規定しています。すなわち，婚姻の届出をする際に，その夫婦は必ず夫又は妻の氏のいずれを称するかを明らかにすることを要します（戸籍法74条1号）。また，新戸籍を編製するには，氏を改めなかった者（夫の氏を選択したときは夫，妻の氏を選択したときは妻）が，戸籍の筆頭者となります（戸籍法14条1項・16条1項本文）。そして，婚姻関係が続く限り，必ず同一の氏を称しなければなりません。これを夫婦同氏の原則といいます。そのため，夫婦が夫の氏を称する婚姻をした後，夫が養子縁組により氏を改めたときは，妻もそれに伴って当然に氏を改めることになります。

- 366 -

第9　届書の審査方法

イ　同居，協力及び扶助の義務

民法752条は，「夫婦は同居し，互いに協力し扶助しなければならない。」と規定しています。同居は，精神的肉体的な生活共同の基盤であり，協力扶助は，経済的共同，すなわち，扶養義務のことです。

ウ　守操の義務

夫婦は，互いに貞操を守る義務を負います。民法は，直接この点を規定していませんが，婚姻の本質です。すなわち，配偶者に不貞行為があったときは，離婚原因としている（民法770条1項1号）のは，この義務を前提としているものといえます。

エ　婚姻による成年擬制

民法753条は，「未成年者が婚姻をしたときは，これによって成年に達したものとみなす。」と規定しています。したがって，親権は，消滅し，未成年後見は，終了することになります。

【問235】婚姻の当事者が20歳に達しないうちに，配偶者の死亡又は離婚により婚姻が解消したとき，あるいは婚姻が取り消されたときは，成年擬制の効果はどのようになるのでしょうか。

一般には，成年擬制の効果は確定的であり，その後，婚姻が解消しても消滅しないというのが通説の立場です（中川善之助編「註釈親族法」上118ページ）。しかし，婚姻が取り消されたときは，取消しの効果は遡及効を持たないものの，不適齢婚により婚姻が取り消されたときは，婚姻取消しの際まだ不適齢であれば，成年擬制の効果が失われる（成年擬制の適用はない）ものとしています（昭和30年5月28日民事二発201号回答二）（注5）。

オ　夫婦間の契約取消権

民法754条は，「夫婦間でした契約は，婚姻中，いつでも，夫婦の一方からこれを取り消すことができる。ただし，第三者の権利を害することはできない。」と規定しています。

- 367 -

カ 夫婦財産制
(ア) 夫婦財産契約

民法755条は,「夫婦が,婚姻の届出前に,その財産について別段の契約をしなかったときは,その財産関係は,次款に定めるところによる。」と規定しています。このように夫婦となろうとする者は,その合意によって,法定財産制と異なる夫婦の財産関係を定めることができます。その方式は,次のように厳重な制約があります。すなわち,①夫婦財産契約は,婚姻の届出前に締結することを要します。この届出は,戸籍の筆頭者となるべき者の住所地の登記所に登記しなければなりません(外国法人の登記及び夫婦財産契約の登記に関する法律5条)し,登記がなければ,これを夫婦の承継人及び第三者に対抗することはできません(民法756条)。②夫婦財産契約をいったん締結すると,婚姻の届出後は,原則として変更することはできません(民法758条1項)。

(イ) 法定財産制

夫婦の財産に関して夫婦財産契約を結ばないときは,次のような内容をもった法定財産制になります。すなわち,①婚姻費用の分担(民法760条),②日常家事債務の連帯(民法761条),③夫婦の一方が婚姻前から有する財産及び婚姻中自己の名で得た財産は,その特有財産(夫婦の一方が単独で有する財産)とする(民法762条1項),④夫婦のいずれに属するか明らかでない財産は,その共有に属するものと推定する(民法762条2項)となります。

(5) 婚姻の無効・取消し
ア 婚姻の無効

婚姻は,次に掲げる二つの事由がある場合に限って,無効とされます。

(ア) 婚姻意思の欠缺

人違いその他の事由によって当事者間に婚姻をする意思がないとき(民法742条1号)は,無効となります。

「人違い」は,婚姻意思のない場合の典型的な1事例です。しかし,現行の戸籍実務は,戸籍法27条の2第1項及び第2項による,本人確認の方法を確実に行うことにより,「人違い」による届出は皆無に近いものになると思われま

第9 届書の審査方法

(イ) 届出の懈怠

当事者が婚姻の届出をしないとき（民法742条2号本文）は，無効となります。届出をしないときは無効としていますが，これは，無意味な規定であり，婚姻の不成立とみるべきでしょう。

また，民法742条2号ただし書は，「その届出が第739条第2項に定める方式を欠くだけであるときは，婚姻は，そのためにその効力を妨げられない。」と規定しています。これは，婚姻の届出が証人を欠くなど民法739条2項に掲げる形式的要件を欠いたものであっても，戸籍事務管掌者が一度それを受理すれば，婚姻は完全に成立し，その効力に影響がないとするこの民法742条2号ただし書の方に意味があることになります。

イ 婚姻の取消し

婚姻の取消しは，法定の原因がある場合に，一定の者の請求により，裁判所の手続を経て行われ，その効果は，原則として，将来に向かってのみ認められます。

(ア) 取消原因

婚姻の取消しは，民法に定める事由のいずれかに当たる場合に限って，家庭裁判所に請求することができます。第1は，公益的見地から認められるものであって，婚姻障害がある場合の大部分，すなわち，不適齢者の婚姻，重婚，再婚禁止期間中の女の婚姻，違法な近親婚になります（民法744条1項）。第2は，私益的見地から認められるものであって，婚姻が詐欺又は強迫によってされた場合です（民法747条1項）。相手方の詐欺，強迫による場合はもちろん，第三者のそれによる場合も含まれます（民法96条2項参照）。公益的見地か私益的見地かの違いは，取消権者の中に，公益代表者としての検察官が加えられているか否かになります。

ただし，上記の取消原因があっても，次の場合には，取り消すことができません。①不適齢婚に関しては，不適齢者が適齢に達したときです。もっとも，不適齢者自身は，適齢に達した後なお3か月は追認しない限り，取り消すこと

- 369 -

第9　届書の審査方法

ができます（民法745条）。②再婚禁止期間中の婚姻では，その期間を経過し，又は女が再婚後に出産したときです（民法746条）。③詐欺又は強迫による婚姻は，当事者が詐欺を発見し，若しくは強迫を免れてから3か月を経過し，又は追認をしたときです（民法747条2項）。

(イ)　取消権者

婚姻の取消しは，法の定める者だけが家庭裁判所に請求することができます。

まず，(ア)に掲げた第1の公益的見地から認められる婚姻障害がある場合には，各当事者のほか，その親族及び公益代表者としての検察官も請求権を有します。この場合の取消しは，公益的理由に基づくものですから，たとえ当事者が婚姻を維持したいと考えても，親族や検察官が取り消すことができるというものです。ただし，検察官は，当事者の一方が死亡した後には，取消しを請求することができません（民法744条1項）。重婚の場合には，当事者の配偶者，再婚禁止期間中の婚姻については，当事者の前配偶者もそれぞれ取消しを請求することができます（民法744条2項）。

次に，第2の詐欺又は強迫を理由とする場合には，私益的理由に基づくものであるため，詐欺・強迫を受けた当事者だけが，取り消すことができます（民法747条1項）。この場合は，民法総則における取消権者に関する規定（民法120条）の適用はありませんので，代理人，承継人による取消しはなく，相手方が善意でも取り消すことができます。

(ウ)　取消しの方法

婚姻の取消しは，必ず家庭裁判所に請求しなければなりません（民法744条1項・747条1項）。これは，身分関係の変動を，慎重かつ明確にしようとする趣旨です。

(エ)　取消しの効果

婚姻が取り消された場合の効力は，取消しの時から将来に向かってのみ生じます（民法748条1項）。これは，既存の事実としての婚姻やその間に生まれた子の存在を無視するわけにはいかないからです。したがって，①その婚姻に

よって生まれた子や準正された子は，婚姻が取り消されても，嫡出子という身分を失うことはありません。この場合，取消しの裁判においては，父母のいずれかを親権者とすべきかを定める必要があります（昭和23年5月29日民事甲1454号回答一）。②婚姻は将来に向かって解消するので，その身分関係の処理は，離婚に準じて行われます。すなわち，婚姻によって氏を改めた者は，婚姻前の氏に復します。戸籍の処理も入籍・除籍の方法によることになります（法定記載例番号81・83参照）。

(オ)　取消原因等の一覧表

取消原因，取消請求権者，取消請求権の消滅事由等及び関係条文を一覧表にすると，次のようになります（表は，「新版実務戸籍法」民事法務協会178ページから引用。なお，法改正により一部改定しています。）。

取消原因	取消請求権者	取消請求権の消滅事由等	関係条文
(ア) 不適齢婚	各当事者，親族，検察官	①　当事者が適齢に達したとき ②　不適齢者は，適齢到達後3か月間は請求可能。ただし，追認したときは不可能 ③　検察官は，当事者の一方が死亡したときは請求できない。	民731・744Ⅰ・745
(イ) 重　婚	(ア) のほか，当事者の配偶者	上記③に同じ。	民732・744
(ウ) 女の再婚禁止期間内の再婚	(ア) のほか，前配偶者	①　前婚解消又は取消しの日から起算して100日を経過したとき。 ②　女が出産したとき。 ③　上記③に同じ。	民733・744・746
(エ) 近親者	(ア) に同じ	(ア) に同じ。	民734〜736・744Ⅰ
(オ) 詐欺・強迫による婚姻	詐欺又は強迫によって婚姻した者	詐欺を発見し，若しくは強迫を免れた後3か月を経過し，又は追認をしたとき。	民747

－ 371 －

(6) 婚姻の形態と戸籍の変動

　日本人同士が婚姻する場合の夫婦の氏は，民法750条の規定によることになります。民法750条は，「夫婦は，婚姻の際に定めるところに従い，夫又は妻の氏を称する。」と規定しています。また，戸籍法は，婚姻による戸籍の変動について，16条1項は，「婚姻の届出があつたときは，夫婦について新戸籍を編製する。但し，夫婦が，夫の氏を称する場合に夫，妻の氏を称する場合に妻が戸籍の筆頭に記載した者であるときは，この限りでない。」と，同条2項は，「前項但書の場合には，夫の氏を称する妻は，夫の戸籍に入り，妻の氏を称する夫は，妻の戸籍に入る。」と規定しています。したがって，婚姻届においては，届書の「婚姻後の夫婦の氏・新しい本籍」欄の記載のみで足り，届書の「その他」欄に新しい本籍等を記載しなければ処理をすることができない事例はありません。

　次に，婚姻による戸籍の変動を図示すると，以下のようになります。

　ア　夫になる人及び妻になる人とも戸籍の筆頭者及びその配偶者でない場合
　　（戸籍法16条1項本文）

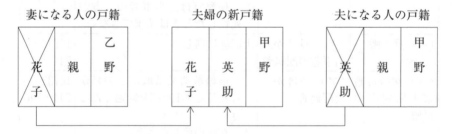

＊夫の氏を称する婚姻の場合です。

イ　夫になる人又は妻になる人が戸籍の筆頭に記載した者である場合（戸籍法16条1項ただし書・2項）

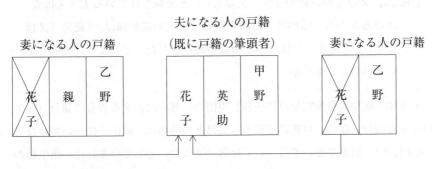

＊夫の氏を称する婚姻の場合です。

(7) **届書の審査方法**

　婚姻届は，件数そのものは減少傾向にありますが，届出事件の多い届出の一つですから，日常業務の中での取扱いも十分知識を持っているものと思います。特に注意しなければならないことは，戸籍法27条の2第1項に規定する，いわゆる，本人確認です。この本人確認の制度については，戸籍801号に詳しい解説がされていますので，一読していただきたいと思います。

　審査方法は，「夫になる人」欄には男及びその生年月日，「妻になる人」欄には女及びその生年月日，また，それぞれの「住所」欄及び「本籍」欄には住所及び本籍が記載されているかを審査します。これらについては，本文での説明は省略します。

　ア　**戸籍の筆頭に記載した者及びその配偶者以外の者（いずれも成年者）同士が夫の氏を称する場合**

① 「父母の氏名，父母との続き柄」欄

　父母の氏名は，実父母の氏名を記載します。また，その氏名は，届出時における父母の氏名になります（明治43年11月25日民刑872号回答等）ので，戸籍により審査することになります。父母が婚姻中のときは，「父」欄には氏名，「母」欄には名のみが記載されているかを審査します。また，父母が離婚しているときは，現在の父母の氏名がそれぞれ記載されているかを審査します。父母との

第9　届書の審査方法

続柄は，戸籍により審査します。

> **【問236】** 父母との続柄が「男（又は女）」と記載されている夫（又は妻）となる人から，婚姻による新戸籍の父母との続柄欄は，「長男（又は長女）」と記載してほしいと相談がありました。どのように説明したらよいのでしょうか。

　平成16年法務省令第76号戸籍法施行規則の一部を改正する省令の施行（同年11月1日施行）前は，戸籍に記載する父母との続柄は，嫡出子については長男（又は長女），嫡出でない子については男（又は女）としていました。出生届の項でも説明していますが，裁判所の指摘や父母との続柄記載を改めてほしいとの国民からの要望なども踏まえ，規則改正を行うとともに，法務省民事局は，施行日付けで「嫡出でない子の戸籍における父母との続柄欄の記載について」という民事局長通達（法務省民一3008号通達，以下「3008号通達」という。）を発出しました。

　本問の場合は，3008号通達が適用になります。3008号通達は，事件本人が15歳以上のときは，自ら申出人となることができる（同通達記2の（1）ア）とし，新戸籍編製等の事由となる届出と同時に申出があった場合の更正の方法（同通達記2の（6））を示しています。それによると，事件本人について婚姻により新戸籍を編製する場合において，父母との続柄欄の記載の更正の申出があったときは，従前の戸籍で父母との続柄欄の記載を更正することとし，新戸籍には，更正後の父母との続柄を記載するものとするとしています。また，この場合においては，更正の申出は，届書の「その他」欄にその旨及び母と嫡出でない子との身分関係を記載してすることができるとしています。

　したがって，届出人には，上記の旨を説明し，届書「その他」欄に「夫（又は妻）となる何某の父母との続柄を長男（又は長女）と更正することを申出する。実母に子は某のみである。」旨を記載してもらうことにより，父母との続柄を長男（又は長女）と記載することができます。

－ 374 －

② 「婚姻後の夫婦の氏・新しい本籍」欄

夫の氏を称する場合ですから，「□夫の氏」の□にチェックがされているか，新本籍の所在場所が現存するかを審査します。

③ 「同居を始めたとき」欄

本欄は，人口動態調査婚姻票を作成するために必要とするものです。人口動態調査婚姻票は，同居を始めたときを記載事項とし，その年月を記載することとしていますので，結婚式を挙げたとき，又は同居を始めたときの早いほうを記載することとしています。審査に当たっては，届出人が記載してあるとおりで差し支えないと考えます。

なお，結婚式を挙げず，かつ，事実上の同居もしていないときは，この欄は空欄となります。この場合は，「その他」欄に「式も挙げず同居もしていないため（5）欄は空欄」と記載します。

④ 「初婚・再婚の別」欄

初婚・再婚の別を審査します。妻になる人が再婚の場合は，再婚禁止期間（民法733条）に注意する必要があります。非本籍において届出がされ，審査のため提出された戸籍謄本（戸籍の全部事項証明書）が，届出日の直近に転籍したものであるときは，転籍前の戸籍を確認する必要があるものと思います。

⑤ 「同居を始める前の夫妻のそれぞれの世帯のおもな仕事」欄

この欄は，届出人がチェックしてあればよいと考えます。

⑥ 「夫妻の職業」欄

この欄は，5年に一度の国勢調査年に記載する欄です。職業は，具体的に記載することになります。

⑦ 「その他」欄

結婚式を挙げず，かつ，事実上の同居もしていないときは，この欄にその旨を記載することになります（上記③の「同居を始めたとき」欄のなお書参照）。

また，夫婦となる者（又はその一方）が養子（養女）の場合は，養父母の氏名を記載することになります（下記ウ参照）。

- 375 -

第9　届書の審査方法

⑧　「届出人署名押印」欄

　この欄は，夫になる人が夫の欄に，妻になる人が妻の欄に署名し，押印してあるかを審査します。

⑨　「証人」欄

　婚姻の届出には，成年の証人2人以上が署名した書面を必要としています（民法739条2項）ので，証人の署名・押印があるかを審査します。成年年齢（民法4条）であるかは，証人の生年月日で確認します。

　なお，証人は，外国人でも差し支えありません。

　　　イ　既に戸籍の筆頭者となっている者の氏を称する場合

①　「父母の氏名，父母との続き柄」欄

　前記アと同様です。

②　「婚姻後の夫婦の氏・新しい本籍」欄

　夫の氏を称する場合ですから，「□夫の氏」の□にチェックがされているかを審査します。

　既に戸籍の筆頭者となっている者の氏を称する場合は，新本籍の記載は不要です（夫になる人の「本籍」欄で，入籍すべき戸籍が分かるからです。届書にもその旨の記載がされています。）。戸籍法16条1項ただし書は，「夫婦が，夫の氏を称する場合に夫，妻の氏を称する場合に妻が戸籍の筆頭に記載した者であるときは，この限りでない。」と規定し，新戸籍を編製しないことを明らかにしています。

③　「同居を始めたとき」欄

　前記アと同様です。

④　「初婚・再婚の別」欄

　前記アと同様です。

⑤　「同居を始める前の夫妻のそれぞれの世帯のおもな仕事」欄

　前記アと同様です。

⑥　「夫妻の職業」欄

　前記アと同様です。

⑦ 「その他」欄

前記アと同様です。

⑧ 「届出人署名押印」欄

前記アと同様です。

⑨ 「証人」欄

前記アと同様です。

ウ　同一戸籍内の者が妻の氏を称する場合

同一戸籍内に養親の実子女（実子男）と養子（養女）が同籍しているときは，その実子女（実子男）と養子（養女）が婚姻するときが多いものと思われます。養親の実子と養子間の婚姻については，近親婚には該当しません（【問232】参照）ので，婚姻をすることができます。

本例は，同一戸籍内の養親の実子女と養子（男）との間の婚姻です。

① 「父母の氏名，父母との続き柄」欄

前記アと同様です。

② 「婚姻後の夫婦の氏・新しい本籍」欄

妻の氏を称する場合ですから，「□妻の氏」の□にチェックがされているか，新本籍が記載されているかを審査します。

③ 「同居を始めたとき」欄

前記アと同様です。

④ 「初婚・再婚の別」欄

前記アと同様です。

⑤ 「同居を始める前の夫妻のそれぞれの世帯のおもな仕事」欄

前記アと同様です。

⑥ 「夫妻の職業」欄

前記アと同様です。

⑦ 「その他」欄

「その他」欄には，夫になる人の養父母の氏名及び養父母との続柄を記載します。婚姻届書には，実父母の氏名及びその続柄欄を記載する欄はあります

- 377 -

第9 届書の審査方法

が，養父母の氏名等を記載する欄がないため，「その他」欄に記載することになります。例えば，届書には，「夫の養親　養父甲野義太郎，養母梅子　養子（注；養親との続柄）」と記載します。これは，戸籍の養父母欄にその氏名と続柄を記載するために必要とするからです。

なお，転縁組している場合は，転縁組後の養父母の氏名を記載することになります（転縁組をした者の養父母欄の記載は，最後の養親の氏名，続柄を記載すれば足りるとされているからです（大正4年2月24日民241号回答）。）。

⑧　「届出人署名押印」欄

前記アと同様です。

⑨　「証人」欄

前記アと同様です。

　　エ　離婚した同一人が再婚する場合

民法733条1項は，「女は，前婚の解消又は取消しの日から起算して100日を経過した後でなければ，再婚をすることができない。」と規定しています。しかし，前婚の夫と再婚するときは，この再婚禁止期間の規定は，適用されません（大正元年11月25日民事708号回答）。これは，子の父性の推定に問題はないからです。

①　「父母の氏名，父母との続き柄」欄

前記アと同様です。

②　「婚姻後の夫婦の氏・新しい本籍」欄

夫の氏を称するときは「□夫の氏」に，妻の氏を称するときは「□妻の氏」の□にチェックがされているかを審査します。また，新しい本籍欄は，既に戸籍の筆頭に記載されている夫又は妻の氏を称するときは，新本籍の記載は不要になります。

③　「同居を始めたとき」欄

前記アと同様です。

④　「初婚・再婚の別」欄

前記アと同様です。

－ 378 －

第9　届書の審査方法

⑤　「同居を始める前の夫妻のそれぞれの世帯のおもな仕事」欄

前記アと同様です。

⑥　「夫妻の職業」欄

前記アと同様です。

⑦　「その他」欄

妻が，再婚禁止期間内に婚姻する場合ですが，民法733条1項の規定の適用がないことを明らかにするため，「その他」欄に「離婚した直前の夫婦間の婚姻である」旨を記載することになります。

⑧　「届出人署名押印」欄

前記アと同様です。

⑨　「証人」欄

前記アと同様です。

オ　未成年者同士が夫の氏を称する場合

民法4条は，「年齢20歳をもって，成年とする。」と規定しています。また，民法731条は，「男は，18歳に，女は，16歳にならなければ，婚姻をすることができない。」と，民法737条1項は，「未成年の子が婚姻をするには，父母の同意を得なければならない。」と規定しています。したがって，未成年の子が婚姻をするには，父母の同意を得なければならないことになります。養子縁組をしているときは，養父母の同意を得ればよく，実父母の同意を得る必要はありません（昭和24年11月11日民事甲2641号回答，【問234】参照）。

なお，父母の同意については，前記(2)のカを参照してください。

【問237】　夫になる人の両親は既に死亡し，未成年後見人が選任されています。この場合，被後見人である未成年者が婚姻をするときは，未成年後見人の同意を必要とするのでしょうか。

未成年者が婚姻をするときに父母の同意を得なければならないとしたのは，未成年者は一般に，思慮分別が十分でないため，父母がその判断を保佐する趣旨で認められたものです。父母の同意権は，親権に基づくものではありません

- 379 -

第9　届書の審査方法

から，親権又は管理権を有しない場合でも，同意を得なければなりません（昭和24年11月11日民事甲2641号回答一，昭和33年7月7日民事甲1361号回答）が，未成年後見人の同意は不要です（昭和23年5月8日民事甲977号回答七）。

【問238】 未成年者の父母から，長男何某の婚姻に同意しないので婚姻届は受理しないでほしい旨の申出（戸籍法27条の2第3項）がありました。このような申出は，受け付けることができるのでしょうか。

　戸籍法27条の2第3項に規定する申出ができる者は，届出事件の本人のみとなります。未成年者の婚姻については，父母の同意を必要としますが，父母は同意権者であり，届出事件の本人ではありませんので，父母の申出は受け付けることはできないことになります。

　① 「父母の氏名，父母との続き柄」欄

　前記アと同様です。

　② 「婚姻後の夫婦の氏・新しい本籍」欄

　前記アと同様です。

　③ 「同居を始めたとき」欄

　前記アと同様です。

　④ 「初婚・再婚の別」欄

　前記アと同様です。

　⑤ 「同居を始める前の夫妻のそれぞれの世帯のおもな仕事」欄

　前記アと同様です。

　⑥ 「夫妻の職業」欄

　前記アと同様です。

　⑦ 「その他」欄

　父母の同意書を添付しているときは，「未成年者の婚姻につき父母の同意書を添付する。」と記載します。また，父母の同意は，「その他」欄に記載しても差し支えありません。この場合は，「夫になる人は未成年につき，この婚姻に同意する。夫の父何某，夫の母何某。妻になる人は未成年につきこの婚姻に同

－ 380 －

意する。妻の父何某，妻の母何某。」と記載し，それぞれ署名押印をします。

　なお，夫又は妻の父母が，証人欄に証人となっているときは，父母の同意事項は届書に記載する必要はありません（昭和36年２月27日〜28日高知地方法務局管内戸籍事務協議会決議⑥）。この場合は，「夫の父母（又は妻の父母若しくは夫の父（母）及び妻の父（母））の同意は証人を兼ねる。」と記載します。

　⑧　「届出人署名押印」欄

　前記アと同様です。

　⑨　「証人」欄

　前記アと同様です。

　⑩　添付書類

　父母の同意書を添付します。「その他」欄に同意の旨が記載されているときは，不要となります。

　　　カ　父母の婚姻により子が嫡出子の身分を取得する場合

　父母の婚姻前に出生した子について，母の夫になる人が，既にその子を認知しているときは，父母の婚姻により子は嫡出子の身分を取得することになります（民法789条１項）。この準正子を婚姻準正子といいます。

　なお，この準正子が父母の戸籍に入るには，戸籍法98条の入籍の届出によります。この場合，父母婚姻中であれば家庭裁判所の氏変更の許可は不要（民法791条２項）です。

　①　「父母の氏名，父母との続き柄」欄

　前記アと同様です。

　②　「婚姻後の夫婦の氏・新しい本籍」欄

　夫婦で新戸籍を編製するときは，前記ア，既に戸籍の筆頭に記載されている者の氏を称するときは，前記イと同様です。

　③　「同居を始めたとき」欄

　前記アと同様です。

　④　「初婚・再婚の別」欄

　前記アと同様です。

－ 381 －

第9　届書の審査方法

⑤　「同居を始める前の夫妻のそれぞれの世帯のおもな仕事」欄

前記アと同様です。

⑥　「夫妻の職業」欄

前記アと同様です。

⑦　「その他」欄

本例は，「その他」欄に「父母の婚姻により嫡出子「長男（又は長女）」の身分を取得する者の戸籍の表示，氏名，住所及び生年月日」を記載することになります。

【問239】　嫡出子の身分を取得する子の出生事項中の届出人の資格が，「同居者甲野義太郎」（甲野義太郎は，子を認知した者）と記載されていますが，この資格を「父」と更正してほしいとのことです。この場合は，どのように説明したらよいのでしょうか。

　嫡出でない子の出生の届出は，第一義的には，母が届出人となります（戸籍法52条2項）。母が届出をすることができないときは，第1に同居者が届出をすることができます（同条3項）。

　本問は，父が同居者として届出をし，認知をしている場合です。父が認知した後，父母が婚姻をすると，子は，嫡出子の身分を取得することになります（民法789条1項）。戸籍先例は，父が「同居者」の資格で出生届をしている嫡出でない子が，民法789条1項又は同条2項の規定によって嫡出子の身分を取得する場合に，父母の婚姻又は認知届書に，届出人が，子の出生事項中届出人の資格を「父」と更正されたい旨記載して届出があったときは，市区町村長限りの職権で更正して差し支えないとしています（昭和42年5月20日民事甲1200号通達記一）。したがって，本問は，「その他」欄に，前記カの⑦「その他」欄にある記載をするとともに，「出生事項中届出人の資格を「父」と更正されたい。」と記載してもらうことにより，「父」と更正することができる旨を説明することになります。

　また，既に婚姻又は認知によって嫡出子の身分を取得した子については，本

－ 382 －

人又はその法定代理人から出生事項中届出人の資格を「父」と更正されたい旨の申出があったときは，父母と戸籍を同じくするかどうかを問わず，市区町村長限りの職権でこれを更正して差し支えないとしています（前記通達記二）。

なお，嫡出でない子についての出生届を同居者の資格でした父が，その後に認知した場合において，出生事項中の届出人の資格を「父」と更正されたいとの申出があったときは，前記通達と同様の取扱いをして差し支えないとしています（昭和49年10月1日民二5427号通達）。

【問240】 この場合の戸籍の記載は，どのようになるのでしょうか。

この場合の戸籍の記載は，出生事項中届出人の資格を「父」と更正し，父母との続柄を訂正することになりますので，子の戸籍の身分事項欄に，次のように記載します。

・紙戸籍の場合

「平成29年10月10日父母婚姻届出同月12日東京都千代田区長から送付父母との続柄訂正出生事項中届出人の資格更正㊞」

・コンピュータ戸籍の場合

出　　生	【出生日】（省略）
	（中略）
	【届出人】父
更　　正	【更正日】平成２９年１０月１２日
	【更正事由】平成２９年１０月１０日父母婚姻届
	出による申出東京都千代田区長から送付
	【従前の記録】
	【届出人】同居者　甲野義太郎
訂　　正	【訂正日】平成２９年１０月１２日
	【訂正事項】父母との続柄

－ 383 －

【訂正事由】平成２９年１０月１０日父母婚姻届出
【送付を受けた日】平成２９年１０月１２日
【受理者】東京都千代田区長
【従前の記録】
　　　【父母との続柄】長男（長女）

8　婚姻取消届

婚姻取消しの届出件数は，戸籍事件表から見ますと，年平均20件前後となっています。

なお，①取消原因，②取消権者，③取消しの請求及び④取消しの効果については，既に説明してありますので，ここでは，省略します。

また，届書様式については，269ページに掲載している，「養子縁組取消届」を参考としてください。

(1)　届出人

届出人は，婚姻の取消しを請求した者になります（戸籍法75条１項・63条１項）。

なお，検察官が訴えを提起した場合は，裁判が確定した後に，検察官から婚姻取消しの記載の請求がされます（戸籍法75条２項）。この場合の戸籍の記載は，法定記載例番号81から83までに示されています。

(2)　届出期間

婚姻の取消しを請求した者が，裁判（審判）確定の日から10日以内に届出をしなければなりません（戸籍法75条１項・63条１項）。

なお，届出期間を経過した場合は，相手方からも届出をすることができます（戸籍法75条１項・63条２項）。

また，婚姻取消しの審判又は判決が確定したときは，裁判所書記官から事件本人の本籍地市区町村長に対し通知がされます（人事訴訟規則17条，家事事件手続規則134条）ので，当事者が届出をしないときは，市区町村長は管轄法務局の

第9 届書の審査方法

長の許可を得て，戸籍の処理をすることになります。

⑶　添付書類

添付書類は，審判又は裁判の謄本及び確定証明書になります。

なお，裁判所書記官から通知がされているときは，確定証明書の添付は不要となります（昭和29年12月24日民事甲2601号回答）。

⑷　婚姻取消しの効果

婚姻取消しの効果として，婚姻の際に氏を改めた者は，婚姻前の氏に復することになります（民法749条・767条）。婚姻取消しにより婚姻前の氏に復した者は，その取消しの日から3か月以内に戸籍法75条の2の届出をすることにより，婚姻取消しの際に称していた氏を称することができます。この届出は，戸籍法77条の2の届出と同内容になります。

> **【問241】** 戸籍法75条の2の届出は，戸籍法77条の2の届出と同内容ということですが，届書は，どのような様式になるのでしょうか。

戸籍法75条の2の届書は，戸籍届書標準様式（以下「届書標準様式」という。）には示されていません。この届出があった場合は，届書標準様式に示されている「離婚の際に称していた氏を称する届（戸籍法77条の2の届）」（以下「77の2の届書」という。）を利用することで差し支えないでしょう。この場合，77の2の届書中，「離婚」とある部分を消除し，「婚姻取消し」と記載すればよいと考えます。

（注1）「わが国の内婚は律令時代における雑色婚の禁に始まり，常に階級的色彩をもって来たが，明治4年8月23日の太政官布告第437号が「華族より平民に至るまで互いに婚姻被差許候条」と宣言するに至って，法律上は終焉を告げたといえる。国民的内婚は明治6年3月14日太政官布告第103号により「自今外国人民と婚姻差許」とせられるに及んで廃棄せられた。しかし当時はまだ，外国人と婚姻しようとする者は「日本政府の允許を受べし」と規定されていた。」（中川善之助「親族法（上）」136ページ）

（注2）実質的意思説によると，①当事者の双方又は一方に社会観念に従い，客観的に夫婦とみられる生活共同体の創設を真に欲する効果意思がないのに，他

－ 385 －

第 9　届書の審査方法

方又は第三者が勝手に届出をした場合，②当事者間が婚姻に合意し，届書を
作成した後，婚姻意思を撤回した場合，③双方共婚姻意思がないのに，何ら
かの意図を達するための方便として，合意の上，婚姻の届出をした場合（い
わゆる仮装婚姻）には，婚姻は無効となります。

（注3）形式的意思説によると，（注2）の①と②は無効ですが，③は有効な婚姻
になります。

（注4）平成8年2月26日の法制審議会総会決定「民法の一部を改正する法律案要
綱」

　第八　失踪宣告による婚姻の解消

　　一　夫婦の一方が失踪の宣告を受けた後他の一方が再婚をしたときは，再
　　婚後にされた失踪の宣告の取消しは，失踪の宣告による前婚の解消の効
　　力に影響を及ぼさないものとする。

　　二　一の場合には，前婚による婚姻関係は，失踪の宣告の取消しによって
　　終了するものとする。ただし，失踪の宣告後その取消し前にされた第
　　七百二十八条第二項（姻族関係の終了）の意思表示の効力を妨げないも
　　のとする。

　　三及び四省略

　（注　原文縦書き）

（注5）昭和30年5月28日付け民事二発201号回答二は，「民法第731条に違反した
る婚姻届を誤って受理し，適齢に達しない中に協議離婚した場合，民法第753
条の適用ありと，大分地方法務局管内協議会（昭和29年1月12日付二発第10
号民事局変更指示＝民事月報第10巻1号62頁）において決議されているとこ
ろ，右に抵触する決議を第6回当局管内連合協議会（昭和29年11月24日付民
事二発第461号民事局指示）においてなし，その決議を認可しておりますが，
前記大分地方法務局管内の決議は，当局管内の決議によつて改められたもの
と解して差し支えないか。」という照会に対し，貴見のとおりと回答したもの
です。

9　離婚届

(1)　離婚制度

　離婚とは，有効に成立した婚姻を，夫婦が生存中に当事者の意思に基づいて
解消することです。夫婦関係を人為的に消滅させる点で，夫婦の一方の死亡に

第9　届書の審査方法

よる婚姻の自然的解消とは異なります。

　婚姻は，もともと当事者の終生の共同生活を営もうとする目的をもった男女の法的結合関係のことですから，中途でこれを人為的に解消することは，その本来の目的に反するといわなければなりません。しかしながら，長い一生の間には，事実上いかにしても婚姻状態を継続することが不可能な程度の破綻を生ずる場合もあり得ます。このような状態にある場合にも，なおその当事者を法律上の夫婦として拘束せねばならないとすることは，婚姻の実質的目的が達せられないばかりか，かえって社会の秩序や子の福祉などにとって弊害を生じます。そのため，今日では，近代国家の法制の多くは，難易の差こそあれ，離婚制度を認めています。

　我が国における離婚には，当事者の合意により離婚の届出をし，これが受理されることにより効力を生ずる協議離婚と，離婚の調停成立，審判・判決等の確定によって効力を生ずる裁判上の離婚があります。

　国家が関与する裁判離婚制度の下では，相手方に不貞行為や遺棄など有責な原因があった場合にのみ離婚を認める有責主義と，長期間の別居状態あるいは同居していても家庭内離婚状態などの破綻状態になった場合，相手方に有責行為がなくても離婚を認める破綻主義があります。

(2)　協議離婚

　民法763条は，「夫婦は，その協議で，離婚をすることができる。」と規定しています。離婚する理由や動機のいかんは，法的には問題にはなりません。協議離婚が成立するためには，次のアとイの要件を共に具備することを必要とし，これを欠くときは，無効又は取消しとなります。

ア　実質的要件

(ア)　離婚意思の合致

　協議離婚は，当事者双方に離婚の意思があることが必要です。離婚意思が合致すれば，裁判離婚において必要とされるような法定の離婚原因が存在することを要しません。

　ところで，離婚意思とは何かについては，婚姻における婚姻意思をめぐる学

－ 387 －

第9　届書の審査方法

説と同様に，二つの見解があります。一つは，実質的意思説です。この見解によると，事実上も夫婦関係を解消しようとする意思まで必要とします。もう一つは，形式的意思説です。この見解は，離婚の届出をすることについての合意があればよいとするものです。判例は，この形式的意思説を採用しています（最判昭和38年11月28日民集17巻11号1469ページ）（注）。

　離婚意思は，少なくとも，届出受理の時点において存在することを要します。したがって，離婚の合意があって届書を作成した後，その届出前に離婚意思を撤回することも可能です（最判昭和34年8月7日民集13巻10号1251ページ）。また，離婚届不受理申出（戸籍法27条の2第3項）がされているときは，離婚届が提出されたとしても，その届出を受理することはできません。

　また，協議離婚をする者は，意思能力（協議離婚がどのような意味を持つかという判断能力）があることを必要とします。意思能力のある者は，独立して協議離婚をすることができ，何人の同意を必要としません。すなわち，未成年者は，婚姻によって成年に達したものとみなされていますので，離婚の際に父母の同意を必要とせず（民法737条・753条参照），成年被後見人でも本心が回復していれば，成年後見人の同意を得ることなく，単独で協議離婚をすることができます（民法764条・738条，戸籍法32条）。

　　　(イ)　未成年の子があるとき

　未成年の子があるときは，親権者を定める必要があります。夫婦の間に共同親権に服する子がある場合には，離婚によって共同親権から単独親権になります。そのため，協議離婚をする際には，夫婦のいずれが親権者になるかを協議によって定めなければなりません（民法819条1項）。協議が調わないうちは，協議離婚をすることができないことになります。また，協議が調わないとき，又は協議をすることができないときは，家庭裁判所の協議に代わる審判を請求することになり（民法819条5項，家事事件手続法39条別表二⑧），その審判が確定してから，届出をすることになります。したがって，親権者の定めのない離婚届は，受理をすることはできません（昭和25年1月30日民事甲230号回答）。

－ 388 －

第9　届書の審査方法

イ　形式的要件

協議離婚は，当事者の協議により届け出ることによって効力を生ずることになります（民法764条・739条）。したがって，この届出は，創設的届出になります。

なお，届出事項，届出人，証人等については，届書の審査方法の項において，具体的に説明することにします。

(3)　協議離婚の無効・取消し

ア　協議離婚の無効

協議離婚の無効について，民法及び人事訴訟法は，直接の規定を設けていませんが，当事者の意思に基づかない離婚の届出は，婚姻の場合と同様，受理されても無効です（最判昭和53年3月9日家月31巻3号79ページ）。例えば，妻に無断で夫又は第三者が協議離婚の届出をした場合です。

婚姻意思に関しては，判例・通説とも実質的意思説をとり，いわゆる仮装婚姻は，婚姻意思を欠くから無効であるとしています（最判昭和44年10月31日民集23巻10号1894ページ）。ところが，離婚に関しては，仮装離婚に関する大審院判決昭和16年2月3日（民集20巻1号70ページ）が，債権者からの強制執行を免れるための協議離婚を有効として以来，最高裁判所もこれを踏襲し，単に夫に戸主の地位を与える方便としてした離婚（前記最判昭和38年11月28日判決），従来どおり生活保護費を受領するための方便としてした離婚（最判昭和57年3月26日判時1041号66ページ）をいずれも有効としています。

【問242】 離婚不受理申出がされているにもかかわらず，非本籍地で離婚届が受理され，戸籍の記載がされていますが，この場合は，どのようしたらよいのでしょうか。

離婚不受理申出後に受理された協議離婚届は，無効です。平成20年に不受理申出制度が法制化されましたが，法制化前の不受理申出は，通達（昭和51年1月23日法務省民二900号民事局長通達）により運用されていました。同通達記八は，不受理期間中に受理され戸籍の記載がされた後でも「管轄局の長は，調査

－ 389 －

第9　届書の審査方法

の結果届出時に離婚届出の意思が欠如していたと認めるときは，本籍地市区町村長に対し，当該届出を無効なものとして所要の処理について指示又は許可するものとする。」としていました。

戸籍法及び戸籍法施行規則の一部改正（平成19年法律第35号及び平成20年法務省令第27号）に伴い発出された通達（平成20年4月7日民一1000号民事局長通達）第6（不受理申出）の5（3）は，「縁組等の届出が受理された場合において，当該届出について届出に先んじて不受理申出がされていたことが当該届出による戸籍の記載がされた後に判明したときは，本籍地の市区町村長は，戸籍法第24条第2項の規定による管轄法務局又は地方法務局の長の許可を得て，戸籍の訂正をするものとする。」としています。本来は，不受理申出後に届出が受理されることはありませんが，「戸籍の記載がされた後に不受理申出がされていたことが判明したとき」とは，不受理申出が非本籍地にされ，本籍地の市区町村長がその事実を把握する前に，離婚の届出がされ，受理された場合等に限られるものと考えられるとしています（戸籍815号66ページ）。

したがって，このような場合は，戸籍記載のある本籍地市区町村長が管轄局の長の許可を得て，戸籍の訂正をすることになります。

イ　協議離婚の取消し

詐欺又は強迫によって離婚の届出がされた場合には，詐欺又は強迫を受けた配偶者は，その離婚の取消しを家庭裁判所に請求することができます（民法764条・747条1項）。請求の手続等は，すべて婚姻取消しの場合と同様です（369ページ，イ婚姻の取消しを参照してください。）。ただし，離婚取消しの効果は，婚姻取消しの場合と違って遡及効があり，離婚が当初から存在しなかったものとし，婚姻が引き続き継続していたものとされます。

なお，長期にわたって取消権を認めることは，親族的身分関係の安定性を害することになりますので，この取消権は，取消権者が詐欺を発見し，若しくは強迫を免れた時から3か月を経過し，又は追認をしたときは，消滅します（民法764条・747条2項）。

－ 390 －

第9 届書の審査方法

(4) 裁判離婚

当事者間で離婚意思の合致がみられないときには，協議離婚をすることはできないことになります。このようなときは，裁判上の離婚の手続を執ることになります。裁判離婚とは，法定の原因（民法770条）に基づき夫婦の一方が他方に対して夫婦関係の解消を求める訴え（離婚の訴え）を提起し，請求認容の確定判決によって成立する離婚をいいます。この裁判上の離婚には，調停離婚，審判離婚，判決離婚，和解離婚及び請求の認諾離婚の5種類があります。

また，裁判上の離婚原因は，民法770条1項1号から5号までに規定されています。この原因がある場合は，離婚の訴えを提起することができます。

ア 調停離婚

裁判上の離婚をするには，まず，家庭裁判所に調停を申し立てなければなりません（家事事件手続法257条）。これを調停前置主義といいます。

調停において，当事者間に合意が成立し，これが調停調書に記載されたときは，調停が成立したものとし，その記載は，確定判決と同一の効力を有する（家事事件手続法268条1項）としています。

イ 審判離婚

家庭裁判所は，調停が成立しない場合において相当と認めるときは，当事者双方のために衡平に考慮し，一切の事情を考慮して，職権で，事件の解決のため必要な審判をすることができます（家事事件手続法284条1項本文）。この審判に対しては，当事者が2週間以内に異議の申立てをしなければ，確定判決と同一の効力を有します（家事事件手続法287条）が，異議の申立てがされると，その審判は，効力を失います（家事事件手続法286条5項）。

ウ 判決離婚

> 【問243】 調停が不調になり，また，審判も合意に達しなかった場合，離婚の訴えは，どの裁判所にすることになるのでしょうか。

従来は，離婚の調停が成立せず，審判もされず，又は審判が効力を失った場合に，法律上定められている原因に基づき，他方を相手方として，地方裁判所

- 391 -

第9　届書の審査方法

に離婚の訴えを提起することとされていました。司法制度改革の一環として，家庭裁判所の機能を充実させ，人事訴訟手続の充実・迅速化を図ることを目的とした「人事訴訟法」（平成15年法律第109号）が，平成16年4月1日から施行されました。この「人事訴訟法」は，離婚訴訟等の人事訴訟の第一審を地方裁判所から家庭裁判所に移管すること等を主な内容とするもので，離婚訴訟等の紛争は，調停から訴訟までを家庭裁判所で取り扱うことになりました（人事訴訟法2条）。

　したがって，離婚の裁判は，第一審の裁判所である家庭裁判所にそのまま引き継がれることになります。

> 【問244】離婚の裁判が確定したときは，調停が成立したとき又は審判が確定したときと同様，戸籍事務管掌者に対して，戸籍通知はされるのでしょうか。

　従来，地方裁判所等において戸籍の届出などを必要とする事項について，人事訴訟の判決が確定した場合には，戸籍事務管掌者に対して通知はされていませんでした。これは，通知を要する旨の規定が設けられていなかったからです。

　裁判所書記官は，調停が成立したときは当該調停に係る身分関係の当事者等（家事事件手続規則130条2項），若しくは合意に相当する審判が確定したときは当該審判に係る身分関係の当事者（同規則134条），又は調停に代わる審判が確定したときは当該審判に係る身分関係の当事者等（同規則136条）の本籍地の戸籍事務を管掌する者（市区町村長）に対し，遅滞なく，その旨を通知しなければならないとしています。これは，調停の成立又は審判の確定により，戸籍の届出をする義務等が生じたにもかかわらず，当事者がその義務を怠り，その届出が所定の期間内に行われないときは，調停又は審判の内容が戸籍上の記載に反映されないことになるからです。そのような事態は，戸籍の機能に照らして好ましくありません。そこで，戸籍事務管掌者が，そのような事態を把握して，届出をしない当事者に対しては催告等の手続（戸籍法44条）をとるなど，

第9　届書の審査方法

可及的速やかに戸籍の整備に努めることを可能にするため，裁判所書記官が戸籍事務管掌者に対する通知をするものとしているのです（青木義人，大森政輔「全訂戸籍法」247ページ）。

　人事訴訟規則（平成15年最高裁判所規則第24号）は，この家事事件手続規則と同様に，戸籍の届出又は訂正を必要とする事項について，人事訴訟の判決が確定したときの戸籍事務管掌者に対する通知について規定（人事訴訟規則17条）しています。したがって，人事訴訟が確定したときは，戸籍事務管掌者に対して，裁判所書記官から通知がされることになります。なお，下記に説明する離婚の訴えに係る訴訟において和解が成立し又は請求の認諾があった場合の戸籍事務管掌者に対する通知についても，人事訴訟規則31条で同規則17条を準用していますので，同様に通知がされることになります。

> **【問245】**　裁判離婚の訴えを提起した者が，裁判確定後，その届出期間が経過したにもかかわらず，届出をしないときは，どのように処理したらよいのでしょうか。

　【問244】で説明したように，離婚の裁判が確定すると，裁判所書記官から戸籍事務管掌者に対して通知がされます。この通知は，「家庭裁判所からの通知書類つづり」（戸籍事務取扱準則制定標準55条（25）により調製されています。以下「家裁通知簿」という。）につづっておきます。届出がされればその旨を家裁通知簿に記載します。したがって，届出がされていないものは，家裁通知簿により把握することができます。

　離婚の裁判が確定した場合は，裁判が確定した日から10日以内に，裁判の謄本を添付して，届出をしなければなりません（戸籍法77条1項・63条1項）。この届出がされないときは，戸籍事務管掌者は，戸籍の届出の催告をすることになります（戸籍法44条1項）。この催告は，通常，2度ほど行いますが，それでも届出がされないときは，戸籍事務管掌者は，管轄局の長の職権記載の許可を得て戸籍の記載をし，処理することになります（戸籍法44条3項・24条2項）。

第9 届書の審査方法

エ 和解離婚

人事訴訟法は，訴訟上の和解により紛争の最終的な解決が図られるようにするために，離婚訴訟についても訴訟上の和解を認め，和解により直ちに離婚が成立することになります（人事訴訟法37条）。離婚は，離婚をする旨の和解調書への記載により離婚の効力が生ずることになりますので，その日が離婚の和解成立日になります。この場合の戸籍の記載は，戸籍用紙により処理しているときは「平成年月日夫甲野義太郎と離婚の和解成立」，コンピュータシステムにより処理しているときは「【離婚の和解成立日】平成年月日」となります（法定記載例番号90から92まで）。

オ 請求の認諾離婚

これも，人事訴訟法により新たに認められたものです。離婚の訴えに係わる訴訟で請求の認諾が調書への記載により離婚の効力が生ずることになりますので，その日が離婚の請求認諾日になります。この場合の戸籍の記載は，戸籍用紙により処理しているときは「平成年月日夫甲野義太郎と離婚の請求認諾」，コンピュータシステムにより処理しているときは「【離婚の請求認諾日】平成年月日」となります（法定記載例番号90から92まで）。

カ 離婚の裁判の当事者

夫婦の一方が，他方を相手方として離婚の訴えを提起することになります。相手方が生死不明の場合は，被告はその生死不明の相手方になりますが，公示送達の手続を採ることになります（民事訴訟法110条）。また，夫婦の一方が成年被後見人であるときは，成年被後見人の配偶者が成年後見人でないときは，成年後見人が当事者となりますが，配偶者が成年後見人であるときは，その成年後見監督人が当事者となります（人事訴訟法14条2項）。

(5) 離婚の効果

民法は，協議離婚がされた場合，どのような効果を生ずるかを規定しています（民法766条から769条）。また，これを裁判上の離婚の場合についても準用しています（民法771条）。

- 394 -

ア　姻族関係の終了

民法728条1項は，「姻族関係は，離婚によって終了する。」と規定していま
す。ただし，民法735条の規定による直系姻族間の婚姻障害は，離婚した後に
おいても消滅はしません。

イ　復　氏

民法767条1項は，「婚姻によって氏を改めた夫又は妻は，協議上の離婚に
よって婚姻前の氏に復する。」と規定しています。したがって，佐藤さんと田
中さんが，婚姻の際に佐藤の氏を選択して婚姻し，離婚するときは，氏を改め
た田中さんは，離婚により田中に戻ることになります。

これが原則ですが，戸籍実務上，次のような取扱いがあります。

①　養子が婚姻により氏を改めた者であるときは，離婚によって養方の氏に
復し，実方の氏には復しません（昭和23年10月23日民事甲1640号回答）。

②　婚姻によって氏を改めた者が，配偶者死亡後相手方の氏を称して婚姻し
た後離婚するときは，その意思により，復氏する氏を前婚の氏又は実方の氏の
いずれかを選択することができます（昭和23年1月13日民事甲17号通達記（2）
後段）。また，その離婚が裁判離婚であり，訴えを提起した者が届出をする場
合においても，その相手方は，復すべき氏の選択について申出をすることがで
きます（昭和28年5月14日民事甲796号回答）。

③　婚姻によって氏を改めた者の婚姻前の氏（実方の氏）が，戸籍法107条
1項により変更された後に離婚する場合は，変更後の氏に復することになりま
す（昭和23年1月13日民事甲17号通達記（五））。

ウ　財産分与の請求

民法768条1項は，「協議上の離婚をした者の一方は，相手方に対して財産の
分与を請求することができる。」と規定しています。

エ　未成年の子の親権者・監護者の決定

離婚する夫婦の間に未成年の子があるときは，夫婦の一方を親権者と定めな
ければなりません（民法819条1項）。離婚の合意が成立しても，親権の協議が
調わないときは，家庭裁判所に協議に代わる審判を求めた後（民法819条5項），

第9　届書の審査方法

離婚の届出をすることになります。離婚後も引き続き夫婦の共同親権とするような離婚届は，受理をすることはできません（昭和23年5月8日民事甲977号回答十）。

(6)　離婚による戸籍の変動

　民法767条1項は，「婚姻によって氏を改めた夫又は妻は，協議上の離婚によって婚姻前の氏に復する。」と規定しています。また，戸籍法19条1項本文は，「婚姻によつて氏を改めた者が，離婚によつて，婚姻前の氏に復するときは，婚姻前の戸籍に入る。」と，そのただし書で「その戸籍が既に除かれているとき，又はその者が新戸籍編製の申出をしたときは，新戸籍を編製する。」と規定しています。したがって，婚姻の際に氏を改めた者は，離婚によって婚姻前の氏に復し，婚姻により入籍した戸籍から婚姻前の戸籍に戻るか，又は新戸籍を編製することになります。

　しかし，夫婦の一方の死亡により婚姻が解消した場合は，婚姻の際に氏を改めた生存配偶者は当然には復氏せず，民法751条1項に規定する生存配偶者の復氏の届出（戸籍法95条）をすることによって婚姻前の氏に復することができます。また，筆頭者の死亡後，生存配偶者が，更に相手方の氏を称する婚姻（これを「転婚」といいます。）によって，婚方から相手方の戸籍に入籍することになります。この転婚をした者（以下「転婚者」という。）が離婚する場合は，その転婚者の復する氏は，第1の婚姻の際の氏でも実方の氏でも，自由に選択することができるとされています（昭和23年1月13日民事甲17号通達記（2）後段）。

　次に，離婚による基本的な戸籍の変動を図示すると，以下のようになります。

　　ア　離婚により婚姻前の氏に復するとき（婚姻前の戸籍に戻ることも，又は新戸籍を編製することもできます。）

－ 396 －

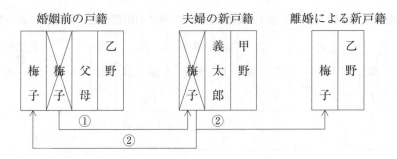

＊①は婚姻による，②は離婚による戸籍の変動を表します。
＊婚姻前の戸籍が転籍しているときは，転籍後の戸籍に入籍することになります（以下同じ）。

　　イ　婚姻の際に氏を改めた者が，婚姻後養子縁組し，離婚をするとき
　　　（離婚により養親の氏を称し養親の戸籍に入籍することも，又は新戸籍を編製することもできます。）

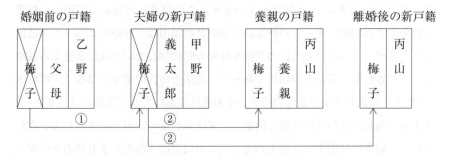

＊①は婚姻による，②は離婚による戸籍の変動を表します。
＊養親の戸籍が転籍しているときは，転籍後の戸籍に入籍することになります。

　　ウ　転婚者が，離婚をするとき（転婚者は，第1の婚姻の氏又は実方の氏のいずれにも復することができます。入籍すべき戸籍は，復する氏によりますが，いずれの氏に復しても，新戸籍の編製をすることができます。）

第9　届書の審査方法

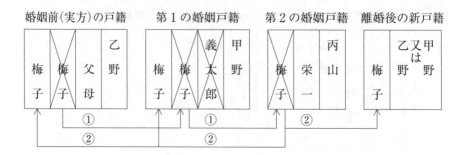

＊①は婚姻による，②は離婚による戸籍の変動を表します。
(7)　離婚の際に称していた氏を称する届出

　婚姻によって氏を改めた夫又は妻は，離婚によって当然に婚姻前の氏に復する（民法767条1項）ことは，既に説明したとおりです。民法767条2項は，「前項の規定により婚姻前の氏に復した夫又は妻は，離婚の日から3箇月以内に戸籍法の定めるところにより届け出ることによって，離婚の際に称していた氏を称することができる。」と規定しています。この戸籍法の定める届出が，戸籍法77条の2の届出です。この戸籍法77条の2の届出は，離婚によって当然に復氏した者が，その復氏した氏の呼称を離婚の際に称していた氏に変更する目的をもってされる戸籍法上の届出であって，民法上の氏の変更ではなく，呼称上（戸籍上）の氏を変更するものです。その意味において，実質的には戸籍法107条1項の規定に基づく氏変更と同質で，家庭裁判所の許可を必要としない点において，同条の特則といえるものです。この届出は，届出により効力を生ずるので，創設的届出になります。

　戸籍法77条の2の届出の要件は，離婚によって復氏する者が届出人となって，離婚の日から3か月以内にされることが必要です。この期間の計算については，戸籍法43条の規定の適用はなく，民法の期間計算に関する一般の原則に従うことになりますから，離婚の日の翌日から起算し（民法140条），その起算日に応当する日の前日をもって満了します（民法143条）。

　なお，この届出は，いったん離婚によって従前の戸籍に復籍し又は新戸籍を編製した後でも，また，離婚の届出と同時にでもすることができます。

- 398 -

第9 届書の審査方法

【問246】 離婚の日から3か月以内に届出をしなければならないとのこと
　　　ですが，届出期間の末日が休日の場合は，どのようになるのでしょう
　　　か。

　前述したように，戸籍法77条の2の届出の届出期間は，離婚の日から3か月
以内と定められています（民法767条2項）。離婚の日とは，協議離婚の場合は
届出の日であり，裁判離婚の場合は調停・和解成立及び請求の認諾日並びに審
判・判決が確定した日です。この期間計算は，民法の期間計算に関する一般の
原則に従います。

　ところで，期間の末日が，地方公共団体の休日に当たるときの戸籍実務の取
扱いは，その翌日をもって，その期限とみなすこととされています（昭和63年
12月10日民二7332号通達）。例えば，平成29年11月10日が離婚の日であるとき
は，届出期間の末日は，平成30年2月10日（土）になります。この場合，末日
である2月10日の土曜日が，地方公共団体の条例で定める休日に当たるとき
は，その翌日になりますが，翌日が日曜日で，さらに，翌々日が国民の祝日
で，この日も条例で定める休日のときは，2月13日の火曜日が，届出期間の末
日になります。

　この取扱いは，創設的届出のみならず，報告的届出についても同様です。

(8) 届書の審査方法

　離婚届は，戸籍事件の中でも5番目に多い届出ですから，日常業務の中での
取扱いも十分知識を持っているものと思います。特に注意しなければならない
ことは，本人確認と離婚届不受理申出がされているかです。

　本人確認及び不受理申出とも，従来は，通達で運用されていましたが，戸籍
法の一部改正（平成19年法律第35号）により「戸籍法27条の2」が新設され，
それに伴い戸籍法施行規則の一部改正（平成20年法務省令第27号）がされまし
た。戸籍法27条の2の条文見出し（戸籍法には，見出しは付されていません。）
は，編集者によって異なりますが，「戸籍の記載の真実性を担保するための措

第9 届書の審査方法

置」と付したり，「創設的届出における本人確認・不受理申出」と付されています。この法律及び省令の施行に伴い発出された通達（平成20年4月7日民一1000号民事局長通達）の詳細な解説が，戸籍815号1ページ以下に掲載されていますので，一読するようお勧めします。ここでは，この本人確認等については，特に触れませんが，前述の解説等を更に確認し，適正な審査をしていただきたいと思います。

審査方法は，「夫の氏名」欄には夫及びその生年月日，「妻の氏名」欄には妻及びその生年月日，また，「本籍」欄に本籍が，「住所」欄にはそれぞれの住所が記載されているかを審査します。これらについては，本文での説明は省略します。

ア 夫の氏を称して婚姻した夫婦が協議離婚の届出をする場合

① 「父母の氏名・父母との続柄」欄

父母の氏名は，実父母の氏名を記載します。また，その氏名は，届出時における父母の氏名になります（明治43年11月25日民刑872号回答等）ので，戸籍により審査することになります。父母が婚姻中のときは，「父」欄には氏名，「母」欄には名のみが記載されているかを審査します。また，父母が離婚しているときは，現在の父母の氏名がそれぞれ記載されているかを審査します。父母との続柄は，戸籍により審査します。

② 「離婚の種別」欄

本例は，協議離婚の届出ですから，「□協議離婚」の□にチェックがされているかを審査します。

③ 「婚姻前の氏にもどる者の本籍」欄

本例は，婚姻前の氏に戻る者は妻ですから，「□妻」の□にチェックがされているかを審査します。

ｉ 元の戸籍に戻るとき

元の戸籍にもどるときは，「□もとの戸籍にもどる」の□にチェックがされ，その本籍・筆頭者氏名が記載されているかを審査します。元の戸籍が転籍しているときは，転籍後の本籍を記載してもらうことになります。

－ 400 －

ⅱ　新戸籍を編製するとき

　新戸籍を編製するときは、「□新しい戸籍をつくる」の□にチェックがされ、新本籍の所在場所が現存する町名地番かを審査します。また、この場合の筆頭者氏名の氏は、復氏後の氏を記載することになります。

【問247】 元の戸籍にもどる者の戸籍が、戸籍法107条1項の氏変更がされています。この場合は、元の戸籍にもどることができるのでしょうか。また、新戸籍を編製する場合、実方の氏変更後の氏ではなく、変更前の氏により新戸籍を編製することはできるのでしょうか。

　戸籍法107条1項の氏変更の効力は、同一戸籍内にあるすべての者に及びます（昭和24年9月1日民事甲1935号回答）。しかし、この氏の変更は、呼称上の氏の変更ですから、民法上の氏は変わらないということになります。したがって、同氏で戸籍を異にする親子間では、そのいずれか一方が氏を変更しても、他方の戸籍にある者の氏には変更はありませんし、民法上の氏の同一性も変わりません。

　ところで、離婚により婚姻前の氏に戻る者が、実方の氏が変更しているときに、氏変更後の戸籍には戻りたくないということもあります。しかし、呼称は異なっていますが、民法上の氏は同一ですから、婚姻前の氏に復すべき場合のその氏は、変更された氏になります（昭和23年1月23日民事甲17号回答（5））。したがって、元の戸籍に戻るときは、氏変更後の実方の戸籍に戻ることになります。また、新戸籍を編製する場合の氏は、変更後の氏になりますので、その旨の説明が必要になります。

　④　「未成年の子の氏名」欄

　夫婦間に未成年の子があるときは、父母の一方を親権者と定めなければなりません（民法819条1項）。

　ⅰ　父母と未成年の子が同籍しているとき

　父母と子が同籍しているときは、戸籍により審査することができます。父が親権者となるときは、「夫が親権を行う子」欄に、母が親権者となるときは、

－ 401 －

第9　届書の審査方法

「妻が親権を行う子」欄にその子の氏名が記載されているかを審査します。

　ⅱ　父母と未成年の子が戸籍を異にしているとき

　父母と子が戸籍を異にしているときとは，一般的には，父母が養子縁組をしている場合がこれに該当するものと思います。審査に当たっては，夫婦間に未成年の子があるかを確認することも必要になります。

　父母と子が戸籍を異にしている未成年の子があるときも，ⅰと同様の記載をすることになります。この場合は，「その他」欄に，夫（又は妻）が親権を行う未成年の子の戸籍の表示を記載してもらうことになります（下記の「その他」欄の記載参照）。

【問248】離婚する夫婦には，出生届未済の子があるとのことです。夫婦
　　　　の間では，その子の親権者は母が行うとの合意がされています。この
　　　　場合は，どのように処理をすることになるのでしょうか。

　未成年の子を有する夫婦が離婚をするときは，離婚後の親権者を定めなければなりません。本例のように，出生の届出がされていないときは，出生の届出をしてもらい，次に，協議離婚の届出をすることが，本来の在り方であると思います。しかし，何らかの事情により子の出生届をしないということであっても，協議離婚の届出は受理せざるを得ないものと考えます。このような場合は，「その他」欄に，例えば，「長男一郎（平成29年9月10日生）の出生届は未済であるが，母が親権を行う。」と記載してもらい，出生届を速やかにするよう指導することになります。

　また，後日，出生届があった場合は，親権事項の記載をすることになります。この場合，出生届書の「その他」欄に，「親権に関する協議事項は，平成年月日○○市長へ届出の父母の離婚届に記載されている。」旨を記載してもらうことになります。そのため，本籍地においては，離婚届の届書謄本を作成し，出生届に添付して処理をすることになります。この場合の親権事項の記載は，次のようになります。

－ 402 －

・紙戸籍により処理しているとき

　出生事項を記載した後，改行の上，「平成29年10月10日（筆者注；父母離婚の日）親権者を母と定める旨父母届出同年11月5日記載㊞」

　・コンピュータにより処理しているとき

親　　権	【親権者を定めた日】平成２９年１０月１０日
	【親権者】母
	【届出人】父母
	【記録日】平成２９年１１月５日

　⑤　「同居の期間」欄

　本欄は，人口動態調査離婚票を作成するために必要とするものです。人口動態調査離婚票は，同居の期間を記載事項とし，その年月を記載することとしています。同居を始めたときの年月は，結婚式を挙げた年月又は同居を始めた年月の早いほうを記載することとしています。審査に当たっては，届出人の記載のとおりで差し支えないと考えます。

　なお，同居中に離婚するときは，この欄は空欄となります。この場合は，「その他」欄に「同居につき（7）欄は空欄」と記載します。

　⑥　「別居する前の住所」欄

　この欄も人口動態調査離婚票を作成するために必要とするものです。届出人の記載のとおりで差し支えないと考えます。

　なお，同居中に離婚するときは，この欄は空欄となります。この場合は，「その他」欄に「同居につき（8）欄は空欄」と記載します。

　⑦　「別居する前の世帯のおもな仕事」欄

　この欄は，届出人がチェックしてあればよいと考えます。

　⑧　「夫妻の職業」欄

　この欄は，5年に一度の国勢調査年に記載する欄です。職業は，具体的に記載することになります。

第9　届書の審査方法

⑨　「その他」欄

　父母と未成年の子が戸籍を異にしているときは，未成年の子の戸籍の表示を記載します。例えば，「母が親権を行う未成年の子の表示　東京都千代田区平河町一丁目4番地　乙野英助　乙野英子平成20年3月10日生（筆者注；子の氏名と生年月日です。）」と記載します。

　なお，未成年の子の本籍地が父母と異なるときは，届書の謄本を作成し，本籍地市区町村長へ送付することを要します。

　また，別居をしていないときは，この欄にその旨を記載することになります（⑤「同居の期間」欄及び⑥「別居する前の住所」欄のなお書参照）。

⑩　「証人」欄

　離婚の届出には，成年の証人2人以上が署名した書面を必要としています（民法764条・739条2項）ので，証人の署名・押印があるかを審査します。成年年齢（民法4条）であるかは，証人の生年月日で確認します。

　なお，証人は，外国人でも差し支えありません。

イ　夫の氏を称して婚姻し，夫婦で養子となった後，協議離婚の届出をする場合

　夫婦が婚姻後，夫婦で養子となった後に離婚する場合ですから，婚姻の際に氏を改めた者は，離婚により養親の氏を称することになります。したがって，婚姻の際に氏を改めた者は，養親の氏を称して養親の戸籍に入籍するか，養親の氏を称して新戸籍を編製することになります。

①　「父母の氏名・父母との続柄」欄

前記アと同様です。

②　「離婚の種別」欄

前記アと同様です。

③　「婚姻前の氏にもどる者の本籍」欄

　本例は，婚姻前の氏に戻る者は妻ですから，「□妻」の□にチェックがされているかを審査します。

－ 404 －

第9 届書の審査方法

ⅰ 養親の氏を称して養親の戸籍に入籍するとき

養親の氏を称しますから，「□もとの戸籍にもどる」の□には，チェックをしませんので，空欄となります。

この場合は，「その他」欄に養親の氏名及び養親の戸籍に入籍する旨を記載することになります。

ⅱ 新戸籍を編製するとき

新戸籍を編製するときは，「□新しい戸籍をつくる」の□にチェックがされ，新本籍の所在場所が現存する町名地番かを審査します。また，この場合の筆頭者氏名の氏は，養親の氏を記載することになります。

④ 「未成年の子の氏名」欄

前記アと同様です。

⑤ 「同居の期間」欄

前記アと同様です。

⑥ 「別居する前の住所」欄

前記アと同様です。

⑦ 「別居する前の世帯のおもな仕事」欄

前記アと同様です。

⑧ 「夫妻の職業」欄

前記アと同様です。

⑨ 「その他」欄

父母と未成年の子が戸籍を異にしているときは，未成年の子の戸籍の表示を記載します。

また，養親の戸籍に入るとき又は新戸籍を編製するときのいずれのときも養親の氏名を記載します。

なお，養親の戸籍に入籍するときは，例えば，妻は養父母の氏に復し，東京都中央区銀座一丁目2番地乙山二郎戸籍に入籍すると記載します。

⑩ 「証人」欄

前記アと同様です。

- 405 -

第9　届書の審査方法

　　ウ　転婚者（妻）が，実方の氏を称して新戸籍編製の申出をする協議離
　　　　婚の届出をする場合

①　「父母の氏名・父母との続柄」欄

前記アと同様です。

②　「離婚の種別」欄

前記アと同様です。

③　「婚姻前の氏にもどる者の本籍」欄

本例は，婚姻前の氏に戻る者は妻ですから，「□妻」の□にチェックがされ
ているかを審査します。新戸籍を編製するときですから，「□新しい戸籍をつ
くる」の□にチェックがされ，新本籍の所在場所が現存する町名地番かを審査
します。また，この場合の筆頭者の氏は，実方の氏を記載することになりま
す。さらに，実方の氏を称する場合は，「その他」欄に，例えば，妻は，実方
の氏「乙川」に復すると記載します。

④　「未成年の子の氏名」欄

前記アと同様です。

⑤　「同居の期間」欄

前記アと同様です。

⑥　「別居する前の住所」欄

前記アと同様です。

⑦　「別居する前の世帯のおもな仕事」欄

前記アと同様です。

⑧　「夫妻の職業」欄

前記アと同様です。

⑨　「その他」欄

実方の氏を称して新戸籍を編製する場合ですから，「妻は，実方の氏「乙川」
に復する。」と記載します。

⑩　「証人」欄

前記アと同様です。

エ　家庭裁判所で成立した和解離婚の届出をする場合

【問249】家庭裁判所で和解が成立したとして，和解調書を添付して届出
があましたが，この和解離婚の届出を受理することはできるので
しょうか。

　前記に説明したとおり，人事訴訟法は，訴訟上の和解により紛争の最終的な
解決が図られるようにするために，離婚訴訟についても訴訟上の和解を認め，
和解により直ちに離婚が成立することになります（人事訴訟法37条）。離婚は，
離婚をする旨の和解調書への記載により離婚の効力が生ずることになりますの
で，その日が離婚の和解成立日になります。この場合の戸籍の記載は，戸籍用
紙により処理しているときは「平成年月日夫何某と離婚の和解成立」，コン
ピュータシステムにより処理しているときは「【離婚の和解成立日】平成年月
日」となります（法定記載例番号90から92まで）。

　①　「父母の氏名・父母との続柄」欄

　前記アと同様です。

　②　「離婚の種別」欄

　本例は，和解成立による離婚の届出ですから，「□和解」の□にチェックが
されているかを審査します。また，その年月日は，和解調書に記載されている
年月日であるかを審査します。

　③　「婚姻前の氏にもどる者の本籍」欄

　婚姻前の氏に戻る者が夫の場合は，「□夫」に，妻の場合は，「□妻」の□に
チェックがされているか，「□もとの戸籍にもどる」の□にチェックがされ，
その戸籍の表示は間違いがないかを審査します。

　なお，届出人でない者が新戸籍編製の申出をする場合は，次のオを参照して
ください。

　④　「未成年の子の氏名」欄

　和解調書に記載されている，夫又は妻が親権者とされている未成年の子を，
夫が親権を行う子，又は妻が親権を行う子の欄にその氏名が記載されているか

－ 407 －

第9　届書の審査方法

を審査します。

⑤　「同居の期間」欄

前記アと同様です。

⑥　「別居する前の住所」欄

前記アと同様です。

⑦　「別居する前の世帯のおもな仕事」欄

前記アと同様です。

⑧　「夫妻の職業」欄

前記アと同様です。

⑨　「その他」欄

和解調書を添付する旨記載します。

⑩　「証人」欄

この欄は，空欄となります。

オ　裁判離婚の届出人でない者が，離婚届書の「その他」欄に新戸籍を編製する旨記載して離婚の届出をする場合

戸籍の筆頭に記載した者（夫）が訴えの提起者であるときは，その訴えを提起した者（夫）が届出人となります。この場合，相手方である妻が，届書「その他」欄に「新戸籍の場所を○○○に定め新戸籍を編製する。」と記載して署名押印し，又はその旨の申出書を添付して届出があったときは，これに基づき，その場所を新本籍の場所として差し支えないとされています（昭和53年7月22日民二4184号通達）。

①　「父母の氏名・父母との続柄」欄

前記アと同様です。

②　「離婚の種別」欄

調停，審判等離婚の裁判の種別の□にチェックがされているか，その年月日が記載されているかを審査します。

③　「婚姻前の氏にもどる者の本籍」欄

本例は，届出人でない者が，離婚届書の「その他」欄に新戸籍を編製する旨

－ 408 －

記載して届出をする場合ですから，空欄となります。

④　「未成年の子の氏名」欄

裁判離婚の謄本に記載されている，夫又は妻が親権者とされている未成年の子を，夫が親権を行う子，又は妻が親権を行う子の欄にその氏名が記載されているかを審査します。

⑤　「同居の期間」欄

前記アと同様です。

⑥　「別居する前の住所」欄

前記アと同様です。

⑦　「別居する前の世帯のおもな仕事」欄

前記アと同様です。

⑧　「夫妻の職業」欄

前記アと同様です。

⑨　「その他」欄

裁判の謄本等を添付する旨記載します。

また，届出人でない者が新戸籍の編製を申出するときですから，例えば，「この届出により妻につき新戸籍編製の申出をします。新本籍京都市上京区小山初音町18番地　乙野梅子㊞　昭和63年１月８日生」と記載してもらいます。

⑩　「証人」欄

前記エと同様です。

カ　戸籍法77条の２の届出

【問250】日本人と婚姻中に帰化した人が，日本人夫の氏を称して夫の戸籍に入籍しました。この人が，離婚し，離婚により自己の氏を創設しましたが，その後（離婚後３か月以内），戸籍法77条の２の届出をしたいということです。このような届出をすることはできるのでしょうか。

帰化によって，日本国籍を取得した者は，帰化の際，自己の意思で自由に氏

－ 409 －

第9 届書の審査方法

を創設することができます。日本人と婚姻している者である場合は，夫婦同氏の原則（民法750条）により帰化後に称する氏について，夫婦どちらかの氏を定める必要があります。そのため，帰化者が帰化の際，日本人配偶者の氏を称するときは，固有の氏を創設することなく，日本人配偶者の戸籍に入籍することになります。

このように，自己の氏を創設しなかった帰化者についても，離婚により婚姻が解消した場合，離婚による復氏が離婚の効果として法律上，当然に生じますが，同人には，復氏すべき氏がありませんので，離婚の届出の際にその者の意思によって自由に氏を創設することができます（昭和23年10月16日民事甲2648号回答）。

復氏すべき氏がない者について，氏の創設を認めたということは，この帰化者も民法767条2項に規定する「婚姻前の氏に復した妻」に該当すると考えられます。したがって，創設した氏が，離婚の際に称していた氏と異にするとき，例えば，婚姻中の氏が甲野で，離婚により乙野の氏を創設したときは，婚氏を称する届出は可能と解されます。

ところで，自己の氏を創設しなかった帰化者が，離婚の届出と同時に戸籍法77条の2の届出により，離婚の際に称していた氏，例えば，甲野の氏を称したいのであれば，離婚の届出の際にその氏を創設することでその目的が達せられることになり，あえて戸籍法77条の2の届出をする意味はないことになります（戸籍546号40ページ）。

【問251】帰化した日本人の配偶者が，婚姻中に日本人と単独で養子縁組しているときは，離婚と同時にする戸籍法77条の2の届出は，受理することができるのでしょうか。

【問250】の帰化した日本人の配偶者の場合は，離婚により復する氏がありませんでした。しかし，本問の日本人の配偶者は，日本人と養子縁組をしていますから，離婚により養親の氏を称し，養親の戸籍に入籍することになります（民法810条，戸籍法19条3項）。また，養親の氏の新戸籍編製の申出をすること

－ 410 －

もできます（戸籍法19条１項ただし書）。例えば，日本人配偶者の氏が「佐藤」さんで，日本人養親の氏が「山田」さんとすると，離婚により養親の氏「山田」を称することになります。この「山田」の氏は，帰化した者が創設した氏ではなく，養子縁組の効果としての氏です。

したがって，離婚した者が，離婚後も「佐藤」の氏を称したいということであれば，戸籍法77条の２の届出をすることができます（戸籍712号51頁）。

(ア)　離婚の届出と同時に戸籍法77条の２の届出をする場合

離婚の届出と同時に戸籍法77条の２の届出をする場合は，離婚届書の「婚姻前の氏にもどる者の本籍」欄は，下記(エ)の事例を除き，空欄となります（記載をしないことになります。）。また，「その他」欄に「戸籍法77条の２の届出を同時に届出」と記載します。離婚届書の審査方法については，前記を参考としてください。

①　「離婚の際に称していた氏を称する人の氏名」欄

氏は，離婚時の氏を記載します。例えば，離婚時に「甲野」の氏を称しているときは「甲野」と記載されているかを審査します。

②　「本籍」欄

離婚と同時に届出をしますから，離婚時の本籍，すなわち離婚届書に記載した本籍及び筆頭者氏名が記載されているかを審査します。

③　「氏」欄

変更前の氏と変更後の氏を記載します。離婚と同時の届出ですから，変更前も変更後も同じ氏の記載になります。例えば，変更前の氏（婚姻中の氏）が「甲野」であれば，変更後の氏も「甲野」と記載されているかを審査します。

④　「離婚年月日」欄

離婚の届出と同時の届出ですから，その届出日が記載されているかを審査します。

⑤　「離婚の際に称していた氏を称した後の本籍」欄

新戸籍編製の場所を記載します。筆頭者氏名は，届出人が筆頭者となりますので，その氏名を記載します。例えば，離婚時の氏名が「甲野梅子」であると

第9　届書の審査方法

きは，筆頭者氏名は「甲野梅子」と記載されているかを審査します。

⑥　「その他」欄

届出人について新戸籍を編製する旨が記載されているかを審査します。

⑦　「届出人署名押印」欄

届出人の氏名は，変更前の氏名（現在称している氏名，例えば，甲野梅子）で記載されているかを審査します。

(イ)　離婚復籍後に戸籍法77条の2の届出をする場合

①　「離婚の際に称していた氏を称する人の氏名」欄

氏は，離婚復氏後の氏を記載します。例えば，復氏後に「乙川」の氏を称しているときは「乙川」と記載されているかを審査します。

②　「本籍」欄

現在の本籍及び筆頭者氏名が記載されているかを審査します。

③　「氏」欄

変更前の氏と変更後の氏を記載します。変更前の氏は，現在称している氏，例えば，「乙川」と記載されているかを審査します。変更後の氏は，離婚の際に称している氏，例えば，「甲野」と記載されているかを審査します。

④　「離婚年月日」欄

離婚の届出日が記載されているかを審査します。離婚年月日を記載するのは，届出が3か月以内であるかを審査するためのものです。その年月日は，戸籍で確認する必要があります。

⑤　「離婚の際に称していた氏を称した後の本籍」欄

新戸籍編製の場所を記載します。筆頭者氏名は，届出人が筆頭者となりますので，その氏名を記載します。例えば，「甲野」の氏を称するときは，筆頭者氏名は「甲野梅子」と記載されているかを審査します。

⑥　「その他」欄

届出人について新戸籍を編製する旨が記載されているかを審査します。

⑦　「届出人署名押印」欄

届出人の氏名は，変更前の氏名（現在称している氏名，例えば，乙川梅子）

－ 412 －

第9　届書の審査方法

で記載されているかを審査します。

㈦　離婚によって新戸籍が編製された後，戸籍法77条の2の届出をする場合

ⅰ　他に在籍者がない場合

①　「離婚の際に称していた氏を称する人の氏名」欄

前記㈡と同様です。

②　「本籍」欄

前記㈡と同様です。

③　「氏」欄

前記㈡と同様です。

④　「離婚年月日」欄

前記㈡と同様です。

⑤　「離婚の際に称していた氏を称した後の本籍」欄

新戸籍の編製をしませんので，この欄は，空欄となります

⑥　「その他」欄

この欄には，特に記載することはありません。

⑦　「届出人署名押印」欄

前記㈡と同様です。

ⅱ　他に在籍者がある場合

他に在籍者がある場合は，上記㈡と同様です。

【問252】戸籍法77条の2の届出をする母の戸籍に子が同籍している場合は，母について新戸籍を編製するとのことですが，この場合，子が母と同籍したいときは，どのような手続が必要になるのでしょうか。

　母がした氏変更の効果は，同籍する子に当然には及ばないことから，母について新戸籍を編製しますが，その母の新戸籍に子が入るには，同籍する旨の入籍の届出によることになります（昭和62年10月1日民二5000号通達第4の2（2）本文）。

－ 413 －

なお，この場合，戸籍法77条の２の届出と同時に同籍する子全員から同籍する旨の入籍の届出があった場合においても，母について新戸籍を編製することになります（前記通達第４の２（２）なお書)。

(エ)　転婚者（妻）が，離婚によって実方の氏に復する離婚の届出と同時に，戸籍法77条の２の届出をする場合

昭和58年４月１日付け民二2285号通達（以下「2285通達」という。）は，「離婚の際に称していた氏を称する届出（以下「戸籍法第77条の２の届出」という。）について，相手方の氏を称して婚姻した者で配偶者の死亡後更に相手方の氏を称して婚姻した者（以下「転婚者」という。）が離婚届と同時に戸籍法第77条の２の届出をする場合等の取扱いを次のとおりとする（以下省略）」とし，その記一の１で転婚者が離婚届と同時に戸籍法77条の２の届出をする場合の取扱いを示しています。その取扱いは，「転婚者が，離婚届と同時に戸籍法第77条の２の届出をする場合には，その者が実方の氏に復することを希望するときに限って，離婚届書中「婚姻前の氏にもどる者の本籍」欄にその旨の（「□妻」は「□もとの戸籍にもどる」の□にチェック及び実方戸籍の表示）を記載してもらい，離婚届に基づく復氏復籍の処理をした後に（昭和23年１月13日付け司法省民事甲第17号民事局長通達)，戸籍法第77条の２の届出に基づく処理をするものとする。」としています。

【問253】 転婚者（妻）が，離婚によって実方の氏に復する離婚の届出と同時に，戸籍法77条の２の届出をする場合は，離婚届に基づく復氏復籍の処理をした後に，戸籍法77条の２の届出に基づく処理をすることとされているとのことですが，具体的には，どのような処理の流れになるのでしょうか。また，届書は，どのように記載するのでしょうか。

これを図示すると次のようになります。

第9 届書の審査方法

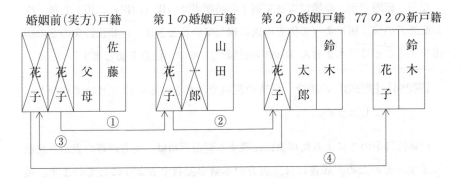

　まず、①佐藤花子さんが、山田一郎さんと夫の氏を称する婚姻により、一郎さんの戸籍に入籍し、一郎さんの死亡により婚姻が解消します。次に、②花子さんは、鈴木太郎さんと夫の氏を称する婚姻をします。その後、③花子さんが、太郎さんと離婚します。この太郎さんとの離婚により、花子さんは、復氏しますが、この場合、婚姻前の氏（山田）に戻ることもできますが、実方の氏（佐藤）にも戻ることができ、さらに、戸籍法77条の2の届出をすることもできます（昭和51年11月4日民二5353号通達（以下「5353通達」という。）記一）。2285通達は、この場合の処理を示し、実方の戸籍に離婚復籍し、④実方戸籍から戸籍法77条の2の届出による新戸籍を編製することになります。

　このように、花子さんが、実方の氏に戻ると同時に戸籍法77条の2の届出をするときは、離婚届書の「婚姻前の氏にもどる者の本籍」欄には、「□妻」は「□もとの戸籍にもどる」のそれぞれの□にチェックし、実方の本籍を記載してもらうことになります（転婚者でない者が離婚と同時に戸籍法77条の2の届出をするときは、「婚姻前の氏にもどる者の本籍」欄は空欄となりますが、この場合は、この欄に実方の本籍を記載する必要がありますので、注意を要します。）。さらに、「その他」欄には、「妻は、実方の氏「佐藤」に復し、戸籍法77条の2の届出を同時に届出する。」と記載することになります。

　次に、戸籍法77条の2の届書は、変更前の氏は「佐藤」と、変更後の氏は、「鈴木」と記載します。また、「その他」欄には、「届出人について新戸籍を編製する。」と記載します。

― 415 ―

第9 届書の審査方法

　なお，転婚者が，離婚によって第1の婚姻当時の氏（山田）に復した後，生存配偶者の復氏届によって実方の氏に復しているときは，戸籍法77条の2の届出をすることはできません（5353号通達記二）ので，注意を要します。

【問254】【問253】の場合，戸籍の記載で注意をするのは，どのようなところでしょうか。

　戸籍法77条の2による新戸籍に記載する従前戸籍は，実方戸籍の表示を記載します。そのため，届書には，実方の本籍を記載するようにしています。通常，離婚届と同時に新戸籍を編製する場合，その新戸籍に記載する従前戸籍は，離婚時の戸籍になりますが，この場合は，実方戸籍になりますので，その点を間違わないようにする必要があります。

　この場合の記載例は，次のようになります。

・第2の婚姻戸籍中花子の身分事項欄

離　　婚	【離婚日】平成32年11月1日
	【配偶者氏名】鈴木太郎
	【入籍戸籍】京都市上京区小山初音町18番地　佐藤忠治

＊通常の離婚復籍の記載になります。この場合の【入籍戸籍】は，実方戸籍を記載します。

・実方戸籍中花子の身分事項欄

離　　婚	【離婚日】平成32年11月1日
	【配偶者氏名】鈴木太郎
	【送付を受けた日】平成32年11月5日
	【受理者】東京都千代田区長
	【従前戸籍】東京都千代田区平河町一丁目4番地　鈴木太郎

第9　届書の審査方法

氏の変更	【氏変更日】平成３２年１１月１日
	【氏変更の事由】戸籍法７７条の２の届出
	【送付を受けた日】平成３２年１１月５日
	【受理者】東京都千代田区長
	【新本籍】大阪市北区老松町二丁目７番地
	【称する氏】鈴木

＊復籍後にする戸籍法77条の２の届出による記載と同様になります。

・戸籍法77条の２の届出による新戸籍中花子の身分事項欄

氏の変更	【氏変更日】平成３２年１１月１日
	【氏変更の事由】戸籍法７７条の２の届出
	【送付を受けた日】平成３２年１１月５日
	【受理者】東京都千代田区長
	【従前戸籍】京都市上京区小山初音町１８番地　佐藤忠治

＊復籍後にする戸籍法77条の２の届出による新戸籍編製の記載と同様になります。

①　「離婚の際に称していた氏を称する人の氏名」欄

前記(ア)と同様です。

②　「本籍」欄

前記(ア)と同様です。

③　「氏」欄

前記(ア)と同様です。

④　「離婚年月日」欄

前記(ア)と同様です。

⑤　「離婚の際に称していた氏を称した後の本籍」欄

前記(ア)と同様です。

第9 届書の審査方法

⑥ 「その他」欄

前記(ア)と同様です。

⑦ 「届出人署名押印」欄

前記(ア)と同様です。

（注）最高裁判例の事案は，夫甲と妻乙は，事実上の婚姻関係を解消する意思は全くなく，単に戸主権を乙から甲（甲は入夫婚姻したもの）に移すための方便として離婚の届出をし，その4日後に甲を戸主とする婚姻届をしていたが，乙死亡後に甲が，離婚により喪失した子亡丙の遺族扶助料受給権回復のため，検察官を相手に，この離婚の無効を求めたものです。この請求に対し最高裁は，「甲乙は右のような方便のため離婚の届出をしたが，右は両者が法律上の婚姻関係を解消する意思の合致に基づいてなしたものであり，このような場合，両者の間に離婚の意思がないとは言い得ない。」と判示したものです。

10　離婚取消届

離婚の取消しの①取消原因，②取消請求権者，③取消しの請求，④取消しの効果については，(3)イで説明していますので，ここでは，省略します。

ここでは，取消届があった場合の審査等について，説明することにします。もっとも，この取消届は，年間10件前後のものですから，取り扱った経験がある方は少ないものと思います。

なお，離婚取消届書の様式については，269ページに掲載している，「養子縁組取消届」を参考としてください。

> 【問255】詐欺又は強迫によってされた協議離婚は，取り消されるまでは有効で，取消しの裁判が確定すると，その効果は遡及し，協議離婚は最初からなかったことになるようですが，離婚事項を消除しないのは，どのようなことからなのでしょうか。

離婚取消しの裁判が確定すると，その効果は遡及し，当初から離婚の効力は生じないことになります。したがって，この離婚取消しの届出によって，戸籍には離婚が全くなかったと同様の処理（戸籍訂正と同様の処理）をすべきでは

－ 418 －

ないかと考えられます。しかし，戸籍実務の取扱いは，届出として処理します。届出による戸籍の処理は，養子縁組や婚姻の届出と同様，入籍・除籍という方法によります（参考記載例番号137から139まで）から，入籍戸籍（夫婦の戸籍）にする離婚取消事項は，出生事項，婚姻事項を移記（戸籍法施行規則39条）した後に記載することになります。この場合の従前戸籍の表示は，離婚によって復籍した戸籍又は新戸籍を編製したときはその戸籍になります。また，離婚事項は，入籍戸籍及び従前戸籍とも消除をしませんので，戸籍記載に当たっては，注意を要します。

(1) 届出人

届出人は，離婚取消しの請求をした者になります（戸籍法77条1項・63条1項）。

(2) 届出期間

離婚の取消しを請求した者が，裁判（審判）確定の日から10日以内に届出をしなければなりません（戸籍法77条1項・63条1項）。

なお，届出期間を経過した場合は，相手方からも届出をすることができます（戸籍法77条1項・63条2項）。

また，離婚取消しの裁判（審判）が確定した場合は，裁判所書記官から事件本人の本籍地市区町村長に対し通知がされます（家事事件手続規則130条・134条・136条，人事訴訟規則31条・17条）ので，当事者が届出をしないときは，市区町村長は管轄局の長の許可を得て，戸籍の処理をすることになります（【問245】参照）。

(3) 添付書類

添付書類は，裁判（審判）の謄本及び確定証明書になります。

なお，裁判所から通知がされているときは，確定証明書の添付は不要となります（昭和29年12月24日民事甲2601号回答）。

11 親権（管理権）届

親権とは，子の利益のために子を監護・養育するため，その子の親（父母・

— 419 —

第9　届書の審査方法

養父母）に認められた権利及び義務をいいます（民法820条）。親権の内容は，後述するように，子の身上に関するものと，財産に関するものに大別されます。

【問256】 未成年の子が婚姻をしたときは，親権に服さなくなるのでしょうか。また，その婚姻が取り消されたときは，どのようになるのでしょうか。

　民法753条は，「未成年者が婚姻をしたときは，これによって成年に達したものとみなす。」と規定しています。これを成年擬制といいます。したがって，未成年の子が婚姻をしたときは，親権に服さなくなります。その後，その婚姻が，取消し，離婚，配偶者の死亡などによって解消した場合にも，20歳未満だからといって，いったん与えられた擬制の効果が失われ，再び親権に服することはないと解されています。ただし，戸籍先例は，婚姻年齢違反の理由で取り消され，しかも，その際なお不適齢である場合に限り，再び親権に服するものとしています（昭和30年5月28日民事（二）発201号回答）。なおこの場合，夫婦の一方が婚姻適齢に達していないために取り消されたときは，婚姻適齢に達している他の一方の成年擬制の効果は失われないとしています（昭和31年2月18日民事（二）発60号回答）。

(1)　親権者

ア　嫡出子の親権者

(ア)　父母が婚姻中である場合

　嫡出子の父母は，婚姻継続中は，原則として，共同して親権を行使することになります。共同親権者である父母の一方が，後見開始の審判や親権喪失宣告を受けて法律上親権を行使できないとき，又は行方不明や重病のため事実上親権を行使できないときは，他の一方が行使する（民法818条3項ただし書）ことになります。また，準正嫡出子の場合は，嫡出子の身分を取得したとき（民法789条）から，父母が共同して親権を行使することになります。

－ 420 －

第9 届書の審査方法

(イ) 父母の一方が死亡した場合

　共同親権者である父母の一方が死亡したときは，生存する他の一方が単独親権者として親権を行使することになります。

【問257】 父母の婚姻前に生まれた嫡出でない子を，母の死亡後に父が認知すると準正子となりますが，この場合の親権者は誰になるのでしょうか。

　父母の婚姻と父の認知という二つの要件により，嫡出でない子は，準正子（民法789条）となります。母の死亡後に認知されたときも同様です。認知の効力は，婚姻時にさかのぼりますので，父が単独親権者となります（昭和25年12月4日民事甲3089号回答）。この場合，母の死亡前に父母が離婚していても同様です（昭和29年10月23日民事甲2206号回答）。

　(ウ) 父母が離婚した場合

　父母が離婚するときは，その一方を親権者と定めなければなりません。したがって，共同親権者である父母の婚姻が離婚によって解消したときは，協議・調停・審判又は裁判で親権者と定められた一方（民法819条1項・2項・5項，家事事件手続法39条別表二⑧・167条〜172条・244条・284条，人事訴訟法32条3項）が，単独で親権を行使することになります。ただし，子の出生前に父母が離婚した場合には，母が当然に単独親権者になります（民法819条3項本文）。この場合，子の出生後，父母の協議又はこれに代わる審判で父を親権者と定められたときに限り父（民法819条3項ただし書・5項，家事事件手続法39条別表二⑧・167条〜172条・244条・284条）になります。

　なお，共同親権者である父母の婚姻が取り消される場合については明文の規定はありませんが，離婚に関する規定を類推適用し，審判又は裁判で定められた一方が，単独で親権を行使することになります。

　イ　嫡出でない子の親権者

　　(ア) 認知がされていない場合

　嫡出でない子の親権は，母が行うことになります（民法819条4項）。母が未

－ 421 －

第9 届書の審査方法

成年であるときは，母に対して親権を行う者が母に代わって，その嫡出でない子に対して親権を行うことになります（民法833条）。

　（イ）　認知がされた場合

　嫡出でない子を父が認知しても，父が親権者になるということはありません。認知した父を親権者とするには，父母の協議又は協議に代わる家庭裁判所の審判によることになります（民法819条4項・5項）。

【問258】 認知されていない嫡出でない子の母が死亡した後，その子を認知した父を親権者に指定する審判があった場合は，そのまま受理することができるのでしょうか。

　本問のように，単独親権者である母が死亡した場合は，その死亡により未成年後見が開始しますから，未成年後見人を選任することになります。したがって，生存親の父を親権者と指定することはできないことになります。しかし，生存親を未成年後見人とし，親権者としないことは，実質的に疑問のあるところです。この問題についての実務の取扱いは，肯定・否定の両説に分かれていました。当初の戸籍先例は，肯定説を採りました（昭和23年10月15日民事甲660号回答）が，すぐに否定説に転じ（昭和24年3月15日民事甲3499号回答）ました。その後，家庭裁判所で生存親を親権者と定める審判がされ，その旨の届出があればこれを受理する取扱いとしました（昭和25年2月6日民事甲284号回答）。また，母の生存中にその嫡出でない子を父が認知した後，母が死亡した場合に，父を親権者に指定する審判に基づく届出がされたときも，受理して差し支えないとしています（昭和48年4月25日民二3408号回答）。

ウ　養子の親権者

　（ア）　通常の場合

　未成年者が養子となった場合には，従来の実親の親権が消滅して，養親が親権者となります。この場合，養親が夫婦であるときは，共同親権者となります（民法818条2項・3項本文）。養子が更に他の養親と転縁組したときは，第1の縁組の養親は親権を失い，第2の縁組の養親が親権者になります。

- 422 -

第9　届書の審査方法

　親権者である養親の一方が親権を行うことができないときは，他の一方がこ
れを行い，離婚するときは，一方を親権者と定めなければならないこと，一方
が死亡すれば，他方の生存養親が，単独親権者になることなどは，実親が親権
者である場合と同じです。養子離縁・縁組取消しがあれば，実親の親権が復活
します。これに対して養親双方が共に死亡した場合には後見が開始し，実親の
親権は復活しないというのが，通説・先例（昭和23年11月12日民事甲3585号通達）
です。

> **【問259】**　養父母離婚の際に親権者と定められた養親のみと離縁をした場
> 合は，誰が親権者となるのでしょうか。

　親権者と定められた養親のみと離縁をしたとしても，他方の養親との縁組が
継続していますので，実親の親権は回復しません。この場合は，未成年後見が
開始することになります（昭和24年11月5日民事甲2551号回答）。

> **【問260】**　養親が死亡した後，生存養親と離縁した場合は，実親の親権が
> 復活するのでしょうか。

　養親が死亡した後，生存養親と離縁した場合は，実親の親権が復活するのか
という問題があります。生存養親と離縁したとしても死亡養親との縁組は継続
していますから，生存養親との離縁により未成年後見が開始するというのが，
戸籍先例（昭和25年3月30日民事甲859号回答）です。しかし，この場合，実親
の親権が復活すると解する説も有力です。現実には，実親の監護の下において
生活することが多いと考えられますので，現実を重視すると，実親の親権復活
説に納得がいきます。
　なお，養父母の一方の死亡後に死亡養親及び生存養親の双方と同時に離縁す
る場合（昭和37年11月29日民事甲3439号回答），養父母双方の死亡後に双方と死
後離縁する場合（昭和37年9月13日民事（二）発396号依命通知）には，実親の親
権が復活するという取扱いがされています。

- 423 -

第9　届書の審査方法

　　(イ)　養親と実親が婚姻している場合

　夫婦の一方が他の一方の子を養子にしている場合に，その養子縁組は，他方の親権を排斥するものではありませんので，養子縁組の時期が婚姻の前であると後であるとを問わず，養親と実親の夫婦が共同親権者となります（昭和25年9月22日民事甲2573号通達）（注1）。

【問261】　父母離婚の際に父を親権者と定められた子が，母の再婚後の夫と養子縁組した場合は，実父の単独親権から，実母及び養父の共同親権になるとのことですが，次のようなときは，親権者は誰になるのでしょうか。ⅰ実母と養父が離婚し，養父を親権者と定めた後，養父と離縁する場合，ⅱ実母と養父が離婚し，実母を親権者と定めた後，養父と離縁する場合。

　ⅰ実母と養父が離婚し，養父を親権者と定めた後，養父と離縁する場合は，縁組前の親権者である実父の親権が回復します（昭和26年1月10日民事甲3419号回答）。したがって，養子が15歳未満であるときは，実父が離縁協議者となります。ⅱ実母と養父が離婚し，実母を親権者と定めた後，養父と離縁する場合は，親権者は実母のまま変更はありません（昭和26年6月22日民事甲1231号回答）。したがって，養子が15歳未満であるときは，親権者である実母が協議離縁者となります。

エ　親権者の変更

　父母の一方が単独親権者である場合に，子の利益のため必要があると認められるときは，家庭裁判所は，子の親族の請求によって，親権者を他の一方に変更することができます（民法819条6項，家事事件手続法39条別表二⑧・167条〜172条・244条・284条）。例えば，単独親権者となった父又は母が，子の福祉のための親権者であるのは不適当であることが後に分かった場合，その他の事情の変更によって，親権者を他方に交替するのが適当だとする場合がこれに当たります。

－ 424 －

第9 届書の審査方法

【問262】単独親権者となっていた母が死亡したときは，生存している父に親権者を変更することはできるのでしょうか。また，父に変更する審判がされたときは，どのように取り扱うのでしょうか。

単独親権者となっていた母が死亡したときは，未成年後見が開始しますから，未成年後見人を選任する必要があります。しかし，家庭裁判所で親権者変更の審判がされ，その届出があったときは，受理して差し支えありません（昭和26年9月27日民事甲1804号回答）。さらに，この場合に生存親がいったん未成年後見人に選任された後，その者を親権者とする親権者変更の審判が確定し，その旨の届出があったときはこれを受理し，これに基づく戸籍の記載をして，職権によって後見終了の記載をして差し支えないとしています（昭和50年7月2日民二3517号回答）。また，離婚の際に親権者に指定された親が死亡した後，生存親を親権者に指定する審判は違法ですが，その審判に基づき親権者指定の届出があった場合には，これを親権者変更届に訂正させた上，受理するのが相当であるとする先例もあります（昭和54年8月31日民二4471号通達）（注2）。

(2) **親権の内容**

　ア　**親権の内容**

親権の内容は，未成年の子の身上に関するものと，財産に関するものがあります。身上に関する権利義務としては，①監護及び教育の権利義務（民法820条），②居所指定権（民法821条），③懲戒権。ただし，子の利益のために行われる監護及び教育に必要な範囲内で認められること。（民法822条），④職業許可権（民法823条），⑤親権の代行（民法833条），親権の代行については，未成年者でも婚姻すれば成年者とみなされます（民法753条）から，自分で親権を行うことができます。したがって，親権の代行が問題になるのは，嫡出でない子を生んだ未成年の母又はその子を認知した未成年の父が親権者に定められた場合です。この場合には，代行者は，親権の内容とされている一切の事項を代理行使することが認められています。また，親権者は，子がする身分行為について

－ 425 －

第9　届書の審査方法

は，代理権はもとより，同意権も有しませんが，例外として，特別な規定によって代理権が与えられている場合に限り（民法775条・787条・791条3項・797条・804条・811条2項・815条など），⑥身分行為の代理権を有しています。

イ　利益相反行為についての親権の制限

　利益相反行為とは，その性質上，親権者の利益にはなるが，未成年者のためには不利益な行為，又は親権に服する子の一方のためには利益であって他方のためには不利益な行為のことです。このように親権を制限しているのは，子の利益を保護するためのものです。

　ところで，戸籍届出のときに利益相反行為が問題となるのは，嫡出でない子の母が，夫とともにその子を養子とした後，養子が15歳に満たないうちに離縁する場合です。未成年者と離縁する場合において，養親が夫婦であるときは夫婦がともにしなければならないとされています（民法811条2項）。この場合，実母である養親は，実子の縁組前の法定代理人であることから，離縁後の法定代理人となるべき者ですので，この離縁に当たっては養親であり，かつ，子の離縁後の法定代理人であることになり，自ら二つの立場で離縁の協議をすることになります。この協議の結果，子は養子として得た嫡出子の身分が離縁によって嫡出でない子の身分に戻ってしまうことになり，親子の利益が相反する行為となるため，子のために離縁後の法定代理人である実母に代わって離縁の協議をする者として，家庭裁判所において特別代理人を選任した上，離縁することになります（昭和23年11月30日民事甲3186号回答）。また，実母と養父が離婚し，養父と離縁した後，子が15歳未満のうちに更に実母と離縁するときも同様です。

(3)　親権の喪失

　平成23年の民法等の一部を改正する法律（平成23年法律第61号，平成24年4月1日施行）により，身上監護に関する総則規定といわれている民法820条に「子の利益のために」との文言が挿入され，親権が子の利益のために行使されなければならないことが明示されるとともに，懲戒権の規定の見直し，親権停止制度の創設，親権及び管理権の喪失原因の見直し，親権喪失等の審判の請求権者

の追加等がされ，さらに，法人の未成年後見人の許容等未成年後見制度の見直しがされました。この改正法には，戸籍法の一部改正もあり，その内容は，親権喪失等の審判が確定した場合の裁判所書記官による戸籍記載の嘱託等が新設され，親権者による親権喪失又は管理権喪失の宣告が確定した旨の届出が廃止される一方で，親権停止の審判を取り消す裁判が確定した場合の届出等が新設されました。

ア　親権喪失の審判

　改正後の民法834条は，「父又は母による虐待又は悪意の遺棄があるときその他父又は母による親権の行使が著しく困難又は不適当であることにより子の利益を著しく害するときは，家庭裁判所は，子，その親族，未成年後見人，未成年後見監督人又は検察官の請求により，その父又は母について，親権喪失の審判をすることができる。ただし，2年以内にその原因が消滅する見込みがあるときは，この限りでない。」としています。また，児童相談所長もこの審判の請求をすることができます（児童福祉法33条の7）。

　改正法は，親権喪失の原因を「父又は母による虐待又は悪意の遺棄があるときその他父又は母による親権の行使が著しく困難又は不適当であることにより子の利益を著しく害するとき」と明示しました。このような原因があるときに親権喪失の審判を請求することができるとし，また，その請求権者の追加をしました。ただし，親権喪失の原因がある場合でも，2年以内にその原因が消滅する見込みがあるときは，親権喪失の審判をすることができないとしましたが，その代わりに，2年以内の期間に限って親権を行うことができないようにする親権停止制度を創設しました。

　父母の一方が親権喪失の審判を受けると，他方の単独親権となり，単独の親権者が親権喪失の審判を受けると，後見が開始します（民法838条1号）。

　この親権喪失の審判が確定すると，裁判所書記官から戸籍記載の嘱託（家事事件手続法116条，家事事件手続規則76条）がされることになります。

第9　届書の審査方法

・戸籍記載例（法定記載例番号108）

　子の身分事項欄

親　　　権　　【親権喪失の審判確定日】平成３０年６月１日

　　　　　　　【親権喪失者】父

　　　　　　　【記録嘱託日】平成３０年６月４日

イ　親権停止の審判

　この制度は，前記のとおり，平成23年の法改正で創設（民法834条の２）され
たものです。親権の行使が著しく困難又は不適当な状況にはあるが，その程度
が，親権喪失の審判をするには至っていないと判断される親権及び管理権の喪
失，つまり，短期間のうちに親権喪失の原因が消滅すると見込まれる親権及び
管理権の喪失（例えば，治療行為等が短期で終了することが見込まれる医療ネ
グレクトの事案）が該当します。審判の請求権者は，子，その親族，未成年後
見人，未成年後見監督人又は検察官です。また，児童相談所長もこの審判の請
求をすることができます（児童福祉法33条の７）。

　なお，親権停止中であっても，15歳未満の者を養子とする縁組について，養
子となる者の父母で親権を停止されているものがあるときは，その同意を得な
ければならないとされています（民法797条２項後段）。

　父母の一方が親権停止の審判を受けると，他方の単独親権となり，単独の親
権者が親権停止の審判を受けると，後見が開始します（民法838条１号）。

　この親権停止の審判が確定すると，裁判所書記官から戸籍記載の嘱託（家事
事件手続法116条，家事事件手続規則76条）がされることになります。

・戸籍記載例（法定記載例番号109）

　子の身分事項欄

親　　　権　　【親権停止の審判確定日】平成３０年７月３日

　　　　　　　【親権停止者】父

　　　　　　　【親権停止期間】２年間

【記録嘱託日】平成３０年７月６日

ウ　管理権喪失の審判

改正後の民法835条は，「父又は母による管理権の行使が困難又は不適当であることにより子の利益を害するときは，家庭裁判所は，子，その親族，未成年後見人，未成年後見監督人又は検察官の請求により，その父又は母について，管理権喪失の審判をすることができる。」としています。また，児童相談所長もこの審判の請求をすることができます（児童福祉法33条の7）。改正前の民法835条では，管理権喪失の原因が「親権を行う父又は母が，管理が失当であったことによってその子の財産を危うくしたとき」としていましたが，改正法は，「父又は母による管理権の行使が困難又は不適当であることにより子の利益を害するとき」と改めました。

この喪失の審判を受けた者は，子の財産を管理する権限を失いますが，子の身上に関する権限には影響がなく，その範囲では親権を喪失しません。

この管理権喪失の審判が確定すると，裁判所書記官から戸籍記載の嘱託（家事事件手続法116条，家事事件手続規則76条）がされることになります。

・戸籍記載例（法定記載例番号108）

子の身分事項欄

| 親　　　権 | 【管理権喪失の審判確定日】平成３０年６月１日
【管理権喪失者】父
【記録嘱託日】平成３０年６月４日 |

エ　親権喪失，親権停止又は管理権喪失の審判の取消し

親権喪失，親権停止又は管理権喪失の原因が消滅したときは，本人又はその親族の請求によって，家庭裁判所は，それぞれ親権喪失，親権停止又は管理権喪失の審判を取り消すことができるとしています（民法836条）。これらの審判が確定すると，裁判所書記官から子の本籍地の戸籍事務を管掌する者に対し，通知がされます（家事事件手続規則95条）。また，これら取消しの審判が確定し

第9 届書の審査方法

たときは，その審判を請求した者は，戸籍の届出をしなければなりません（戸籍法79条）。

親権喪失取消しの届出がされた場合の戸籍記載例は，次のようになります。

・戸籍記載例（法定記載例番号110）

子の身分事項欄

| 親　　権 | 【親権喪失の審判取消しの裁判確定日】平成３１年９月 3 日
【親権喪失取消者】父
【届出日】平成３１年９月９日
【届出人】親族　乙原清吉
【従前の記録】
　【親権喪失の審判確定日】平成３０年６月１日
　【親権喪失者】父
　【記録嘱託日】平成３０年６月４日 |

オ　親権又は管理権の辞任及び回復

民法837条１項は，「親権を行う父又は母は，やむを得ない事由があるときは，家庭裁判所の許可を得て，親権又は管理権を辞することができる。」と規定しています。やむを得ない事由とは，親権者の長期不在や嫡出でない子の母が，子を連れずに（親元に預けて）婚姻する場合などが考えられます。家庭裁判所の許可を必要としたのは，子の福祉を考えないでみだりに辞任したり，他からの不当な圧力による不本意な辞任がされるのを防ぐためです。

親権又は管理権の辞任事項は，子の身分事項欄に次のように記載します。

・戸籍記載例（法定記載例番号112）

子の身分事項欄

| 親　　権 | 【親権（管理権）辞任日】平成３０年６月１３日
【親権（管理権）辞任者】父 |

－ 430 －

第9　届書の審査方法

辞任は，届出によって効力を生ずることになり，届出には，家庭裁判所の許可書謄本を添付することになります。

辞任後にその辞任の事由が止んだときは，家庭裁判所の許可を得て，親権又は管理権を回復することができます（民法837条2項）。回復についても，辞任の場合と同様，届出によって効力が生ずることになり，届出には，家庭裁判所の許可書謄本を添付することになります。

親権又は管理権の回復事項は，子の身分事項欄に次のように記載します。

・・戸籍記載例（法定記載例番号113）

子の身分事項欄

親　　　権　【親権（管理権）回復日】平成31年7月15日

　　　　　　【親権（管理権）回復者】父

(4)　届書の審査方法

ここでは，親権届と婚姻届等の届出に付帯して届書「その他」欄に親権に関する記載がある場合の審査方法を併せて，説明することにします。

ア　父母離婚後に出生した子について，父母の協議で父を親権者と定める届出をする場合

① 「未成年者の氏名・生年月日・住所・本籍」欄

該当する未成年者の氏名・生年月日・住所・本籍の記載に間違いないかを審査します。

② 「親権者の氏名・生年月日・住所・本籍」欄

親権者と定められた者（本例では父）の氏名・生年月日・住所・本籍の記載に間違いないかを審査します。

③ 「届出事件の種別」欄

「□親権者指定」の□にチェックが，また，父母の協議ですから，「□父母（養父母）」の協議の□にチェックがされているかを審査します。

④ 「届出人」欄

父を親権者と定めたときですから，「資格」欄の左側の親権者「（□父）」の

- 431 -

第9 届書の審査方法

□にチェックが，右側の（親権者指定の協議の相手方が書いてください）の親
権者「(□母)」の□にチェックがされているか，また，それぞれの署名押印
がされているかを審査します。

⑤ 「その他」欄

父母の協議により親権者を父と定めると記載されているかを審査します。

なお，父母の協議に代わる裁判による親権者指定の届出は，「届出事件の種
別」欄の「□審判」の□にチェックがされ，また，その確定年月日が記載され
ているかを審査します。この場合は，「その他」欄に「親権者を父と定める審
判確定，審判の謄本及び確定証明書を添付する。」と記載することになります。

イ 父から母に親権者を変更する審判書を添付した親権者変更届出をす
る場合

① 「未成年者の氏名・生年月日・住所・本籍」欄

該当する未成年者の氏名・生年月日・住所・本籍の記載に間違いないかを審
査します。

② 「親権者の氏名・生年月日・住所・本籍」欄

変更後の親権者（本例では母）の氏名・生年月日・住所・本籍の記載に間違
いないかを審査します。

③ 「届出事件の種別」欄

「□親権者変更」の□にチェックが，また，審判によるものですから，「□審
判」の□にチェックが，その確定年月日が記載されているかを審査します。

④ 「届出人」欄

親権者を父から母に変更ですから，左側の親権者「(□母)」の□にチェッ
クがされ，その署名押印がされているかを審査します。

⑤ 「その他」欄

親権者を母に変更の審判確定，審判の謄本及び確定証明書を添付すると記載
されているかを審査します。

－ 432 －

第9 届書の審査方法

ウ　親権喪失の審判を受けた親権者父について親権喪失取消しの審判が
　　確定した届出を親族からする場合

①　「未成年者の氏名・生年月日・住所・本籍」欄

　該当する未成年者の氏名・生年月日・住所・本籍の記載に間違いないかを審
査します。

②　「親権者の氏名・生年月日・住所・本籍」欄

　親権喪失取消しの審判を受けた親権者（本例では父）の氏名・生年月日・住
所・本籍の記載に間違いないかを審査します。

③　「事件の種別」欄

　「親権喪失取消」の□にチェックが，また，審判によるものですから，「□審
判」の□にチェックが，その確定年月日が記載されているかを審査します。

④　「届出人」欄

　親権喪失取消しの審判を申し立てた人，例えば，親族であれば「□その他」
の□にチェックがされ，その者の住所及び本籍の記載に間違いないかを，署名
がされているかを審査します。

⑤　「その他」欄

　親権者父の親権喪失取消しの審判確定，審判の謄本及び確定証明書を添付す
ると記載されているかを審査します。

エ　離婚した父母が再婚する場合の婚姻届書「その他」欄に記載がある
　　場合

　離婚した父母が再婚することにより，子は父母の共同親権に服することにな
ります。この場合は，婚姻届書の「その他」欄に「この婚姻により父母の共同
親権に服する者の氏名及び生年月日」の記載があるかを審査します。例えば，
「この婚姻により父母の共同親権に服する者の氏名及び生年月日，長女　甲野
花子　平成25年4月10日生」のように記載されているかです。

オ　父母離婚の際，父を親権者と定められた未成年の子が，父の後妻と
　　縁組する場合の届書「その他」欄に記載がある場合

　養子縁組により養子は養親の親権に服することになります。本例は，父の後

- 433 -

第9　届書の審査方法

妻との縁組ですから，縁組により，父と養母との共同親権に服することになります。この場合は，養子縁組届書の「その他」欄に「養子はこの縁組により，父と養母との共同親権に服する。」旨の記載があるかを審査します。

　この場合，子の身分事項欄に職権により「平成30年10月10日甲野竹子と養子縁組したため父及び養母の共同親権に服するに至る同月12日記載㊞」と記載します。

　コンピュータ記載は，次のとおりです。

親　　権	【共同親権に服した日】平成３０年１０月１０日
	【親権者】父及び養母
	【記録日】平成３０年１０月１２日
	【特記事項】甲野竹子と養子縁組したため

（注１）昭和25年9月22日付け民事甲2573号通達

　　　　配偶者の一方が他の一方の子を養子とし，又は養親が養子の実親と婚姻した場合に養子が未成年者であるときは，民法第818条第3項の規定によつて養親と実親とが共同して養子の親権を行使するものと解されているところ，この場合における養親及び実親の親権者としての地位には互いに優劣の差を認むべきものではないから，右の養親と実親が離婚する場合は，同法第819条第1，2項の規定により，その協議で，その一方を養子の親権者と定めるのが相当であると思考される。従つて，右の場合において養親と実親との離婚後は，同法第818条第2項の規定によつて，当然養親のみが養子の親権を行使すると解していた従前の取扱は，これを改める。

（注２）昭和54年8月31日付け民二4471号通達

　　　　離婚の際の指定親権者死亡後，他方実親を親権者と定める審判が確定し，その謄本を添付してされた親権者指定届を受理して差し支えないかとの照会に対し，親権者変更届に変更させた上，受理して差し支えないとしたものです。この通達は，昭和41年4月5日付け民事（二）発355号回答（親権者指定後更に親権者を指定することは理論上あり得ないから，その審判に基づく親権者指定届はもちろん，親権者変更届も受理すべきでない。）を変更したものです。

第9　届書の審査方法

12　未成年者の後見届

(1)　未成年後見の開始

　未成年後見は，未成年者に対して親権を行う者がないとき，又は親権を行う者が管理権を有しないときに開始します（民法838条1号）。親権を行う者がないときとは，①親権者が，家庭裁判所の許可を得て親権又は管理権を辞したとき，②親権者について，親権喪失，親権停止若しくは管理権喪失の審判があったとき，③親権者がいてもその親権者が，精神上の障害による事理弁識能力が喪失し成年後見人が選任されているとき，④親権者が，例えば，重病，長期不在，所在不明などで，事実上親権を行使することができないときです。

　上記の理由により後見が開始したからといって，当然に未成年後見人が置かれることはないようです。実際には，親権者がいなくても，未成年者は，親戚などによって事実上監護されていることが多いためといわれています。したがって，未成年後見が必要となるのは，子に財産があって，その管理者を置く必要がある場合や，15歳未満の未成年者が養子縁組する必要のため（代諾者が必要となる場合）や，遺産分割しなければならないときに選任の申立てをする場合です。

　未成年後見人の選任方法は，二つあります。一つは，親権者の遺言によって指定する方法です。未成年者に対して最後に親権を行う者は，遺言で未成年後見人を指定することができる（民法839条1項本文）としています。遺言により指定された未成年後見人を指定未成年後見人といいます。もう一つは，指定がないときです。この場合は，家庭裁判所は，未成年被後見人又はその親族その他の利害関係人の請求により，未成年後見人を選任します（民法840条）。また，平成23年の改正法は，父又は母が親権喪失の審判を受けた場合のみならず，親権停止の審判を受けた場合についても，そのような父又は母には，遅滞なく家庭裁判所へ未成年後見人の選任請求をしなければならないとし，義務を課しました（民法841条）。これを選定未成年後見人といいます。

－ 435 －

第9　届書の審査方法

ア　未成年後見開始の原因及び年月日は，次の表のようになります。

開始の原因	開始の年月日
親権者の死亡	親権者死亡の日
親権者の行方不明・心神喪失など	親権を事実上行使することができなくなった日（行方不明の日が明らかでないときは，行方不明になったことを知った日）（注1）
親権又は管理権喪失若しくは親権停止の審判	審判が確定した日
親権又は管理権の辞任	辞任届の日
親権者に対する後見開始・保佐開始の審判	審判が確定した日
未成年後見人指定の遺言	遺言が効力を生じた日（遺言者死亡の日）

イ　未成年後見人が就職した日

　㋐　指定未成年後見人の場合

未成年後見人指定の遺言が効力を生じた日（遺言者の死亡日）です。

　㋑　選定未成年後見人の場合

未成年後見人選任の審判が未成年後見人に告知された日です（家事事件手続法74条2項）。口頭によって告知された場合には，その告知の時に，審判書謄本の送付の方法による告知の場合には，それが未成年後見人に到達した時になります。

⑵　**未成年後見の機関**

未成年後見の機関には，執行機関としての後見人と，監督機関としての後見監督人及び家庭裁判所の三者があります。

未成年後見人には，一定の欠格事由（民法847条）がある者を除き，誰でもなることができます。また，未成年後見人の数は，平成23年の法改正前は一人でなければならないとしていましたが（改正前民法842条，改正により削除），数人の未成年後見人を指定又は選任できるのみならず，法人も未成年後見人となることができるとしてます（民法840条3項）。

－ 436 －

(3) 未成年後見の終了

　未成年後見の終了原因は，未成年被後見人の死亡，未成年被後見人の成年到達，婚姻（成年擬制による），養子縁組（養親が親権者となる），未成年被後見人に対する親権者の出現（昭和37年２月13日民事甲309号回答）などです。これらを，絶対的終了原因（後見そのものが全面的に消滅し，以後、後見を必要としないもの。）といいます。また，未成年後見人の死亡，辞任，解任，欠格事由の発生などにより未成年後見が終了します。これらを，相対的終了原因（後見は終了しないが，後見人が交代する場合）といいます。

　未成年後見終了の原因及び年月日は，次の表のようになります。

終了の原因	終了の年月日
未成年被後見人が成年に達したとき	成年に達した日
未成年被後見人の婚姻	婚姻の日
未成年被後見人の養子縁組又は離縁によって，養親又は実父母の親権に服することになったとき	養子縁組の届出又は離縁の届出の日
父母の親権又は管理権喪失若しくは親権停止取消し審判	審判が確定した日
父母が親権又は管理権を回復したとき	回復の届出の日
行方不明の親権者の所在が判明したとき	現実に親権を行使しうる状態に至ったとき（注２）

> 【問263】未成年後見は，婚姻又は養子縁組により終了するとのことですが，具体的にはどのように処理をするのでしょうか。また，戸籍には，未成年後見が終了した旨を記載するのでしょうか。

　婚姻又は養子縁組により未成年者の後見が終了するときは，婚姻又は養子縁組届書の「その他」欄に，「夫（又は妻）何某（又は養子何某）は，婚姻（又は養子縁組）により未成年後見が終了する。」旨の記載をすることになります。婚姻により成年に達したものとみなされます（成年擬制）が，特に，未成

－ 437 －

第9　届書の審査方法

年後見が終了した旨の記載をしてほしいとの申出がない限り，未成年後見終了事項の記載をすることは要しません（昭和54年8月21日民二4391号通達二1）。

　(4)　**届書の審査方法**

　未成年者の後見届については，親権者の死亡により親権を行う人がないときについて，説明することにします。

　　ア　遺言による未成年者の後見届をする場合

　遺言執行者が，遺言書の謄本を添付して，その就職の日から10日以内に届出をすることになります。

　①　「後見を受ける人」欄

　未成年被後見人の氏名，生年月日，住所及び本籍の記載に間違いないかを審査します。

　②　「後見をする人」欄

　「□未成年後見人」の□にチェックがされているかを審査します。この未成年後見人は，遺言（公正証書遺言等）により指定された者になりますので，その者の氏名，生年月日，住所及び本籍の記載に間違いないかを審査します。

　③　「届出事件の種別・原因」欄中「開始（就職）」欄

　この場合は，「□親権を行う人がいない」の□にチェックがされているかを審査します。また，その開始年月日は，親権者死亡の日になります。

　④　「その他」欄

　例えば，公正証書遺言を添付すると記載されているかを審査します。

　⑤　「届出人署名押印」欄

　届出人の署名押印を確認します。

　⑥　添付書類

　添付書類は，遺言書です。公正証書遺言のときは，公正証書遺言の謄本，自筆証書遺言のときは，その謄本と家庭裁判所の検認を受けた旨の証明書が必要となります。

　　イ　未成年後見人選任の審判による場合

　未成年後見人として選任された者が，審判書の謄本を添付して，その就職の

－ 438 －

第9　届書の審査方法

日から10日以内に届出をすることになります。

①　「後見を受ける人」欄

上記アと同じです。

②　「後見をする人」欄

「□未成年後見人」の□にチェックがされているかを審査します。この未成年後見人は，審判により選任された者になりますので，その者の氏名，生年月日，住所及び本籍の記載に間違いないかを審査します。

③　「届出事件の種別・原因」欄中「開始（就職）」欄

上記アと同じです。

④　「その他」欄

未成年後見人選任の審判書の謄本を添付すると記載されているかを審査します。

⑤　「届出人署名押印」欄

上記アと同じです。

⑥　添付書類

審判書の謄本です。

（注1）昭和29年9月25日民事甲1935号回答，昭和40年10月19日民事（二）発407号回答

（注2）昭和37年2月13日民事甲309号回答

13　死亡届

死亡届は，届出事件の中でも最も多い事件の一つです。ここでは，審査のポイントのみについて，触れることにします。

民法882条は，「相続は，死亡によって開始する。」と規定しています。そして，死亡届は，速やかに届出することを義務付けています（戸籍法86条1項・戸籍法87条1項）。これは，相続関係をいち早く確定するため及び戸籍の公証機能の要請からです。また，戸籍には，被相続人の死亡の年月日時分及び死亡地を記載することとしています（法定記載例番号138参照）。

- 439 -

第9　届書の審査方法

　そこで，死亡届の審査は，死亡の事実を確認する必要があります。そのた
め，届書には，死亡診断書又は死体検案書を添付しなければならないとしてい
ます（戸籍法86条2項）。これは，死亡という事実を戸籍に記載するための担保
の一つです。また，やむを得ない事由によって，診断書等を得ることができな
いときは，死亡の事実を証すべき書面を提出させた上，届書に診断書等を得る
ことができない事由を記載しなければならないとしています（同条3項）。こ
の場合には，管轄局の長に指示を求めることとされています（昭和23年12月1
日民事甲1998号回答）。この指示を求める取扱いも，死亡という事実を戸籍に記
載するための担保の一つです。

　届書の審査の重要な点の一つに，死亡時分があります。死亡診断書の「死亡
したとき」欄にその時間を記載することとされています。この死亡時分で問題
になるのは，午前12時と午後12時ではないかと思われます。例えば，死亡診断
書の「死亡したとき」欄の記載が，「平成30年10月1日午前12時」となってい
るときは，どうでしょうか。また，「平成30年10月1日午後12時」ではどうで
しょうか。前者の場合は，「平成30年10月1日午後0時」であり，後者の場合
は，「平成30年10月2日午前0時」ということになるのではないでしょうか。
戸籍にする死亡時分の記載は，正子の刻は「午前零時」，正午の刻は「午後零
時」と記載する（大正3年4月8日民事586号回答）というのが，古くからの取
扱いです。この点をよく注意して審査し，不明の場合は，診断書を作成した医
師等に確認して，処理する必要があります。

> **【問264】** 親子が同日時に死亡したとする死亡診断書を添付した届出があ
> 　　　　りましたが，このような場合の相続関係はどのようになるのでしょう
> 　　　　か。

　相続は，被相続人の死亡と同時に開始し，被相続人に属した一切の財産上の
権利義務が直ちに相続人に移転します（民法896条）。相続人に移転するために
は，相続開始の時点において，相続人が権利能力者として，存在していなけれ
ばなりません。これを同時存在の原則といいます。これは，たとえ一瞬たりと

－ 440 －

第 9　届書の審査方法

も無主の財産が存在することは，近代法秩序にとって好ましくないからです。

　この原則の結果，一方が死亡すれば他方が相続し得る関係にある二人，本問にあるように，親子が，同時に死亡した場合（民法32条の2「同時死亡の推定」参照）には，一方の相続開始当時，他方は死亡によって権利能力を失っていますから，相続における同時存在の原則により，この両者の間では相続の問題を生じないことになります（昭和33年10月27日民事（二）発510号回答）。

【問265】　高齢者につき死亡と認定され，既に除籍されている者について死亡の届出がありましたが，この届出は受理することができるのでしょうか。受理できるとした場合，その者の戸籍が既に除籍となっているときは，どのように処理すればよいのでしょうか。

　高齢者につき死亡と認定され，管轄局の長の許可を得て，戸籍が消除された者についての死亡の届出がされたときは，その届出を受理し，死亡の記載をすることになります。この場合，記載すべき戸籍が除籍となっているときは，戸籍を回復することなく，高齢者消除事項の次行に死亡事項を記載し，高齢者消除事項の記載は，管轄局の長の許可を得て消除します。この高齢者消除事項の記載を消除するとともに，戸籍消除事項を消除の上，改めて戸籍消除をしますので，除籍簿の編てつ替えを要することになります。例えば，高齢者消除により戸籍消除となり，除籍簿に編てつされた年が平成9年で，高齢者消除事項を消除したのが平成30年であれば，平成9年の除籍簿から，平成30年の除籍簿に編てつ替えすることになります。

【問266】【問265】の場合，コンピュータシステムを用いて処理しているときは，どのように処理するのでしょうか。

　紙戸籍と同様，戸籍を回復せずに，死亡事項を記載し，管轄局の長の許可を得て高齢者消除事項の記載を消除し，戸籍消除の【消除日】を消除する訂正をした上で，改めて戸籍消除をすることになります。

　それでは，参考記載例番号169の事例を用いて，説明することにします。こ

－ 441 －

第9　届書の審査方法

れは，非本籍地受理の死亡届が本籍地へ未着のため近親者からの資料の提出があった場合です。この場合は，管轄局の長の許可を得て死亡の記載をすることになりますが，この許可と同時に高齢者消除事項を消除する許可を得てすると，一度に訂正処理をすることができることになります。

　具体的なコンピュータ記載例は，次のようになります。

図1　死亡の届出前の除籍

除　　　籍	全 部 事 項 証 明
本　　　籍	東京都千代田区平河町一丁目4番地
氏　　　名	甲野　義太郎
戸籍事項 　戸籍改製	【改製日】平成15年4月1日 【改製事由】平成6年法務省令第51号附則第2条第1項による改製
戸籍消除	【消除日】平成29年2月20日
戸籍に記録されている者 除　　　籍	【名】義 太 郎 【生年月日】明治39年6月26日 【父】甲野幸雄 【母】甲野松子 【続柄】長男
身分事項 　出　　　生	（出生事項省略）
高齢者消除	【高齢者消除の許可日】平成29年2月18日 【除籍日】平成29年2月20日

第9　届書の審査方法

図2　死亡届による死亡の記載をした除籍

除　　籍	全 部 事 項 証 明
本　　籍	東京都千代田区平河町一丁目4番地
氏　　名	甲野　義太郎

戸籍事項	
戸籍改製	【改製日】平成15年4月1日 【改製事由】平成6年法務省令第51号附則第2条第1項による改製
戸籍消除	【消除日】平成29年2月20日

戸籍に記録されている者	
除　　籍	【名】義 太 郎 【生年月日】明治39年6月26日 【父】甲野幸雄 【母】甲野松子 【続柄】長男

身分事項	
出　　生	（出生事項省略）
高齢者消除	【高齢者消除の許可日】平成29年2月18日 【除籍日】平成29年2月20日
死　　亡	【死亡日】昭和62年8月6日 【死亡時分】推定午前5時 【死亡地】富山県魚津市 【届出日】昭和62年8月7日 【届出人】同居者　乙川英助 【受理者】富山県魚津市長 【許可日】平成30年3月24日 【除籍日】平成30年3月26日

- 443 -

第9　届書の審査方法

図3　高齢者消除事項の記載を消除した除籍

除　　　籍	全 部 事 項 証 明
本　　　籍	東京都千代田区平河町一丁目4番地
氏　　　名	甲野　義太郎
戸籍事項 　戸籍改製	【改製日】平成15年4月1日 【改製事由】平成6年法務省令第51号附則第2条第1項に 　　　　　　よる改製
消　　除	【消除日】平成30年3月26日 【消除事項】戸籍消除事項 【従前の記録】 　　　【消除日】平成29年2月20日
戸籍消除	【消除日】平成30年3月26日
戸籍に記録されている者 除　　　籍	【名】義 太 郎 【生年月日】明治39年6月26日 【父】甲野幸雄 【母】甲野松子 【続柄】長男
身分事項 　出　　生	（出生事項省略）
死　　亡	【死亡日】昭和62年8月6日 【死亡時分】推定午前5時 【死亡地】富山県魚津市 【届出日】昭和62年8月7日 【届出人】同居者　乙川英助 【受理者】富山県魚津市長 【許可日】平成30年3月24日 【除籍日】平成30年3月26日
消　　除	【消除日】平成30年3月26日 【消除事項】高齢者消除事項 【消除事由】記録誤記 【許可日】平成30年3月24日

第9　届書の審査方法

| | 【従前の記録】
　　【高齢者消除の許可日】　平成２９年２月１８日
　　【除籍日】　平成２９年２月２０日 |

　図１は，死亡の届出がされる前の戸籍（除籍）です。

　図２は，管轄局の長の許可を得て死亡の記載を終了した段階のものです。この段階では，高齢者消除事項は，消除されていません。

　図３は，高齢者消除事項の記載を消除する戸籍訂正後のものです。身分事項欄の高齢者消除事項を消除する訂正と戸籍事項欄の戸籍消除事項を消除する訂正をし，改めて戸籍消除をすることになります。これにより，平成29年の除籍から平成30年の除籍へ入れ替えができることになります。

14　失踪届

　失踪宣告は，不在者の生死が一定期間（失踪期間）明らかでないときにおいて，利害関係人の請求により家庭裁判所が行います（民法30条）。この宣告を受けた者は，失踪期間満了時（危難失踪については危難の去った時）に死亡したものとみなされ（民法31条），失踪者について相続が開始し，婚姻が解消するなど死亡と同様の法律効果を生じることになります。

　失踪届は，失踪宣告の裁判確定の日から10日以内（戸籍法94条・63条１項）にすることになります。届出地は，失踪者の本籍地又は届出人の所在地で，届出人は，審判の申立人です。この届出には，審判の謄本及び確定証明書を添付する必要があります。

　届書の審査は，次のようになります。

　①　「失踪した人の氏名」欄

　失踪した人の氏名及び生年月日の記載に間違いないかを審査します。

　②　「最後の住所」欄

　失踪宣告審判の申立書には，不在者の最後の住所を記載して申立てをします。失踪宣告の審判書にこの最後の住所が記載されますから，その記載と同一

－ 445 －

第9　届書の審査方法

であるかを審査します。

　③　「本籍」欄

　失踪した人の本籍及び筆頭者氏名の記載に間違いないかを審査します。

　④　「死亡とみなされる年月日」欄

　例えば，普通失踪の場合，審判書中に「平成19年2月18日から…」とあれば，7年間の起算日は「平成19年2月19日」ですから，「平成26年2月18日」が，死亡とみなされる日になります。

【問267】 失踪宣告の審判書中に，行方不明となったのは「平成7年ころ」とあり，月日が明らかにされておりません。このようなときは，死亡とみなされる年月日は，いつになるのでしょうか。

　失踪宣告を受けた者について，行方不明となった年月日が明らかでなく，平成7年ころとのみしか判明していませんので，月日が確定しないことになります。このようなときは，その年に応答する年の最終日が失踪期間満了の日とされ，その日が終了した時（その日の翌日の午前零時）に死亡したものとみなされます（大正4年1月12日民事253号回答）。したがって，死亡とみなされる年月日は，平成14年12月31日が終了した時ですから，平成15年1月1日になります。

　⑤　「審判確定の年月日」欄

　確定証明書により，審判の確定日を審査します。確定証明書の記載が，例えば，「平成30年4月8日の経過により」とあるときは，「平成30年4月9日」が確定日となります。

　⑥　「その他」欄

　審判書謄本及び確定証明書を添付することになりますから，その旨が記載されているかを審査します。

　⑦　「届出人」欄

　届出人は，審判を請求した者ですから，その者の資格及び住所等の記載に間違いないかを審査します。

第9 届書の審査方法

15 生存配偶者の復氏届

離婚によって婚姻を解消したときは，離婚の効果として，婚姻によって氏を改めた者は，当然に婚姻前の氏に復することになります（民法767条1項）。これに対し，同じ婚姻の解消原因である，夫婦の一方の死亡の場合は，生存配偶者が婚姻によって氏を改めた者であっても，その者は，当然には婚姻前の氏に復しません。婚姻前の氏に復氏しようとするときの手続が，生存配偶者の復氏届です。生存配偶者が，婚姻前の氏に復氏するか否か，また，いつ復氏するかは，生存配偶者の自由意思に委ねられています。さらに，特定の者の同意や家庭裁判所の許可も必要とされておりません。

復氏届に関する戸籍先例に，次のようなものがあります。

ｉ　婚姻の際に氏を改めた者が，配偶者死亡後に復氏しないまま，婚姻中の自己の氏を称して再婚した場合であっても，生存配偶者の復氏届によって実方の氏に復することができる（昭和23年11月12日民事甲2155号回答）。

ⅱ　夫婦で養子となった後，その一方が死亡した場合，生存配偶者が婚姻によって氏を改めた者であれば，養親の氏に復することができる（昭和33年8月19日民事甲1686号回答）。

ⅲ　外国人が帰化により，日本人配偶者の氏を称した場合において，配偶者が死亡したときは，生存配偶者の復氏届をすることができる（昭和63年3月29日民二2020号通達）。

届書の審査は，次のようになります。

生存配偶者の復氏の要件は，配偶者が死亡していることですから，その確認を行います。

なお，「住所」欄及び「本籍」欄の説明は，省略します。

①　「復氏する人の氏名」欄

復氏する人の氏名及び生年月日の記載に間違いないかを審査します。

②　「復する氏」欄等

復する氏については婚姻前の実方の氏になりますから，その記載に間違いな

- 447 -

第9　届書の審査方法

いかを審査します。実方の氏が戸籍法107条1項により変更されているときは，変更後の氏になります（昭和23年1月13日民事甲17号通達（5））。また，婚姻後に養子縁組しているときは，復する氏は養親の氏になりますから，その記載に間違いないかを審査します。

　父母の氏名は，届出時の父母の氏ですから，その記載に間違いないかを審査します。

　③　「復氏した後の本籍」欄

　「□もとの戸籍にもどる」の□にチェックがされているときは，その戸籍の表示及び筆頭者の氏名の記載に間違いないかを審査します。

　「□新しい戸籍をつくる」の□にチェックがされているときは，その本籍所在地と筆頭者の氏名，この場合の筆頭者の氏は，復氏後の氏になりますから，復氏後の氏名の記載に間違いないかを審査します。

　④　「死亡した配偶者」欄

　死亡した配偶者の氏名とその死亡年月日の記載に間違いないかを審査します。これは，生存配偶者の復氏の要件である，配偶者の死亡を確認するためでもあります。

　⑤　「その他」欄

　養子縁組しているときは，養父母の氏名をこの欄に記載しますが，その記載に間違いないかを審査します。

16　姻族関係終了届

　離婚によって婚姻が解消した場合は，離婚の効果として当然に姻族関係は終了しますが，夫婦の一方の死亡による婚姻解消の場合は，生存配偶者と死亡者の血族との姻族関係は当然には終了せず，生存配偶者からする姻族関係終了の意思表示によってのみ終了させることができます。

　姻族関係終了届の審査そのものは，それほど面倒ではないと思われますので，審査方法についての説明は，省略します。

第9　届書の審査方法

17　推定相続人廃除届

　民法892条は，「遺留分を有する推定相続人（相続が開始した場合に相続人と
なるべき者をいう。以下同じ。）が，被相続人に対して虐待をし，若しくはこ
れに重大な侮辱を加えたとき，又は推定相続人にその他の著しい非行があった
ときは，被相続人は，その相続人の廃除を家庭裁判所に請求することができ
る。」と規定しています。

　推定相続人廃除の届出は，調停成立又は審判確定の日から10日以内に，調停
又は審判の申立人が，調停調書又は審判の謄本及び確定証明書を添付して，推
定相続人の本籍地又は届出人の所在地にすることになります。

　また，推定相続人廃除の取消しの届出も，上記と同様です（取消届の場合
は，確定証明書は不要です。）。

　この届出は，事件数も少ないので，審査方法についての説明は，省略しま
す。

　なお，推定相続人廃除事項は，移記事項（戸籍法施行規則39条1項6号）と
なっていますので，新戸籍を編製するときには，注意する必要があります。

18　入籍届

　入籍届という戸籍法上の届出によるのは，①子が父又は母と氏を異にする場
合に，父又は母の氏を称してその戸籍に入る場合（民法791条1項・3項，戸籍
法98条），②父又は母が氏を改めたことにより父又は母と氏を異にする子が，
婚姻中の父母の氏を称してその戸籍に入る場合（民法791条2項・3項，戸籍法
98条），③民法791条1項から3項までの規定（前述の①と②）により氏を改め
た未成年の子が，成年に達した時から1年以内に復氏する場合（民法791条4
項，戸籍法99条）です。また，④離婚・離縁等によって復氏した者について新
戸籍が編製された後，その者の婚姻又は縁組前の戸籍に在籍する子が，その新
戸籍に入る場合（昭和62年10月1日民二5000号通達第3の4（2）等）という取
扱いがありますが，これについては，戸籍法上に規定はありませんが，戸籍の

－ 449 －

第9 届書の審査方法

先例で認められた入籍の届出ができる例外的な取扱いで，同籍する入籍届と呼んでいます。

【問268】 父母が離婚し，母が，戸籍法77条の2の届出をしています。婚姻中の氏が「甲野」で離婚後も「甲野」の氏を称しています。この場合，子が母の戸籍に入籍するには，家庭裁判所の子の氏の変更許可を要することになるのでしょうか。

　民法上の氏と呼称上の氏という用語をご存じだと思います。民法が規定している氏を民法上の氏と呼び，これに対し，戸籍に記載されている氏を呼称上の氏と呼んで区別することがあります。通常は，民法上の氏と呼称上の氏は一致します。

　民法上の氏は，身分関係の変動（婚姻・縁組・離婚・離縁等）に伴って変更されます。問にあるように，夫婦が離婚するときは，婚姻の際に氏を改めた配偶者（問の場合は母）は婚姻前の氏に復することになります（民法767条1項）。例えば，婚姻前の氏が「乙野」であれば，離婚により「甲野」から「乙野」の氏に復することになるわけです。

　ところで，婚氏続称（民法767条2項，戸籍法77条の2）の届出により称している氏は，呼称上の氏です。民法791条1項は，「子が父又は母と氏を異にする場合には，子は，家庭裁判所の許可を得て（以下省略）」と規定しています。この「氏を異にする場合」の「氏」とは，民法上の氏のことです。したがって，子は，母と呼称は同一であっても民法上の氏を異にしていますから，家庭裁判所の許可を得なければ，母の戸籍に入籍することはできないことになります。この場合の許可書の記載は，「氏を「甲野」から「甲野」へ変更することを許可する。」となります。

【問269】 父母が離婚し，母が復氏しました。子は，家庭裁判所の子の氏の変更許可（「甲野」から「乙野」へ変更）を得ています。ところが，入籍の届出前に，母が戸籍法77条の2の届出により「甲野」の氏

－ 450 －

第9 届書の審査方法

> の新戸籍を編製しています。この場合，母の戸籍に入籍するには，再
> 度，子の氏の変更許可を得なければならないのでしょうか。

【問268】で説明しましたように，子の氏の変更許可は，子と母が民法上の氏を異にしているため，必要とするものです。また，戸籍法77条の2の届出による婚氏続称は，「乙野」の氏を「甲野」へ変更する（呼称上の氏を変更する）もので，民法上の氏は「乙野」ということになります。

そうすると，子の氏の変更許可は，「甲野」から「乙野」へ変更を許可するものであり，民法上の氏を変更する許可です。子の氏の変更許可審判は，審判により氏変更の効力を生ずるものではなく，氏変更の効力は，届出により初めて生ずるものです。当該審判は，民法上の氏変更を許可したものですから，改めて氏の変更許可審判を得ることなく，そのまま受理して差し支えないものと考えます。

なお，入籍届書の「入籍する戸籍または新しい本籍」欄は，「□すでにある戸籍に入る」の□にチェックし，その戸籍の表示は，当然のことながら，母の戸籍法77条の2の届出による新戸籍を記載することになります。また，「その他」欄には，「すでにある戸籍は，母の戸籍法77条の2の届出による新戸籍である」旨及び「「甲野」から「甲野」への氏変更である」旨を記載しておくとよいでしょう（後々のトラブルにならないように，これらのことを届出人に説明しておくとよいでしょう。）。

> 【問270】外国人父と日本人母との間の15歳未満の嫡出子が戸籍法107条4項により，外国人父の氏に変更し，新戸籍を編製した後，母が，戸籍法107条1項の氏変更により，子と同一呼称の氏に氏変更しています。この場合，子を日本人母の戸籍に入籍させることは，できるのでしょうか。

戸籍法107条4項に規定する家庭裁判所の許可を得て，外国人父の称している氏に変更し，新戸籍を編製した者は，自己の意思に基づいて戸籍の筆頭者と

- 451 -

第9 届書の審査方法

なったと考えられますので，分籍した者と同様，その後は，母の戸籍に入籍する取扱いは認められないとするのが従来からの戸籍事務の取扱いです。本問もそのように考えられますが，親子同氏同戸籍の原則（戸籍法6条）及び子の社会生活上の便宜等を考慮し，外国人と日本人が婚姻し，その間に出生した15歳未満の嫡出子について，法定代理人が戸籍法107条4項に規定する家庭裁判所の許可を得て，子の氏を外国人父の称している氏に変更し，その後，母が同条1項又は2項の規定により，氏変更後の子の氏と同一呼称への氏変更をした場合は，母と同籍する旨の入籍届が認められるとする先例があります（平成26年6月19日民一713号回答）ので，本問もこれによることになります。

　　ア　15歳未満の子の母の氏を称する入籍届出を法定代理人である母が
　　　し，母について新戸籍を編製する場合

　① 「入籍する人の氏名」欄

　子の氏名及び生年月日の記載に間違いないかを審査します。

　② 「住所」欄

　住民登録をしている住所及び世帯主氏名の記載に間違いないかを審査します。

　③ 「本籍」欄

　本籍及び筆頭者の氏名の記載に間違いないかを審査します。

　④ 「入籍の事由」欄

　母の氏を称する入籍ですから，「□母」の□にチェックがされているかを審査します。

　⑤ 「入籍する戸籍又は新しい本籍」欄

　本例は，離婚復籍した母について，子の入籍により新戸籍を編製する場合ですから，「□父または母の新戸籍に入る」の□にチェックがされているかを審査します。筆頭者の氏名は，母の氏名になりますので，その記載に間違いないかを審査します。

　⑥ 「父母の氏名父母との続柄」欄

　届出時の父母の氏名を記載しますので，その記載に間違いないかを審査しま

- 452 -

第9　届書の審査方法

⑦　「その他」欄

子の氏の変更許可審判書を添付すると記載されているかを審査します。

⑧　「届出人署名押印」欄

子が15歳未満の者ですから，この欄は空欄です。

以下は，下段の届出人欄です。

⑨　「資格」欄

親権者母が届出人ですから，親権者「（□母」）の□にチェックがされているかを審査します。

⑩　「本籍」欄

この本籍は，母の復籍後の本籍ですから，その記載に間違いないかを審査します。

⑪　「署名押印生年月日」欄

署名押印がされているか，生年月日の記載に間違いないかを審査します。

イ　婚姻中の養父及び実母の氏を称する入籍届出を15歳以上の未成年者がする場合

本例は，母の子が，母の夫との養子縁組により養父及び実母の戸籍に入籍した後，養父及び実母の養子縁組により，養父及び実母が氏を改めたことにより子が父（養父）母と氏を異にした場合です。このように，子と養父の氏が異なった原因が養父の縁組によるものであり，かつ，養父と実母が婚姻中ですから，家庭裁判所の子の氏の変更許可を得る必要はありません（民法791条2項）。

> **【問271】** この場合の戸籍の記載はどのようになるのでしょうか。

本例は，上記のとおり，養父及び実母が他の者の養子となった場合ですから，戸籍の記載は，「養父及び母の氏を称する入籍届出」となるのではないかと疑問をもたれたものと思います。上記で説明したとおり，養父及び実母の縁組前の戸籍に子が入籍したのは，養父との養子縁組によるものです（民法810条本文，戸籍法18条3項）。したがって，子は，養父の氏を称していますから，

－ 453 －

第9 届書の審査方法

この場合の戸籍の記載は，「養父の氏を称する入籍届出」となります（昭和37年12月5日民事二発523号回答，改正養子法に関する質疑応答集問82（戸籍533号巻末9ページ））。

① 「入籍する人の氏名」欄

前記アと同じです。

② 「住所」欄

前記アと同じです。

③ 「本籍」欄

前記アと同じです。

④ 「入籍の事由」欄

戸籍の記載が「養父の氏を称する入籍届出」ですから，「□養父」の□にチェックがされているかを審査します。

⑤ 「入籍する戸籍又は新しい本籍」欄

養父及び実母の養子縁組後の戸籍に入籍する場合ですから，□すでにある戸籍に入るの□にチェックがされているかを審査します。筆頭者の氏名は，養父の氏名になりますので，その記載に間違いないかを審査します。

⑥ 「父母の氏名父母との続柄」欄

届出時の父母の氏名を記載しますので，その記載に間違いないかを審査します。

⑦ 「その他」欄

民法791条2項の入籍届である旨記載されているかを審査します。また，養父の氏名が記載されているかを審査します。

⑧ 「届出人署名押印」欄

子が15歳以上の者ですから，本人が届出人になりますので，その署名押印がされているかを審査します。

下段は空欄となります。

- 454 -

第9 届書の審査方法

19　分籍届

　分籍は，戸籍の筆頭者及びその配偶者以外の者で成年に達したものが，自ら
の意思に基づいてその在籍する戸籍から氏の変動を伴わずに，本人について単
独で新戸籍を編製するための制度です（戸籍法21条）。この届出は，本人の自由
な意思に基づくもので，戸籍法上の創設的届出になります。

　なお，分籍者は，分籍後に再び従前戸籍（父母の戸籍等）に復籍することは
できません（昭和26年12月5日民事甲1673号回答（2））。

　審査方法は，次のようになります。

　届出人となる者は，①戸籍の筆頭に記載した者及びその配偶者以外の者であ
ること，②成年に達している者であることですから，この要件を備えているか
を審査します。コンピュータシステムには，審査機能としてこの項目がありま
す。

【問272】　未成年者の分籍届を誤って受理してしまい，戸籍の記載も完了
　　　しています。しかし，この誤りに気が付いたのが，分籍者が成年に達
　　　した後です。この場合は，本人から成年に達したので分籍する旨の追
　　　完届をさせればよいのでしょうか。

　分籍の届出は，成年に達した者のみがすることができるものです。これは，
絶対的要件ですから，未成年者であった者の分籍届が受理され，戸籍の記載が
完了したとしても，その届出は無効ということになります（昭和37年12月25日
民事甲3715号回答）。このような無効な届出を有効とする追完届をすることはで
きません。追完の届出は，届出の受理後，戸籍の記載前に届書に不備があるた
めに戸籍の記載をすることができないときに，届出人に催告して，その不備な
部分を補正させ，戸籍の記載をすることができるようにするための手続です
（戸籍法45条）。また，戸籍の記載後に追完ができるのは，戸籍先例で認められ
ているものに限ります（昭和30年8月1日民事甲1602号通達，昭和34年4月8日民
事甲624号通達等）。したがって，問の場合は，戸籍訂正手続により，分籍によ

－ 455 －

第9　届書の審査方法

る新戸籍及び従前戸籍の分籍事項を消除した上，分籍した者を従前の戸籍の末尾に回復することになります。

> 【問273】　分籍した者の実父母が養子となる縁組により，養親の氏で新戸籍を編製しました。この度，この分籍した者が養子縁組後の父母の戸籍に入籍したいとのことです。このような場合は，縁組後の父母の戸籍に入籍することはできるのでしょうか。

　分籍した者は，分籍後に再び従前の戸籍に戻ることはできないことについては，既に説明したとおりです。しかし，分籍後に父母の戸籍に入籍できる場合があります。その一つに実父母の縁組があります。例えば，分籍者の父母（山田の氏）が養子で，養親が鈴木さんの場合は，養子縁組により「鈴木」の氏で新戸籍が編製されます。このように，父又は母が養子縁組により氏を改め，子が父母と氏を異にする場合は，子は，父母の婚姻中に限り，家庭裁判所の許可を得ることなく，父母の氏を称する入籍の届出（戸籍法98条）により，父母の戸籍に入籍することができます（民法791条2項，昭和62年10月1日民二5000号通達第5の1（1）ア）。この場合，父母の婚姻が解消されているときは，原則に戻り，家庭裁判所の子の氏の変更の許可を得て，父又は母の戸籍に入籍できることはいうまでもありません。

20　国籍取得届出

　国籍取得の届出は，国籍法3条の認知による国籍取得と，国籍法17条の日本の国籍を失った者が日本の国籍を再取得するものの二つがあります。いずれの届出も法務大臣に届け出た時（法務局長又は地方法務局長に届出したとき。）に日本国籍を取得することになります。

(1)　国籍法3条による取得

　国籍法3条による取得は，認知された子の国籍取得です。日本国籍取得の時は，届出の時になります（国籍法3条2項）。

－ 456 －

第9　届書の審査方法

【問274】 国籍法3条1項の認知された子の国籍取得の要件とは，どのようなものでしょうか。

　出生後に日本人父から認知された子は，法務大臣への届出により日本の国籍を取得することができます。従来は，日本人父に認知された子が日本国籍を取得するには，父母の婚姻により準正子となることが要件とされていましたが，平成20年の国籍法の一部を改正する法律（平成20年法律第88号，平成21年1月1日施行）により，日本人父に認知された子は届出により日本国籍を取得することができるとされました。

　国籍取得の要件は，次のとおりです。

①　日本人父に認知された子であること。

②　20歳未満であること。

③　認知をした父が，子の出生の時に日本国民であったこと。

④　認知をした父が，現に日本国民であること，又は死亡の時に日本国民であったこと。

⑤　取得を希望する子が，日本国民であったことがないこと。

【問275】 国籍法3条による取得の届出手続は，どのようになるのでしょうか。

　まず，届出人について説明しましょう。届出人は，国籍取得を希望する日本人父から認知された子になります。その子が15歳未満のときは，その法定代理人がすることになります（国籍法18条）。

　次に，届出地についてです。その子が，日本国内に住所を有しているときは，その住所地を管轄している法務局又は地方法務局（いずれもその支局を含みます。）に，国外に住所を有しているときは，その国に駐在する領事官にすることになります（国籍法施行規則1条1項）。

　次に，必要書類等についてです。①国籍取得届書（法務局に用意してあります。）に貼付する写真（15歳未満の場合は，父母と一緒に写したものを必要と

－ 457 －

第9　届書の審査方法

します。），②子の出生時から現在までの父の戸籍謄本（全部事項証明書），③子の出生を証する書面，④認知に至った経緯等を記載した父母の申述書，⑤母が子を懐胎した時期に係る父母の渡航履歴を証する書面，⑥その他実親子関係を認めるに足りる資料（ⅰ外国の方式による認知証書，ⅱ父の居住歴を証する書面（母が子を懐胎した時期からのもの），ⅲ子及び母の在留カード，特別永住者証明書，住民票等，⑦法定代理人が届出をするときは，代理権限を証する書面になります。

(2)　国籍法17条による取得

国籍法17条による取得は，1項による取得と2項による取得の二つがあります。ここでは，1項による取得について説明することにします。同条1項による取得は，国籍法12条の規定（日本国籍の不留保）によって日本国籍を喪失した者が，満20歳未満であるときに，日本に住所を有することを要件として，届出により日本国籍を再取得することができるものです。日本国籍取得の時は，届出の時になります（国籍法17条3項）。

(3)　届書の審査方法

ここでは，国籍法3条により日本国籍を取得し，取得した者が15歳未満のものであるときについて，説明することにします。国籍取得届書には，法務局又は地方法務局の長から国籍取得証明書が交付され（昭和59年11月1日民五5506号通達第1の4（1）），その証明書には，戸籍に記載すべき事項が記載されていますので，届書の審査は，それに基づいてすることになります。

①　「氏名」欄

国籍法3条により国籍を取得した者のうち，準正子の場合は，準正時（準正前に父母が離婚しているときは離婚時）の父の氏を称し（昭和59年11月1日民二5500号通達第3の1（2）ア），前記以外の者の場合は，新たに氏を定めるものとするが，日本人の養子であるときは養親の氏を称し，日本人と婚姻しているときは日本人配偶者とともに届け出る氏を称する（平成20年12月18日民二3302号通達第1の2（1）ア）としています。添付されている国籍取得証明書の「国籍を取得した者の国籍取得後の氏名」欄及び「国籍を取得した者の従前の氏

－ 458 －

名」欄の記載と同じであるかを審査します。

②　「住所」欄

日本に住所があるときは，その住所を記載します。

③　「父母の氏名」欄

添付されている国籍取得証明書の「国籍を取得した者の父母」欄の記載と同じであるかを審査します。

④　「父母との続柄」欄

添付されている国籍取得証明書の「父母との続柄」欄の記載と同じであるかを審査します。

⑤　「父母の本籍」欄

添付されている国籍取得証明書の「国籍を取得した者の父母の本籍又は国籍」欄の記載と同じであるかを審査します。

⑥　「国籍取得年月日」欄

添付されている国籍取得証明書の「国籍取得年月日」欄の記載と同じであるかを審査します。

⑦　「国籍取得の際の外国の国籍」欄

添付されている国籍取得証明書の「国籍を取得した者の国籍取得の際の外国の国籍」欄の記載と同じであるかを審査します。

⑧　「国籍取得後の本籍」欄

準正子の場合は，日本人父の戸籍に入籍しますから，「□(1)の戸籍に入る」の□にチェックが，前記以外の者の場合は，例えば，新たに氏を定めるときは新戸籍をつくりますので，「□下記の新しい戸籍をつくる」の□にチェックがされているかを審査します。

⑨　「住民となった年月日」欄

住民となった年月日は，国籍取得者が，その市町村（特別区を含む。）に居住した年月日を記載することになります。例えば，日本国内のA市で出生し，そのまま転居等もせず居住しているときはその年月日を，出生後B市に転出したときはその年月日を，また，国籍取得者が，出生後に日本に入国し，C市に

第9　届書の審査方法

居住したときはその年月日を記載します。

　なお，国籍取得者が，まだ外国に在るときは空欄となります。

　⑩　「住所を定めた年月日」欄

　住所を定めた年月日は，その住所に住み始めたときになります。例えば，平成29年10月1日にA市甲町1番地に住所を設け住民となっていた者が，平成30年8月10日に国籍取得届をするときにA市乙町3番地に既に転居しているときは，その転居した年月日を記載します。

　⑪　「世帯主・世帯員の別」欄

　国籍取得者が世帯員であれば，「□世帯員」の□にチェックがされているかを審査します。

　⑫　「その他」欄

　「その他」欄には，国籍取得事項のほかに記載すべき，別添「国籍取得証明書」のとおりと記載することになります。

　⑬　「届出人署名押印」欄

　国籍取得者が15歳未満の者ですから，この欄は空欄となります。

　⑭　国籍取得者が15歳未満のときの「届出人」欄

　ⅰ　「資格」欄

　準正子の場合は，親権者父母が届出人になりますから，親権者（父□）及び親権者（母□）の□にチェックが，前記以外の者の場合は，例えば，外国人母が親権者のときは，親権者（母□）の□にチェックがされているかを審査します。

　ⅱ　「署名押印生年月日」欄

　父母の署名押印があるか，生年月日の記載は正しいかを審査します。

　なお，外国人母については，署名のみで足ります。

　ⅲ　「住所」欄及び「本籍」欄

　父母の住所及び本籍の記載は正しいかを審査します。この場合，外国人母については，国籍を記載することになります。

－ 460 －

第9 届書の審査方法

⑮ 添付書類

国籍取得証明書を添付します。

21 帰化届出

帰化は，日本国籍の取得を希望する特定の個人からの申請（意思表示）に対して，国家が許可により日本国民の地位を与える制度です。帰化の許可は，法務大臣の権限とされています（国籍法4条2項）。届出による国籍取得と異なり，国籍法所定の条件を備えている場合であっても，帰化を許可するか否かは，法務大臣の自由裁量であるとされています。帰化の効力（日本国籍の取得）は，官報に告示された日に発生します。

帰化申請が許可されると，帰化申請した法務局又は地方法務局の長から，帰化者に対して帰化が許可された旨の通知がされ，帰化者の身分証明書が交付されます。帰化者は，この身分証明書を添付して，帰化の告示の日から1か月以内（実務的には，帰化者の身分証明書の交付を受けた日から1か月以内）に，帰化者の所在地の市区町村長に対して帰化の届出をすることになります。帰化届書には，「その他」欄に「帰化事項のほかに記載すべき身分事項は，別紙「帰化者の身分証明書」のとおりです」と既に印刷されています。また，帰化の届書は，帰化した人が単身者の場合と帰化した人が夫婦の場合（日本人配偶者が帰化をした場合を含む。）の二とおりの様式があります。

届書の審査は，上記国籍取得届の項を参考としてください。

なお，夫婦がともに帰化した場合，又は夫婦の一方が日本国民であって，他の一方が帰化した場合は，夫婦の氏及び本籍が同一でなければなりません（民法750条，戸籍法6条・16条）ので，夫婦が夫又は妻のいずれかの氏を称するか，本籍をどこに設置するかを協議で定めなければなりません（昭和25年6月1日民事甲1566号通達第二の二）。そのため，届書の「帰化後の夫婦の氏と新しい本籍」欄の夫婦の氏「□夫の氏」又は「□妻の氏」のいずれかにチェックがされているか，本籍が記載されているかを審査するのを忘れないようにしましょう。さらに，夫婦の一方が日本国民である場合は，「連署人」欄に日本人

- 461 -

第9 届書の審査方法

配偶者の署名押印等があるかについても審査を忘れないようにしましょう。

【問276】日本人の配偶者である外国人妻の帰化が許可されました。配偶者がある場合の届書には，「連署人」欄に「（帰化した人の配偶者が日本人のときに書いてください）」との記載がありますが，どのようなことから連署人の署名等を必要とするのでしょうか。

日本人同士の場合は，婚姻の際に夫又は妻の氏のどちらかを称するかを選択することになります（民法750条）。しかし，民法750条の夫婦の氏の規定は，日本人と外国人を当事者とする婚姻については適用されません（昭和40年4月12日民事甲838号回答）。そこで，日本人の配偶者が帰化したことにより，改めて夫婦の氏の選択をすることになりますから，夫婦が夫又は妻のいずれかの氏を称するかの合意を届書上で明らかにするために，日本人配偶者が連署人として届出をすることになります。

22 国籍喪失届出

国籍の喪失とは，国民としての資格の消滅を意味します。したがって，国籍の喪失により，国籍を有することに伴う法律関係は，当然に消滅します。

国籍の喪失原因は，個人の意思に基づくものと，そうでないものとに大別することができます。前者には，自己の志望による外国国籍の取得としての結果として国籍を喪失する場合，狭義の国籍離脱（国籍放棄）の場合等があり，後者には，婚姻，認知，養子縁組等の身分行為の結果として従来の国籍を喪失する場合，夫や親が国籍を喪失するのに伴い妻や子が従来の国籍を喪失する場合，一定期間の外国への居住により従来の国籍を喪失する場合等があります。

我が国の国籍法における国籍の喪失原因は，次のとおりです。

(1) 自己の志望による外国国籍の取得

自分の意思で外国国籍を取得した場合，例えば，外国に帰化した場合には，自動的に日本の国籍を喪失します（国籍法11条1項）。

- 462 -

第9 届書の審査方法

(2) 外国の法令による当該外国国籍の選択

　日本と外国の国籍を有する重国籍者が，外国の法令によって，その国の国籍を選択した場合には，自動的に日本の国籍を喪失します（国籍法11条2項）。

(3) 日本国籍の不留保

　出生によって外国の国籍を取得した日本国民で，国外で生まれた者が，出生の日から3か月以内に日本の国籍を留保する旨の届出を出生の届出とともにしなかった場合（戸籍法104条）には，出生の時にさかのぼって日本の国籍を失います（国籍法12条）。

(4) 日本国籍の離脱

　日本と外国の国籍を有する重国籍者が，法務大臣に対し，日本の国籍を離脱する旨の届出をした場合には，届出の時に日本の国籍を失います（国籍法13条）。

(5) 国籍選択の懈怠

　日本と外国の国籍を有する重国籍者が，国籍選択の催告を受けた日から1か月以内に日本の国籍を選択しなかった場合には，その期間が経過した時に日本の国籍を失います（国籍法15条）。

(6) 国籍の喪失宣告

　日本国籍を選択し，外国国籍を放棄する旨の宣言をした日本国民で，外国国籍を失っていないものが，自己の志望によりその外国の重要な公職に就任した場合において，その就任が日本国籍を選択した趣旨に著しく反すると認めるときは，法務大臣は，その者に対して日本国籍の喪失の宣告をすることができ，この場合には，その宣告が官報に告示された日に日本国籍を失います（国籍法16条）。

　届書の審査方法は，ここでは省略します。

23　国籍留保届

　国籍法12条は，「出生により外国の国籍を取得した日本国民で国外で生まれたものは，戸籍法の定めるところにより日本の国籍を留保する意思を表示しなければ，その出生の時にさかのぼつて日本の国籍を失う。」と規定しています。

－ 463 －

第9　届書の審査方法

このように，外国で出生し，出生により外国国籍を取得した日本国民が，日本の国籍を留保する届出を国籍留保の届出といいます。この届出は，出生届と同時にしなければなりません（戸籍法104条2項）。

> 【問277】　届書の審査において注意すべきところは，どのようなところで
> 　　　　しょうか。

この届出は，出生届と同時にしなければならないとされています。したがって，出生の届出がされたときは，届書の「生まれた子」欄の「生まれたところ」をチェックすることになります。

まず，生まれたところが日本の場合です。この場合は，父又は母が外国人であって，その父又は母の国籍を取得したとしても，国籍留保の意思表示をする必要はありません。ただし，将来的には，国籍選択という手続を要することにはなります。

次に，生まれたところが国外である場合です。この場合，父母の一方が外国人であり，その父又は母の国籍国で出生していたときは，国籍留保を要すると考えることが必要と思います。また，父母双方が日本人のときには，出生地が生地主義国であるか否かです。生地主義国の場合は，国籍留保を要することになり，生地主義国でない場合は，不要となります。

なお，出生による国籍取得の国別一覧表は，戸籍関係六法に掲載されていますので，参考としてください。

次に，国外で生まれている場合は，出生の届出日を審査する必要があります。この届出は，出生の日から3か月以内にしなければなりません（戸籍法104条1項）から，期間内の届出であるかを審査することになります。

> 【問278】　出生の日から3か月を経過した国籍を留保する意思表示のある
> 　　　　届出がありましたが，この場合は，どのように処理したらよいので
> 　　　　しょうか。

上記に説明したとおり，この届出は3か月以内にしなければ日本の国籍を失

第9 届書の審査方法

うことになります。期間経過後の届出の場合は，届出人が，天災その他届出人
の責めに帰することができない事由によって期間を経過したかどうかによっ
て，届出を受理できるかどうかということになります。このようなときは，届
出人から期間が経過した具体的な理由を記載した書面（申述書等）を添付して
いただき，管轄法務局の長に受理（又は処理）照会し，受否の指示をしてもら
うことになります。

　それでは，届出人の責めに帰することができない事由について，2・3先例
を次に示しましょう。

　①　日本人男（前婚）と離婚したフィリピン人女の胎児を日本人男が認知
し，被認知胎児がアメリカ合衆国で出生し，前夫との親子関係不存在確認の裁
判の確定を待つ必要があったため（平成12年3月29日民二765号回答）。

　②　アメリカ合衆国で出生した子について，出生届書に添付の遅延理由書に
記載されている事実関係が責めに帰することができない事由に該当するとされ
たもの（平成14年4月16日民一1023号回答）。

　③　SARS（サーズ）による混乱を理由として届出期間経過後にされた場合
に，その遅延理由が責めに帰することができない事由に該当するとされたもの
（平成15年11月1日民一3426号回答）。

　④　スリナム共和国において，本国が父母両系血統主義を採るオランダ人父
と日本人母との間に出生した子について，出生国の郵便事情等により国籍留保
期間経過後にされた出生届の遅延理由が届出人の責めに帰することができない
事由に該当するとされたもの（平成23年7月11日民一1631号回答）。

24　国籍選択届

　国籍法は，重国籍の発生を防止し，これを解消するため，我が国への帰化に
ついて重国籍とならないことを条件とするほか（国籍法5条1項5号），国籍の
喪失制度（同11条），国籍の留保制度（同12条），国籍の離脱制度（同13条）を設
けています。

　国籍の選択制度は，重国籍者に所定の期間までに日本の国籍か外国の国籍の

- 465 -

第9　届書の審査方法

どちらかを選んでもらおうとするものです。

　国籍の選択には，①日本国籍を選択する場合と②外国国籍を選択する場合の二つがあります。一般的には，①の日本国籍を選択する場合が大半です。

　国籍法14条１項は，重国籍者は，重国籍になった時が20歳に達する以前であるときは22歳に達するまでに，その時が20歳に達した後であるときはその時から２年以内に，いずれかの国籍を選択しなければならないとしています。この期間内に国籍の選択をしないでいると，法務大臣から国籍選択の催告を受け，さらに，この催告にもかかわらず選択をしない場合には，日本国籍を喪失することになります（国籍法15条）。

　また，国籍法14条２項は，日本の国籍の選択は，外国の国籍を離脱することによるほかは，日本の国籍を選択し，かつ，外国の国籍を放棄する旨の宣言をすることによってするとしています。このことは，届書の「国籍選択宣言」欄の記載でも明らかです。

　なお，国籍選択事項は，管外転籍又は新戸籍を編製され，若しくは他の戸籍に入る場合には移記を要することになります（戸籍法施行規則39条１項７号）。

【問279】国籍選択届書には，現に有する外国の国籍を記載することになっていますが，現に有する外国の国籍を証する書面を添付する必要はあるのでしょうか。

　届書には，国籍を選択する人が有しているすべての外国の国籍を記載しなければなりませんが，特に外国の国籍を証する書面の添付は必要ありません。現に有する外国の国籍の審査方法は，国籍選択者の戸籍の記載（出生事項）又は父母の婚姻事項の記載（父又は母が外国人で，その国籍国の記載）から，その者が有している外国の国籍を確認することになりますが，明らかに外国の国籍を有しないものと認められるときを除き，届出を受理して差し支えないとしています（昭和59年11月１日民二5500号通達第３の５（１））。

－ 466 －

第9 届書の審査方法

25 外国国籍喪失届

外国国籍喪失届とは，外国の国籍を有していた日本人が，外国の国籍を喪失したことを報告する届出のことです。この届出は，外国国籍の喪失の事実を知った日から一定期間内（1か月又は3か月以内）に，外国官公署の発行する国籍離脱証明書，国籍を喪失した旨の記載のある外国の戸籍謄本その他外国の国籍を喪失したことを証すべき書面を添付してしなければならないとされています（戸籍法106条）。

なお，外国国籍喪失事項は，管外転籍又は新戸籍を編製され，若しくは他の戸籍に入る場合には移記を要することになります（戸籍法施行規則39条1項7号）。

26 氏の変更届

(1) 戸籍法107条1項の届

氏は，原則として出生と同時に自動的に定まります（民法790条）。しかし，例外的に，棄児発見調書，帰化の届出，就籍の届出，外国人母の嫡出でない子が日本人男から胎児認知されその出生の届出があったとき等によって氏が設定されることがあります。また，氏は，戸籍編製の基礎であり，名とともに人の同一性を表す称号ですから，簡単に変更されるべきではなく，やむを得ない事由によって家庭裁判所の許可を得た場合のみ，その変更が認められています（戸籍法107条1項）。

やむを得ない事由とは，当人にとって社会生活上，氏を変更しなければならない真にやむを得ない事情があるとともに，その事情が，社会的，客観的に見ても是認されるものであることを要するとしています（大阪高決昭和30年10月15日）（注）。

この氏変更は，家庭裁判所の許可によって効力を生ずるものではなく，届け出ることによって効力を生ずる，創設的届出になります。

- 467 -

第9　届書の審査方法

> 【問280】　氏変更の届出の効力は，親子兄弟すべてに及ぶのでしょうか。

　氏変更の届出の効力は，同一戸籍内にあるすべての者に及びます。しかし，この氏変更は，呼称上の氏の変更ですから，民法上の氏は変わりません。したがって，氏変更前に婚姻・養子縁組等によってその戸籍から除かれている場合には，その者が，新戸籍を編製していたとしても，その戸籍までには効力は及ばないことになります。ただし，氏変更前に婚姻，養子縁組により除かれた者が，実方の氏変更後に，離婚，離縁により復氏するときは，変更後の氏を称することになります（昭和23年１月13日民事甲17号通達（5））。したがって，復氏復籍するときは，実方戸籍に入り，新戸籍を編製するときは，変更後の氏で編製することになります。

　審査方法は，次のようになります。

　氏変更の効力は届出により生じますが，氏変更の許可審判に対しては，即時抗告が許されますから，確定証明書を添付しなければなりません。届書にも「許可の審判」欄が設けられ，そこには，「年月日確定」と印刷されていますので，間違うことはないと思います。

　「その他」欄には通常「次の人の父母欄の氏を更正してください」と印刷されていますが，ここには，同籍内の子の父母欄の氏を更正する場合は「同じ戸籍の長男啓太郎」と，また，戸籍を異にする子の父母欄の氏を更正する場合は「本籍○○市△△町１番地甲野義太郎戸籍の長女幸子」と記載します。この場合の戸籍の記載は，「父母氏変更につき平成30年２月１日父母欄更正㊞」と記載します。戸籍を異にする子の父母欄を更正する旨の記載がある父母の氏変更届書が，他の市区町村から送付があった場合でも，本籍地市区町村長の職権更正ですから，送付の旨の記載は要しません。

　・コンピュータ戸籍の記載例は，次のようになります。

　　子の戸籍中子の身分事項欄

更　　正　　　【更正日】平成３０年２月１日

－ 468 －

第 9　届書の審査方法

　　　【更正事項】父母の氏
　　　【更正事由】父母氏変更
　　　【従前の記録】
　　　　　【父】乙川一郎
　　　　　【母】乙川花子

【問281】 父母欄の氏を更正するのと同時に，婚姻事項中の配偶者の氏を
　　　　更正することもできるのでしょうか。

　　婚姻事項中の配偶者の氏を変更後の氏に更正する取扱いは，平成 4 年 3 月30
日付け民二1607号通達（以下「1607号通達」という。）により認められました。
それ以前は，転籍等による新戸籍の編製の際に婚姻事項を移記する場合におい
て，その移記すべき婚姻事項（婚姻の際に氏を改めた者の婚姻事項）中の配偶
者（婚姻の際に氏を改めなかった者）の氏に続けて変更後の氏を（改氏後の氏
○○）の例により括弧書して移記しても差し支えないとの取扱いがされていま
した（昭和38年 9 月12日〜13日高松法務局管内戸籍事務協議会決議⑧）。

　　1607号通達は，「戸籍法第107条第 1 項の規定による氏の変更及び夫婦の一方
の名の変更の届出と同時に又は届出後に，他の一方から，婚姻事項中の配偶者
の氏又は名を変更後の氏又は名に更正する旨の申出があった場合は，市区町村
長限りの職権で，その記載を更正することができる。また，この取扱いによっ
て婚姻事項中の配偶者の氏又は名を更正した者について，転籍等による新戸籍
の編製，他の戸籍への入籍又は戸籍の再製により婚姻事項を移記する場合は，
氏又は名の記載の更正事由の移記は要しない。」としました（戸籍592号 1 ペー
ジ以下参照）。

　　・コンピュータ戸籍の記載例は，次のようになります。

　　　夫婦の戸籍中妻の身分事項欄

婚　　姻　　｜（省略）

－ 469 －

第9　届書の審査方法

　　　　　　【配偶者氏名】河野一郎
　　　　　　（省略）
　更　　正　【更正日】平成３０年４月５日
　　　　　　【更正事由】氏変更
　　　　　　【従前の記録】
　　　　　　　【配偶者氏名】甲野一郎

　届出人は，氏変更の申立てをした者になります。
　なお，転籍により新戸籍を編製するときは，氏の変更事項は移記事項（戸籍法施行規則37条1号）になります。

> 【問282】　氏の変更事項は移記事項とされていますが，夫婦が養子となり
> 　　　新戸籍を編製するときにも，氏の変更事項は移記を要することになる
> 　　　のでしょうか。

　戸籍事項欄に記載すべき事項の一つとして氏の変更に関する事項があります（戸籍法施行規則34条2号）。管外転籍により新戸籍を編製するときは，氏の変更事項は移記事項とされています（同37条1号）。しかし，養子縁組により夫婦について新戸籍を編製するときは，その戸籍事項欄には，新戸籍の編製に関する事項（同34条1号）を記載すれば足り，氏の変更事項は移記をする必要はありません。

　（注）大阪高決昭和30年10月15日（要旨）「人の氏はその人の血族姻族関係のつながりを示すを常とし，またその名と相まってその人と他とを識別するものとして我が国民の社会生活上極めて重要なもので，新憲法並びに民法の改正によって家の制度が廃止され，氏が家を示す名称でなくなったけれども，唯その本人のためのみのものではなく，同時に社会のためのものである。それ故，氏がみだりに変更されるときは社会一般人にも多大の影響を及ぼすものであるから軽々にその変更を許すべきでないことは当然である。しかしそうだからと言って当人に社会生活上氏を変更することが真に止むを得ない事情があり，且つ社会的客観的に見ても納得のいく事情が認められる場合には，氏の

－ 470 －

第 9　届書の審査方法

変更を許すべきものとしなければならない。戸籍法第107条の法意もここにあるのであって，同条に「やむを得ない事由」と言うのは，当人にとって社会生活上，氏を変更しなければならない真に止むを得ない事情があると共にその事情が社会的客観的にみても是認せられるものでなければならない場合を言うものと解すべきである。」

(2)　戸籍法107条 2 項の届

　外国人と婚姻をした日本人の氏は，婚姻を契機として変動することはありません。民法750条の「夫婦の氏」の規定は，日本人と外国人を当事者とする婚姻については適用されません（昭和40年 4 月12日民事甲838号回答）。外国人と婚姻をした日本人配偶者が，外国人配偶者の称している氏に氏変更をしたいときの届出が，戸籍法107条 2 項の届（外国人との婚姻による氏の変更届）です。この届出は，婚姻の日から 6 か月以内に限り家庭裁判所の許可を得る必要はありません。ただし， 6 か月以内であっても外国人配偶者が死亡した後は，届出をすることができないとされています（昭和59年11月 1 日民二5500号通達第 2 の 4 （ 1 ）エ）。

　この届出による氏変更の性質は，戸籍法107条 1 項の規定に基づく氏の変更の場合と同様に，氏の呼称の変更ですが，氏を変更することについて家庭裁判所の許可を必要としない等の点で，同項の特則ということになります。

　届書の審査方法は，次のようになります。なお，「住所及び本籍」欄については，省略します。

　①　「氏を変更する人の氏名」欄

　現在（変更前）の氏名が記載されているか，生年月日が記載されているか，それに間違いがないかを審査します。

　②　「氏」欄

　変更前の氏及び変更後の氏が記載されているかを，その記載に間違いがないかを審査します。この場合，変更後の氏の記載が，婚姻事項中の配偶者の氏の記載と同一であるかを審査します。身分事項欄に記載されている外国人配偶者の氏と異なる氏の記載がされているときは，受理をすることができないことに

- 471 -

第9 届書の審査方法

なります。例えば，身分事項欄に記載されている外国人配偶者の氏が「リーガン」で，届書に記載されている変更後の氏が「レーガン」であるときは，受理することができないことになります。この場合は，外国人配偶者の氏を戸籍訂正申請により訂正した後に，氏の変更届をすることになります。ただし，外国人配偶者の氏のうち，その本国法によって子に承継される可能性のない部分は，戸籍法107条2項に規定する外国人配偶者の称している氏には含まれないので，その部分を除いたものを変更後の氏とする届出は受理することができるとされています（昭和59年11月1日民二5500号通達第2の4（1）イ前段ただし書）。

③ 「配偶者の氏名」欄

この欄の記載は，婚姻事項中の配偶者の氏名が記載されているか，その記載が間違いないかを審査します。

④ 「婚姻年月日」欄

婚姻事項中の婚姻年月日に相違ないかを審査します。これは，6か月以内の届出であるか否かの届出期間の起算日になるからです。6か月の起算日は，初日を算入します（戸籍法43条1項）。また，外国の方式で婚姻が成立しているときは，婚姻が成立した日が起算日であり，証書提出日は起算日ではありませんので，注意する必要があります。

⑤ 「氏を変更した後の本籍」欄

この欄は，氏変更届により新戸籍を編製するときに記載するものです。氏を変更する者の戸籍に他に在籍する者があるときは，氏を変更する者について新戸籍を編製しますので，その場合には，この欄に新本籍を記載することになります。

⑥ 「その他」欄

「その他」欄には通常「次の人の父母欄の氏を更正してください」と印刷されていますが，ここには，氏を変更する者の戸籍に在籍者があり，その子の父母欄の氏を更正するとき，例えば，「同じ戸籍にある長女真理亜」と記載します。

－ 472 －

第9　届書の審査方法

⑦　「届出人署名押印」欄

届出人の署名及び印が押されているかを審査します。

(3)　戸籍法107条3項の届

外国人と婚姻し，戸籍法107条2項の届出により氏を変更した者は，その外国人との婚姻が解消（離婚，婚姻の取消し又は配偶者の死亡）し，変更前の氏に変更する届出が，戸籍法107条3項の届（外国人との離婚による氏の変更届）です。この届出は，婚姻が解消した日から3か月以内であれば，家庭裁判所の許可を得ることなく，変更前の氏に変更することができます。

この届出による氏変更の性質は，戸籍法107条1項の規定に基づく氏の変更の場合と同様に，氏の呼称の変更ですが，氏を変更することについて家庭裁判所の許可を必要としない等の点で，同項の特則ということになります。

届書の審査方法は，次のようになります。なお，「住所及び本籍」欄については，省略します。

①　「氏を変更する人の氏名」欄

現在（変更前）の氏名が記載されているか，生年月日が記載されているか，それに間違いがないかを審査します。

②　「氏」欄

変更前の氏は，筆頭者氏名欄に記載されている氏が，変更後の氏は，従前（婚姻の際）の氏が記載され，その記載に間違いがないかを審査します。

③　「婚姻を解消した配偶者」欄

婚姻を解消した配偶者の氏名の記載が，身分事項欄に記載されている配偶者の氏名の記載に間違いがないかを審査します。婚姻解消後，転籍し，転籍後に届出があったときは，転籍前の戸籍で確認をすることになります（以下同じ。）。

④　「婚姻解消の原因」欄

該当する□にチェックがされているかを審査します。

⑤　「婚姻解消の年月日」欄

協議離婚のときは協議離婚の年月日が，裁判離婚のときは裁判の確定の年月日が，婚姻の取消しのときは取消しの裁判確定の年月日が，配偶者の死亡のと

- 473 -

第9　届書の審査方法

きは配偶者の死亡の年月日が記載されているかを審査します。それぞれの年月日が，3か月以内の起算日になるからです。

⑥　「氏を変更した後の本籍」欄

この欄は，氏変更届により新戸籍を編製するときに記載するものです。氏を変更する者の戸籍に他に在籍する者があるときは，氏を変更する者について新戸籍を編製しますので，その場合には，この欄に新本籍を記載することになります。

⑦　「その他」欄

「その他」欄には通常「次の人の父母欄の氏を更正してください」と印刷されていますが，ここには，氏を変更する者の戸籍に在籍者があり，その子の父母欄の氏を更正するとき，例えば，「同じ戸籍にある長女真理亜及び長男幸多朗」と記載します。

⑧　「届出人署名押印」欄

届出人の署名及び印が押されているかを審査します。

(4)　戸籍法107条4項の届

戸籍の筆頭者及びその配偶者以外の者で父又は母を外国人とする者は，その氏を外国人である父又は母の称している氏に変更することができます。この場合は，家庭裁判所の許可を得る必要があります。このような，外国人父又は母の氏への氏変更の届出を，戸籍法107条4項の届（外国人父母の氏への氏の変更届）といいます。

【問283】 戸籍の筆頭者が，その氏を外国人である父又は母の称している氏に変更するときは，どのようにすればよいのでしょうか。

戸籍法107条4項の氏変更は，戸籍の筆頭者及びその配偶者以外の者が外国人である父又は母の氏への氏変更ですから，戸籍の筆頭者が，その氏を外国人である父又は母の称している氏に変更するときは，本則に戻り，戸籍法107条1項の家庭裁判所の許可を得てすることになります。

審査方法は，次のようになります。なお，「住所及び本籍」欄については，

－ 474 －

第9　届書の審査方法

省略します。

①　「氏を変更する人の氏名」欄

現在（変更前）の氏名が記載されているか，生年月日が記載されているか，それに間違いがないかを審査します。

②　「氏」欄

変更後の氏は，届出人の戸籍の身分事項欄に記載されている，例えば，養親である外国人養父又は養母の氏と同一であるか，家庭裁判所の許可書に記載されている許可された氏が戸籍に記載されている養父又は養母の氏と同一であるかを確認します。

【問284】　戸籍法107条4項の氏変更の届出がありました。家庭裁判所の氏変更の許可を得ていますが，変更後の氏は，日本人母と婚姻している韓国人父の通称氏である「甲野」の氏（戸籍の記載は「李」）への変更許可です。このような届出を受理することはできるのでしょうか。

戸籍法107条4項は，「第一項の規定は，父又は母が外国人である者（戸籍の筆頭に記載した者又はその配偶者を除く。）でその氏をその父又は母の称している氏に変更しようとするものに準用する。」と規定しています。前記に説明したように，戸籍法107条1項は，「やむを得ない事由」によって氏を変更する場合です。

本問の場合は，家庭裁判所の許可審判により韓国人父が現に使用している（称している）通称氏に変更する許可がされていますから，家庭裁判所では，父の通称氏を変更後の氏にする必要性等を十分考慮してされたものと考えられます。また，戸籍法107条4項の規定による氏変更は，同条1項を準用していますので，「やむを得ない事由」に該当するかどうかについて，家庭裁判所が認定することになります。その認定により父の通称氏への許可審判がされたと思われますので，この許可審判に基づく届出を受理して差し支えないものと考えます（戸籍564号79ページ）。

－ 475 －

③ 「許可の審判」欄

確定証明書に記載されている確定日と同一であるかを審査します。

④ 「外国人である父又は母の氏名」欄

外国人である父の称している氏に変更の場合は「□父」の□にチェックが，母の称している氏に変更の場合は「□母」の□にチェックがされているかを審査します。さらに，その父又は母の氏名が身分事項欄に記載されている氏名に間違いがないかを審査します。

⑤ 「氏を変更した後の本籍」欄

この届出は，必ず新戸籍を編製しますので，新本籍の記載がされているかを確認する必要があります。ただし，届出人が15歳未満の者であるときは，その者の親権者又は未成年後見人が届出人となりますので，この場合は，その者（氏を変更する者）の従前の本籍と同一の場所を新本籍とします（戸籍法30条3項）ので，注意を要します。

⑥ 「その他」欄

家庭裁判所の許可審判及び確定証明書を添付する旨の記載をすることになります。

なお，【問284】のような届出があったときは，「父の通称氏への変更許可である。」旨を記載しておくとよいでしょう。

⑦ 「届出人」欄

届出人が15歳以上の者であるときは，ここに署名押印します。15歳未満のときは，下段の届出人欄に，親権者等が記載をして届け出ることになります。

(5) 外国人配偶者の氏変更の申出

前記に説明したように，民法750条の「夫婦の氏」の規定は，日本人と外国人を当事者とする婚姻については適用されません（昭和40年4月12日民事甲838号回答）。

ここで説明するのは，外国人と婚姻した日本人から，その戸籍の身分事項欄に記載されている外国人配偶者の氏名が，その者の本国法上の効果として日本人配偶者の氏に変更しているとして，配偶者の氏変更記載の申出があった場合

－ 476 －

についてです。この場合は，外国人配偶者の氏が変更されたことを証明する本国官憲の作成した証明書（パスポートで変更が確認されれば，パスポートでも可）等を添付して変更後の氏名を記載することができ，併せて，変更後の氏名を日本人である配偶者の氏を用いて漢字表記されたいとの申出があったときは，変更後の氏名を漢字を用いて記載することができるとされています（昭和55年8月27日民二5218号通達）。

このような記載がある戸籍について，転籍により新戸籍を編製する場合に婚姻事項を移記するときは，婚姻事項はそのまま移記（配偶者の氏変更前の氏名，すなわち，婚姻の際に記載した外国人配偶者の氏名をそのまま移記します。）し，配偶者の氏変更事項もそのまま移記しますが，この場合は，単に「妻の氏名を○○○、○○と変更」として移記することになります。コンピュータ戸籍に移記するときは，次のようになります。

婚　　姻	【婚姻日】平成18年4月10日 【配偶者氏名】アーティアート，マリア （以下省略）
配偶者の氏名変更	【変更後の氏名】甲野，マリア

27　名の変更届

正当な事由により名を変更しようとするときは，家庭裁判所の許可を得て，届け出ることによってこれをすることができるとされています（戸籍法107条の2）。名の変更許可の審判は，申立人に告知されることによって効力を生じます（家事事件手続法74条2項）が，名の変更は，戸籍の届出の日に効力が生じます。

【問285】名の変更許可審判書を添付して，名の変更届がされましたが，
　　　　許可された名の文字は，常用平易な文字の範囲（戸籍法施行規則60条）

第9 届書の審査方法

に定める文字以外の文字です。このような届出を受理することができるのでしょうか。

名の変更によって新たに称する名に用いる文字については，戸籍法50条の規定の趣旨が及ぼされますが，特に家庭裁判所が許可をしたものであれば，制限外の文字を用いたものであっても，その届出は受理して差し支えないとしています（昭和56年9月14日民二5537号通達記一の4）。

子の名に用いる文字については制限があり，出生の届出に際してはその制限に反することはできませんが，家庭裁判所において「正当な事由」があるとして，制限外の文字を用いることを許可したのですから，そのまま受理することになります。

審査方法については，ここでの説明は省略します。

28　転籍届

転籍とは，本籍（戸籍）の所在場所を移転，変更することです。本籍を移転することは自由であり，転籍の届出は，年間40万件前後の事件数があります（法務省民事局作成戸籍事件表）。一の市区町村から他の市区町村（A市からB市）に転籍することを管外転籍といい，同一市区町村内（A市甲町からA市乙町）において転籍することを管内転籍といいます。

なお，本籍を定める場所は，日本の領土内でその場所を管轄する市区町村長があれば，どこでも差し支えありません。

転籍届出の届出人は，戸籍の筆頭に記載した者及びその配偶者のみに限られます。この場合の配偶者とは，戸籍に在籍している配偶者をいい，外国人配偶者は含まれません。したがって，戸籍の筆頭者である日本人配偶者が死亡した後，外国人配偶者から転籍届があった場合は，これを受理をすることはできません（仙台家裁昭和47年1月20日，家裁月報24巻10号117ページ）。

【問286】戸籍訂正の結果，重婚関係が生じました。重婚関係の身分整序

第9 届書の審査方法

をしないままに，転籍をしたいとの相談を受けましたが，このような
場合，転籍をすることができるのでしょうか。できるとした場合に
は，届出人等はどうなるのでしょうか。

転籍は，戸籍の筆頭者とその配偶者が届出人になります。本問のように，筆
頭者と複数の配偶者がある場合，筆頭者とどちらの配偶者（第1の配偶者か第
2の配偶者か）が届出人になるのかとの疑問と思います。転籍届の届出人は，
戸籍の筆頭者と配偶者ですから，このような場合も同様です。したがって，戸
籍の筆頭者及び複数の配偶者が届出人になります。届書の記載は，「おなじ戸
籍にある人」欄の3行目に「配偶者」とした欄を設けて記載することになりま
す（戸籍521号59ページ）。

なお，転籍後の戸籍の配偶者の記載順序は，入籍の順序によることになりま
す。

届書の審査方法については省略し，転籍による戸籍の移記について説明する
ことにします。

管外転籍の場合の記載事項は，戸籍法施行規則37条に規定されています。同
条1号は，「第34条第1号，第3号乃至第6号に掲げる事項」は移記を要しな
いとしています。したがって，氏の変更事項は，移記を要することになりま
す。そうすると，氏の変更事項が，複数あるような場合，例えば，戸籍法107
条2項，3項の事項が複数あるような場合です。この場合は，最後の氏変更事
項のみを移記すればよい，ということにはならず，すべての氏変更事項を移記
しなければなりませんので，注意を要します（【問282】参照）。

29 就籍届

就籍とは，日本人（日本国籍を有する者）でありながら戸籍に記載されてい
ない者（無籍者）について，新たに戸籍に記載する手続をいいます。これに
は，家庭裁判所の許可を得て就籍届（戸籍法110条）をするものと，日本国籍存
在確認の裁判の確定判決による就籍届（戸籍法111条）の二とおりがあります。

－ 479 －

第9 届書の審査方法

就籍の届出には，前者の場合は就籍許可審判書の謄本を，後者の場合は判決書の謄本及び確定証明書を添付し，許可の日又は判決確定の日から10日以内に届出をすることになります。

ここでは，届書の審査方法は省略し，戸籍の記載事項等について説明することにします。

就籍届があった場合は，新戸籍を編製する場合と既に在る戸籍に入る場合があります。前者が原則です。後者の既に在る戸籍に入る場合とは，例えば，母の戸籍の存在が判明している場合です。母が日本人でありながら就籍によらなければならないのは，出生の届出義務者である母が行方不明であったり，又は既に死亡している場合です。このような場合は，就籍届により出生当時の母の戸籍に入籍させることになります（昭和29年7月22日民事甲1514号回答）。

戸籍法110条2項は，「届書には，第13条に掲げる事項の外，就籍許可の年月日を記載しなければならない。」と規定しています。同法111条は，110条を準用していますので，いずれの場合の就籍届書にも戸籍法13条に掲げる事項を記載しなければならないということになります。

戸籍法13条は，1号で「氏名」，2号で「出生の年月日」を記載するとしています。これは，届書の「就籍する人の氏名」欄の記載で戸籍に記載することができます（氏名及び出生の年月日は，就籍許可審判書又は国籍存在確認の判決書中にその記載がありますので，記載することができます。）。

同条3号は，「戸籍に入つた原因及び年月日」を記載するとしています。これは，届書の「就籍許可の年月日」欄の記載，又は国籍存在確認の裁判の謄本を添付するときは「その他」欄にその旨を記載しますので，その記載によることになります。つまり，戸籍に入った原因は，「就籍許可の裁判確定」又は「国籍存在確認の裁判確定」という記載で分かります。また，戸籍に入った年月日は，その届出の年月日（送付の場合はその年月日も記載します。）を戸籍に記載しますが，この年月日が，戸籍に入った年月日です。

同条4号は，「実父母の氏名及び実父母との続柄」を記載するとしています。実父母の氏名等については，審判書又は判決書に記載されている父母（又

－ 480 －

第9　届書の審査方法

は母）の氏名を記載します。不明のときは，空欄とします。父母との続柄は，男性のときは「長男」と，女性のときは「長女」と記載します。

　同条5号から7号までは省略し，8号は，「その他法務省令で定める事項」としています。法務省令で定める事項とは，戸籍法施行規則30条です。規則30条1号は，身分に関する事項を記載するとしています。したがって，戸籍には，出生事項を記載し，次に就籍事項を記載することになります。もっとも，出生事項の記載は，出生の年月日のみのときもありますが，できれば出生の場所（審判書等に記載があれば）まで記載することができればと思います。この出生事項の記載については，届書の「その他」欄にその旨を記載してもらうことになります。戸籍先例には，「重要な身分事項が判明しているときは，その事項を就籍者の身分事項欄に記載して差し支えない。」というものがあります（昭和32年8月27日民事甲1584号回答）（注）。

（注）昭和32年8月27日付け民事甲1584号回答は，「樺太又は千島に本籍を有していた者の就籍届により戸籍を編製する場合，就籍者が元日本内地に本籍を有していたことがあったため元の戸籍により就籍者の出生，婚姻又は縁組等の重要な身分事項が判明しているものについては，元日本人の帰化届によって戸籍を編製する場合の取扱いに準じて，その事項を就籍者の身分事項欄に記載して差し支えないものと考えられます。」という照会に対して，「照会にあった件については，貴見のとおりである。」と回答したものです。

第10　戸籍記載の嘱託

　前記第9においては，届書の審査方法について説明しましたが，すべて届出によるものです。戸籍事務取扱準則制定標準21条は，事件数の報告を規定しており，報告は付録第18号様式によるとし，その第1表が，届出事件数を報告する表であり，その10欄は「親権・未成年者の後見・後見監督」とし，①届出，②嘱託と分類して計上することとしています。②の嘱託とは，戸籍記載の嘱託事件数のことです。戸籍法15条は，戸籍の記載手続を規定しており，その手続の一つにこの嘱託があります。この戸籍記載の嘱託は，裁判所書記官がすることになっています。もっともこの嘱託による戸籍の記載手続は，昭和51年法律第51号の「民法及び家事審判法の一部を改正する法律」により，家事審判法の一部が改正されるとともに戸籍法15条に戸籍の記載原因として「嘱託」が新たに加えられ，昭和56年1月1日から施行されたものです。

　平成23年の民法等の一部を改正する法律（平成23年法律第61号，以下「23年改正法」という。平成24年1月1日施行）の施行以前は，親権喪失，管理権喪失，未成年後見人等の選任の審判があった場合は，審判の申し立てをした者がその届出をしなければならないと，申立人等に届出義務を課していました（23年改正前戸籍法79条・82条・83条）。23年改正法は，親権停止制度を創設するとともに，親権喪失，管理権喪失，未成年後見人等の選任の審判が確定した場合は，裁判所書記官が戸籍記載の嘱託をすることとしました。嘱託によることとしたのは，例えば，改正法施行前においては，父母双方が親権喪失宣告の審判を受けたにもかかわらず，それらの宣告確定時期が異なった場合など，親権者による適切な届出を期待することができない場合があるなどの問題があったからです。そこで，親権喪失・管理権喪失の審判が確定したことを適切に戸籍に反映させるため，これらの審判が確定した場合には，当事者の届出に任せるのではなく，すべて裁判所書記官が戸籍記載の嘱託をし，それに基づき戸籍記載をすることとしました。また，未成年後見人を選任する場合及び未成年後見人が交

代した場合には，これも裁判所書記官が戸籍記載の嘱託をすることとし，未成年後見人の選任の届出や未成年後見人更迭の届出をすることを要しないとしました。

したがって，23年改正法施行後は，嘱託事件数が大幅に増えています。

それでは以下に，戸籍記載を嘱託すべき審判等の種類について説明するとともに，性別の取扱いの変更の審判に基づく戸籍記載の嘱託については，戸籍の記載方法について，触れることにします。

1 戸籍記載を嘱託すべき審判等

家事事件手続法（平成23年法律第52号，平成25年1月1日施行）116条本文は，「裁判所書記官は，次に掲げる場合には，最高裁判所規則で定めるところにより，遅滞なく，戸籍事務を管掌する者又は登記所に対し，戸籍の記載又は後見登記等に関する法律（平成11年法律第152号）に定める登記を嘱託しなければならない。」とし，そのただし書で「ただし，戸籍の記載又は同法に定める登記の嘱託を要するものとして最高裁判所規則で定めるものに限る。」としています。また，同条本文の「次に掲げる場合」として，一号で「別表第一に掲げる事項についての審判又はこれに代わる裁判が効力を生じた場合」，二号で「審判前の保全処分が効力を生じ，又は効力を失った場合」の二つを掲げています。

それでは，家事事件手続法116条の最高裁判所規則で定める審判又はこれに代わる裁判とは，どのような種類の審判であるかについて触れることにします。

最高裁判所規則で定める審判等とは，具体的には，家事事件手続規則に規定されています。同規則76条1項は，家事事件手続法116条1号の審判又はこれに代わる裁判であって，同条ただし書の戸籍記載の嘱託を要するものとして，次の六つの審判等を掲げています。

① 親権喪失，親権停止又は管理権喪失の審判

② 未成年後見人又は未成年後見監督人の選任の審判

第10 戸籍記載の嘱託

③ 未成年後見人又は未成年後見監督人の辞任についての許可の審判

④ 未成年後見人又は未成年後見監督人の解任の審判

⑤ 未成年後見人又は未成年後見監督人の権限の行使についての定め及びその取消しの審判

⑥ 性別の取扱いの変更の審判

2 戸籍記載の嘱託手続

前記1の①から⑥に記載の審判等が確定した場合，裁判所書記官は，戸籍記載の嘱託書を作成し，戸籍記載の嘱託をすることになります。戸籍記載の嘱託手続について最高裁判所は，平成24年11月22日付け最高裁家一第004237号をもって家庭局長・総務局長通達（以下「最高裁通達」という。）を発出しています。この最高裁通達は，戸籍関係六法に掲載されています。

最高裁通達記1は，嘱託は，戸籍の記載の原因が生じた日に当該事件の記録のある裁判所の裁判所書記官が，戸籍の記載に係る未成年者（性別の取扱いの変更の審判又は裁判にあっては，申立人）の本籍地の戸籍事務を管掌する者に対して行う。

同通達記2は，嘱託書の様式は，別紙様式第1から別紙様式第5までのとおりとするとして，五つの様式を示し，いずれの様式を使用するかについても同通達は，細かく触れています。

同通達記3は，嘱託書には，家事事件手続規則76条4項の戸籍の記載の原因を証する書面として審判書又は裁判書の謄本（確定証明書の添付を要しない。）等を添付するとしています。

したがって，戸籍事務においては，裁判所書記官から嘱託書が送付されてきたときは，嘱託書には所定事項が記載されているか，該当する審判書の謄本等が添付されているか，裁判所書記官の記名押印の有無を確認することになります。

戸籍記載完了後は，嘱託に基づく記載がされた戸籍の謄本を，裁判所書記官に送付することになります。同通達別紙様式第1（書式1）から別紙様式第4

第10　戸籍記載の嘱託

（書式4）の嘱託書の末尾には，「家事事件手続法第116条に基づく戸籍記載嘱託事務としてこの嘱託により戸籍記載がされたことを確認するため，この嘱託に基づく記載がされた戸籍の謄本の交付を請求する。」との記載があり，この書面に裁判所書記官が記名押印することとされています（最高裁通達記4）。

【問287】 未成年後見人選任の裁判確定による戸籍記載について，裁判所書記官からの嘱託によることなく後見人からの届出を誤って受理し，戸籍記載を完了した後，裁判所書記官から戸籍記載の嘱託がありました。この場合，記載を完了した未成年者の後見事項，また，裁判所書記官からの嘱託については，どのように処理をすることになるのでしょうか。

裁判により選任された未成年後見人に係る戸籍の記載は，裁判所書記官からの戸籍記載の嘱託に基づき行うこととされています。したがって，本問の未成年者の後見届は，受理することができないものであり，その無効な届出に基づきした戸籍の記載は誤りということになりますので，次のように処理をすることになります（平成24年6月4日民一1386号通知参照）。

① 戸籍記載をした未成年者の後見事項は，市区町村長限りの職権による戸籍訂正によりその記載全部を消除します。

② 裁判所書記官から戸籍記載の嘱託により，改めて未成年者の後見事項を記載します。

③ 誤って受理した未成年者の後見の届書は，戸籍記載が完了した届書として戸籍法施行規則48条の規定に基づき処理します。

3　性別の取扱いの変更の審判に基づく戸籍記載の嘱託があった場合

性別の取扱いの変更とは，性同一性障害者の性別の取扱いの特例に関する法律（平成15年法律第111号）の施行に伴い，戸籍上の父母との続柄を変更するものです。この変更の戸籍記載は，すべて裁判所書記官からの嘱託に基づいてすることになります。この性別の取扱いの変更についての嘱託書は，最高裁通達

- 485 -

第10　戸籍記載の嘱託

記2に示された別紙様式第4（書式4（性別の取扱いの変更型））になります。

　性別の取扱いの変更の審判に基づく戸籍記載の嘱託があった場合の戸籍事務は，次のようになります。

　(1)　**当該審判を受けた者の戸籍に在る者又は在った者が他にあるとき**

　性別の取扱いの変更の審判があった場合において，当該審判を受けた者（以下「変更者」という。）の戸籍に在る者又は在った者が他にあるときは，①変更者の身分事項欄に性別変更の裁判が確定した旨を記載し，変更者を除籍した上，従前の本籍と同一の場所を本籍として，変更者を筆頭者とする新戸籍を編製し，②新戸籍においては，身分事項欄に性別変更の裁判が確定した旨を記載し，父母との続柄を更正します。

　以上の戸籍の記載は，具体的に示すと次のようになります。

　なお，戸籍には，名の変更事項を記載していますが，変更者の方は，名を変更することが多いことから，名の変更事項を記載しました。

　・性別の取扱いの変更の裁判を受けた者の従前の戸籍（戸籍の表示欄及び編製事項欄を除く。）

戸籍に記録されている者	【名】義太郎
	【生年月日】平成2年10月20日 【父】甲野幸雄
除　　籍	【母】甲野松子 【続柄】長男
身分事項 　　出　　　生 　　平成15年法律 　　第111号3条	（出生事項省略） 【平成15年法律第111号3条による裁判確定日】 　　平成30年8月20日 【記録嘱託日】平成30年8月23日 【新本籍】東京都千代田区平河町一丁目4番地

－ 486 －

第10　戸籍記載の嘱託

・性別の取扱いの変更の裁判を受けた者の新戸籍（戸籍の表示欄及び編製事
　項欄を除く。）

戸籍に記録されている者	【名】百合子 【出生月日】平成2年10月20日 【父】甲野幸雄 【母】甲野松子 【続柄】長女
身分事項 　　出　　生	（出生事項省略）
平成15年法律 　第111号3条	【平成15年法律第111号3条による裁判確定日】 　　平成30年8月20日 【記録嘱託日】平成30年8月23日 【従前戸籍】東京都千代田区平河町一丁目4番地 　　甲野幸雄 【従前の記録】 　　【父母との続柄】長男
名の変更	【名の変更日】平成30年9月13日 【従前の記録】 　　【名】義太郎

　変更者が転籍した場合は，性別の変更に関する事項は移記事項（戸籍法施行
規則39条1項9号）ですから，転籍後の戸籍の身分事項欄に移記しますが，父
母との続柄の記載は，更正後のものを移記することになります。転籍後の戸籍
の記載は，次のようになります。

・性別の取扱いの変更の裁判を受けた者の転籍後の戸籍中その身分事項欄

身分事項 　　出　　生	（出生事項省略）
平成15年法律 　第111号3条	【平成15年法律第111号3条による裁判確定日】 　　平成30年8月20日 【記録嘱託日】平成30年8月23日 【従前戸籍】東京都千代田区平河町一丁目4番地 　　甲野幸雄

第10　戸籍記載の嘱託

| 名の変更 | 【名の変更日】平成３０年９月１３日 |

⑵　**当該審判を受けた者が戸籍の筆頭者であって他に在籍者がいないとき（過去に在籍者があり，除籍となっているときを除く。）**

　当該審判を受けた者が戸籍の筆頭者であって他に在籍者がいないとき（過去に在籍者があり，除籍となっているときを除く。）は，変更者の身分事項欄に性別変更の裁判が確定した旨を記載し，父母との続柄を更正します。

　・性別の取扱いの変更の裁判を受けた者の戸籍（戸籍の表示欄及び編製事項欄を除く。）

戸籍に記録されている者	【名】百合子 【出生月日】平成２年１０月２０日 【父】甲野幸雄 【母】甲野松子 【続柄】長女
身分事項 　　出　　生	（出生事項省略）
平成１５年法律 　第１１１号３条	【平成１５年法律第１１１号３条による裁判確定日】 　平成３０年８月２０日 【記録嘱託日】平成３０年８月２３日 【従前の記録】 　　【父母との続柄】長男
名の変更	【名の変更日】平成３０年９月１３日 【従前の記録】 　　【名】義太郎

初任者のための新戸籍読本（上）

平成29年7月28日　初版第1刷印刷　定　価：本体5,900円（税別）
平成29年8月3日　初版第1刷発行　　（〒実費）

不複 許製	著　者	新　谷　雄　彦
	発行者	河　野　善次郎

発行所　東京都文京区　株式　テイハン
　　　　本郷5丁目11-3　会社

電話 03(3811)5312 FAX 03(3811)5545/ 〒113-0033
ホームページアドレス　http://www.teihan.co.jp/

〈検印省略〉　印刷／日本ハイコム㈱　ISBN978-4-86096-093-3